에다

에다 Edda

초판 1쇄 발행 2004년 8월 20일
개정판 1쇄 발행 2015년 6월 5일
제2개정판 1쇄 발행 2025년 2월 26일

역주자 임한순·최윤영·김길웅

펴낸곳 서울대학교출판문화원
주소 08826 서울 관악구 관악로 1
도서주문 02-889-4424, 02-880-7995
홈페이지 www.snupress.com
페이스북 @snupress1947
인스타그램 @snupress
이메일 snubook@snu.ac.kr
출판등록 제15-3호

ISBN 978-89-521-3948-1 94850
978-89-521-1192-0(세트)

SNUPRESS **동서양의 고전 24**

북유럽 신화 에다

카를 짐록 완역본
만프레트 슈탕에 개정판

게르만 민족의 신화, 영웅전설, 생활의 지혜

임한순·최윤영·김길웅 역주

서울대학교출판문화원

Edda

Translated and Annotated
by Han-Soon Yim, Yun-Young Choi, and Gil-Ung Kim

머리말

독일을 비롯하여 스칸디나비아 지역을 대부분 포괄하는 게르만어권에서는 그리스·로마 신화만큼 완성된 신화 체계가 기록으로 전승되지 않았다. 고대 게르만 민족들에게 일상의 '실천적' 신화가 없었거나 빈약해서가 아니었다. 그들의 문자문화가 늦게 발달한데다가, 4세기 이래 민족 대이동 이후 기독교가 유럽 전역에 유일 종교로 전파되면서 게르만 민족 전래의 토착신앙과 신화를 거의 완전히 말살시킨 탓이었다. 그들의 고대 종교는 석조 신전과 같은 항구적인 종교 시설을 남기지 않았고, 루네 문자로 새긴 비문(碑文)이나 기타 신화 관련 발굴 자료도 소아시아나 로만어권에 비해 풍부하지 못한 편이다. 이런 배경 때문에도 북유럽 신화집 『에다』는 언어와 문학, 종교와 신화 등 다방면으로 매우 소중한 자료가 되었다. 원래 구전되다가 13세기에 현재 형태로 기록된 이 서사시는 18세기 말에 시작한 낭만주의 시대에 새롭게 주목받았고, 특히 독일에서 본격적인 번역과 연구의 대상으로 떠올랐다. 『에다』에 담긴 창세신화와 신들의 이야기는 게르만족 공통의 신화를 대변하는 것으로 인정되기 때문이었다.

고대 북유럽인들은 『에다』에 실린 다채로운 신화와 영웅담을 운문으로 낭송하고 들으면서, 신비롭고 성스러운 분위기에 젖거나 미적·오락적 긴장과 쾌감을 느꼈을 것이다. 『에다』의 우주론과 판테온 Pantheon(신들의 계보)을 포함한 신들의 이야기는 예컨대 미국인 케빈 크로슬리-홀런드가 수월한 산문으로 재구성하여 한국어로도 번역된 『북유럽 신화』에 상세하게 묘사되어 있다. [Crossley-Holland, Kevin (Editor): The Norse Myths. Random House (Paper) 1981. 서미석 옮김: 북유럽 신화. 현대지성사 1999] 이 책은 원전과 번역이 모두 신뢰할 만하지만, 『에다』의 전반부인 『신들의 노래』만을 재연하는 데 그쳤다. 『에다』는 800-1200년 사이에 기록되었을 것으로 보이는 운문체 『고(古)에다』와, 이를 토대로 1220년경 스노리 스투를루손이 저술한 산문본 『신(新)에다』(일명 '스노리 에다')로 나뉜다. 현존하는 필사본 『고에다』가 이전의 필사본(들)을 토대로 종합 및 기록된 시기는 1270년경이었음이 밝혀졌다. 그러니까 『에다』의 진정한 원본은 운문본 『고에다』이고, 이것은 『신들의 노래』와 『영웅들의 노래』로 구성되어 있다. 두 부분은 주제 면에서 밀접하게 연관되어 일체를 이룬다. 후반부 영웅시가의 핵심을 이루는 시구르드 전설은 독일 중세 영웅서사시의 금자탑인 『니벨룽겐의 노래』의 소재원으로서도 매우 중요하다.

기록된 유럽 신화 가운데 그리스·로마 신화 다음으로 높은 완성도를 지닌 것이 북유럽 신화이다. 그 원본인 『고에다』는 난해하지만 기본적인 구조와 주제에서 명료하고 매력적이다. 여기에는 고도로 지적인 창조신화에서부터 일상생활의 자잘한 행동규범까지 담겨 있다. 대체로 신화는 보편적·근원적 진실을 담을 수 있고, 신화의 진실은 그러한 속성 때문에 자주 시간과 공간과 문화의 장벽을 뛰어넘는다. 『에다』 또한 이런 점에서 고대 게르만인들만의 소유가 아니며, 잊혀진 과거의 흔적으로만 머물지 않을 것이다. '라그나뢰크', 곧 인류와 세계의 종말을 알리는 '신들의 황혼'의 징후가 '뵐루스파'에는 이렇게 묘사되어 있다. "형제들이 반목하여/서로 쓰러뜨리고//사촌끼리 가문을/깨뜨리는구나.//대지가 굉음 내고/공중에 악취 날고//아무도 다른 이를/돌보지 않는구나.///[……] 도끼 시대, 칼의 시대/방패들이 부딪고,//폭풍 시대, 늑대 시대/세상이 무너진다." 이것이 바로 오늘날에도 말세의 증상일 수 있는 만큼 『에다』의 예언은 현대적이고 보편적인 진실이다. 신들의 천국, 인간의 현세, 죽은 자의 내세에 펼쳐진 총 아홉 가지 '가르드'(뜰·터전)와 '헤임'(집·고향), 그러니까 만물의 존재공간 전체를 단 한 그루의 거대한 물푸레나무 '위그드라실'이 지탱하고 있다는 『에다』의 우주론도 매우 인상적이다. 전쟁과 환경 파괴에 직접, 간접으로 가담하는 현대인이 어찌 이것을 어리석은 고대 민족의 망상이라고 비웃을 것인가.

『에다』 원본, 즉 『고에다』의 형식과 내용을 치밀하게 살피는 기초작업이 한국에서는 최근까지도 시도되지 않았다. 몇 가지 출판된 번역도 위에 소개한 예처럼 스투를루손 산문 해설본(『신에다』)을 독서용으로 재구성한 번안본에 기초하였다. 이에 우리는 이 신화집의 본모습을 가급적 정확히 읽고 파악할 수 있도록 『고에다』를 국내 최초로 번역하되, 가능한 한 원전의 형식까지 반영하여 율문 번역을 시도하였다. 집중적인 원전 조사와 분석, 그리고 외국 학계로부터 얻은 자문 끝에, 스위스에서 1995년 간행된 독일어본을 번역 원본으로 결정하였다. 이 책은 19세기 독일의 명망 있는 학자이자 고대문학 번역가 카를 짐록(Karl Simrock, 455면 참조)의 1882년 '수정 8판'을 토대로 만프레트 슈탕에가 상세한 해설과 도해를 덧붙여 출간한 것이다. 짐록의 번역은 1851년 초판이 간행된 이래 19세기에만 9판이 인쇄되었고, 현재까지도 가장 포괄적인 독일어본의 하나로 꼽힌다. 고대노르드어 (또는 고대아이슬란드어) 필사본을 직접 읽고 번역하지 못하는 상황에서는 이 판본이 최선의 선택이라고 판단된다. 짐록은 필사본 원문에 충실히 따랐다. 다만 그의 번역은 번호를 매긴 장별 노래의 배치에서 이따금 원본과 차이를 보이며, 여기에 더하여 주 필사본에는 없으나 그와 긴밀하게 연관된 다른 『에다』 시 3편(제38–40곡. 본 역서에서는 제외)이 『신에다』 끝에 추가되었다. 이러한 편집자의 개입은 고대어 원전의 전승 상태가 완전하지 못한 점에 비추어 오히려 작품의 주제 파악에 도움이 될 수 있다. 고대어 필사본의 유래와 서지학적 특성, 개별 구성단위의 내용 등은 편집자 슈탕에가 '후기'에서 자세히 해설했고, 우리 번역에 이 부분도 포함시켰다.

『고에다』와 『신에다』를 모두 수록한 것이 짐록 독일어본의 장점이기도 하다. 그러나 우리는 중역을 피하고 원본 운문 『에다』를 초역한다는 취지를 강조하여 『고에다』에 한정하였다. 학술적 인용에 사용될 만한 원본 재현을 추구하되, 일반 독자의 교양 욕구에도 부응하려 하였다. 이런 뜻에서 책임번역자가 해설 「북유럽 게르만 신화의 배경과 구조」를 새로 집필하고, 이번 번역의 계기가 된 연구논문 「유럽의 신화와 민담」(서울대학교 인문논총 특집 2002, 149면 이하) 일부를 발췌, 보완하여 부록으로 삼았다. 이 논문은 서울대학교 인문학연구원이 1998년 학술진흥재단의 지원을 받아 수행한 중점 연구소 지원 연구과제 '인문학의 학제간 협동에 의한 지역문화 연구'의 5개 세부과제 가운데 제4 과제의 총론 및 북유럽 신화 부분에 해당한다. 이들 자료 외에 원본을 보완하여 김길웅 박사가 편역한 색인도 『에다』의 다채로운 신과 영웅을 이해하는 데 도움이 될 것이다. 북유럽 신화를 처음 접하는 독자는 해설 「북유럽 게르만 신화의 배경과 구조」(497면 이하)를 먼저 참조할 것을 권하고 싶다.

원문 번역은 책임번역자의 총괄 아래 세 사람이 분담하였다. 『신들의 노래』는 최윤영, 『영웅들의 노래』는 김길웅, 전반적 해설을 담은 만프레트 슈탕에의 '후기'는 임한순이 맡았다. 번역진은 원문의 율격을 반영하기 위해서도 부심하였고, 이와 관련하여 『영웅들의 노래』 가운데 제36곡은 책임번역자의 안을 채택하였다. 국어 율격의 전통과 가능성에 관해서는 국학계의 연구 성과 가운데 정병욱 교수의 선구적 업적 『한국고전시가론』(증보판. 신구문화사 1982)을 비롯하여 성기옥: 『한국시가율격의 이론』(새문사 1986), 김대행: 『우리 詩의 틀』(문학과비평사 1989), 조동일: 『한국민요의 전통과 시가율격』(지식산업사 1996) 등에서 지침을 구하였다. 2001년 서울대학교의 율문연구 집담회에서 권두환 교수가 주신 한국어의 율격 이론에 관한 안내도 유익하였다. 일반적으로 운문 번역에서는 출발어와 목표어의 율격적 기질과 전통을 함께 고려하되, 어느 쪽에 비중을 두어야 할지 결정해야 할 것이다. 여기에서 발생하는 여러 어려움과 의문을 우리가 최선으로 해결했는지는 모르겠으나, 적어도 이 문제를 진지하게 검토했다는 사실에 자부심을 느낀다. 율문 번역에 관해서는 아직 국내에서 깊이 있게 연구되지 않았기 때문이다. 원전의 서사시적 속성에 비추어, 조선시대의 가사문학이나 판소리의 율을 좀 더 적극 원용할 수도 있었겠다는 생각이 든다.

자료수집에는 번역진 이외에도 뮌헨대학교에 유학 중인 차윤석 군이 수고를 아끼지 않았다. 1998년 인문학연구소 소장으로 이 번역의 계기를 마련하신 오인석 교수께, 고유명사 표기의 통일안을 마련하신 공동 번역자 김길웅 박사께, 그리고 출간을 쾌히 승낙하신 서울대학교출판부에 깊이 감사드린다.

2004년 8월 관악산 연구실에서
번역자 대표 임한순

우리의 국내 최초 완역본 북유럽 신화 『에다』('고에다', '운문 에다')가 간행된 지 어느덧 10년이 흘렀다. 일반교양과 학술적 이용을 두루 고려한 번역 목표에 비추어, 2004년 8월 초판 제1쇄에 이어 1년 반이 채 지나지 않은 2006년 1월에 제2쇄가 나온 것은 작지 않은 성과였다. 폭넓은 독서계의 성원에 힘입어 이번에 출간되는 개정판에서는 초판의 체제와 내용을 유지하되 첫째, 본문 전체를 원전과 대조하며 오류·오기를 바로잡고 미흡했던 부분들을 보완하였으며 둘째, 1995년 원전 간행 이후에 접근이 용이해진 고고학적 자료사진 또는 도판을 확충하고 각 자료의 해설을 보완하거나 새로 써서 본문에 배치하였다. 부록 '그림 해설'(491–495면)은 슈탕에 간행본을 번역한 것이므로 초판의 내용을 유지하며 일부 오기를 바로잡았다. 이곳의 해설은 본문의 각 도판 해설과 동일한 내용이나 일부 고유명사 표기 등에서 다소 차이가 있을 수 있다. 원전의 2004년 개정판에 따라 색인 항목 한 개(482면 "프레이르")를 추가하였으며, 그 밖에 문헌목록도 보완하였다. 많은 시간과 정성을 들여 이 책의 완성도를 높여 주신 서울대학교출판문화원에 역주자들을 대표하여 감사드린다.

2015년 5월
임한순

2015년 개정판의 2쇄가 2020년 간행되고 2024년 하반에 이르러, 번역진 일동은 인명 등 고유명사의 원문을 가급적 고대 노르드어로 통일하여 그 발음을 표준으로 삼고, 번역과 해설을 각 역자/필자가 다시 한번 정밀하게 검토하였다. 독일의 주요 연구서 3건을 선별하여 문헌목록도 보완하였다. 이로써 이 책의 신뢰성이 현저히 개선되었음을 확신하며, 추가 개정 작업을 쾌히 진행하신 서울대학교출판문화원에 감사드린다.

2024년 12월

역자 일동

알스코그-티엥비데 석각화 제1호

이 책의 표지 그림은 위 도판 상부에서 가져온 것이다. 그림 해설은 본문 3-4면 참조.

그림 1. 브로 교회 제1호

그림 1. 브로 교회 제1호(Bro Kirche I). 스웨덴 고틀란드의 브로 교회 남서쪽 모퉁이 벽에 박아 넣은 석회석 석판. (1) 대원형 무늬: 바깥 광륜(廣輪)을 제외하고 직경 68cm. (2) 소원형 무늬: 직경 각 34cm, 35cm

출처: 고틀란드 석각화. 제1권, 표 5, 도판 11*(도판 웹주소: http://en.wikipedia.org/wiki/Bro_church, Gotland; http://de.wikipedia.org/wiki/Kirche_von_Bro)

---

* 고틀란드 석각화. 수집 및 조사: 가브리엘 구스타프손, 프레데릭 노르딘. 도해: 올로프 쇠를링. 촬영: 파이트-엘. 발행인: 수네 룬드크비스트. 제1권: 스톡홀름 1941, 제2권: 스톡홀름 1942. (Gotlands Bildsteine: Gesammelt und untersucht von Gabriel Gustafson und Frederik Nordin. Mit Zeichnungen von Olof Sorling. Photographien von Harald Faith-Ell. Nach erneuter Durchsicht und Ergänzung des Materials herausgegeben von Sune Lundquist. Bd. I, Stockholm 1941. Bd. II, Stockholm 1942.)

그림 2. 클린테 훈닝게 제1호

그림 2: 클린테 훈닝게 제1호(Klinte Hunninge I). 고틀란드의 클린테 훈닝게 지방에서 발견된 기념비적인 석각화. 높이 284cm, 최대폭 158cm, 두께 20cm. 조성 700년경. 발견 1860년경.

상부면(上部面)(머리 부분): 방패와 창을 든 작은 기사의 기마상(騎馬像).

그 위쪽: 싸우는 두 전사(戰士). 왼쪽에 거의 엎드린 자세의 (살해당한?) 남자는 손에 반지를 들고 있다. 오른쪽에 (뿔잔을 손에 든?) 여자, 그 아래에 한 마리의 개가 보인다.

장면의 의미: 사자(死者)의 발할라 입성 또는 시구르드(『니벨룽겐의 노래』의 주인공 지크프리트) 영웅담. 줄 장식 횡선 아래의 배에 방패를 (그리고 칼을?) 든 7명의 전사가 타고 있다. 왼쪽 파도 속에 새겨진 직사각형 우리가 보이고, 그 안에서 바닥에 누운 남자(독사굴에 갇힌 군나르?)가 뱀들과 싸우고 있다. 오른쪽에서 한 여자가 뱀을 잡으려 하고, 왼쪽 아래의 여자는 뱀을 가져오는 것처럼 보인다. 하단의 조금 더 큰 직사각형 안에 여섯 채의 합각지붕 집들이 보이고, 그 위쪽에 활과 화살을 든 두 전사와 소 한 마리가 있다. 왼쪽: 한 남자가 아마도 화살에 맞아 쓰러지려 하고, 그 아래쪽의 사내는 벌써 죽어 누워 있다. 그 아래에 다시금 합각지붕. - 배 아래쪽에 묘사된 장면들은 필시 (상단 머리 부분의) 사자에 대한 복수를 촉구하는 내용인 듯하다.

출처: 고틀란드 석각화, 제1권, 표 52, 도판 128

고에다

고에다

II. 영웅전설: 영웅들의 노래 번역: 김길웅 …… 205

I

고에다

신화: 신들의 노래

그림 3. 카를스루에 기사상. 알레만족 고분에서 출토된 원형 걸이장식
소장: 독일 카를스루에 바덴 주립박물관

그림 4 도판 웹주소:
http://kmb.raa.se/cocoon/bild/raa-image/16000300035388/normal/1.jpg

그림 4. 알스코그-티엥비데 석각화 제1호

위 그림은 훼손된 부분을 보수 및 보완한 것이다. 상부에 검을 들고 팔각마(八脚馬) 슬레이프니르 Sleipnir를 탄 기사는 북유럽 신화의 최고신 오딘 Odin이다. 그 앞에 바이킹 시대의 옷을 입은 발퀴리 Valkyrie가 오른손에 아마도 뿔잔을 들고 기사를 맞이하고 있다. 왼쪽에 오딘이 데리고 다니는 개가 보인다. 오딘 위쪽에 죽은 전사가 넘어져 있고, 그 위로 창이 보인다. 전사와 창이 가리키는 반원형 건물은 죽은 전사들이 들어가는 발할라 Valhalla일 것이다. 개 위쪽에 남녀가 서로 마주 보고 있는데, 오른쪽은 남자 전사, 왼쪽은 다시금 뿔잔을 든 발퀴리로 추정된다.

석판 하부에 새겨진 거대한 바이킹 선에 전사 아홉이 항해하고 있다. 배 우측 가장자리 무늬선과 배 사이에 루네 문자로 쓰인 비문 띠가 비스듬히 이어져 있는데, 그 의미는 다음과 같이 추정된다. — "[친족을 위해 출정하였다가 전몰한(?)] 효룰프 Hjorulf(요룰프 Jorulf)를 기념하여 그 형제가 세우다." 효룰프는 '검 늑대' Schwert Wolf(sword wulf)라는 뜻이다.

이 석각화에 대해서는 이설도 있다. 뵐숭족 전설의 영웅 시구르드 Sigurd가 준마 그라니 Grani를 타고 규쿵족을 찾아오고, 브륀힐드 Brynhild 또는 그림힐드 Grimhild가 그를 맞이하는 장면이라는 것이다.

• 요약

· 국가: 스웨덴
· 지역: 고틀란드 섬, 알스코그
· 발견 장소: 탱비데
· 유적 명칭: 알스코그 탱비데 제1호
· 유형: 석각화
· 기법: 부조(浮彫)
· 소재: 석회암
· 크기: 높이 1.74m, 폭 1.21m, 두께 0.3m
· 문화사적 배경: 바이킹 시대
· 조성 연대: 8-12세기
· 소장 기관: 스웨덴 스톡홀름 국립역사박물관
· 문서실: 스웨덴 스톡홀름 국립역사박물관, 문서 제4171호
· 발견 연도: 1844
· 발굴 장소 지도 링크
- 한국어 지도 https://maps.google.de/maps?q=gotland&ie
- 영어 지도 http://www2.rgzm.de/Navis2/Home/OutputDE.cfm?PlotOnMap=yes&Alskog=yes&ObjectCode=SE_00013

• 그림 및 해설 참고

게르만 고대문화 백과사전. 수정증보 제2판, 하인리히 베크 외 편, 베를린/뉴욕, 1973~. 제1권, 표 18. [Reallexikon der Germanischen Altertumskunde. Begr. von Johannes Hoops. 2., vollig neu bearb. u. erw. Aufl., hrsg. v. H. Beck u. a., Berlin/New York 1973 f. (=RLGA), Bd. 1, Tafel 18.]
http://t3.gstatic.com/images?q=tbn:ANd9GcRVax25rGOLPXU0kaNj0r5wdmNLpitiQ34nr_Xpnh4LKtiefjJfWw
http://www2.rgzm.de/Navis2/Home/SingleObjectOutputDE.cfm?ObjectName=AlskogTjangvide1

1. 예언녀의 계시

(뵐루스파 Völuspa)

1

조용히 들으시오, 고귀하신 분들이여,
헤임달[1] 신족의 높고 낮은 자손이여.
천부(天父)[2]의 위업을 전파하려 하노니,
내가 아는 태고의 오랜 전설이니라.

2

거인들을 기억하니 태초에 탄생하여
옛날 옛적 이 몸을 길러 주신 분들이요.
아홉 세계 내가 아오, 아홉 줄기 뻗치고
땅속에 깊이 박힌 거목[3] 줄기 내가 아오.

3

먼 옛날 태초에 위미르가 살았더니,
모래도 바다도 소금물도 없었고,

1 '밝게 비추는 자'라는 뜻의 신으로, 아홉 자매에게서 출생했다.
2 최고의 신 오딘.
3 세계수(世界樹) 위그드라실 Yggdrasil.

대지도 그 위에　　하늘도 없었으며
입을 벌린 심연만 있고　　풀조차도 없었더라.

4
뵈르의 아들들이　　대지를 들어 올려
마침내 거대한　　미드가르드를 창조하니,
남녘의 태양이　　암벽 위에 비치고,
땅에서는 초록빛　　풀들이 자라더라.

5
남녘에 비치는 해,　　둥근 달의 동반자
하늘에서 천마(天馬)를　　오른손에 잡았어도
어디에 자리할지　　태양은 몰랐고,
제가 가진 위력을　　달도 알지 못했고,
별들도 제자리를　　정하지 못했더라.

6
그리하여 신들께서　　판관으로 좌정하여
어찌하면 좋을꼬　　서로 의논하셨으니,
어둔 밤과 새 달에　　이름을 지어 주고
아침과 낮이라　　이름을 붙이고
저녁과 밤으로　　시간을 정하셨더라.

7
이다 평원 너른 들에　　아스[4] 신들 모여들어

---

4 주요 신족으로 아스 신(Ase, 복수: 아젠 Asen. 고대노르웨이어: āss)과 바니르 신(Wane, 대개 복수: 바넨 Wanen. 고대노르웨이어: vanr)이 있다.

궁궐이며 신전을 드높이 지으시니,
(공력을 기울여 온갖 것을 시험했다.)
화덕을 만들고 쇠붙이를 단조하여
값진 보물, 집게, 연장 다 갖추어 만들었다.

8
신들은 궁궐에서 주사위를 즐기고
금붙이도 아직은 아쉽지 않았더라,
거인들의 나라에서 투르스[5] 거인의
마력 지닌 세 딸이 찾아올 때까지는.

9
그리하여 신들께서 판관으로 좌정하여
어찌하면 좋을꼬 서로 의논하셨으니,
브리미르의 피를 뽑고 블라인의 손발 엮어
누가 맡아 만들꼬, 난쟁이 족속을?

10
그리하여 생겨난 난쟁이 모드소그니르,
족속 최고 일인자요, 그다음에 두린이라.
인간 모습 난쟁이를 이들이 더 만드니,
두린의 말에 따라 흙으로 빚었더라.

11
뉘와 니디, 노르드리와 수드리,

---

5 투르스 Thurs(복수: 투르젠 Thursen)는 대개 신과 인간에게 적대적인 거인(족)의 한 명칭. 망치를 무기로 쓰는 토르가 거인을 제압한다.

아우스트리와 베스트리,
나르와 나인,
비푸르, 바푸르,
안과 아나르,
알티요프르와 드발린
니핑그르와 다인,
뵘부르와 노리,
아이와 묘드비트니르였다.

12
베이그르와 간달프르,
테크르와 토린,
나르와 뉘라드르이니
레긴과 라스비드르까지
빈달프르와 트라인,
트로르와 비트르, 리트르,
이제 난쟁이들을
제대로 호명했다.

13
필리와 킬리,
헤프티와 빌리,
빌링그르와 브르니,
프라르와 호른보리,
아우르방그르와 야리,
푼딘과 날리,
하나르와 스비오르,
빌드르와 부리,
프레그르와 로니,
에이킨스캴디.

14
이제는 드발린 무리의
로파르까지 이르는
암벽과 협곡에서
지상의 평지로 오려
난쟁이들 가운데
계보를 셀 차례로구나.
아우르방의 심연에서
애를 쓴 자들이었다.

15
그들은 드라우프니르와
하르와 하우그스포리,
스키르비르와 비르비르,
돌그트라시르,
흘레방그르와 글로이,
스카피드르와 아이,

알프르와 잉비,
에이킨스캴디이며,

16
피알라르와 프로스티,
핀나르와 긴나르,
헤리와 회그스타리,
흘리오돌프르와 모인이었다.
인간들이 지상에서
살아가는 동안
로파르 조상의
긴 계보는 기억되리라.

17
신들의 모임에서
세 신이 밖으로 나가니
힘이 세고 너그러운
아스 신들[6]이었다.
이들이 바닷가에
아스크와 엠블라 나무가[7]
쓰임새도 목적도 없이
서 있음을 보았노라.

18
나무들은 영혼이며
감각도 없었고
혈기며 움직임이며
생동하는 색(色)[8]도 없었다.
오딘이 영혼을
회니르는 감각을
로두르는 혈기와
생동하는 색을 주었다.[9]

19
물푸레나무를 아니
위그드라실[10]이 이름이라
높다란 나무는
하얀 안개로 덮였으니

6 셋이란 오딘과 회니르, 로두르를 가리킨다.
7 아스크는 떡갈나무를 뜻하고 엠블라 역시 나무 이름이다.
8 외양을 말한다. 역자 주.
9 인간이 창조되는 과정을 묘사한 것이다.
10 세계수를 뜻하며 "오딘의 말[馬]"이라는 뜻이다.

이슬이 굴러 나와　계곡으로 떨어졌다.
우르드[11]의 샘 위에서　언제고 푸르렀다.

20
그곳 우듬지 아래　호수에서부터
세 명의 지혜로운　여신들이 나왔구나.
첫째는 우르드,　둘째는 베르단디로
나무에 금을 그었고,[12]　셋째는 스쿨드였다.
인간 종족 대대로　명줄을 확정하고
앞날을 예언하며　운명을 결정했다.

21
늙은 아스신(오딘)이　생각하며 다가올 때
이 몸은 홀로　바깥에 앉아 있었다.
어이 질문하시는고?　무엇을 캐어물으시나?
당신의 눈 숨긴 곳까지　모조리 알고 있노라.

22
저 널리 유명한　미미르의 샘이구나.
군신(軍神)이 맡겨 놓은　꿀술을 미미르는
아침마다 마셨노라,[13]　그 의미를 아는가?

---

11 우르드는 운명의 세 여신 가운데 하나이다.
12 운명을 나타내 주는 루네 문자를 나무에 새겼다는 뜻이다.
13 군사들의 신 오딘은 미미르 거인의 지혜의 샘물을 마시려고 대가로 자신의 한쪽 눈을 주었다.

23
귀한 금언(金言)과
목걸이며 반지들을
온 세상을 나는
냉철한 머리를 얻고자
군신이 거인에게 주었다.
멀리 널리 보았노라.

24
신들의 모임에 가고자
말 타고 준비함을
스쿨드가 방패 들고
군과 힐드,
발퀴리가 되어
헤리안[14]의 처녀들을
멀리서 발퀴리들이
내가 보았구나.
스쾨굴이 다음이며
괸둘과 게이르스쾨굴이었다.
세상을 두루 다니는
지금 말한 것이노라.

25
세상에서 처음으로
신들이 굴베이그[15]를
지존자(오딘) 궁궐에서
세 번을 죽였지만
다시 또다시
종족 전쟁이 일어나니
창으로 찌르고
훨훨 태웠다.
세 번을 살아 나와
목숨을 보존했다.

26
가는 곳에서 사람들이
미래를 내다보니
악한 마술을 써서
헤이드라 불렀다.
마법을 부렸으며
영혼을 앗아가니

---

14 오딘을 뜻한다.

15 굴베이그는 금의 힘이라는 뜻이며, 금을 여자로 의인화했다. 굴베이그는 그때까지 순진무구했던 신의 세계에 들어와 금의 힘으로, 재물로 유혹하는 마녀이다.

사악한 자들이 항상 떠받드는구나.

27
그리하여 신들께서 판관으로 좌정하여
어찌하면 좋을꼬 서로 의논하셨으니,
아스 신들이 배신에 대해서 벌을 내려야 할지
신들이 모두 속죄양을 받아들일지였다.

28
아스 신들의 성벽이 무너져 내렸고
전투에 능한 바니르 신들은 대지를 초토화시켰다.
오딘은 적들 머리 위로 창칼을 내둘렀으니
이것이 종족들 간에 벌어진 최초의 전쟁이었다.

29
그리하여 신들께서 판관으로 좌정하여
어찌하면 좋을꼬 서로 의논하셨으니,
누가 공기를 음험하게 채웠으며
누가 거인들에게 오드후르의 부인[16]을 주었는지.

30
분노한 토르는 주저하지 않았으니
본래부터 그런 일을 참아 넘기지 못했다.
그리하여 맹세며 말이며 언약이며
근자의 훌륭한 굳은 약정들이 깨어졌다.

16 오딘의 부인인 여신 프레이야를 뜻한다.

31

헤임달의 뿔나팔이
숨겨진 곳을 아니
하늘 높이 치솟은
성스러운 나무 아래로다.
강물이 폭포로
세차게 흐르니
군신이 맡겨 놓았다.
그 의미를 아는가?

32

동쪽에 늙은 여인이
철의 숲에 앉아
펜리르의 종족을
먹이고 길렀구나.
그들 중 하나가
최고로 악한 것이니
달의 살해자[17]는
요괴의 형상을 하였구나.

33

죽은 병사의 골수로
배를 채우니
성스러운 궁궐은
피범벅이 되었다.
다가올 여름마다
태양 빛이 어두우니
기후도 분노한다.
그 의미를 아는가?

34

그때 언덕에 앉아
하프를 뜯고 있는 자는
여거인의 수호자
활달한 에그디르였다.
그 앞 새의 숲에서
목청껏 내지르는
시뻘건 수탉은
피알라르란 이름이었다.

35

신들을 향해 굴린캄비가
찢는 듯 소리 지르니

---

17 세계의 멸망 때 달을 집어삼킨 펜리르 늑대를 뜻한다.

군신 궁궐에 있는
땅 밑에서 소리치는
저승 궁궐의
용사들을 깨우는구나.
또 다른 짐승은
검붉은 수탉이로구나.

36
젊디젊은 희생양,
불행이 다가옴을
초원 위에 높다랗게
겨우살이 나무의
오딘의 아들 발드르에게
내가 알았노라.
자라난 것은
부드럽고 여린 가지.

37
겨우살이 나무는
통탄의 화살이 되었고
(발드르의 아우는
오딘의 후계자로
생각해 보니
회드르가 쏘았구나.[18]
세상에 태어나 하루 만에
싸우러 나갔다.

두 손도 씻지 않고
발드르의 원수를
프리그는 펜살에서
대성통곡을 했다.
머리도 빗지 않으니
장작더미에 올려놓았구나.)
발할라의 죽음에 대해
그 의미를 알겠는가?

38
원천의 숲에
몰골이 끔찍한
격분한 몸짓의 시긘도
사슬에 묶여 있으니
사악한 로키로구나.
그 옆에 앉았으니

18 회드르가 로키의 꾐에 빠져 겨우살이의 가지로 만든 활로 발드르를 쏘아 죽인 사건을 말한다.

남편 때문에 외롭구나.
그 의미를 아는가?

39
죽음의 띠로 묶였음을
내장으로 만든 족쇄로
현자는 많이 알고
세계가 멸망하고
그니파 동굴 앞에서
족쇄가 풀렸도다.
내가 아니
꽁꽁 동여맸구나.
미리 알고 있으니
아스 신들은 몰락하리라.
가름이 울부짖으니
프레키가 달려간다.

40
강물이 동쪽에서
흙탕에 칼투성이니
고름의 골짜기를 흐르니
슬리두르라 부른다.[19]

41
북쪽의 니다 산맥 속에
금으로 지어 놓은
또 다른 궁궐은
거인들의 주연(酒宴)궁이니
신드리 족속[20]들이
궁궐이 서 있었다.
오콜니르에 자리하였으며
브리미르란 이름이었다.

42
태양에서 머나먼
궁궐이 서 있으니
창문에서는 독즙이
뱀의 등가죽으로
죽음의 해안가에
문들이 북쪽으로 났구나.
뚝뚝 흐르고
궁궐을 덮었구나.

---

19 '끔찍한 강'이란 뜻이며, 이 연은 거의 지옥과 흡사한 광경을 묘사하고 있다.
20 난쟁이 족속이다.

43

귀청을 찢는 강물을　　건너가고 있으니
살인자들과 사기꾼들이니라.
(임자 있는 여인의 귀에 대고 속닥거린다.)
니드회그 용　　인간의 살해자가
시체를 빨아먹는다.　　그 의미를 아는가?

44

현자는 많이 알고　　미리 알고 있으니
세계가 멸망하고　　아스 신들이 몰락하리라.

45

형제들이 반목하여　　서로 쓰러뜨리고
사촌끼리 가문을　　깨뜨림을 보았다.
대지가 굉음 내고　　악한 영들 날아다니니
아무도 다른 이를　　돌보지 않는구나.

46

끔찍한 일들 일어나니　　온 세상이 음탕해졌다.
도끼의 시대, 창검의 시대,　　방패들이 부딪치니
세계가 몰락하기 전의　　겨울이며 늑대의 시간이었다.

47

기알라 뿔나팔의　　귀청 찢는 소리에
무스펠의 아들들도 불어 대고　　중간 나무에는 불이 붙는다.
고귀한 뿔나팔을　　헤임달이 목청껏 불고
미미르의 머리를 들고　　오딘이 중얼거린다.

48

위그드라실이 벌벌 떠니
수르투르 늑대가 풀려 나오니
(저승에 묶인 이들
수르투르의 불꽃이[21]
가름이 그나파 동굴 앞에서
족쇄가 풀렸도다,
거기 서 있는 물푸레나무구나,
늙은 세계수가 버석거린다.
모두가 겁에 질리니
물푸레나무를 삼키는구나.)
끔찍하게 곡을 하니
프레키가 달려간다.

49

흐륌이 동쪽에서 와
요르문간드[22]가 거인 굴에서
괴물은 파도를 때리고
시체를 찢는구나,
방패를 치켜드니
요동을 쳐댄다.
독수리들은 맴을 돌다
나글파르가 출발한다.

50

무스펠의 아들들이
바다를 건너온다.
사나운 거인들이
비라이스트의 형제도
동쪽에서 배를 타고
로키가 지휘한다.
늑대와 다 같이 오니
이에 합세한다.

51

남쪽에서 수르투르가
신들의 태양 빛이
바위산이 무너지고
용사들은 저승으로 가고
불의 검을 가져오니
칼날에 번쩍인다.
여거인들 혼비백산하니
하늘이 무너진다.

---

21 수르투르의 불꽃은 바로 불이며 결국 이 불이 물푸레나무를 태워 쓰러뜨렸다.
22 미드가르드의 뱀을 가리킨다.

52
아스 신들 어찌 되었냐고?
엘프들 어찌 되었냐고?
거인국이 들쑤셔졌고
아스 신들은 회합을 연다.
돌문 앞에서는
암벽의 현자들인
난쟁이들이 괴로워했다.
그 의미를 아는가?

53
두 번째 애통함이
흘린[23]에게 닥쳤다.
오딘이 서둘러서
수르투르 늑대와 싸우러 가고
벨리의 살인자(프레이르)가
수르투르와 싸우는구나.
프리그의 유일한 기쁨(오딘)이
그때 쓰러졌구나.

54
승리의 신의
고귀한 아들 비다르는
주저하지 않고
시체늑대와 대결한다.
흐베드룽 아들의
쩍 벌린 입을 꿰뚫어
심장에 창을 꽂으니
아비의 복수를 하였도다.

55
흘로딘의 건장한
후계자가 달려나오니
오딘의 아들이
괴물과 맞서는구나.
미드가르드의 수호자가
분연히 그를 친다.
누구도 겁내지 않는
뱀에게서 아홉 발자국
표르긴의 아들이
물러서는구나.
모든 존재들이
세상을 뜰 수밖에 없구나.

---

23 오딘의 아내이자 발드르의 어미인 프리그를 말한다.

56
태양이 어두워지고 대지가 바다에 가라앉는다.
하늘에서 빛나던 별들도 사라진다.
불꽃이 만물의 생명수 세계수를 집어삼키니
타오르는 불길은 하늘까지 치솟는구나.

57
두 번째로 대지가 물에서 솟아오르고
다시금 초록빛을 띰을 내가 보는구나.
조수가 빠지니 독수리가 날아다니며
암벽 위에서 물고기를 잡는구나.

58
이다 평원에서 아스 신들 모여서
세계를 뒤흔든 위대한 자들을 이야기한다.
태곳적의 격언을 그들이 기억해 내니
핌불튀르[24]가 알아낸 루네의 문자들이라.

59
그때에 다시금 풀밭 속에서
신비스러운 황금공들이 발견되었구나.
태곳적에 아스 신들이 소유했었으니
신들의 왕, 오딘의 종족들이라.

60
씨 뿌리지 않아도 밭들이 수확을 내고

---

24 오딘을 뜻한다.

사악함이 스러지니
군신의 하늘궁에
전투에 밝은 신들이라.

발드르가 돌아온다.
회드르와 발드르가 거하니
그 의미를 아는가?

61
회니르도 스스로
(원수졌던) 두 형제의 아들들이
거하시는구나.

운명을 선택하고
광활한 바람의 집[하늘]에
그 의미를 아는가?

62
태양보다 더 환한
기밀의 언덕 위에
충직한 자들이
영원히 그들의 영광을

궁궐을 내가 보니
황금으로 덮였구나.
거기에 거하며
누릴 것이다.

63
그때 힘센 자가
저 위에서 만물을
분쟁에 결정을 내리고
영원한 규칙들을

신들의 모임에 오니
지배하는 막강한 자이니라.
다툼을 조정하고
세우는구나.

64
이제 어두운 빛깔의
니다 암벽에서
날개 위에 시체들 얹고
평야 위를 날아가

용이 날아온다
이리로 내려오는 뱀
니드회그 용은 이제
내려앉는다.

2. 그림니르의 노래
(그림니스말 Grimnismal)

흐라우둥 왕에게는 아들이 둘 있었다. 첫째는 아그나르였고 열 살이며 다른 아들은 게이로드로 여덟 살이었다. 어느 날 둘이 배를 타고 작은 물고기를 잡으러 바다로 갔으나 바람이 그들을 바다 한가운데로 몰고 갔다. 어두운 밤에 그들은 해안가에 표류하다가 육지로 올라가 오두막집을 발견하고 겨울을 거기에서 지냈다. 오두막집 아낙네는 아그나르를 보살펴 주었고 남정네는 게이로드를 돌보아 주며 교활한 충고를 해 주었다. 봄에 농부는 그들에게 배 한 척을 주었고 아낙과 함께 바닷가까지 전송해 주고는 게이로드와 단 둘이 밀담을 나누었다. 그들은 순풍을 타고 부모 곁으로 갔다. 그러나 배의 앞전에 서 있던 게이로드는 육지로 뛰어내리며 배를 다시 바다로 거꾸로 떠밀었다. 그리고 말하니 "자, 악령의 수중으로 가거라!" 배는 바다로 갔고 게이로드는 집으로 돌아가 융숭한 대접을 받았다. 아버지가 죽은 후에 게이로드는 임금이 되었으며 엄청난 권력을 쥐게 되었다.

오딘과 프리그는 흘리드스캴프[25]에 앉아 세상을 내려다보았다. 그때 오딘이 말했다. "당신이 키운 아그나르가 거인 여자와 자식들을 낳고 사는 것이 보이시오? 내가 키운 게이로드는 임금이 되어 나라를 다스리는구려." 프리그가 이에 대답하니, "그는 아주 인색하다고 합니다. 손님이 많이 올

25 오딘의 용상. 거기에 앉아 세상 모든 것을 보았다고 한다.

까 봐 손님들을 괴롭힌다고 합니다." 오딘은 이를 새빨간 거짓말이라 하였고 결국 둘은 내기를 했다. 프리그는 장신구 담당 몸종 풀라를 보내 게이로드 왕에게 그 나라에 와 있는 마술사를 조심하라고 이르라 하고 개들이 사납게 공격하지 않는 자가 있으면 그것이 바로 그자라는 징표라고 일러 주었다. 게이로드 왕이 손님을 홀대한다는 것은 사실이 아니었다. 그러나 개들이 공격하려 들지 않은 한 남자가 있었는데, 게이로드는 그를 혼내 주게 했다.

그 사나이는 파란 망토를 입고 있었고 그림니르라 스스로를 칭하였으며 사람들이 질문해도 자신에 대하여는 한마디 말도 하지 않았다. 왕은 그에게 입을 열도록 고문을 가하고 불길 가운데에 앉혀 놓았다. 여덟 밤을 거기에 있었다. 게이로드는 열 살 난 아들이 하나 있었는데 자기형의 이름을 따라 아그나르라 불렀다. 아그나르는 그림니르에게 가서 뿔잔에 마실 것을 가득 따라 주고 왕이 아무 죄가 없는데도 그를 괴롭히니 이는 잘못된 것이라고 말했다. 그림니르는 이를 다 마셨다. 그때 불길이 그림니르의 망토를 태울 지경에 이르렀다. 그림니르가 말했다.

1
뜨겁구나, 불길이여, 열기가 과하구나
저리로 멀어져라, 화염이여!
옷소매가 타들어 와 곧바로 쳐들었건만
불길이 망토에 번졌도다.

2
여덟 밤을 여기 불길 사이에 있었건만
먹을 것 주는 이 없었는데
아그나르만 예외로구나, 게이로드의 아들은 홀로
고트족[26]의 나라를 다스릴지어라.

3
축복받으라, 아그나르, 영웅들의 왕 되라는
기원을 담았도다.
음료수 한 모금 덕택에 그 누구도 너에게
더 좋은 선물을 주지 못할 것이다.

4
성스럽구나, 이 나라여, 아스 신들과 엘프들
가까이에 자리 잡고 있구나.
신들이 몰락할 때까지 트루드헤임 저기에는
토르가 거처할 것이니라.

5
울러[27]가 궁궐을 축조한 고장은
이달리르라 불린다.
태초에 신들은 프레이르에게 알프헤임을
유치(乳齒) 난 기념 선물[28]로 주었다.

6
세 번째 궁궐이 우뚝 솟으니 유쾌한 신들이
은으로 덮었구나.
발라스캴프라는 궁궐, 옛날에 아스 신께서
선택하신 궁궐이라.

---

26 고대의 고트족보다는 일반적으로 "용맹한 족속"을 뜻한다.
27 울러는 한때 중요한 경작의 신이었다.
28 첫 이빨이 나면 선물을 하는 풍습이 있었다.

7
네 번째 궁궐은 쇠크바벡이니　　　　차가운 물결이
그 위에서 쏴쏴 흐르는구나.
오딘과 사가는 날마다　　　　　　　행복하게 그 물을
황금잔으로 마시는구나.

8
다섯 번째 궁궐은 글라드스헤임이니　금빛 찬란하구나
발할라의 넓디넓은 홀이
오딘이 날마다　　　　　　　　　　칼 맞아 죽은 용사들을
그곳에서 추려 뽑는다

9
오딘에게 오는 자는　　　　　　　　궁궐을 한 번만 보면
쉽게 알아볼 수 있으리라,
창으로 지붕을 엮고　　　　　　　　방패로 덮었으며
의자에는 갑옷이 널려 있구나.

10
오딘에게 오는 자는　　　　　　　　궁궐을 한 번만 보면
쉽게 알아볼 수 있으리라,
늑대 한 마리가　　　　　　　　　　서문(西門)에 매여 있고
위에는 독수리가 한 마리 있구나.

11
여섯 번째는 트륌헤임,　　　　　　　티아시가 살았으니
힘이 센 얼음거인이라.
지금은 신들의 수줍은　　　　　　　신부(新婦) 스카디가

아비의 옛 요새에 거하는구나.

12
일곱 번째는 브레이다블릭,
발드르가 거기에
궁궐을 세웠구나.
그곳은 내가 아니
끔찍한 일들이라곤
찾아볼 수 없느니라.

13
히민비요르그가 여덟 번째이니
헤임달이 성소를
관리하고 있구나.
신들의 호위병은
화평한 궁궐에서
달콤한 꿀술[29]을 즐기는구나.

14
폴크방이 아홉 번째이며
프레이야가 궁궐 안
자리 정하는 권한을 가졌구나.
날마다 전사자 중
반을 가려 뽑으면
나머지는 오딘이 뽑는구나.

15
글리트니르가 열 번째이니
궁궐의 금기둥 위에
은지붕이 놓여 있구나.
그 궁궐에 하루 종일
포르세티가 거하며
갖가지 분쟁을 조정하는구나.

---

29 단술이라 부르기도 한다.

16
노아툰이 열한 번째이니
뇨르드가 그곳에
궁궐을 지어 올렸구나.
용사들의 왕은
악의며 실책도 없이
고귀한 궁궐을 다스리는구나.

17
비다르가 소유한
숲의 나라 비디에는
관목이며 풀들이 높이 우거졌구나.
그때 나의 아들이
말안장에 올라타니
아비의 복수할 준비가 되었구나.

18
안드흐림니르 주방장은
엘드림니르 단지에
세흐림니르 고기를 익히라 시킨다.
최상의 고기인데
전몰전사들의 주식은
아는 이가 별반 없구나.

19
전쟁에 능숙한
훌륭한 군신이
게리와 프레키를 먹이는구나.
오로지 포도주만으로
무기의 신 오딘은
영겁을 살아간다.

20
후긴과 무닌은
날마다 대지 위를
날아다녀야 한다.
후긴이 돌아오지 않으면
근심이 되지만

더욱더 염려됨은 무닌이구나.

21

튼드르 강이 솨솨 흐르면
티오드비트니르(토르)의 물고기가
강물에서 유영하는구나.
발글라우미르를 건너려니[30]
강물의 광포함이
도를 넘는다 생각되도다.

22

성스러운 문[聖門] 앞의
성스러운 창울타리는
발그린드라 불린다.
울타리가 선 지 오래되나
자물쇠 닫는 법
아는 자가 적도다.

23

오백사십 개의 문이
발할라 궁궐에 있음이
내게 떠오르는구나.
늑대와 싸울 때면
팔백 명의 전몰전사가
각 문으로 나가는구나.

24

오백사십 개의 방이
빌스키르니르(토르)의 궁궐[31]에 있음을
내가 알고 있도다.
지붕 덮은 궁들 중에
아들 궁이 가장 큼을
내가 알고 있노라.

---

30 이 연은 죽은 자들이 건너가는 강물을 묘사한다.
31 발할라처럼 오백사십 개의 문이 있는 토르의 궁을 뜻한다.

25
군신 궁궐 앞의 염소는 헤이드룬이라 불리니
레라드의 잎사귀를 먹어치우는구나.
농익은 꿀술로 잔을 가득 채워도
젖이 결코 모자라지 않는구나.[32]

26
군신 궁궐 앞의 사슴은 에익티르니르라 불리니
레라드의 잎사귀를 먹어치우는구나.
뿔가지에서 방울이 흘러 흐베르겔미르로 가니
모든 강물의 발원지이니라.

27
강들은 시트와 비트, 쇠킨과 에이킨, 스뷜과 군트로,
표름과 핌불퉐,
린과 레난디, 기풀과 괴풀,
괴뭄과 게이르비물이로다
신국(神國) 주위를 흐르니 틘과 빈,
퇼과 횔, 그다르와 군토린 강이구나.

28
첫 번째는 비나라, 두 번째는 벡스빈
세 번째는 디오트누마라 불리운다.
니트와 뇌트, 뇐과 흐뢴,
슬리트와 흐리트, 실그르와 일그르,
비드와 반, 뵌드와 스트뢴드,

---

32 꿀술은 꿀과 염소의 젖으로 만든다.

기욜과 레입트르 강은　　　　　인간세계 가까이 흐르며
지하세계로 흘러내려 간다.

29
쾨름트와 외름트,　　　　　케를라우그 강들을
날마다 토르가 건너가는구나,
세계수 위그드라실에서　　　　　판결을 내리려고
말을 타고 나가는구나.
아스 신의 교량들이　　　　　화염에 싸여 있고
성스러운 강물도 불타기 때문이라.

30
글라드르와 길리르,　　　　　글레르와 스카이드브리미르,
실프린톱과 시니르,
기슬과 팔호프니르,　　　　　굴톱과 렛페티,
이 말들을 아스 신들이 타고 가니
세계수 위그드라실에서　　　　　판결을 내리려고
날마다 가는구나.

31
세계수 위그드라실은　　　　　뿌리가 셋이며
세 방향으로 뻗어 있구나.
첫째 밑에는 헬[33],　　　　　둘째 밑에는 흐림투르스족들,
셋째 밑에는 인간들이 살고 있구나.

33 하계(下界)의 신.

32
세계수 위그드라실의　　　　　　위아래로 뛰노는 다람쥐는
라타퇴스크르라 불리니
독수리의 말을　　　　　　　　　저 위에서 듣고서는
아래의 니드회그에게 전해 주는구나.

33
세계수의 어린 가지를　　　　　　목을 구부리고 먹는
사슴은 모두 네 마리이니
다인과 드발린
두네이르와 드라트로르이다.

34
세계수 뿌리 밑에는　　　　　　아둔한 자 짐작보다
훨씬 많이 미물들이 살고 있다.
고인과 모인,　　　　　　　　　그라프비트니르의 자손들이니
그라바크르와 그라프벨루드르,
오프니르와 스바프니르는 영원토록 뿌리의 잔털을
먹고 살아야 하느니라.

35
세계수 위그드라실은　　　　　　인간들 아는 것보다
괴로움이 훨씬 많으니,
사슴들이 위에서 뜯어　　　　　　옆구리가 텅 비었고
니드회그는 아래에서 갉아먹는구나.

36
흐리스트와 미스트는　　　　　　내게 잔을 올리며

스케괼드와 스쾨굴,
흘뢱과 헤르표트르, 힐두르와 트루드루,
괼과 게이뢸룰,
란드그리드와 라트그리트, 그리고 레긴레이프는
전몰용사들에게 엘주를 따르는구나.

37
아르바쿠르와 아스비두르는 태양 말을 늘상
더위에 허덕이며 끌어야 한다.
온유한 아스 신들은 말안장 아래에
차가운 철바람통을 숨겨 두었구나.

38
빛을 발하는 신(神), 태양 앞의 방패는
스발린이라 부른다.
원래 위치에서 방패가 내려가면
사구와 산들을 모두 태워 버린다.

39
감싸 안는 큰물까지 빛나는 여신(태양)을 따라가는
늑대는 스쾰이라 부르고,
다른 놈은 하티, 흐로드비트니르의 아들이니
하늘의 신부(新婦, 태양)보다 더 빨리 내달린다.

40
위미르의 살덩이로 육지가 만들어졌고
피로는 바다가
뼈로는 산들이, 머리털로 나무들이

두개골로 하늘이 만들어졌구나.

41
심성이 고운 아스 신들은 눈썹을 가지고
인간에게 미드가르드를 만들어 주었고,
뇌수를 가지고 울퉁불퉁한 구름을
전부 만들어 주었다.

42
가장 먼저 불길을 끄는 자는
울러와 신들의 총애를 얻을지니,
큰솥을 끄집어내면 아스 신들에게는
세상 볼 전망이 트이기 때문이라.

43
이발트의 아들들이 옛적에 밖으로 나가니
스키드블라드니르를 만들기 위해서라.
최고의 선박을 만들어 빛나는 프레이르에게 주니
뇨르드의 전도양양한 아들에게로다.

44
나무 하면 세계수 위그드라실,
배 하면 스키드블라드니르,
아스 신 하면 오딘, 말 하면 슬레이프니르,
다리 하면 비프로스트, 시인 하면 브라기,
매 하면 하브록, 개 하면 가름이로다.

45
승리의 신 자손들이
나의 얼굴 보았으니
나의 축복 있으리라.
아스 신들 모두가
오게 되리니
비트리히(오딘)의 궁궐이며
비트리히의 만찬에로다.

46
나의 이름은
그리미르와 강글레리,
헤리안과 할름베리,
테크르와 트리디,
투드르와 우드르
헬블린디와 하르.

47
사드르와 스비팔,
산게탈,
헤르테이트르와 흐니카르,
빌레이그르와 발레이그르,
뵐베르크르와 퓰니르,
그리무르와 그랍스비드르.

48
시드회트르와 시드케그르,
시그파터[34]와 흐니쿠드르,
알파터[35]와 발파터[36],
아트리드르와 파르마티르였도다,
종족들 사이를
두루 돌아다니니
이름 하나로는 충분치 않았느니라.

---

34 승리의 신이라는 뜻이다.
35 만물의 신이라는 뜻이다.
36 전투의 신이라는 뜻이다.

49
게이로드에서는 나를 그림니르라 불렀고,
아스문드에서는 얄크라였다,
썰매를 끌 때에는 키알라라고 부르고,
저기 팅모임에서는 트로르로,
원수들에게는 비두르로,
신들에게는 오스키와 오미, 야플하르와 비플린디,
괸드리르와 하르바르드라 불렸구나.

50
늙은 투르스 거인을 속여넘기고
미드비트니르의 용맹한 아들을
결투에서 죽였을 때
쇠크미미르에서는 스비두르와 스비드니르라 불렀다,

51
취했도다, 게이로드, 도를 넘어 마셨구나,
꿀술이 너의 주인이 되었구나.
많은 것을 잃으니 나의 총애 아쉬우리라.
전몰용사 모두와 오딘의 은총이었도다.

52
내가 자주 일렀어도 귀담아듣지 않으니
친밀한 사람들이 네놈을 속였구나.
벌써 눈앞에 선하니 나의 애검이
피로 흐려지는구나.

53
이제 위그르(오딘)는 칼에 지친 시체를 거두게 되니
목숨이 네놈을 버릴 것이다.
디스 영들도 적대적이니, 이제 오딘을 보아라,
할 수만 있다면 가까이 다가오라.

54
지금은 오딘이라 좀 전에는 위그르였으며
툰드르라고도 불린 적이 있었다.
신들은 바크르와 스킬핑거, 바푸드르와 흐롭타티르,
가우트르와 얄크르라 불렀다.
오프니르와 스바프니르, 이들의 근원을 아니
모두 다 이 한 몸을 지칭하는 것이라.

게이로드 왕은 앉아서 무릎 위의 칼집에서 칼을 반쯤 뽑았다. 그는 오딘이라는 소리를 듣고 벌떡 일어나 그를 불에서 구해 내려 했다. 그때 칼이 손에서 미끄러져 떨어졌는데, 칼날이 위로 향했다. 왕은 발을 헛디뎌 그 위로 넘어졌고 칼이 몸을 꿰뚫어 그가 죽었다. 그러자 오딘은 사라졌고 아그나르가 오랫동안 왕위를 지켰다.

3. 바프트루드니르의 노래
(바프트루드니스말 Vafthrudhnismal)

1 강그라드[37]
간언해 주시오, 프리그, (바프트루드니르의) 집에 가고 싶소
태고세계에 대하여 내가 많이 아니
전지(全知)한 거인과 겨루어 보고 싶소.

2 프리그
병사의 신이시여, 당신에게 간언을 드리니
아스 신의 보금자리에 머무시오.
거인 바프트루드니르보다 더 많이 아는 자
알지 못하나이다.

3 강그라드
경험한 것도 많고 알아본 것도 많고
신들에게도 많이 물어보았소.
바프트루드니르의 궁궐은 어떠한 사정인지
알아보고 싶다오.

37 오딘의 별명.

4 프리그
가는 길 무사하시고, 오는 길 무사하시며
발걸음마다 무사하시오!
세상의 신이신 당신이여, 거인과 말싸움하시어
당신의 지혜를 입증하소서.

5 강그라드
가장 현명한 거인의 지혜를 시험하고자
오딘이 저기 가 버렸구나.
임의 아비가 소유한 궁궐로 그가 갔노라.
위그르가 곧바로 들어가는구나.

6 강그라드
직접 만나 보고자 궁궐로 몸소 왔노라,
바프트루드니르여, 축복 있으라.
당신이 현명한지 모든 걸 아는 거인인지
제일 먼저 알고 싶구나.

7
나의 궁궐로 와서 말을 거는 자는
그 누구인가?
나보다 현명치 않으면 나의 궁궐에서
결코 살아나가지 못하리라.

8 강그라드
강그라드라 하니 길을 가다 목이 말라
당신 궁궐에 왔노라.
주인이여, 거인이여 두루 방랑하니

환대가 아쉽구려.

9 바프트루드니르
강그라드, 현관에서　　　　무슨 생각, 무슨 말을 하는가?
방으로 들어와 자리를 잡으라.
누가 더 많이 아는가,　　　　객인가, 늙은 연사인가
이제 알게 되리라.

10 강그라드
넘치는 가운데　　　　부족한 곳 있으니
제대로 대답하든지 입을 다물라.
무뚝뚝한 자에게　　　　입놀림이 지나치면
결과가 좋지 않으리라.

11 바프트루드니르
말해 보라,　　　　현관에서 운을 시험하는 자
강그라드여,
인간들 무리 위로　　　　해를 끌고 가는 수말은
무어라 불리는가?

12 강그라드
인간 무리들 위로　　　　빛나는 낮을 끄는 말은
스킨팍시라 하는구나,
말 가운데 으뜸이라고　　　　신들이 생각하니
언제나 갈기가 찬란하구나.

13 바프트루드니르
말해 보라,　　　　현관에서 운을 시험하는 자

강그라드여,
지배하는 신들에게　　　동녘에서 밤을 갖고 오는 말은
무어라 불리는가?

14 강그라드
지배하는 신들에게　　　동녘에서 밤을 갖고 오는 말은
흐림팍시라 하는구나,
매일 아침 입에서　　　방울이 떨어져
이슬 되어 골짜기를 채우도다.

15 바프트루드니르
말해 보라,　　　현관에서 운을 시험하는 자
강그라드여,
거인과 신들의　　　영토를 가르는 강은
무어라 불리는가?

16 강그라드
거인과 신들의　　　영토를 가르는 강은
이핑이라 하는구나,
언제나 강이　　　막힘 없이 흐르니
얼음조차도 결코 못 좁히니라.

17 바프트루드니르
말해 보라,　　　현관에서 운을 시험하는 자
강그라드여,
수르투르와 성신들이　　　전투를 벌인 평야는
무어라 불리는가?

18 강그라드
수르투르와 성신들이　　　　전투를 벌인 평야는
비그리드라 부른다
좌로 우로　　　　백 길이 되니
싸움터가 그들을 기다리는구나.

19 바프트루드니르
현명하도다, 객이여,　　　　거인의 자리로 가서
앉아서 이야기해 보자.
여기에서 머리를 걸고　　　　시합을 하자꾸나
방랑자여, 현명한 말하기 시합을.

20 강그라드
바프트루드니르여,　　　　지력이 닿아 답을 안다면
첫 번째로 말해 보라,
현명한 거인이여,　　　　땅과 저 위의 하늘은
어디로부터 왔는가?

21 바프트루드니르
위미르의 살로　　　　육지가 만들어졌고
그의 뼈로는 산들이
얼음처럼 찬 두개골로　　　　하늘이 지어지니
그의 땀으로 바다가 만들어졌다.

22
바프트루드니르여,　　　　지력이 닿아 답을 안다면
두 번째로 말해 보라,
인간 위를 지나가는　　　　달이 어디에서 왔으며

해는 어디에서 왔는지.

23 바프트루드니르
달의 아비와 해의 아비는
문딜푀리라고 이름 부르네,
그들은 매일매일 하늘을 한 바퀴 돌고
한 해의 시간에 이름을 붙여 준다.

24 강그라드
바프트루드니르여, 현명하다 생각하면
세 번째로 말해 보라,
종족들 위로 지나가는 낮은 누가 낳았는가
변하는 달을 가진 밤은 어디서 왔는가.

25 바프트루드니르
낮의 아비 이름은 델링이프르이며,
밤을 낳은 것은 뇌르비이니라.
온유한 신들이 달을 변하게 만들어
한 해의 시간에 이름을 붙여 준다.

26 강그라드
바프트루드니르여, 알아본 적이 있거든
네 번째로 말해 보라,
선한 신들에게 먼저 어디에서 겨울이 오며,
어디에서 따뜻한 여름이 오는가.

27 바프트루드니르
겨울의 아비는 빈츠발리르라 부르고

여름의 아비는 스바수드르라 한다.
신들이 멸망할 때까지 그들 둘은 항시
함께 다니는구나.

28 강그라드
바프트루드니르여, 알아본 적이 있거든
다섯 번째로 말해 보라,
아스 신 중 최초의 신은 누구며 위미르족 중 누가
최초에 태어났는가.

29 바프트루드니르
태초의 시간 대지가 만들어지기 전에
베르겔미르가 태어났다.
트루드겔미르가 그의 아비이고
아우르겔미르는 그의 선조라.

30 강그라드
바프트루드니르여, 곰곰이 생각해 보고
여섯 번째로 말해 보라,
아우르겔미르, 가장 현명한 거인이 어디에서
처음으로 왔는지를.

31 바프트루드니르
엘리바가르에서 독이 든 방울이 흘러와
자라서 거인이 되었다.
그다음 남쪽 세계에서 번개가 치니
불꽃이 얼음에 생명을 불어넣었다.

32 강그라드
바프트루드니르여, 곰곰이 생각해 보고
일곱 번째로 말해 보라,
어떻게 아낙도 없이 용감한 거인(아우르겔미르)은
자식들을 낳았는가.

33 바프트루드니르
전설이 전하기를 서리 거인의 어깻죽지 아래에서
투르스의 아들과 딸이 자라났도다.
무서운 거인의 발은 다른 발과 어울려
머리 여섯인 아들을 낳았도다.

34 강그라드
바프트루드니르여, 현명하다고들 말하니
여덟 번째로 말해 보라
무엇이 제일 먼저 생각나는가, 태초의 것에 대해 무얼 아는가?
자네는 아주 현명한 거인이 아니던가.

35 바프트루드니르
태초의 시간 대지가 생겨나기 전에
베르겔미르가 태어났구나.
제일 먼저 생각나는 것은 아주 총명한 거인이
배 안에서 목숨을 구한 것이라.

36 강그라드
바프트루드니르여, 현명하다고 여겨지니
아홉 번째로 말해 보라.
물 위를 지나는 바람은 누구로부터

땅에서 태어난 자들에게 오는가.

37 바프트루드니르
하늘 끝에 앉아 있는 독수리 복장을 한 거인은
흐레스벨그라 불린다.
자신의 두 날개로 모든 종족 위로
바람을 부쳐 주노라.

38 강그라드
바프트루드니르여, 신들의 관계를 안다면
열 번째로 말해 보라,
뇨르드는 노아툰에서 어떤 연고로
아스 신의 자손들에게 왔는가?
수백의 궁궐과 성소를 관리하지만
아스 신족은 아니지 않는가.

39 바프트루드니르
바나헤임에서 현명한 밤의 신들이 만들어
아스 신들에게 볼모로 주었구나.
기한이 다 차면 현명한 바니르족들에게
돌아갈 것이니라.

40 강그라드르
바프트루드니르여, 아스 신들의 운명을 안다면
열한 번째로 말해 보라.
신들이 멸망하기 전까지 전사의 신(오딘) 궁궐에서
용사들은 무엇을 하는가.

41 바프트루드니르
죽은 용사들 모두 오딘의 궁궐에서
날마다 결투를 한다.
전사자들을 가려 뽑지만 전투가 끝나면
궁궐로 와서 아스 신들과 엘주 마시고
세흐림니르 고기를 배불리 먹고
서로 평화롭게 지낸다.

42 강그라드
바프트루드니르여, 신들의 미래를 안다면
열두 번째로 말해 보라,
거인족과 모든 아스 신의 비밀 가운데
가장 확실한 것을 말해 보아라
제일 현명한 거인이여.

43 바프트루드니르
거인족과 모든 아스 신의 비밀 가운데
가장 확실한 것을 말할 수 있으니
나는 온 세계를 두루 돌아다녔으며
니플헤임 지하세계까지 아홉 왕국을 다녔기 때문이라.
영웅들 모두 저승으로 간다.

44 강그라드
경험한 것도 많고 알아본 것도 많고
신들에게도 많이 물어보았다.
오랫동안 회자되어 온 끔찍한 겨울이 사라지면
살아남는 자는 누구더냐?

45 바프트루드니르
리프와 리프트라시르, 호드미미르의 숲에
몸을 숨겨 살아남는다.
아침 이슬이 유일한 그들의 식량이며
그들에게서 새 종족이 생겨난다.

46 강그라드
경험한 것도 많고 알아본 것도 많고
신들에게도 많이 물어보았다.
펜리르[38] 늑대가 태양을 삼켜 버렸는데
어떻게 창공에 다시 나타나는가?

47 바프트루드니르
늑대가 삼키기 전에 빛내는 여신(태양)에게
딸이 하나 있었다.
신들이 멸망한 후에 젊은 처녀가 밝은 빛 내며
어미의 길을 가는구나.

48 강그라드
경험한 것도 많고 알아본 것도 많고
신들에게도 많이 물어보았다.
미래를 내다보며 시간의 바다를 건너간 소녀들은
이름이 무엇이더냐?

38 이곳 이외에는 펜리르 늑대 이야기는 나오지 않으며, 태양을 없앤 것은 다른 늑대라고 전한다.

49 바프트루드니르

종족들의 요새 위로 떠도는 세 소녀는
뫼그트라시르의 딸들이다,
비록 거인들 가운데서 자라났지만
땅의 자식 중 유독 착한 소녀들이니라.

50 강그라드

경험한 것도 많고 알아본 것도 많고
신들에게도 많이 물어보았다.
수르투르의 불이 꺼지면 신들의 후계자 중 누가
아스 신들을 지배하겠느냐?

51 바프트루드니르

수르투르의 불이 꺼지면 비다르와 발리가
신의 세계를 지배하게 될 것이다.
모디와 마그니가 묠니르를 휘두르며
끝까지 전투를 치를 것이다.

52 강그라드르

경험한 것도 많고 알아본 것도 많고
신들에게도 많이 물어보았다.
신들이 몰락할 때 오딘의 최후는
어떠하겠느냐?

53 바프트루드니르

세상의 신(오딘)을 늑대가 삼켜 버리니
비다르가 이에 복수를 한다.
최후의 전투에서 괴물 같은 늑대의

차가운 턱을 찢어 버린다.

54 강그라드
경험한 것도 많고　　　알아본 것도 많고
신들에게도 많이 물어보았다.
화장하기 전에　　　아들(발드르)의 귀에 대고
오딘이 무엇을 속삭였는가?

55 바프트루드니르
그 옛적에 당신이　　　아들의 귀에 속삭인 것을
아무도 알지 못한다.
죽음에 내맡겨지니[39]　　　아스 신의 최후에 대한
운명의 말을 고했다.
오딘과 나는　　　지혜의 말 겨루기를 하였으니
당신이 영원히 최고로 현명한 자로다.

39 내기에 지면 목숨을 잃기로 약조했었다. 역자 주.

4. 오딘의 루네 마법[40]

(오딘의 흐라프나갈드르 Hrafnagaldr)

1

전지한 신[41]은 지배하고 엘프들은 이해하며
바니르 신들은 알고 있고 노른 신들은 인도하며
이비디는 자라게 하고 인간들은 참아 내느니
투르스들은 고대하고 발퀴리들은 얻으려 애쓴다.

2

예언녀의 거부하는 손짓에 당황해 하며
사악한 운명을 아스 신들은 예감했노라.
그렇게나 큰 손실을 막아 낼 수만 있으면
우르드는 오드뢰리르[42]를 지켜야 하리라.

3

후긴이 날아올라 하늘을 찾아 머무르니

---

40 이 시 자체의 의미는 매우 불확실하며, 다음에 이어지는 "발드르의 꿈"의 전편(前篇) 역할을 하는 것으로 추정된다.

41 오딘을 뜻한다.

42 시인의 술이라 불리는 오딘의 술을 뜻한다.

아스 신들은 불길한 일을 염려했다.
트라인이 털어놓으니 무서운 꿈이었고
다인이 또한 흉한 꿈을 털어놓는다.

4
난쟁이들의 능력이 스러진다. 하늘이
아래쪽 긴눙[43] 가까이 기운다.
알스비드르는 자주 하늘을 가라앉히나
가라앉으면 때로 번쩍 들어 올린다.

5
태양도 대지도 정착하지 않으니
흐르는 공기가 요동치며 떨어져 내린다.
미미르의 맑은 샘물에서 장정들의 지혜가
고갈되어 버린다. 그 의미를 아는가?

6
위그드라실 물푸레나무의 아래쪽 계곡에
박식한 여신이 하나 거처했더라.
엘프족에게 이둔이라 불리며
이발트의 나이든 자식 중 가장 젊더라.

7
이둔은 몰락을 견디어 내기 어려우니
활엽수(위그드라실) 밑으로 추방당했기 때문이라.
뇨르비 딸이 집에서 마음이 편치 않으니

43 신화적인 공간.

본디 밝은 집에

익숙하기 때문이라.

8

승리의 신들은

난나의 근심을 알고

이를 입고서

선물에 기뻐하며

땅 밑의 집에 대한

늑대의 모피를 주었다.

마음을 바꾸니

안색을 바꾸었노라.

9

세상사에 대하여

여신에게 물어볼

다리를 지키는 자,

롭트르와 브라기가

무엇을 아는가

질의자로 비드리르,

기알라 나팔수[44]가 뽑혔다.

그와 동행했다.

10

헌화가를 부르며

천상의 지배자들이요,

용상에 앉아

이 사신들을 멀리

늑대를 타고 가니

수호자들이라.

오딘이 살펴보며

전송해 보낸다.

11

샘 지키는 여신에게

지하 저승에서

그녀가 무엇을

시작과 지속 기간과

현자가 물으니

아스 신들의 운명에 대해

알고 있는가이니

최후의 죽음이라.

---

44 헤임달을 뜻한다.

12

말하려고도 않고　보고해도 안 되니
집요하게 물었건만　한 마디 대답도 없구나.
얼굴의 거울[45]에서　눈물이 쏟아지나
애써서 참으니　두 손을 적시는구나.

13

아무 말 하지 않는　무례한 여신은
잠에 취한 듯이　신들에게 여겨지는구나.
거부하면 할수록　더욱더 다그치나
온갖 수단을 써도　알아낸 것이 없구나.

14

그 후 전령의 선발대가　그곳을 떠나니
헤리안의 큰소리　뿔나팔을 지키는 자라.[46]
날의 아들을　동행자로 삼았으나
오딘의 시인(브라기)은　여신들의 보호자로 남았더라.

15

비드리르의 사신들이　빙골프로 다가오니
포르니오트의 두 친구가　마중을 나가는구나.
이제 막 들어와서　신들에게 인사하니
위그르(오딘)의 동료는　즐거운 만찬 중이라.

---

45 눈을 뜻한다.
46 헤임달을 뜻한다.

16

오딘, 성스러운
용상에서 오래도록
신들은 전지자(全知者)
기꺼이 줄지어
최고의 아스 신에게
다스리라 기원하니
궁궐의 성찬에서
영원한 영광을 즐겼노라.

17

뵐베르크르[47]의 명에 따라
세흐림니르를 먹으며
흐니카르의 잔에
꿀술이요 미미르의
의자에 자리 잡고
신들이 앉았더라.
스쾨굴이 술 따르니
뿔잔으로 마시는구나.

18

신들은 헤임달에게
성찬식이 끝난 후
하늘을 덮을 때까지
처녀신[48]이 아는 것을
여신들은 로키에게
저녁의 어둠이
많은 자가 물으니
말해 주었는가였다.

19

일의 진행 상황을
간청도 소용없었고
여신이 아는 것을
오로지 지략을
분개하며 대답하니
알아낸 것 없소이다.
그들에게 털어놓게 하려면
쓸 수밖에 없으리라.

---

47 오딘을 뜻한다.
48 이둔을 뜻한다.

20
오미가 답을 내놓으니 모두가 경청하도다.
"새로운 결정을 위하여 이 밤을 이용합시다.
신들에게 보탬 되는 조언해 줄 자
누구인지 내일까지 생각해 봅시다."

21
발리의 어미가 가는 길 위에
펜리르의 먹이가 아래로 떨어진다.
흐림팍시가 출발하고 흐롭트르와 프리그도 떠나니
신들이 성찬에서 물러가는구나.

22
동쪽의 엘리바가르에서 냉혹한 거인의
가시 달린 채찍이 그때에 출현하여
미드가르드의 잠에 취한 인간 종족들을
그것으로 후려치니 때는 야밤이라.

23
기력은 소진되고 팔들은 무력하니
하얀 칼의 신도 어지러워 비틀대도다.
차가운 밤의 공기에 실신하고 마니
회의 참석자 모두 정신이 혼미하도다.

24
그때 낮이 다시 대문으로 들어오니
보석으로 아름답게 치장한 말이구나.
만헤임 너머까지 갈기가 찬란하도다.

난쟁이를 이긴 여인이 마차를 모는구나.

25

양육하는 대지의 북쪽 끝단에

시조나무의 뿌리가 뻗어 있으니

기기엔과 투르스들, 정령과 난쟁이들,

시커먼 엘프들이 쉬러 가는구나.

26

지배자와 엘프의 빛나는 여신(태양)이 일어나니

어두운 밤은 북쪽의 니플헤임으로 가라앉도다.

울프루나의 아들이 아르기욜로 올라가니

뿔나팔 부는 자는 천산(天山)으로 가는구나.

그림 5. 슬로바키아 바취바체(Watsch-Vače) 요대(腰帶) 장식
출처: RLGA, 제2권, 표 28a

5. 벡탐의 노래 혹은 발드르의 꿈

(벡탐스크비다 혹은 발드르스 드라우마르 Vegtamskvidha oder Baldrs draumar)

이 노래는 발드르의 죽음에 대한 부수적인 에피소드를 다루고 있다. 오딘은 불길한 꿈을 꾼 아들 발드르의 운명을 확실히 알아보기 위하여 죽은 예언녀를 깨운다. 그는 여기에서 앞서의 두 노래에서처럼 처음에는 가명으로 등장한다. 그리고 바프트루드니르의 노래에서처럼 끝에 가서야 질문을 통하여 자신이 누구인지를 밝힌다. 이 노래는 에다 노래의 주요 판본에는 빠져 있고 다른 큰 노래필사본의 단편(斷片)들에만 남아 있다.

벡탐의 노래 혹은 발드르의 꿈

1

아스 신들이 모두 서둘러 모임에 갔고
아스 여신들도 모두 의논하러 갔노라.
사나운 꿈자리로 발드르가 놀란 연고를
하늘의 판관들이 의논하였구나,

2

(무거운 잠은 감옥과 같으니
달콤한 잠이 주는 청량함이 없구나.
그때 왕들이 예언자들에게 물으니

이것이 그들에게 불길한 일을 의미할런가?

3
질문받은 자들이 말하니 "죽게 되는 자
울러의 친구(발드르)로다, 그토록 유독 사랑을 받았건만."
그 말에 경악하니 스바프니르와 프리그
또한 모든 왕이라. 그들이 결론을 내리니

4
"모든 생명에 사신을 보냅시다
발드르에게 해 끼치지 않도록 평화를 청합시다."
그를 보호한다는 선서를 모두 하였으니
프리그[49]는 확실한 맹세를 환영하였네.

5
전지한 신(오딘)은 충분치 않다 여기니
수호의 정령들 모두 사라진 듯 보이기 때문이라.
(아스 신들 소집하여 조언을 간청하니
맷돌 가에서 많은 얘기 오갔노라.)

6
만물의 신 오딘이 벌떡 일어나,
슬레이프니르의 등에 안장을 획 올렸구나.
니플헤임으로 말을 타고 그가 내려갔을 때
거기 헬의 집에서 개 한 마리 다가왔구나.

---

49 발드르의 어미이자 오딘의 부인을 뜻한다. 역자 주.

7
개는 앞가슴이 피로 얼룩이 져 있고
물어뜯으려고 턱과 목구멍을 쩍 벌리고
그렇게 다가와 벌린 주둥이로
노래의 신에게 시끄러이 짖는구나.
오딘이 계속 가니 땅이 진동하였고
하계의 높은 궁궐로 그가 갔느니라.

8
거기서 동문(東門)으로 말을 타고 갔으니,
발라의 언덕을 알고 있었기 때문이라.
예언녀를 깨우는 노래를 부르니
(북쪽을 바라보며 칼을 내흔들고
알려 달라 요구하면서 간청하였으니)
그녀가 억지로 일어나 불행을 예언하는구나.

9 발라
어떤 모르는 자가 어떤 장정 중의 하나가
나에게로 오는 어려운 걸음을 했는고?
눈이 내 위에 쌓이고, 비도 나를 때리고
이슬이 내 위에 맺히니, 죽은 지 오래됐노라.

10 오딘
나는 벡탐, 발탐의 아들일세[50]
상계(上界)를 말할 테니 하계(下界)에 대해 말해다오.
누구의 의자가 반지로 가득하고

50 벡탐은 떨어져 산다는 뜻이며, 발탐은 전투에서 죽은 자들에게 익숙하다는 뜻이다.

번쩍이는 침대가 금으로 치장되었는고?

11 발라
여기 발드르의 술잔이 채워져 있으니,
반짝이는 음료는 방패로 덮여 있구나.
아스 신들은 모두 희망이 없구나.
억지를 쓰니 말해 주었고 이제 그만둘까 하노라.

12 벡탐
침묵하지 말라, 발라, 모든 것을 알 때까지
네게 묻고 싶구나. 더 알고 싶으니
장정들 중 누가 발드르를 죽이는가,
오딘의 자식은 기어코 목숨을 잃을 것인가?

13 발라
회드르가 이곳으로 가장 명망 높은 자를 데려오니
그가 바로 발드르를 죽이며,
오딘의 자식은 기어코 목숨을 잃고 말 것이다.
억지를 쓰니 말해 주었고 이제 그만둘까 하노라.

14 벡탐
침묵하지 말라, 발라, 모든 것을 알 때까지
네게 묻고 싶구나. 더 알고 싶으니
누가 회드르에게 우리의 복수를 하겠는가
발드르의 살인자를 장작 위에 올리겠는가?[51]

---

51 장작에 올려놓는다는 것은 복수하여 죽인다는 뜻이다. 역자 주.

15 발라
서쪽의 린두르가 아들을 얻으니
태어난 지 하루 만에 오딘의 후계자, 싸우러 간다.
발드르의 살인자를 장작에 올릴 때까지
손도 씻지 않고 머리도 빗지 않는구나.
억지를 쓰니 말해 주었고 이제 그만둘까 하노라.

16 벡탐
침묵하지 말라, 발라, 모든 것을 알 때까지
네게 묻고 싶구나. 더 알고 싶으니
누가, 어떤 아낙이 곡도 하지 않고
머리의 베일을 하늘로 던지는가?[52]
이것만 더 말하거라, 그전에는 자지 못하리라.

17 발라
처음에 생각했던 벡탐이 아니구나,
너는 오딘이니, 만물의 신이로다,

18 오딘
너는 발라가 아니며, 지혜의 여인이 아니다.
너는 세 투르스 거인의 어미로구나.

19 발라
오딘, 말 타고 돌아가 뽐내고 다녀라,
아무도 더는 나를 찾지 않으리라.

52 이 질문은 모호하며 왜 이 질문 때문에 오딘임을 알아차리는지도 불분명하다.

로키가 묶인 것을 풀고 자유로워져
저주하며 신들의 종말을 개시할 때까지.

6. 지존자의 노래
(하바말 Havamal)

[6.1] 제1부

1

들어가기 전에는　　출입구를
확실히 알아 두어라.
집안에　　너의 적이 있는지
확실치 않기 때문이라.

2

베푸는 자는 복 있으라!　　손님이 오셨노라.
어디에 앉을꼬?
돌아다니며　　볼일을 보러 다니면
숨이 가쁘느니라.

3

차디찬 무릎으로　　길에서 들어오면
따뜻함을 바라노라,
음식과 옷가지로써　　암벽을 넘어온

방랑자를 기쁘게 하라.

4
주인을 찾는 자는
목 축이기를 원하며
수건과 온화한 대접을 바라노라,
좋은 만남에서
손님에게 바라느니
말과 보답이구나.

5
집에서는 모두 관대하나
긴긴 여행에는
지혜가 필요하구나.
지자(智者)들 사이에 앉아
아는 것이 없으면
눈총을 받기 마련이다.

6
누구도 명석하다고
자랑하지 말 것이며
언제나 자중해야 하느니라.
현명하고 말 아끼는 자가
손님을 맞으면
해 입는 적 드물구나.
현명한 조심보다
더 확실한 친구는
없기 때문이라.

7
신중한 자는
식사에 오면
입을 다물고 경청한다.
귀로 세심하게 듣고
눈으로 찬찬히 관찰하니
미리 현명하게 살펴보는구나.

8
칭찬과 좋은 평판을 얻은 자는
복이 있도다.
다른 이의 마음에서 이를 얻기는
쉽지 않기 때문이다.

9
사는 동안 스스로 좋은 충고할 수 있으면
복이 있도다.
나쁜 충고는 자주 다른 이의 마음에서
오기 때문이라.

10
여행길에 나서면 지식과 지혜보다
더 좋은 짐은 없으니
황금도 타향에서는 쓸모가 없고
곤경에서 별 도움이 되지 않느니라.

11
여행길에 술에 취한 것보다
더 나쁜 동반자는 없으니
많은 이들 생각만큼 땅의 자손들에게
엘주는 좋지가 않으니
많이 마실수록 정신을 다스릴 힘은
점점 줄어들기 때문이라.

12
망각의 왜가리가 축하연을 놀라게 하니

정신을 빼앗아 가기 때문이라.
군로드의 집에서
나 또한 이 새의 날개를
잡았었노라.

13
영리한 프얄라의 암벽에서
술에 취했으니
도를 넘었었구나.
흐리멍덩해지지 않고
제정신으로 있다면
술도 쓸모없지는 않으리.

14
왕의 아들은
말을 아끼고 신중하며
전투에서는 용감해야 하느니라.
죽는 날까지
모두들 명랑하고
마음을 편히 가져야 한다.

15
미련한 자는
싸움에서 도망칠 때
영원히 살거라 생각한다.
창이 그를 놔주어도
결국 나이가
안식을 허하지 않느니라.

16
초대받아 만찬에 오면
얼간이는 얼이 빠져
앉아 중얼거리며 불평만 한다.
자신의 몫을
다 마셔 버리면
무슨 생각하는지 알게 되리라.

17
넓은 세상을 여행하고 경험이 많으면서
머리가 나쁘지 않은 자라야
누가 어떤 지혜를 가졌는지를
알고 있느니라.

18
술을 피하지는 말되 절도 있게 마셔야 하니
말을 잘 못하면 입을 다물라.
일찍 쉬러 가도 누구도 그것을
나쁘다 하지 않으리라.

19
욕심 많은 대식가는 자신을 잊어버리니
큰 병을 먹어서 얻는구나.
현자들에게 오면 우둔한 자의 위(胃)는
자주 조롱을 받는구나.

20
집에 가야 할 때를 목동조차 잘 아니
초원에서 즐거이 귀가하는구나.
미련한 자만이 자기 위의 크기를
알지 못하는구나.

21
가련한 자는, 나쁜 맘을 먹는 자는
모든 걸 비웃는구나.
그 또한 실수함을 알아야 할 터인즉

알지 못하는구나.

22
현명치 않은 자는
밤새도록 깨어 있어
온갖 걱정을 다 하는구나.
아침이 오면
피곤할 것이니
걱정거리는 그대로구나.

23
똑똑지 못한 자는
모두가 좋아한다 생각하지만
그를 비웃을 뿐이라.
현자들에게 와서
나쁜 말을 들어도
알지 못하는구나.

24
똑똑지 못한 자는
싫은 소리를 듣지 않으면
모두 좋아한다 생각하지만
재판정에 서면
바로 알 수 있으니
변호해 주는 이 없기 때문이라.

25
똑똑지 못한 자는
한 번 잘했다 하여
모든 걸 할 수 있다 생각한다.
어려운 것을 묻게 되면
어떻게 해야 할지
답을 모르는구나.

26
현명치 못한 자는
다른 사람에게 가면

입을 다무는 것이 최고이니라.
말 삼가는 동안은 아무도 그의 무식함을
모르기 때문이니라.
물론 무식한 자는 말을 아껴야 할 때조차도
잘 모르는구나.

27
질문할 줄 아는 자, 말할 줄 아는 자는
현명하게 생각하는 자이니
다른 사람과 사는 한 자신의 무지를
숨길 수 없느니라.

28
입 다물지 않고 수다스레 지껄이니
전부 쓸데없는 말뿐이라.
제어할 줄 모르는 나불거리는 혀는
좋은 결실을 보기 어려우니라.

29
자기를 신뢰하여 도움을 청할 때
눈으로라도 비웃으면 안 되느니라.
집안에만 안주하여 묻는 이 없으면
자기가 현명하다 쉽게 착각하느니라.

30
객들을 비웃으며 자리를 피하면
자기가 현명하다 쉽게 착각하느니라,
식사 때 비웃어 무서운 적을 분노시키나

종종 너무 늦게 아는구나.

31
평소에는 원한이 없다가
잔치에서 다투는 일
자주 일어나는구나.
인간의 반목은
영원히 계속되니
객이 객을 원망하는도다.

32
좋은 친구에게 갈 때는
배를 곯지 말고
틈틈이 허기를 달래 두어라.
아니면 앉아서 먹고
들이키기만 하니
이야기 나눌 틈이 좀처럼 없노라.

33
가까이 살아도
신의가 없으면
친구에게 가는 길이 길어지고
멀리서 살아도
신의가 있으면
친구에게 가는 길이 짧으니라.

34
일어날 때 일어나며
객으로 한 자리에
너무 오래 머물지 말지어다.
다른 사람 집에서
너무 오래 지체하면
정나미가 떨어지게 마련이라.

35
좁다고 하더라도
자기 집이 훨씬 좋으니

집에서 너는 왕이니라,
염소 두 마리와
짚 이은 오두막만 있으면
구걸함보다 나은 법이다.

36
좁다고 하더라도
자기 집이 훨씬 좋으니
집에서 너는 왕이니라,
점심때마다 매번
구걸해야 한다면
마음이 찢어지는 듯하노라.

37
너른 들판에서는
누구도 무기를
손에서 떼어 놓지 않느니라.
길을 가다 언제 바로
창이 필요할지
아무도 알 수가 없기 때문이다.

38
온화하고 욕심 없다 하여
음식과 선물 싫다는 이를
보지를 못하였구나.
보답에 개의치 않고
펑펑 주기만 하는 이도
보지를 못하였구나.

39
남자라면 공들여
쌓아 놓은 재물을
지나치게 아껴서는 안 되느니라.
좋은 이에게 주려다가
싫은 이에게 주니
생각보다 나쁜 일이 종종 일어나느니라.

40
가지고 있는 가장 값진 방패와 갑옷으로
친구들은 서로서로 기쁨을 주어야 한다.
특별한 어려움이 없으면 주고받으면서
우정이 싹트느니라.

41
친구라면 친구에게 우정을 지키고
선물은 선물로 보답해야 하느니라.
전사라면 모욕은 모욕으로 갚으리니
배신은 거짓말로 갚느니라.

42
친구라면 친구에게 우정을 지키되
친구와 그의 친구들에게도 그러해야 하느니라.
원수의 친구에게 호의를 베풀라고는
아무도 말하지 않느니라.

43
친구가 있어서 신뢰를 보내고
그에게서 좋은 일을 바라거든
마음과 선물을 그와 같이 나누고
그의 집을 자주 방문하거라.

44
아는 이가 있는데 신뢰하지 않으나
그에게서 좋은 일을 바라거든
말은 부드럽게 하나 생각은 다르니

거짓은 거짓말로 갚아야 하느니라.

45
아는 이가 있는데 신뢰하지 않고
의중이 못 미더우면
같이 웃어 주나 네 자신만 믿고
받은 것은 똑같이 갚아야 하느니라.

46
옛날에 젊어서 나 홀로 방랑하였더니
인적이 드문 길도 다녔었구나.
다른 장정 만나면 뿌듯하다 느꼈으니
장정은 장정의 기쁨이니라.

47
풍족하면서 용기가 있으면 가장 행복하니
노심초사할 일이 별로 없구나.
소심한 사람은 온갖 일에 벌벌 떨고
인색하면 주고 난 후 항상 후회하느니라.

48
나의 갑옷을 숲속에 사는
늪지대 인간 둘에게 주었노라.
옷을 입자 서로가 용사라 생각하니
헐벗은 자는 비웃음만 사느니라.

49
마을 안에 서 있는 저 가시나무는

잎사귀도 껍질도 거의 남지 않았구나.
모두 싫어하면 바로 이와 같으니
무엇 때문에 오래 살아야 하는가?

50
악한 친구 간의 불화보다 우정이 뜨거우니
더 뜨겁게 닷새를 타오르는구나.
엿새째 날에는 이것도 꺼져버리니
사랑도 모두 사그라지고 마는구나.

51
선물이 반드시 클 필요는 없으니
작은 칭찬으로도 얻는 것이 있도다.
반 조각의 빵과 반 잔의 술로도
동지를 얻을 수 있었느니라.

52
해변의 모래알처럼 분별력이 적으니
바로 소심한 자의 마음이니라.
인간의 통찰력은 똑같지가 않으니
세상은 반반으로 나뉘는구나.

53
남자는 적당히 지혜로워야 하며
지나치지는 말아야 하느니라.
겸손한 자가 가장 행복하게 사니
알맞은 정도를 잘 알기 때문이니라.

54
남자는 적당히　　지혜로워야 하며
지나치지는 말아야 하느니라.
지나치게 현명하면　　마음이 즐겁기가
어렵기 때문이라.

55
남자는 적당히　　지혜로워야 하며
지나치지는 말아야 하느니라.
아무도 운명을　　미리 알 수가 없으니
마음이 근심 걱정이 없구나.

56
장작이며 불꽃은　　그칠 때까지
서로 모여 불을 피우는구나.
남자는 남자를 통하여　　대화를 배우니
파묻혀 살면 얼간이가 되느니라.

57
다른 사람의 목숨과　　재산을 원하는 자는
일찍이 일어나야 하느니라.
잠자는 늑대도　　먹이를 못 잡으니
하물며 자는 자에게 승리가 있으랴.

58
일꾼이 적으면　　일찍이 일어나서
농장을 돌봐야 하느니라.
아침잠이 많으면　　많은 것을 놓치니

부지런하면 재물을 이미 반쯤 얻은 것이니라.

59
마른 장작과 쌓아 놓은 나뭇가지의
적당한 양을 장정은 아느니
겨우내 풍족하려면 얼마가 필요한지
나무라면 모든 것을 아느니라.

60
배부르고 옷 단정하며 말 타고 모임 가면
값진 옷에 연연하지 말지어라.
신발과 바지를 누추하다 생각 말고
말이 좋지 않아도 말 타령 하지 말아라.

61
바보와 같이 생각하지 않으려면
말하고 질문할 줄 알아야 하느니라.
둘도 아닌 한 명에게만 속을 털어놓으라
셋이 알면 온 세상이 다 아느니라.

62
망망대해의 독수리도 육지에 닿기 전에는
헐떡이며 갈증이 나느니
자기편이 없으면 민중의 무리 속에서도
사정이 이와 같으니라.

63
현명한 남자는 권력을 신중하게

사용해야 하느니라.
적을 만들면
강한 자 위에 더 강한 자가 있음을
금방 알게 되리라.

64
모두 조신하며
입단속을 해야 하니
신뢰 속에도 시기가 있음이라.
다른 사람을
믿고 한 말에 대해
때로 쓴맛을 보느니라.

65
어떤 장소에는
자주 너무 일찍
어떤 장소에는 너무 늦게 갔노라.
때로는 다 마셨고
때로는 너무 이르니
때를 못 맞추면 언짢으리라.

66
아쉬울 때에는
여기저기에서
초대하면 좋으련만.
친구의 집에는
고기가 두 덩이 걸렸건만.
하나는 이미 내가 먹었노라.

67
인간들에게는
온기와 태양의 빛이
단연코 최고이니라.
무엇보다도
건강을 잃지 말고
나쁜 일 하지 말고 살아라.

68
건강하지 않더라도 불행하지만은 않으니
어떤 자는 아들의 축복을,
어떤 자는 친구를, 어떤 자는 부유함을,
어떤 자는 뛰어난 능력을 갖췄구나.

69
가난하다 하더라도 삶은 좋은 것이라
살아만 있으면 여자에게 갈 수도 있구나.
부자의 재산을 불길이 집어삼키니
죽음이 문 앞으로 다가왔구나.

70
절뚝거려도 말을 타고 손 없이도 방어하니
귀가 먹어도 전투에 쓸모가 있도다.
앞을 보지 못해도 화장을 당하기보다 나으니
죽은 자는 아무런 쓸모가 없도다.

71
아비가 죽은 후에 늦게 태어나더라도
아들이 하나 있으면 좋으니라.
아들이 없으면 길가에 비석을
세워 주는 일 드물기 때문이라.

72
둘이 한 데 있다 해도 혀가 머리를 칠 수 있다.
의복이 어떻든 간에 그 밑의 주먹이 두렵구나.

73
가을밤이 혹독해도 든든히 식량을
비축해 두면 밤이 기쁘니라.
닷새에도 다섯 번 기후가 돌변하니
한 달이면 오죽 많으랴.

74
아는 것이 적으면 또한 알지 못하니
재물이 종종 사람을 농락하느니라.
어떤 자는 부유하고 어떤 자는 빈한하니
누구도 조롱하지 마라.

75
가축이 죽고 친구들이 죽어 가니
결국에 나도 역시 죽으리라.
좋은 평판을 얻으면 죽어서도 그 명망이
사라지지 않으리라.

76
가축이 죽고 친구들이 죽어 가니
결국에 나도 역시 죽으리라.
한 가지는 내가 아니
죽은 자의 평판은 영원히 남으리라.

77
부잣집 아들의 위가 꽉 찼음을 보았는데
지금은 그들이 구걸하는구나.
넘친다 하더라도 한순간뿐이리니

재물은 금방 도망가는 최악의 친구로다.

78

멍청한 사람도 재물이며
여자의 총애를 얻을 수가 있으나
콧대만 높아 가고 그의 지혜는 아니니
교만함은 하늘 높은 줄 모르는구나.

79

루네 문자, 성스러운 문자에 대해 물으니
위대한 신들이 만들고 높은 사제들이 쓴 것이니
이를 물어보아 무엇을 알게 되겠느냐?
침묵보다 더 좋은 것은 없노라.

80

낮은 밤에 찬양하라 여인은 죽은 뒤에[53]
칼은 시험한 연후에
신부는 혼인 후에 얼음은 깨지기 전에
엘주는 마신 후에 칭찬하라.

81

폭풍 칠 때 나무를 베며, 순풍일 때 출항하라
어두울 때 처녀와 속삭이리니 낮에는 보는 눈이 많구나.
배는 저으라고, 방패는 막으라고
칼날은 베라고, 처녀들은 입맞춤하라고 있구나.

---

53 더 정확한 것은 "태워진 후에", 즉 고대 게르만인의 관습대로 화장한 후에 찬양하라이다.

82
화롯가에서 술을 마시며,
얼음에서는 빙판 신을 신으라
말은 비쩍 마른 것을
검을 녹슨 것을 살 것이며
말은 집안에,
개는 문밖에 묶어 두어라.

83
처녀의 말은
아무도 믿지 않고
아낙들의 말도 역시 아니니라.
심장이 회전판[54] 위에서
만들어졌으니
변덕이 죽 끓듯 하구나.

84
철썩 때리는 파도,
활활 타는 불길,
덤벼드는 늑대,
시끄러운 학들,
꿀꿀거리는 멧돼지,
뿌리 뽑힌 나무,
파도치는 바다,
부글거리는 술단지,

85
날아가는 화살,
내리치는 파도,
하룻밤 된 얼음,
구불거리는 독사,
신부의 베개 밑 정담,
부러진 칼,
폭정자의 위선과
왕의 자식들,

86
허약한 암소,
오만한 종놈.
예언하는 무녀,
전투에서 죽은 자들,

54 도자기 돌리는 판. 여자의 마음은 이 판처럼 돈다고 생각했다.

높푸른 하늘,　　웃고 있는 주인,
짖어 대는 개들과　　상복 입은 무리,

87
길에서 만난　　형제의 살해자,
반쯤 타 버린 집,　　바람처럼 빠른 발,
(다리 하나만 부러뜨리면　　불구자가 되니)
이 모든 것을 성급하게　　믿으면 안 되느니라.

88
일찍 파종한 밭도　　너무 믿지 말며
영민한 아들도 마찬가지이다.
씨앗은 날씨가,　　아이는 지혜가 필요하니
둘 다 믿을 수가 없구나.

89
악한 생각을 품은　　여인의 사랑은
미끄러운 얼음 위의　　편자 없는 말과 같으니
용기는 있되 버릇없는　　두 살배기 말과 같도다.
폭풍 치는 파도 위의　　사공 없는 배와 같고
미끄러운 절벽 위 절름발이의　　순록사냥과 같으니라.

90
둘 다 잘 아는　　내가 솔직히 고백하니
남자는 여자에게 끝까지 충실하지 못한다.
가장 나쁜 생각을 할 때　　가장 좋은 말을 늘어놓으니
가장 현명한 여인이라도 유혹을 당한다.

91
처녀의 사랑을 원하면 달콤한 이야기를 나누고
선물을 주어야 하고
눈부신 처녀의 매력을 칭송해야 하느니라.
이렇게 청혼을 해야 여인을 얻느니라.

92
현명한 자라면 다른 남자의 사랑을 보고
놀라지 말지라.
매혹적인 육체는 바보를 잡아두지 못해도
때로 총명한 자를 사로잡느니라.

93
다른 이의 아둔함에 놀라지 마라
대다수가 그러할 것이니라.
사랑의 마력은 인간세계에서
현명한 자를 바보로 만들기 때문이라.

다음의 작은 시는 오딘 자신이 한 체험을 전하고 있는데, 실패한 연애에 관한 것이다. 그러나 그 외에 더 전해지는 이야기가 없으며 빌룽이 누구인지, 그의 딸 이름이 무엇인지도 알 수 없다.

94
마음속에 거하며 향하는 곳을 감추는
감정만이 홀로 알리라.
아무리 악독하다 해도 사랑의 고통보다
지존자(오딘)를 더 괴롭히지 못하리라.

95
갈대밭에 앉아 귀여운 애인을 기다릴 때
이를 알게 되었도다.
귀여운 소녀는 내 마음과 영혼이 되었는데
그럼에도 그녀를 얻지를 못하다니.

96
빌룽의 소녀를 침대에서 보았으니
햇빛처럼 환한 소녀가 자고 있었노라.
그녀 없이 오랫동안 살아야 한다면
지배자의 모든 기쁨도 하찮을 따름이라.

97
"저녁에 오셔요, 오딘이시여,
당신이 소녀를 원하신다면.
우리 둘 이외에 또 누가 그 죄악을 알게 되면
좋을 리가 없을 것입니다."

98
그리하여 나는 돌아서서 화답을 바랐으니
아직 그녀의 심중을 알 수 없었도다.
그럼에도 그녀의 애정과 행복한 사랑을
얻을 수 있으리라 생각했노라.

99
그래서 다시 돌아갔구나. 험상궂은 보초들이
깨어 있어 격투가 벌어졌고
이글거리는 횃불과 타오르는 장작더미 때문에

사랑의 통로는 내게 닫혀 버렸노라.

100
다음 날 아침에 다시 갔으나
그곳 방안에는 계집종이 자고 있었으니
멋진 소녀 대신 침대에 묶여 있는
강아지 한 마리를 보았노라.

101
알고 싶은 자여, 어여쁜 소녀들은 때로
청혼자에게 본심을 보이지 않는다.
현명한 여인을 내가 쾌락으로 유혹했을 때
그것을 분명히 알게 되었구나.
꾀바른 그녀가 수모를 주었으니
나의 것이 되지 않았노라.

102
사교의 법도에 따라 주인은 명랑하고
손님 앞에서 즐거운 모습을 보여야 하느니라.
대화를 깊게 나누어야 현명하다 여겨지며
언제나 바른 충고를 해야 하느니라.

103
제대로 말할 줄 모르면 대밥통이라 불리니
아둔한 자의 특색이로다.

104
늙은 거인을 방문하고 이제야 돌아왔는데.

침묵 때문에 얻은 것이 거의 없구나.
수팅의 궁궐에서는　　재미를 보고자
내가 말을 많이 하였도다.

105
군로드가 내게　　황금의자에서
귀한 꿀술을 한 모금 따라 주었구나.
그녀의 고결한 마음을
그녀의 불타는 연정을
그럼에도 냉담하게　　갚아 주었도다.

106
라타문드에게 길을　　만들어라 시키니
산중에 굴을 뚫었구나.
거인들의 길　　한가운데를 통과했으니
머리를 위험에 들이밀었도다.

107
지혜로운 변화들의　　열매를 내가 거두었으니
머리를 쓰는 자들은 실패가 적구나.
취기를 일으키는 자 오드뢰리르[55]가　　널리 인간이 사는
지상으로 올라왔음이라.

108
내 몸에 팔을 감은　　소녀 군로드
그 착한 소녀가 돕지 않았더라면

---

55 시인의 술이라는 뜻이다.

거인의 나라에서 무사히 돌아올지
확실하지 않았을 것을.

109
그 다음 날이 되자 얼음의 거인들이
지존자(오딘)의 말씀을 듣고자
지존자의 궁궐로 서둘러 갔다.
빌뵈르크르(오딘)에 대하여 물었다,
무사히 귀가했는가, 수퉁에게 맞아 죽었는가?[56]

110
오딘이 반지에 맹세했다고 말하지만
아직도 그 누가 서약을 믿는고?
수퉁의 꿀술을 계략을 써 빼앗고
군로드가 통탄하게 만들지 않았던가.

56 오딘은 거인국에서 빌베르크르라는 가명을 썼기 때문에 거인은 오딘과 빌베르크르가 동일인인지를 모르고 안부를 물었다.

[6.2] 로드파프니르의 노래
(Loddfafnirs Lied)

111
우르드 샘가의 연단에 나와
연설할 시간이 되었구나.
앉아서 입 다물고 앉아서 숙고하며
장정들의 연설을 새겨들었다.

112
루네 문자와 새겨진 글을 들고
유익한 교훈들을 배웠다.
지존자(오딘)의 궁에서 귀한 분의 궁궐 안에서
들은 것은 바로 다음이니라.

113
충고하노라, 로드파프니르여, 새겨들으라
이 말을 명심하면 네게 득이 되리라.
위급한 일 없으면 밤에는 일어나지 마라
망을 보라고 배치되느니라.

114
충고하노라, 로드파프니르여, 새겨들으라
이 말을 명심하면 네게 득이 되리라.
마녀의 품에서 잠들지 말거라
팔다리로 너를 옥죌 것이니라.

115
너를 마비시키니 더 이상 회합이나
왕들의 연설을 생각지 않으리니
식사며 교제의 기쁨도 중요시하지 않으며
근심에 차 거처를 찾을 것이다.

116
충고하노라, 로드파프니르여, 새겨들으라
이 말을 명심하면 네게 득이 되리라.
다른 남자의 아낙을 은밀히 만나자고
유혹하지 말거라.

117
충고하노라, 로드파프니르여, 새겨들으라
이 말을 명심하면 네게 득이 되리라.
피오르드와 암벽을 넘어가야 할 때에는
식량을 넉넉히 준비해 두어라.

118
네게 나쁜 일이 일어나거든
악한 자에게는 털어놓지 말지니
악한 자로부터는 신의에 대하여
결코 좋은 보답을 얻지 못하리라.

119
내가 보았으니 사악한 아낙의 말이
용사를 몰락시키더라.
독기가 서린 혀는 잘못이 없었는데도

그를 죽게 만들었구나.

120
온전히 신뢰할 친구가 생기거든
자주자주 그를 찾아가라.
인적 드문 길에는 잡목이 무성하고
잡초만 훌쩍 자라는 법이라.

121
충고하노라, 로드파프니르여, 새겨들으라
명심하면 네게 득이 되리라.
유쾌한 대담을 위한 좋은 친구를 두며
살아 있는 동안 의술을 배워 두거라.

122
오랜 친구와는 믿음의 노끈을
먼저 끊지 마라.
마음을 훌훌 털어놓지 못하면
근심 걱정이 마음을 갉아먹는다.

123
충고하노라, 로드파프니르여, 새겨들으라
이 말을 명심하면 네게 득이 되리라.
미련한 얼간이들과는 절대로 대화를
나누지 마라.

124
야비한 자에게서는 선한 보답을

결코 받지 못하리라.
정직한 자만이　　　　　칭찬을 통하여
좋은 평판을 너에게 가져다준다.

125
다른 이를 신뢰하여　　　　　마음을 털어놓으면
이것이 바로 영혼의 교류이니라.
변덕스러움보다　　　　　더 나쁜 것은 없으니
입에 발린 말만 하는 이는 친구가 아니로다.

126
충고하노라, 로드파프니르여,　　　　　새겨들으라
이 말을 명심하면 네게 득이 되리라.
질이 나쁜 자들과는　　　　　세 마디도 나누지 마라
악한 자와 싸우면 때로는
선한 자도 지기 때문이다.

127
네 것이 아니고　　　　　다른 이의 것이거든
신발이든 신발 자루든 만들지 마라.
맞지 않거나　　　　　자루가 우그러지면
온갖 저주를 다 퍼붓는구나.

128
충고하노라, 로드파프니르여,　　　　　새겨들으라
이 말을 명심하면 네게 득이 되리라.
곤경이 닥치거든　　　　　담대히 받아들이되
그러나 적에게 평화를 주지는 말아라.

129
충고하노라, 로드파프니르여, 새겨들으라
이 말을 명심하면 네게 득이 되리라.
다른 사람의 불행을 즐거워하지 말고
그들의 장점을 기꺼이 받아들여라.

130
충고하노라, 로드파프니르여, 새겨들으라
명심하면 네게 득이 되리라.
때로는 인간들이 멧돼지처럼 변하니
전쟁의 포효 가운데 고개를 들지 말아라
어떠한 마법에도 걸리지 않으리라.

131
착한 여인네의 마음을 사로잡고
그로부터 즐거움을 얻고자 하거든
좋은 일을 약속하고 성실하게 지키거라,
선행에 싫증 내는 여인은 없느니라.

132
다음을 조심하되 지나치지는 마라.
엘주를 마실 때가 첫째이고
다른 여인과 있을 때가 둘째이며 또한 조심하라
도적의 간계가 셋째이니라.

133
낯선 사람이나 지나가는 과객을 보고
욕설이나 조소하며 비웃지 말지니

집에만 칩거하면 묵어가는 과객이
얼마나 높은 사람인지 알기 어려우니라.

134
악덕과 미덕은 사람의 마음속에
둘이 나란히 자리하고 있느니라.
완전하게 선하기만 한 사람도 없으며
아무런 쓸모가 없는 악한 자도 없다.

135
머리 허연 연설가를 비웃지 마라,
때로는 늙은이의 말도 유익하도다.
살가죽이 축축 늘어져 있고
찰과상에도 쉽게 다치고
소인배에게 휘둘릴지라도
시든 피부에서 때로 현명한 충고가 나오느니라.

136
충고하노라, 로드파프니르여, 새겨들으라
이 말을 명심하면 네게 득이 되리라.
방랑자에게 큰소리하거나 문전박대하지 마라
구걸하는 거지도 너그러이 대하라.

137
모두에게 열리도록 움직이는 빗장은
견고해야 하리라.
자물쇠를 채워라, 아니면 이 종족은
너에게 온갖 불행을 저주하리니.[57]

138

충고하노라, 로드파프니르여, 새겨들으라
명심하면 너에게 득이 되리라.
엘주를 어디서 마시든 지령(地靈)을 불러라
이 영은 술을 마시나 취하지는 않으며
불은 역병을 떡갈나무는 마비증을
이삭은 독을 없애니
집의 정령[58]은 집안의 불화를 삭혀 주느니라,
달은 미움을 없애고
야생풀은 개에 물린 상처를 치유하고
루네 글자는 깨달음을 주고
땅은 홍수를 삼켜 버리느니라.

---

57 남에게 베풂에 있어서 정도를 지켜야 한다는 뜻이다.

58 뜻이 모호하다.

[6.3] 오딘의 루네 노래
(Odins Runenlied)

139
바람 몰아치는 나무에　　아홉 밤을 매달려 있었음을
기억하고 있노라.
창에 찔려서　　목숨을 바치니
바로 나 자신에게 바쳤도다.
뿌리의 근원을　　아무도 모르는
나무에 매달려 있었노라.

140
빵도 술도　　가져다주지 않았으나
거기에서 내가 몸을 굽혀
루네 문자들을 거둬 올려　　소리치며 배웠다.
결국 땅에 떨어져 풀려났도다.

141
베스틀라의 아비이자　　뵐토른의 현명한 아들에게
아홉 개의 중요한 노래를 배웠도다.
또한 오드뢰리르에서 퍼온　　귀한 꿀술도
한 모금 마셨도다.

142
그 후로 지력이 늘고　　깊은 생각 시작하니
부쩍 성장했고 기분도 좋아졌구나,
말에서 말이 나와　　다음 말을 이어 주고

행위에서 행위가 나와 다음 행위를 이어 주었도다.

143
루네 문자를 알아야 하니   지혜의 막대요
아주 강한 막대이며
아주 영험한 막대이니라,
최고의 연사[59]가 생각해 내고   위대한 신들이 만들었으며
최고의 용사가 글자를 새겼노라.

144
오딘이 아스 신에게   다인이 엘프에게
드발린이 난쟁이들에게
알스비드르 거인들에게   몇몇은 나 자신을 위해 새겼노라.

145
글을 새길 줄 아느냐?   해석할 수 있느냐?
그릴 수 있느냐?   시험할 수 있느냐?
청원할 수 있느냐?   제사 드릴 줄 아느냐?
시급한 청원을 할 줄 아느냐?   도살할 수 있느냐?

146
너무 많이 바치느니   기원하지 않는 편이 낫다.
받으면 언제나 보답해야   하느니라.
너무 많이 없애느니   보내지 않는 편이 낫다.
툰드르(오딘)가 종족들에게   그런 규범을 새겨 주고
그가 왔던 곳으로   다시 물러갔느니라.

---

59 오딘을 뜻한다.

147
왕비도 모르고 인간들도 모르는
노래들을 나는 알고 있노라.
첫째는 도움이니 싸움, 분쟁과 근심에서
도움을 주기 때문이라.

148
두 번째 노래를 아니 환자를 고칠 때
모두가 필요로 하는 것이라.

149
세 번째 노래를 아니 적들을 포박하는 데
내가 필요로 하노라.
적들의 무기를 무디게 만드니
무기며 계략이 해 깨칠 수 없느니라.

150
네 번째 노래를 아니 적들이 내리치고
오라가 손발을 옥죌 때
발에서 족쇄가 떨어지고 손에서는 오랏줄이 풀리니
노래를 부르면 내 몸이 풀려나는구나.

151
다섯 번째 노래를 아니 화살이 위협하며
병사들 머리 위로 날아갈 때
아무리 빠르다 해도 보기만 하여도
멈추게 할 수 있느니라.

152

여섯 번째 노래를 아니
둔중한 나무뿌리를 가지고
해치려 하는 자가 있더라도
나에게 덤벼들면
마법이 혼쭐을 내주니
나는 무사히 살아남으리라.

153

일곱 번째 노래를 아니
화염이 인간들 머리 위
궁궐에 높이 치솟고
엄청나게 번지더라도
사람들을 구해 내니
마법을 사용하기 때문이라.

154

여덟 번째 노래를 아니
이것은 모두에게
유용하고 필요한 것이라.
전사들 사이에서
싸움이 일어나면
즉각 화해를 시키니라.

155

아홉 번째 노래는
풍랑 속에서
배를 구조해야 할 위기가 닥치면
세찬 바람의 방향을
바꾸게 하고
주변 바다를 잠잠하게 만드느니라.

156

열 번째 노래는
마녀들이 휘휘
공중을 가르고 올 때에
주문을 외우면
혼비백산하여

유령처럼 사라지게 하느니라.

157

열한 번째 노래는　　충직한 전우들과
모두 함께 공격하러 나설 때
방패에 불러 주면　　출정하여 승리를 거두니
전투 중이거나 끝마치거나 무사하며
어디를 가든지 무사하리라.

158

열두 번째 노래는　　처형당해 죽은 자가
나무에 매달려 있을 때
루네 문자로　　이 노래를 새기면
살아 내려와 대화를 나누느니라.

159

열세 번째 노래는　　소년에게 세례를 줄 때
물에 담그면서 부르면
종족들 간의 전투에서　　쓰러지지 않으니
어떠한 칼도 해를 입히지 못하리라.

160

열네 번째 노래를 아니　　내가 백성에게
신들의 이름을 불러 주리라.
아스 신과 엘프들을　　내가 매우 잘 아니
나만큼 현명한 자는 극히 적으니라.

161
열다섯 번째 노래는 폴크리리뢰르 난쟁이가
델링의 문 앞에서 불렀었구나.
아스 신에게는 막강함을 엘프들에게는 번영을
흐롭타티르(오딘)에게는 깊은 지혜 주느니라.

162
열여섯 번째 노래는 아리따운 처녀에게
사랑과 행복을 얻고자 할 때 부르느니라.
하얀 팔 처녀의 마음을 바꾸어 놓으니
그녀의 온 정신은 나만 따르는구나.

163
열일곱 번째 노래를 아니 고귀한 처녀들이
나를 다시 거부하지 못하게 하느니라.
로드파프니르여, 이 노래들을
오랫동안 갈망하게 되리라.
네가 알면 좋은 일이 생기며
고이 간직하면 복이 있으리니
이를 부르면 행복할 것이다.

164
열여덟 번째 노래를 아니 처녀나 부인 앞에서는
부르지 않으며
나를 품에 안는 여인 앞에서나
아니면 누이 앞에서만 부르리라.
한 명만 알고 있으면 더욱 좋으니
이것이 노래의 끝이니라.

165

지존자의 노래를
이제 다 불렀노라.
인간들에게 필요하며
외우면 복이 오고
배우면 장수를 누릴 것이며
듣는 자 모두에게 축복이 있으리라.

지존자의 궁궐에서

거인들은 아니니
알아도 복이 있으리라.

7. 하르바르드의 노래
(하르바르드스리오드 Harbardsliod)

토르가 동쪽 여행에서 돌아와 어떤 해협에 다다랐다. 해협의 건너편에 사공 한 명이 배 옆에 서 있다. 토르가 소리친다.

1
해협 저편에 계시니　　　동지 중 누구시던가?

2
(하르바르드가 대답한다.)
바다 위에서 소리 지르니　　　건달 중 누구더냐?

3 토르
해협을 건네주시오,　　　아침을 대접하리다.
등의 바구니에　　　최고의 성찬 있소이다.
떠나기 전에　　　청어와 산양죽을
느긋하게 먹었으니　　　아직도 배가 부르외다.

4 하르바르드
아침을 먹었노라고　　　시끄럽게 자랑하지 마라,
쥐뿔도 모르는　　　형편이로구나,

온 집안이 애도하니 네 어미가 죽었구나.

5 토르
누구에게나 애통한 어머니 부음을
내가 여기서 저자에게 듣다니.

6 하르바르드
좋은 궁궐을 셋씩이나 가진 것 같지 않구나.
발은 맨발이요 거지 행색에다가
바지조차도 제대로 못 입었구나.

7 토르
댈 곳을 가르쳐 주리니 나룻배를 저어 오시오.
해안에 매어 둔 배는 누구의 것이오?

8 하르바르드
매어 두라 시킨 이 힐돌프라 부르는
라드세이 해협의 지혜로운 용사로다.
뜨내기나 말도둑들은 태워 주지 말라 하니
예전부터 아는 정직한 자만 태워 주리라.
건너고자 한다면 통성명하거라.

9 토르
나와 내 종족이 대접을 받지 못하나
당당히 이름을 대리니 오딘의 아들이며,
메일리의 형제이자 마그니의 아비이고
최강의 신이니라, 토르라 부르노라.
자, 이제 물어보리니, 네 이름이 무엇이더냐?

10 하르바르드

하르바르드라 하며　　때때로 이름을 감춘다.

11 토르

지은 죄가 없다면　　어찌하여 감추는가?

12 하르바르드

지은 죄가 없지 않고　　네놈쯤은 쉽게 막아 내겠으나
나 죽을 날이 가까웠음을　　알기 때문이라.

13 토르

네게로 건너가기는　　어렵겠구나
물속을 걸어가자니　　의복이 젖겠구나.
그렇지 않으면, 무뢰한아,　　해협을 건너기만 하면
진정으로 네놈의　　빈정댐을 갚아 주리라.

14 하르바르드

여기에 내가 서서　　네놈을 기다려 주마.
흐룽니르 죽은 뒤로　　강적을 못 본 게로구나.

15 토르

흐룽니르와 결투한 것을　　네가 알더냐?
돌 같은 머리를 가진　　당당했던 거인을
내가 쓰러뜨려　　먼지로 스러지게 했다.
그때에 무엇을 했는가,　　하르바르드여?

16 하르바르드

다섯 번의 겨울 내내　　폴바르에 있었으니

알그뢴이라 불리는 섬이었노라
거기에서 적들과 싸우고 무찌르니
행한 것도 많으며 처녀들도 유혹했다.

17 토르
너의 여인들과는 어떻게 지냈느냐?

18 하르바르드
활발한 여인들이 고분고분했었더라면
어여쁜 여인들이 우리 말만 들었더라면.
바닷가에서 모래로 밧줄을 꼬았고
깊은 계곡에 낭떠러지를 팠더라.
나만이 지혜에서 그들을 능가하니
일곱 여인과 희롱하며 총애를 받았노라
그때에 무엇을 했는가, 토르여?

19 토르
용맹스런 투르스 거인 티아시를 죽였노라
월발트 아들의 두 눈을 내가
높이 창공으로 던져 올렸노라,
내가 한 행적의 최고의 표지가 되니
그 후로 모든 인간이 볼 수 있노라.
그때에 무엇을 했는가, 하르바르드여?

20 하르바르드
온갖 사랑술을 밤의 요정들에게 써먹으니
남편들에게서 계략으로 유혹해 내었다.
강한 거인이 있어 흘레바르드라 불렀는데

그가 준 마법지팡이로 그의 지혜를 빼앗았도다.

21 토르
좋은 선물을 받고 악한 보답을 하였구나.

22 하르바르드
떡갈나무를 쓰러뜨려야 나룻배를 만드니
자기 일은 자기가 알아서 하느니라.
그때에 무엇을 했는가, 토르여?

23 토르
그때 동쪽에서 싸워서 산으로
거인의 악한 아낙들을 내쫓아 버렸노라.
그대로 놔두면 거인들이 너무 강해지니
미드가르드의 인간들은 끝장나리라.
그때에 무엇을 했는가, 하르바르드여?

24 하르바르드
발란드에 있으며 전투를 기다렸노라,
원수진 왕들끼리 화평을 거부했었다.
전투에서 죽은 왕들은 오딘이 차지하고
노예의 종족은 토르가 차지할 것이다.

25 토르
소원하는 막강한 권한을 가졌더라면
신들에게 인간들을 불공평하게 갈라 주었겠구나.

26 하르바르드

토르는 힘은 강하나
용기는 그렇지 않다.
비겁하게 떨면서
장갑 속으로 숨으니
토르라고 이름도
밝히지 못하는구나.
겁에 질려서
피알라[60]가 들을까 봐
코도 못 풀고
피하고 방귀도 못 뀐 주제에.

27 토르

하르바르드, 능욕자여!
내가 해협만 건너면
너를 저승으로 보내 주마.

28 하르바르드

할 일도 없으면서
해협은 왜 건너느냐?
해낸 일이 또 무엇이더냐,
토르여?

29 토르

동쪽에 있었고
강물을 막았었다,
스바랑의 아들들이
나를 공격하고
돌들을 던졌으나
끄떡도 하지 않았다.
그들이 먼저 곧
항복할 수밖에 없었다.
그때에 무엇을 했는가,
하르바르드여

30 하르바르드

동쪽에 있었고
한 여자와 놀았더라.
희디흰 여자와 오래
정담을 나누었다.

60 땅 밑에 사는 난쟁이를 뜻한다.

눈부신 여자를 기쁘게 하니 농을 좋아하더라.

31 토르
너는 여인과 사귀는 법을 잘 아는구나.

32 하르바르드
면사포처럼 하얀 여인을 잡으려 했을 때
그때에 너의 도움이 필요했었느니라.

33 토르
그때에 시간이 있었으면 도와 주었을 텐데.

34 하르바르드
나도 너를 믿었을 텐데, 아니면 나를 속였겠느냐?

35 토르
나는 초봄의 낡은 신 같은 변덕쟁이가 아니다.

36 하르바르드
그 외에 한 일이 무엇인가, 토르여?

37 토르
베르제르커의 아낙들을 흘레세이 섬에서 쳐 죽였노라.
악한 일을 저지르고 종족들을 속였기 때문이노라.

38 하르바르드
여인들을 죽이다니, 수치스럽구나, 토르여.

39 토르

그들은 암컷 늑대이지 여자라고 할 수 없다.
기둥에 매어 둔 나의 배를 부수었고
쇠몽둥이로 겁주어 티알피를 내쫓았다.
그때에 무엇을 했느냐, 하르바르드여?

40 하르바르드

전투 깃발 높이 쳐들고 창을 붉게 적시고
이리로 오려고 준비하던 군대에 있었구나.

41 토르

우리에게 악한 짓을 하러 길을 떠났다고
지금 네가 말하려는 게냐?

42 하르바르드

화해를 원하는 판관의 뜻에 따라
기꺼이 금팔찌로 보상해 주마.

43 토르

도대체 어디서 온갖 조롱을 배웠더냐?
이토록 심한 조롱은 들은 적이 없도다.

44 하르바르드

나이 많은 사람들에게 내가 배웠으니
숲의 집에 살고 있구나.

45 토르

숲의 집이라 그것을 불러 주다니

무덤을 매우 좋게 보는구나.

46 하르바르드
내 진실로 그렇게 생각하기 때문이라.

47 토르
내가 만일 물속을 건너서 가게 되면
너의 그 말재주는 끔찍한 결과를 맺으리니
내가 네놈을 망치로 후려치면
늑대보다 시끄럽게 울부짖을 것이다.

48 하르바르드
집으로 가서 시프[61]의 정부나 만나 보아라,
네 힘을 보여 주어라, 그것이 급하리라.

49 토르
주둥이를 멋대로 놀리니 나를 욕보이려는구나.
이 비겁한 놈아, 거짓말인 줄 다 아노라.

50 하르바르드
그것은 진실이다. 꾸물대며 가지 말고
변장하여 건넜으면 지금쯤 멀리 갔을 터인데.

51 토르
하르바르드, 비겁한 놈! 이토록 오래 붙잡아 두다니.

---

61 토르의 아내를 뜻한다.

52 하르바르드

목동 하나가 이렇듯   수월하게 아사토르의
갈 길을 막을 줄은   나도 미처 몰랐노라.

53 토르

조언을 하나 해 주마,   이리로 건너오라.
싸움을 우리 끝내자!   마그니의 아비를 건네다오!

54 하르바르드

해협에서 멀어져라,   너를 건네줄 배는 없다.

55 토르

네놈이 나를 해협 너머로   건네주지 않으려면
길이라도 가르쳐 달라!

56 하르바르드

작은 것을 요구하나,   갈 길은 멀다.
암초까지 한 시간,   바위까지 또 한 시간
왼쪽 길로 계속 가면   베얼란드에 이르리라.
거기에서 표르긴[61a]이   아들 토르를 만나리니
오딘의 나라로 가는   친척들의 길을
그녀가 가르쳐 주리라.

57 토르

오늘 안으로 그곳에   다다를 수 있겠는가?

61a 토르의 어머니인 대지.

58 하르바르드

태양이 높으니 서두르면 다다르리라.

59 토르

조롱만 해대니 대화가 짧아지는구나

건네주기를 거절하니 다음에 내가 갚아 주리라.

60 하르바르드

악령이 너를 잡아갈 길로 떠나거라!

8. 휘미르의 노래

(휘미스크비다 Hymiskvida)

1

옛적에 전투의 신들이
포식하려 하나
나무 점을 쳐서
에기른에 갖가지

사냥감을 잡았더니
아직 배부르지 않도다
피의 점괘를 보니
술단지가 있음을 알았도다.

2

아이처럼 명랑하게
어둠의 자식을
오딘의 아들(토르)이
"당장 신들에게

암벽거인이 앉았으나
닮았구나.
그에게 말하니
마실 것을 내놓아라!"

3

광포한 그에게 거인은
신들에게 복수할 생각이
시프의 남편에게 청하니,
그리하면 당장 맥주를

비록 겁을 먹었으나
곧바로 떠올라서
"단지만 가져다주오,
담가 드리리다."

4
강력한 힘을 가진 신들,
하늘의 제왕들은
어느 곳에서도 단지를
찾을 수가 없었다.
튀르가 흐롤리디[62]에게만
남몰래 속닥거리니
아는 것과 훈수를
그에게만 말해 주었다.

5
"엘리바가르[63]의 동쪽
하늘 가장자리에
백 배나 지혜로운
휘미르가 살고 있다네.
막강한 나의 아비가
단지를 가졌으니
엄청난 단지로서
깊이가 한 길이다."

6
"우리가 그 술단지를
얻을 수 있을까?"
"계략을 쓴다면
얻을 수 있으리라."
그 길로 바로
아스가르드에서 나와
사악한 자가
사는 집으로 갔노라.

7
멋진 뿔을 가진 염소들을
우리에 몰아놓고
휘미르의 궁궐로
화급하게 달려갔도다.
이들이 보고 싶지 않은
할미를 보니
구백 개의 머리를
갖고 있더라.

---

62 토르를 가리킨다.
63 거인의 세계이다.

8
두 번째 여인이
아들에게 밝은
온통 금치장하고 나타나니
갈색 맥주를 주었다.

9
“거인의 친척인
너희 둘 다
때때로 나의 남편이
끔찍한 마음을
용감한 전사들아
단지 아래로 숨으라.
과객들에게
품기 때문이라.”

10
사악한 거인이
마음이 완고한 휘미르가
방에 들어갈 때
귀갓길에 턱수염이
밤늦게 귀가하니
사냥에서 돌아왔구나.
얼음이 드르르 소리 내니
얼었기 때문이라.

11
“복 받으라, 휘미르,
당신의 아들이
오래 기다린 자식이
여기에 인간들의
우리의 적이며
언제나 용기 충천하시길,
궁궐에 왔으니
먼 길을 왔소.
친구가 따라왔으니
베오르라 하오.

12
궁궐의 구석에 앉았으니
기둥 뒤에 숨어
거인의 눈빛에
대들보가 두 동강이
당신이 보다시피
걱정하고 있소이다.”
기둥이 박살 나고
나고야 말더라.

13

단지가 여덟이 떨어지나
강하게 단조되어
손님들이 나오니
적을 날카롭게
오로지 하나만
떨어져도 무사하더라.
끔찍한 거인은
노려보더라.

14

거인을 물리친 자(토르)가
머리에 좋지 않은
황소 세 마리를
빨리 요리하라
방으로 들어서자
예감이 들더라.
잡으라 시키더니
거인이 명하더라.

15

다음으로 머리를
화덕에 가져가
자러 가기 전에
휘미르의 소 두 마리를
자르라고 시키고
그것을 끓였도다.
시프의 남편은
혼자서 먹었도다.

16

흐룽니르의 끔찍한
흐롤리디의 식사량이
"자, 우리 셋은
바이드베르크에서 낚시하여
동료[64]가 보기에는
도를 넘더라.
내일 저녁에
그걸로 식사하자."

---

64 휘미르를 뜻한다.

17
용감한 거인이
베오르는 노를 저을
"산악종족[65]의 원수여,
짐승 우리로 가서
미끼를 준다면
용의가 있더라.
용기가 있다면
미끼를 잡아 오라."

18
"황소로 미끼를
네게 어렵지 않음을
베오르가 곧바로
아주 새까만
만드는 것이
알고 있노라."
숲에 가 보니
황소가 있더라.

19
거인을 죽인 자가
두 뿔 사이의
튀어나온 자리[66]를 박살 내더라.
"조용히 앉았을 때보다
훨씬 더 악하구나,
일할 때
닻의 조종자여."

20
염소 주인(토르)이
바닷말[67]을 조종하라
그러나 거인이
노를 젓지 않겠노라
저 멀리 바다 쪽으로
원숭이신[68]에게 청했도다.
더 이상 자기는
대답을 던지더라.

---

65 거인을 뜻한다.
66 이마를 가리킨다.
67 배를 뜻한다.
68 휘미르의 별명.

21
그때에 힘센 휘미르가
물속에서 고래를
그 사이에 오딘의 아들
선미에서 재주껏

혼자서 낚시로
두 마리 건져내더라.
베오르는
낚싯줄을 내렸더라.

22
인간들의 수호자(토르)는
황소머리를 꿰어서
신들이 증오하는
하품하다가

낚시에 미끼로
괴물과 싸웠노라.
에르둠귀르터[69]가
미끼를 덥석 물었다.

23
힘이 센 토르가
용감하게 뱃전으로
암벽에 붙어사는
끔찍한 대가리를

번쩍이는 독사를
끌어 올렸다.
늑대 친구의
망치로 내려쳤구나.

24
암벽이 우지끈거리며
칼로 베인 양
그때에 괴물이

협곡들이 괴성을 내니
오래된 대지가 움츠러들더라.
바다로 내려가더라.

25
거인의 귀갓길도
힘이 센 휘미르는

편치가 않으니
입을 꽉 다물더라.

---

69 바닷속 뱀의 이름. '땅을 칭칭 감은 자'라는 뜻이다.

역풍을 안고 방향타만 돌렸더라.

26
“이제 일을 반반씩 나누기로 하자.
집으로 고래를 날라 가겠느냐?
물가에 배를 정박시킬 테냐?”

27
흐롤리디가 가서 선수를 잡으니
힘을 다 쓰지 않고도 배를 정박시키고
노며 낚시 도구를 혼자서 챙겼더라.
그리고는 거인의 고래들을 날라서
거인이 사는 협곡으로 가져갔더라.

28
그러나 언제나처럼 거만한 거인은
토르와 다시 힘겨루기 시합을 하였구나.
노를 저어서 힘이 부칠 테니
저기 저 병을 부수지 못하리라.

29
흐롤리디의 손으로 병이 건네지자
굳건한 돌기둥을 병으로 박살 내더라.
앉으며 기둥 사이로 병을 던지니
휘미르의 손으로 무사히 돌아가더라.

30
다정한 프릴레가 그에게 가르치니

긴요한 충고이며 그녀만 아는지라.
"휘미르의 머리로 던지시오. 식곤한
거인의 머리는 병보다 단단하리라."

31
염소의 주인이 무릎을 굽혀
아스 신의 힘을 다 모아 던졌더라.
투구를 쓴 거인의 머리는 무사했으나
병은 바로 두 동강이 났더라.

32
"나의 무릎 앞에 술병이 깨져 있으니
최고의 기쁨이 사라져 버렸구나.
술이 잘 익었다고 자주 말했으나
오늘부터는 더 이상 그리 못하겠구나.

33
아직 너희들 힘이 남았는지 시험하니
단지를 들고 이 궁궐을 나가 보거라."
튀르가 두 번이나 용을 써 보았으나
단지의 굄목은 꼼짝도 하지 않더라.

34
모디의 아비(토르)가 가장자리를 잡아서
바닥에서 아래의 방으로 옮겨 놓았더라.
시프의 남편이 머리 위에 단지를 이니
단지의 손잡이가 복사뼈에서 쩔렁거린다.

35
주위를 둘러볼 생각이 날 때까지
오딘의 아들이 한참을 갔구나.
동쪽에서 휘미르가 동굴에서 쫓아오니
뒤따르는 종족들은 머리가 여럿 달렸더라.

36
단지를 어깨에서 내리고 기다리다가
살인망치 묠니르를 그들에게 휘두르니
휘미르의 뒤를 따라 같이 뒤쫓아온
암벽의 거인들이 모두 쓰러지는구나.

37
(얼마를 가다 보니 흐롤리디의 염소 중
하나가 반죽음이 되어 길바닥에 누웠더라.)
덫에 걸린 발을 겁에 질려 끄니
교활한 로키가 이렇게 한 것이라.

38
너희들 잘 들었느냐? 신을 아는 자 중 누가
이 모든 것을 전부 다 아느냐?
로키가 토르에게 어떤 벌을 받았겠는가?
지은 죄 때문에 두 아들을 내주었구나.)

39
힘이 남은 토르가 성찬에 돌아왔으니
휘미르가 가졌던 단지를 가져왔다.
열락의 신들은 그것에다 에기르의 궁에서

마(麻)의 수확 철[70]마다 엘주를 담가 마셨다.

70 겨울을 말한다.

9. 에기르의 주연(酒宴)
(외기스드레카 Oegisdrecka)

귀미르라고도 불리는 에기르는 앞서 이야기한 바 있는 커다란 술 단지를 얻은 후에 아스 신들에게 주연을 베푼다. 이 잔치에 오딘과 부인 프리그가 손님으로 오게 된다. 토르는 동쪽으로 여행을 가서 오지 않았다. 토르의 부인인 시프도 왔고 브라기와 이둔 부부도 함께 왔다. 결박당한 펜리르 늑대가 손 하나를 먹어치워 손이 하나뿐인 튀르도 왔다. 뇨르드와 스카디 한 쌍도 왔고 프레이르와 프레이야, 오딘의 아들인 비다르도 왔다. 로키와 프레이르의 하인인 베일라비르와 베일라도 왔다. 그 외에도 많은 아스 신들과 엘프들이 왔다.

에기르는 하인이 둘 있었고 이름은 푸나펭그르와 엘디르이다. 잔치에는 횃불 대신 번쩍거리는 금을 사용했다. 엘주가 많이 나왔고 잔치는 아주 평화로웠다. 손님이 전부 에기르가 손님 접대를 잘한다고 칭찬하자 이것이 로키의 비위를 상하게 만들어 푸나펭그르를 쳐 죽인다. 그러자 아스 신들이 방패를 들고 일어서서 로키에게 달려들어 숲으로 내쫓아 버리고 성찬으로 돌아왔다. 로키 역시 다시 궁궐로 돌아와서 그 앞에 서 있던 엘디르에게 말을 건넨다.

1 로키

말해 보아라, 엘디르야, 네 녀석이 앞으로
한 발짝 나서기 전에,
궁궐 안 승리의 신 자손들 사이에서는

어떤 환담이 오고 갔더냐?

2 엘디르
승리의 신 자손들은 무기와 유명한 전투를
이야기 나누었소.
이 안에 계셨던 아스 신들과 엘프 가운데
당신을 좋게 말한 이 하나도 없소.

3 로키
에기르의 궁궐 안으로 들어가
주연을 직접 보고 싶구나.
아스 신들에게 욕설과 치욕을 퍼붓고
술에는 독을 풀고 싶구나.

4 엘디르
명심하시오, 에기르의 궁궐 안으로 들어가
주연을 직접 보고자 하면.
조심하시오, 선한 신들에게 치욕을 퍼붓는다면
신들은 당신에게서 닦아 낼 것이오.

5 로키
알아 두어라, 엘디르, 우리가 서로 신랄한 말로
논쟁을 벌인다면
네놈의 언변이 아무리 좋다 한들
내 대답이 더 풍부하리라.

그때 로키가 궁궐로 들어간다. 안에 있던 신들은 로키가 들어오는 것을 보고 모두 입을 다문다.

6 로키
롭트르가 목이 말라　　궁궐에 왔으니
먼 길을 왔소이다.
아스 신들께 청하니　　맛좋은 꿀술을
한 모금만 나누어 주소.

7
어찌 모두 조용하신가,　　고집불통 신들이여.
대답조차 없으신가?
앉을 자리를　　탁자에 마련해 주소,
아니면 여기를 떠나라 하든가.

8 브라기
아스 신들은 결단코　　앉을 자리를 탁자에
마련해 주지 않을 걸세.
신들은 누구와　　술자리를 나누어야 할지
훤히 알고 있다네.

9
기억나시나, 오딘,　　우리가 옛적에
피를 섞어 맹세했던 때를?
합석하지 않으면　　결코 술 마시지 않겠다고
맹세하지 않았던가?

10 오딘
일어서거라, 비다르,　　저 늑대의 아비에게
자리를 마련해 주라,
여기 에기르의 궁궐에서　　로키가 우리를

비방하면 안 되지 않는가.

이때 비다르가 일어서서 로키에게 술을 따른다. 로키는 술을 마신 후에 아스 신들에게 이야기한다.

11 로키
아스 신들 만세, 아스 여신들 만세,
높으신 신들 만만세,
브라기의 자리에 앉은 저 아스 신만은
제외하고서입니다.

12 브라기
나의 보물 가운데 검과 말을 주마
반지도 주겠노라,
그 대신 아스 신들의 화를 돋우지 말고
염장을 지르지도 마라.

13 로키
내 브라기를 아니, 말과 반지 둘 다
그다지 넉넉지도 않으면서.
여기 이 안에 있는 아스 신들과 엘프들
누구도 결투를 꺼리거나
겁을 먹고 화살을 피하지 않는다.

14 브라기
내가 지금 여기 에기르의 궁궐이 아니라
저 바깥에 있었더라면,
네 목숨이 확실히 내 손안에 있도록

거짓말을 응징해 주었을 텐데.

15 로키
앉을 때는 재빠르나 행하기는 굼뜨니
브라기, 자기 자리나 지키시지!
분통이 터지거든 결투하러 나오거라,
용감하면 살피지도 주저하지도 않으리라.

16 이둔
친아들들과 양아들들 모두의 화평을 위하여
참으셔요, 브라기,
이곳 에기르의 궁에서는 로키에게 악담을
삼가셔요.

17 로키
입 다물라, 이둔이여, 내 당신을 아니
색기(色氣)가 철철 넘치도다.
빛나는 두 팔을 지금도 휘감고 있으니
바로 오라비를 죽인 자 아니냐.

18 이둔
이곳 에기르의 궁에서는 로키에게 악담을
삼가리라.
맥주에 대취한 브라기를 살살 달래서
결투를 막아야 하느니라.

19 게피온
여보시오, 두 아스 신들이여, 심하게 다투시니

이 무슨 변고요?
신들이 속이거나　　자기를 증오하리라고는
롭트르는 꿈도 꾸지 않을 것이요.

20 로키
입을 다물라, 게피온!　　장신구를 선사한
저 하얀 소년이 당신이 두 다리로
그를 휘감자 당신을　　어떻게 쾌락으로 유혹했는지
내가 잊지 않았다.

21 오딘
미쳤도다, 로키,　　게다가 어리석도다
게피온의 증오를 사다니.
나처럼 그녀도　　모든 생명의 명줄을
다 알고 있는데.

22 로키
입이나 다무시지, 오딘,　　인간들의 싸움에서
승패를 부당하게 가르지 않았던가.
이겨서는 아니 될　　형편없는 자들에게
번번이 승리를 안겨 주었으면서.

23 오딘
이겨서는 아니 될　　형편없는 자들에게
승리를 안겨 준 걸 네가 알더냐,
너야말로 땅 밑에서　　여덟 겨울을 웅크리고서
소젖이나 짜고 어미가 되지 않았더냐.
(거기서 자식까지 낳아 놓았으니

내 생각에 꼴불견이 따로 없구나.)

24 로키
당신이야말로 삼쇠 섬에서　　　　발라라는 이름으로
이 집 저 집 헤집고 다녔다던데.
변장한 마술사여,　　　　인간을 속이다니
내 생각에 꼴불견이 따로 없구나.

25 프리그
당신들의 행각들을　　　　절대로 세상 사람들에게
발설하지 마시오.
당신 둘 아스 신들의　　　　옛적의 행실들을 말이요,
태초의 일들은 묻어 두어야 하오.

26 로키
입을 다물라, 프리그,　　　　표르긴의 딸인데도
남정네들에게는 너무 싹싹하구나.
비드리르의 아내이면서도　　　　빌리와 베 두 형제를
네 품에 안지 않았더냐.

27 프리그
알아두어라, 여기　　　　이 에기르의 궁궐에
발드르 같은 아들 하나만 있었더라도
너는 아스 신 자손에게서　　　　도망도 치지 못하고
결투할 상대도 일찌감치 찾았을 것이다.

28 로키
소원이더냐, 프리그여,　　　　내가 저지른 악행을

더 생각해 내라는 것이냐?
발드르가 신들의 모임에 가는 것을
더는 못 보니 바로 이 몸 때문이라.

29 프레이야
미쳤구나, 로키여, 추악한 행위들을
스스로 떠벌리고 다니다니.
말을 하지 않아도 프리그는 일어난 일들을
모두 알고 있느니라.

30 로키
입 다물라, 프레이야, 내 너를 속속들이 아니
결점은 죄다 갖췄구나,
여기 이 자리의 아스 신과 엘프 모두와
정분을 나누지 않았느냐.

31 프레이야
주둥이가 더럽도다, 너의 혀가 흉한 일을
불러올까 걱정이 되는구나.
아스 신들과 여신들이 적의를 품으니
네 귀갓길이 편치 않겠구나.

32 로키
입 다물라, 프레이야, 네가 독기를 발하니
모든 것이 불길해진다.
자신의 오라비를 신들 앞에서 끌어안다가
헛방귀만 뀌는구나, 프레이야!

33 뇨르드
아름다운 여인들이 남정네를 선택한들
무엇이 나쁘더냐?
자식을 낳은 악독한 사내가 신들에게 오니
그것이 해괴망측할 따름이니라.

34 로키
입 다물라, 뇨르드여, 동쪽에서 보낸
신들의 볼모인 주제 아니더냐.
휘미르의 딸들이 밤 요강으로 택하여
네 입에 오줌을 싸지 않았더냐.

35 뇨르드
내가 멀리에서 볼모로 와서 받은
수모가 위안을 얻었으니
아들이 성장하여 모두가 아끼는
아스 신 제일의 동량이 되었노라.

36 로키
집어치워라, 뇨르드여, 우쭐함 따위는,
더 이상 감추지 않겠으니
친누이와 동침하여 아들을 만들다니
그녀나 너나 추잡하구나.

37 튀르
프레이르는 최고의 신이니 지존의 궁으로 가는
무지개 다리를 받치고 있다.
어떠한 소녀도 여인네도 더럽히지 않았고

곤경에서 모두를 구했도다.

38 로키
입 다물라, 튀르,
두 명과 동시에 싸우면
쓸모도 없는 주제 아니더냐,
너는 오른손을
빼앗기고 말았으니
펜리르 늑대가 먹어치웠구나.

39 튀르
나는 손 하나
너는 펜리르 없이 살아가니
이도 저도 모두 다 괴로울 따름이다.
늑대도 괴로우니
결박을 당한 채
아스 신의 멸망을 기다리는구나.

40 로키
입 다물라, 튀르,
네 마누라가
나의 아이를 갖게 되었구나.
치욕에 대해
조금도 참회하지 않으니
어디 잘해 보아라, 오쟁이진 놈아!

41 프레이르
신들이 멸망할 때까지
펜리르는 결박당해
강물의 발원지에 누워 있겠구나.
입 다물지 않으면
결국 네게도
같은 일이 닥치리라, 화근덩어리 놈아.

42 로키
귀미르의 딸을
금으로 사들이고

칼은 스키르니르에게 주었구나.
무스펠의 자식들이 뮈르크비드르[71]에 말 타고 오면
무엇을 가지고 싸울 테냐, 저주받은 놈아.

43 베이그비르
잉비 프레이르처럼 태생이 고귀하든지
멋진 궁궐을 갖고 있었더라면,
골수보다 무르게 짓이겨 버릴 텐데, 시건방진 놈,
관절도 죄다 부러뜨려 주었을 텐데.

44 로키
음식을 덥석 집어 물고 건들거리고 다니는
저 하찮은 놈은 누구더냐?
프레이르의 귀에 대고 계속 속닥거리며
하녀들 일이나 하는구나.

45 베이그비르
나 베이그비르라 하노라, 아스 신들과 인간들
모두가 날 칭찬하신다.
흐롭트(오딘)의 친우들의 에기르 궁궐 주연을
기민하게 돕고 있다.

46 로키
입 다물라, 베이그비르, 장정들의 식사법도
제대로 모르는 주제에.

---

71 어두운 숲을 뜻하며, 남쪽의 큰 숲 지역을 말한다.

결투가 벌어지면　　비겁하게도 네놈은
침대 밑으로 숨는구나.

47 헤임달
취했구나, 로키여,　　정신이 나갔느냐?
제발 사라져라, 로키,
사람들이 만취하면　　말들이 많아지지만
무슨 말 하는지도 모르는구나.

48 로키
입 다물라, 헤임달, 태초의 시간에
고달픈 운명이 주어졌구나.
젖은 등으로　　이슬이나 맞아 가며
보초를 서는구나, 신의 호위병아!

49 스카디
신이 났구나, 로키, 더 이상 마음껏
야유할 수 없으리라,
차디찬 암벽의　　날카로운 칼날 위에 곧
신들이 너를 내장으로 묶어 놓으리라.

50 로키
서리 내린 시린 암벽　　날카로운 모서리에
신들이 곧 나를 묶는다손 치더라도
티아시를 죽일 때　　가장 먼저 가장 적극적으로
가담했던 것은 나였노라.

51 스카디
가장 먼저 가장 적극적으로
티아시를 죽일 때 가담했었다면
내 궁궐과 성소에서 앞으로 두고두고
험한 말만 들을 것이니라.

52 로키
네가 나를 잠자리로 꾀일 때는 이 라우페이(야)의 아들[72]에게
다정하게 말하였지.
우리의 비행을 좀 더 상세히 세상에 알리려
내 이를 회상하노라.

이때 시프가 들어와 로키에게 얼음 잔에 꿀술을 따라 주고 말하길

53 시프
복 받아라, 로키여, 얼음 잔에 가득히 채운
농익은 꿀술을 들어라.
아스 신들 가운데 나 한 여신만을 네가
모욕하지 않았구나.

로키가 잔을 들어 마신 후 말하니

54 로키
줄곧 음전하고 남편에게 순종했었던들
가만 놔두었을 것이다.
어떤 자를 아니, 정확하게 내가 아니

---

72 로키를 말한다.

흐롤리디(토르)를
오쟁이지웠구나.
(그는 영리한 로키이니라.)

55 베일라
바위가 온통 들썩인다,
산으로 간 흐롤리디가
집으로 돌아오는구나,
신들과 객들을
전부 다 능멸한 놈을
이제 입 다물게 하리라.

56 로키
입 다물라, 베일라,
베이그비르의 아낙으로
온갖 악행이 철철 넘쳐 나는구나.
아스 신의 자손 중
더한 악질은 없으리라,
온통 오물로 똥칠을 했구나.

그때 토르가 와서 말하길

57
입 닥쳐라, 더러운 놈아,
아니면 묠니르가
주둥이를 닫게 해 주마.
네놈의 목에서
어깨언덕[73]을 베어 내리니
목숨을 잃을 것이다.

58 로키
땅의 아들이
궁궐 안으로 들어왔구나.
왜 이리 광분하느냐, 토르,

73 머리를 뜻한다.

승리의 신(오딘)을 잡아먹을   늑대[74]와 대적하면
꼼짝도 못하는 주제에,

59 토르
입 닥쳐라, 더러운 놈,   아니면 묠니르가
주둥이를 닫게 해 주마.
아니면 동쪽으로   던져 버릴 터이니
아무도 네놈을 더는 못 보리라.

60 로키
동쪽여행 이야기라면   이야기를 삼가는 것이
언제고 더 나을 텐데,
전사여, 장갑의 엄지로   도망치면서[75]
토르라 밝히지도 못했으면서.

61 토르
입 닥쳐라, 더러운 놈,   아니면 묠니르가
주둥이를 닫게 해 주마.
이 손이 흐룽니르를   때려죽인 망치로
뼈를 죄다 부수어 놓으리라.

62 로키
망치를 휘두른다 해도   아직은 오래도록
더 살고 싶구나.
스크리미르의 끈이   단단히 묶여서

---

74 펜리르 늑대를 가리킨다.
75 토르는 거인국에 갔다가 동굴인 줄 알고 거인의 장갑에 들어갔던 적이 있다.

죽도록 배를 곯아야 했고
먹지를 못하니 배를 주렸구나.[76]

63 토르
입 닥쳐라, 더러운 놈,　　아니면 묠니르가
네놈의 주둥이를 닫게 해 주마.
흐룽니르를 죽인 망치로　　죽은 자의 빗장 문 뒤
지하세계로 보내 주마.

64 로키
가슴속 응어리진 것을　　이제야 아스 신들과
아스 신의 자손들에게 털어놓았노라,
이제 몸을 돌려　　이 몸은 피하려 하니
네가 나를 칠 것을 확신하노라.

65
주연을 베풀었으나,　　에기르, 앞으로 더 이상
신들을 접대하지 못하리라.
여기 이 안의　　네가 가진 것 모두를
불꽃이 집어삼킬 것이며
네 등 뒤에서 활활 타버리리라.

그다음에 로키는 송어의 형상으로 변하여 프라낭그르의 물속으로 들어가 사라졌다. 거기에서 아스 신들이 그를 발견하고 그의 아들 나리의 내장으로 그를 결박했다. 그의 또 다른 아들 나르피는 늑대로 변했다. 스카디는 독사를 잡아 로키의 얼굴 위에 매달았다. 뱀은 독액을 뚝뚝 떨어뜨렸다.

---

76 토르는 스키르니르가 묶어 놓은 음식주머니를 열지 못해 굶은 적이 있다.

로키의 아내인 시귄은 그의 옆에 앉아 대접으로 독을 받아 냈다. 이 대접이 가득 차면 독을 내다 버렸다. 그 사이에 얼굴에 독이 떨어지면 로키가 몸을 뒤틀어 대지 전체가 요동쳤다. 이것을 지진이라고 불렀다.

10. 트륌의 노래 혹은 망치 찾아오기
(트륌스크비다 혹은 하마르스헤임트 Thrymskvida oder Hamarsheimt)

1

빙토르가 분노하니 일어나 깨어 보니
그의 망치가 보이지 않기 때문이라.
수염을 뒤흔들고 머리를 치며
온 사방으로 대지의 아들[77]을 찾아다녔다.

2

처음으로 한 말은 다음과 같으니라,
“들어라, 로키, 귀 기울여 보아라.
땅 위의 누구도 아직 모르고
높은 하늘도 그러하니 내가 망치를 도둑맞았구나.”

3

그들은 프레이야의 근사한 궁궐로 갔다.
처음으로 한 말은 다음과 같으니라,
“프레이야, 나의 묄니르를 찾도록,

77 빙토르의 망치를 뜻한다.

당신이 나에게 　 깃옷을 빌려주겠소?"

4
"금으로 되었어도 　 당신께 드리리다,
은으로 되었어도 　 당신은 가지시리이다."

5
로키가 날아가니 　 깃옷이 바스락거렸다.
아스 신들의 울타리를 　 그가 지나서
거인족의 왕국에 　 다다랐더라.

6
언덕 위에 트륌, 　 투르스의 왕이 앉아
금으로 된 목줄로 　 개들을 치장하고
말들의 갈기를 　 빗질해 올리는구나.

7
아스 신들 안녕한고? 　 엘프들 안녕한고?
어찌하여 네가 홀로 　 거인국에 왔더냐?
아스 신들 안녕하지 못하오, 　 엘프들 안녕하지 않소.
흐롤리디의 망치를 　 당신이 감추셨소?

8
땅속 깊숙이 　 여덟 길 아래에
흐롤리디의 망치를 　 내가 감추었노라.
프레이야를 신부로 　 데려오기 전에는
아무도 앞으로 　 다시 갖지 못하리라.

9

로키가 날아가니
깃옷이 바스락거리더라.
거인족들의 울타리를
그가 지나서
아스 신들의 왕국으로
드디어 돌아왔노라.
그때 왕궁 문 앞에서
토르를 만났으니,
처음으로 한 말은
다음과 같으니라.

10

"자네는 맡은 임무를
완수했는가?
거기 높은 곳에서
소식을 말해다오.
앉으면 때로
정신이 흐릿하고
누우면 쉽게
거짓말을 하는 법이니."

11

"내게 맡겨진
임무를 완수했소.
투르스의 왕 트륌이
망치를 숨겼습니다.
프레이야를 신부로
데려오기 전에는
아무도 앞으로
다시 갖지 못한다 하더이다."

12

그들이 프레이야,
미인을 찾으니
처음으로 한 말은
다음과 같으니라,
"프레이야, 신부의 면사포를
덮어쓰시오,
우리 둘이 함께
거인국으로 갑시다."

13

프레이야가 노하여
분기가 탱천하니
신들의 궁궐이
온통 흔들먹거리고,

빛나는 목걸이는 땅에 흩어졌구나.
"나더러 당신과 거인국에 가자니
당신은 저를 지금 색광(色狂)으로 여기시나이다."

14
아스 신들이 모두 서둘러 모임을 열고
아스 여신들도 모두 회의하는구나.
어떻게 흐롤리디에게 망치를 찾아 줄까
하늘의 판관들이 의논하는구나.

15
가장 현명한 헤임달이 그때 일어나니
그의 현명함은 바니르 신족과 비견되더라.
"우리가 토르에게 신부의 베일을 씌우고
빛나는 아름다운 목걸이로 치장합시다."

16
그리고 열쇠꾸러미를 쩔렁이게 하고
여자의 치마를 무릎에서 출렁이며
빛나는 보석으로 가슴을 장식하고
머리에는 베일을 높이 씌웁시다."

17
그때 고지식한 토르가 말하니
"신부의 베일을 머리에 쓴다면
아스 신들이 나를 치졸하다 비난하리라."

18
그때 라우페이의 아들 로키가 일어선다,
"토르여, 조용히 하고 그런 말들은 삼가시오.
아스가르드에 곧 거인이 살게 되면
당신의 망치를 영영 못 찾으리다."

19
그들은 토르에게 신부의 면사포를 씌우고,
빛나는 아름다운 목걸이를 걸었다.
그리고 열쇠꾸러미를 쩔렁이게 하고
여자의 치마가 무릎에서 출렁이게
빛나는 보석이 가슴을 장식하게 하고
머리에는 면사포를 높이 씌웠다.

20
그때에 라우페이의 아들 로키가 말하니,
"나도 함께 지금 시녀로 따라가겠소.
우리 둘이 같이 거인국으로 갑시다."

21
곧바로 염소들을 산에서 몰아 내려와
둥근 지붕을 가진 수레에다 매었다.
암벽이 갈라지며 번개가 번쩍이니
오딘의 아들이 거인국으로 갔더라.

22
그때에 투르스의 왕 트륌이 일어서니
"일어서라, 거인들이여, 의자를 장식하고

노아툰 출신의 뇨르드의 딸,
프레이야를 신부로 맞이해 오라.

23
금뿔 가진 소들과 거인들의 기쁨인
새까만 소들이 집으로 돌아오는구나.
보석이며 장신구가 많이 보이나
프레이야만 신부로 삼지 못하였구나.

24
손님들이 일찍이 잔치에 모여드니
거인들에게 엘주를 푸짐하게 대접했다.
토르는 소 한 마리와 송어 여덟 마리를 먹으니
모두가 살살 녹는 여자들의 음식이고
시프의 남편(로키)은 술을 세 단지 비웠구나.

25
그때에 투르스의 왕 트륌이 일어서니
"누가 신부의 저러한 식탐을 본 적이 있는가?
신부의 저러한 식탐은 본 적이 없으며
하녀가 술 마시는 것도 본 적이 없노라."

26
옆에 앉은 영민한 시녀(로키)가
거인에게 대답을 준비하였으니,
"프레이야는 아홉 밤 동안 먹지 않았소이다.
거인의 왕국을 그렇게도 흠모하였더이다."

27

입 맞추려 몸이 달아　　면사포를 올렸다가
펄쩍 놀라　　저 멀리 물러섰으니,
“프레이야의 눈이　　무섭게 타오르는구나!
그녀의 시선은　　작열하는 불길 같구나.”

28

옆에 앉은　　영민한 시녀가
거인에게 대답을　　준비하였으니,
“프레이야는 아홉 밤을　　자지 않았소이다.
거인의 왕국을　　그렇게도 흠모하였더이다.”

29

그때에 트륌의　　슬픈 여동생이 들어와
신부의 예물을 감히　　청하려 했다.
“나더러 자네를　　어여삐 여기고
순수하게 아껴 달라고　　부탁하려거든
그 빨간 반지들을　　나에게 주게나.”

30

그때에 거인의 왕　　트륌이 일어서니
“신부를 헌납받게 망치를　　이리로 대령하여라.
처녀의 무릎에　　묠니르를 갖다주거라.
혼인의 예법대로　　합방을 하자꾸나.”

31

망치를 다시 보니　　냉정한 용사
흐롤리디의 마음은　　무진장 기뻤구나.

맨 먼저 때려치니 투르스의 왕 트륌이며
이어서 거인족을 풍비박산 내버렸다.

32
거인 놈의 늙은 여동생을 또한 내리치니
신부의 예물을 감히 청했기 때문이라
내리치는 소리가 타격의 현장에 울리니
반지 대신 얻은 것은 망치타격이더라.
그리하여 토르는 망치를 다시 찾았더라.

그림 6. 호른하우젠(Hornhausen) 기사상. 석회석 석각화. 독일 할레 소재 작센-안할트 주립 선사시대박물관 소장, 이 박물관의 로고. 원래 경계석이던 것이 나중에 비석으로 사용되었다. 기사(오딘?)는 원형 방패, 대검, 장창으로 무장한 전사의 모습이다. 맞주름 모양의 대지선 아래에는 똬리를 튼 뱀 두 마리의 몸체가 띠 모양으로 얽히며 각각의 머리로 이어졌다. 조성 시기 700년경.
출처: RLGA, 제2권, 표 48a
(도판 웹주소: http://de.wikipedia.org/wiki/Reiterstein_von_Hornhausen)

11. 알비스의 노래
(알비스말 Alvismal)

1 알비스[78]
의자들이 덮였으니[79] 자 이제 신부는
나와 함께 떠날 준비를 하시오.
사람들은 지나치게 서둔다고들 하더라만.
집에 갑시다, 그런데 누가 웬 소란이오?

2 토르
이놈아, 너는 누구냐? 코는 왜 그리 허옇더냐?
시체 가운데 누웠다가 왔느냐?
네놈에겐 무언가 투르스의 낌새가 보이니
이 신부와는 어울리지 않도다.

3 알비스
내 이름은 알비스이며 대지의 아래
암벽 속에 집이 있소.
수레 모는 자[80]에게 내가 경고하리니

78 모든 것을 아는 자라는 뜻이다.
79 의자를 천으로 덮는 것은 결혼식 의례의 일종이다.

다른 이의 결합을 끊지 마소.

4 토르
이 몸은 끊으리라, 신부의 아비만이
허락할 권한이 있노라.
그 애가 약조했을 때 나는 집을 비웠었고
다른 신도 그 애를 주지 않았다.

5 알비스
용사는 대체 뉘시오, 활짝 핀 신부가
자기 것이라 호언을 하는 게요?
당신 같은 떠돌이는 아는 자가 적은데
당신을 낳은 이 도대체 누구요?

6 토르
이름은 빙토르이며 세상을 두루 다녔으며
시드그라니스(오딘)의 아들이로다.
내 뜻을 거역하면서 너는 내 딸도
확답도 얻지 못하리라.

7 알비스
그러면 당신의 허락과 허혼의 말씀 얻기를
간절히 청하나이다.
우윳빛 처녀라면 없으면 못 살고
갖고 싶기 때문이오.

---

80 토르를 뜻하나 이유는 불확실하다.

8 토르
현명한 객이여,
그 아이의 사랑을
당신에게 거절하지 않으리라,
온 세상에 관하여
알고 싶은 것을
가르쳐만 주시오.

9 알비스
해보시오, 빙토르여,
난쟁이의 지식을
감히 의심하다니.
나는 아홉 하늘을
두루 다 가 보았고
존재에 대해 모두 알고 있소.

10 토르
말해 보시오, 알비스,
현명한 난쟁이가
존재에 대해 모두 알고 있다니,
모두를 먹여 살리는
대지를 두고 세상마다
무어라고 부르오?

11 알비스
인간들은 땅이라
아스 신들은 육지라
바니르 신들은 길이라 부른다오.
거인족들은 온초록이라
엘프들은 자라는 것이라
귀한 신들은 점토라 부른다오.

12 토르
말해 보시오, 알비스,
현명한 난쟁이가
존재에 대해 모두 알고 있다니,
높다랗게 치솟은
하늘을 두고 세상마다

무어라고 부르오?

13 알비스
인간들은 하늘이라 하늘의 신들은 지붕이라
바니르 신들은 바람직조공이라 부른다오.
거인들은 상계(上界)라 엘프들은 빛나는 천장이라
난쟁이들은 빗물 대문이라 부른다오.

14 토르
말해 보시오, 알비스, 현명한 난쟁이가
존재에 대해 모두 알고 있다니,
사람들이 쳐다보는 달을 두고 세상마다
무어라고 부르오?

15 알비스
인간들은 달이라 신들은 원반이라
지하에서는 구르는 바퀴라 부른다오.
거인들은 성급한 자라 난쟁이들은 빛이라
엘프들은 세월계산기라 부른다오.

16 토르
말해 보시오, 알비스, 현명한 난쟁이가
존재에 대해 모두 알고 있다니,
모든 종족에게 빛을 주는 태양을 두고 세상마다
무어라고 부르오?

17 알비스
인간들은 해라 신들은 성신이라

난쟁이들은 난쟁이 잡는 자[81]라 부른다오.
거인들은 빛나는 눈이라 엘프들은 빛나는 원이라
아스 신의 자손들은 아주 밝음이라 부른다오.

18 토르
말해 보시오, 알비스, 현명한 난쟁이가
존재에 대해 모두 알고 있다니,
안개로 젖은 구름을 두고 세상마다
무어라고 부르오?

19 알비스
인간들은 구름이라 신들은 물 주는 자라
바니르 신족들은 바람의 배라 부른다오.
거인들은 비 주는 자라 엘프들은 변덕 날씨라
지하세계에서는 안개투구라 부른다오.

20 토르
말해 보시오, 알비스, 현명한 난쟁이가
존재에 대해 모두 알고 있다니,
멀리까지 가는 바람을 두고 세상마다
무어라고 부르오?

21 알비스
인간들은 바람이라 신들은 나풀거림이라
높으신 분들은 말울음이라 부른다오.
거인들은 우는 자라 엘프들은 시끄러운 자라

81 난쟁이는 햇빛을 보면 돌로 변한다.

지하세계에서는 울부짖는 자라 부른다오.

22 토르
말해 보시오, 알비스,   현명한 난쟁이가
존재를 전부 다 알고 있다니,
모든 세상 위에 놓였다는   고요한 공기는
무어라고 부르오?

23 알비스
인간들은 공기라   아스 신들은 잠자리라
바니르 신들은 바람의 도피처라 부른다오.
거인들은 무더위라   엘프들은 아침의 고요라
난쟁이들은 청량함이라 부른다오.

24 토르
말해 보시오, 알비스,   현명한 난쟁이가
존재에 대해 모두 알고 있다니,
장정들이 노 저어 가는   바다를 두고 세상마다
무어라고 부르오?

25 알비스
인간들은 바다라   거인들은 평판(平板)이라
바니르 신들은 파도라 부른다오.
거인족들은 장어의 집이라   엘프들은 물의 보물이라고
난쟁이들은 대양이라 부른다오.

26 토르
말해 보시오, 알비스,   현명한 난쟁이가

존재에 대해 모두 알고 있다니,
종족들에게 열기를 주는 불을 두고 세상마다
무어라고 부르오?

27 알비스
인간들은 불이라 아스 신들은 불꽃이라
바니르 신들은 불길이라 부른다오.
거인들은 바스락거리는 것이라 난쟁이들은 발화구라
지하세계에서는 난폭자라 부른다오.

28 토르
말해 보시오, 알비스, 현명한 난쟁이가
존재에 대해 모두 알고 있다니,
끝없이 자라나는 숲을 두고 세상마다
무어라고 부르오?

29 알비스
인간들은 숲이라 아스 신들은 산의 머리카락이라
지하세계에서는 언덕의 이끼라 부른다오.
거인들은 장작이라 엘프들은 아름다운 가지라
바니르 신들은 나뭇가지라 부른다오.

30 토르
말해 보시오, 알비스, 현명한 난쟁이가
존재에 대해 모두 알고 있다니,
뇨르비의 딸인 밤을 두고 세상마다
무어라고 부르오?

31 알비스
인간들은 밤이라 신들은 안개라
귀한 분들은 감추는 자라 부른다오.
거인들은 빛 없음이라 엘프들은 잠의 기쁨이라
난쟁이들은 꿈 같은 환희라 부른다오.

32 토르
말해 보시오, 알비스, 현명한 난쟁이가
존재에 대해 모두 알고 있다니,
땅에 뿌리는 씨앗을 두고 세상마다
무어라고 부르오?

33 알비스
인간들은 씨라고 아스 신들은 씨앗이라
바니르 신족은 식물이라 부른다오.
거인들은 먹이라 엘프들은 재료라
지하세계에서는 물결치는 바다라 부른다오.

34 토르
말해 보시오, 알비스, 현명한 난쟁이가
존재에 대해 모두 알고 있다니,
모두가 마시는 엘주를 두고 세상마다
무어라고 부르오?

35 알비스
인간들은 엘주라 아스 신들은 맥주라
바니르 신들은 과즙이라 부른다오.
지하세계에서는 꿀술이라 거인들은 밝은 물결이라

수팅의 자손들은[82] 훌쩍거림이라 부른다오.

36 토르

한 가슴으로부터　　　　　　　　　　태고에 대한 지식을
이토록 많이 들은 적이 없었다.
교묘한 계략에 걸려　　　　　　　　　너는 내기에 졌으니
햇빛이 너에게 마법을 거는구나, 난쟁이야,
햇살이 회당 안으로 들어오지 않느냐.[83]

---

82 거인의 한 종족. 역자 주.
83 난쟁이는 햇빛을 보면 돌로 변한다. 역자 주.

12. 스키르니르의 여행
(스키르니스푀르 Skirnisför)

뇨르드의 아들 프레이르가 어느 날 용상에 앉아 세상을 두루 돌아보았다. 거인국을 보았을 때 아름다운 처녀 하나가 아비의 집에서 나와 친구들에게 가는 것을 본다. 그로 인해 그는 마음의 병을 얻게 된다. 뇨르드는 어느 날 스키르니르란 이름을 가진 하인에게 프레이르에게 말을 붙여 보라고 시킨다.

그가 말하니

1 스카디[84]

일어나라, 스키르니르, 우리 아들에게
말을 좀 붙여 보아라,
똑똑한 녀석이 누구 때문에 화가 났는지
알아볼 수 있겠느냐.

2 스키르니르

똑똑한 분이 누구 때문에 화가 났는지

84 프레이르의 모친.

알아보기 위하여
말을 붙여 본다면 당신 아드님은
언짢은 대답을 하리이다.

3
말해 주시오, 프레이르님, 신 중의 신이시여
제가 알고자 하니
주인이여, 어찌하여 넓은 궁에서 홀로
귀한 하루를 보내십니까?

4 프레이르
내 어찌 너 같은 어린 녀석에게
마음의 큰 고통을 털어놓겠는가?
날마다 엘프 빛[85]이 환하게 비추어도
연모하는 내 마음에는 아니구나.

5 스키르니르
말해 줄 수 없을 만큼 당신의 고통이
그토록 크지는 않겠지요.
청춘의 나날을 같이 나누시지요,
무슨 말이든 우리끼리 털어놓지요.

6 프레이르
귀미르의 정원에서 어여쁜 소녀가
걸어가는 걸 보았다.
두 팔이 환히 빛나니 공기와 바다도

85 해를 가리킨다.

그 빛으로 빛을 내더구나.

7
청춘의 봄을 맞은　　어떤 청년보다도
그 소녀를 내가 사랑하노라.
그러나 아스 신들과　　엘프들 아무도
우리의 결합을 원치 않는구나.

8 스키르니르
훨훨 타는 불길을 뚫고　　무사히 데려다 줄
빠른 말을 제게 주소서,
거인의 무리를　　저 홀로 베어 버리는
당신의 칼을 제게 주소서.

9 프레이르
훨훨 타는 불길을 뚫고　　무사히 데려다 줄
빠른 말을 가져가거라,
거인의 무리를　　저 홀로 베어 버리는
나의 칼을 가져가거라.

스키르니르가 말에게 말한다.

10
저 밖은 어두우니　　음습한 산을 넘어갈
시간이구나,
괴력의 거인이　　우리 둘을 잡지 못하면
무사히 임무를 마칠 수 있을 것이다.

스키르니르는 거인의 나라 귀미르의 궁으로 말을 타고 갔다. 게르다의 궁궐을 둘러싼 나무울타리 문에는 사나운 개들이 묶여 있었다. 그는 둔덕에 앉아 있는 목동에게로 가 말을 걸었다.

11 스키르니르
말해다오, 목동이여, 언덕에 앉아서
길을 지키는구나.
사나운 귀미르의 개들이 지키고 있는
어여쁜 처녀를 어찌 볼 수 있을까?

12 목동
(말 위의 사나이여) 네놈은 죽고 싶으냐,
아니면 벌써 죽은 목숨이더냐?
귀미르님의 따님에게 말을 걸다니
네놈에게 영영 허락되지 않으리라.

13 스키르니르
여기에 올 결심도 했으니 한탄하고 있느니
용감하게 시도해 보리라.
명줄의 길이는 햇수며 날까지
이미 다 정해져 있노라.

14 게르다
왜 이다지도 우리 궁궐 안이
시끄럽고 소란스럽더냐?
땅이 울리고 귀미르의 궁궐이
전부 다 흔들리는구나.

15 하녀
어떤 사내가 밖에서　　　말에서 내려
풀을 뜯기고 있사옵니다.

16 게르다
궁 안으로 들어와　　　순한 꿀술을 들라
그에게 이르거라,
아무래도 짐작에는　　　거기 밖에
동생의 살인자가 있는 것 같구나.

17
엘프, 아스 신,　　　현명한 바니르 신들 중
댁은 어디에 속하시오?
불길을 뚫고　　　홀로 우리 궁궐을
보러 왔단 말이오?

18 스키르니르
엘프, 아스 신,　　　현명한 바니르 신 중
그 어디에도 속하지 않소이다.
불길을 뚫고　　　홀로 당신의 궁궐을
보러 왔소이다.

19
열한 개의 사과가　　　모두 금이오만
게르다 당신에게 바치리다.
프레이르 님을 인정하고　　　가장 사랑하도록
당신의 사랑을 사겠소이다.

20 스키르니르

남자를 사랑하라는 열한 개의 사과를
나는 받을 수 없소.
살아 숨 쉬는 동안 프레이르와 나는
결코 같이 있지 않을 것이오.

21 스키르니르

오딘의 젊은 후계자(발드르)와 같이 화염에 놓였던
이 반지를 당신에게 바치리다.
아홉째 날에 같은 무게 반지 여덟이
그에게서 방울져 나왔소.

22 게르다

오딘의 젊은 후계자와 화염에 같이 놓였던
그 반지를 갖고 싶지 않소,
귀미르 땅에서는 금이 필요 없으니
아버지가 나의 보물을 지켜 주신다오.

23 스키르니르

보이는가, 처녀여, 내가 손에 든
날카로운 마법의 검이?
만일에 당신이 그를 거절한다면
목에서 머리를 베어낼 것이다.

24 게르다

남자를 사랑하라는 요구라 하더라도
잠시라도 강요라면 참을 수 없소.
곰곰이 생각하니 귀미르의 눈에 띄면

장정들의 결투가 벌어질 것이오.

25 스키르니르
보이는가, 처녀여, 내가 손에 든
날카로운 마법의 검이?
칼날이 늙은 거인을 베어 버리니
오늘이 당신 아비의 제삿날이 되리라.

26
나의 말을 듣도록 마법의 채찍으로
처녀여, 당신을 길들이리다.
사람의 자식들이 당신을 볼 수 없는
장소로 가게 되리라.

27
아렌 암벽 위에 새벽녘에 앉았다가
세상과 이별하고 하계(下界)로 가게 되리라.
음식은 누구보다도 당신에게 역겨우리니
인간을 괴롭히는 미드가르드의 뱀이리라.

28
밖으로 나가면 끔찍한 구경거리가 되리라,
흐림니르며 모두가 끔찍하다 하리라.
신의 호위병보다 더 널리 알려지리라,
입 쩍 벌리고 창살 밖을 내다보리라.

29
외로움과 끔찍함, 억압과 초조함이

서러움과 눈물을 배가시키리라.
이리로 앉으라, 내가 당신에게
넘실거리는 강물 같은 고통이며
곱절로 에이는 고통을 이야기해 주리라.

30
거인족의 보금자리 이 안에 있더라도
빗장이 있어도 불안하리라.
흐림투르스족의 궁궐 앞에서 하루 종일
음식이 없어서 몸부림치리라,
음식이 싫어서 몸부림치리라,
기쁨 대신 고통이 당신이 받을 응보이니
눈물로 불행을 감당하리라.

31
머리 셋인 투르스와 인생을 함께하든가
결혼 한 번 못해 보고 늙어 가리라.
날마다 아침마다
연모하다가 병이 나리니
아궁이 입구의 엉겅퀴 다발처럼
바싹바싹 마를 것이다.

32
마법의 채찍을 찾고자 언덕의 깊은 숲에
내가 갔었다.
마법의 채찍을 내가 찾았구나.

33

오딘이며 아스의 왕[86]도 끔찍하게 대하리니
프레이르도 당신을 저주하리라.
도망가라, 사악한 소녀여,
신들이 분노의 마법으로 파멸시키기 전에.

34
들으라, 요테족[87]들아, 들으라, 흐림투르스족[88]들아,
수퉁의 자손들이여,[89] 너희 아스 신들이여!
어떤 장정도 이 처녀와 사귀거나
어떤 장정도 이 처녀와 결혼하는 것을
내가 금지하노라, 저주하노라.

35
죽은 자들의 문 뒤에서 당신을 원하는 자
거인의 이름은 흐림그리미르이니라.
저주받을 종놈들은 가지투성이 뿌리[90]에다
염소 오줌을 뿌려 주리라.
그것 빼고는 마실 것이 없으리라.
처녀여, 당신 생각대로,
처녀여, 내 생각대로!

36
투르스 한 명과 세 가지 운명을 점지해 주리니

86 토르를 가리킨다.
87 거인족의 일족. 역자 주.
88 거인족의 일족. 역자 주.
89 거인족의 일족. 역자 주.
90 먹게 될 저주받은 음식을 가리킨다.

무기력, 불만, 조급이라.
그것을 내가 새겨넣었듯이　　　필요한 경우에는
도로 잘라서 없애 주마.

37 게르다
축복받으라, 전사여,　　　농익은 꿀술
가득한 얼음 잔을 들라,
낭군으로 바니르 신을　　　선택하리라고는
꿈에도 생각해 본 적이 없었다.

38 스키르니르
길을 떠나기 전에　　　구혼에 성공했음을
확실하게 정해 두고 싶다.
언제나 뇨르드 아들의　　　대장부 사랑에
당신이 응하려가?

39 게르다
우리 둘 다 알고 있는　　　숲속의 한적한 길을
바리라고 하오.
아홉 밤 후에　　　뇨르드의 아들에게
기쁨을 허락하겠소.

스키르니르는 말을 타고 귀로에 오른다. 프레이르가 밖에 서 있다. 그를 맞아 자초지종을 묻는다.

40
말하라, 스키르니르,　　　안장을 던지고
한 발을 내딛기 전에.

거인의 나라에서
무엇을 달성하고 왔느냐?
나와 네가 원하는

41 스키르니르
두 분 다 알고 있는
바리라 한답니다.
아홉 밤 후에
기쁨을 허락하겠다 합니다.
숲속의 조용한 길을
뇨르드의 아들에게

42
길도다 하룻밤,
내 어찌 셋째 밤까지 헤아릴꼬?
때로 생각하니
한 달보다 더 길구나.
더욱 기니 둘째 밤
기다리며 보내는 하룻밤은

13. 그로아의 소생
(그로갈드르 Grogaldr)

1 스빕다그르
일어나시오, 그로아,　　　　　깨어나시오, 선한 여인이여,
사자(死者)의 문에서 당신을 깨웁니다.
생각나지 않으시오?　　　　　당신의 무덤으로
이 아들을 불러내지 않았습니까?

2 그로아
나의 외동아들에게　　　　　무슨 일이 있느냐?
어떠한 불행이 내 아들을 불안하게 하여
오래전에 세상을 떠나　　　　　땅속에서 쉬고 있는
이 어미를 자식이 불러냈더냐?

3
불쾌한 장소로 부르시다니,　　　　　심하십니다,
나의 아비를 안았던 여인이여,
산 자들이 모르는　　　　　장소로 불러내니
당신이 나타났습니다.

4
방랑길이 길고 갈 길 또한 먼데
인간의 요구 또한 길구나.
일이 잘되어 소원을 성취하며
좋은 행운이 네게 웃어 주리라.

5
강한 자, 어머니여, 당신의 자식에게
신비한 힘을 가진 노래를 불러 주시오.
길을 가다 도중에 쓰러질까 두려우니
스스로 너무 어리다 생각되기 때문입니다.

6 그로아
신비한 힘을 가진 노래를 부르리니
옛적에 린다가 란에게 불러 주었다.
어렵다 생각되면 어깨너머로 던져 버리고
너 자신 스스로에 의지하거라.

7
즐거운 일도 없이 긴 행로에 헤맬 때를 위해
두 번째 노래를 불러 주리라.
수치스러운 일을 보게 되면 우르드의 빗장들이
항상 너를 지켜 줄지라.

8
흐르는 강물이 삼킬 듯이 날뛸 때를 위해
세 번째 노래를 불러 주리니
난폭한 굉음을 내는 강이여, 절벽으로 가 버려라,

눈앞에서 멀리 사라져 버려라.

9
교수대 있는 길에서 무서운 적을 만날 때를 위해
네 번째 노래를 불러 주리니
그들의 용기가 사라지며 화평을 맺자 조아리니
네게는 힘이 솟아 나오리라.

10
너의 손과 발을 포승줄이 결박할 때를 위해
다섯 번째 노래를 불러 주리니
노래가 손발에 열을 보내 풀어 버리니
손에서 포승이 풀려 나오고
발에서 포박이 풀려 나오리라.

11
바다가 평시보다 심하게 날뛸 때를 위해
여섯 번째 노래를 불러 주리니
폭풍과 파도를 부대에 잡아넣어
순탄한 항해를 보장케 하려무나.

12
암벽 산 위의 서리가 소름 끼치게 감쌀 때를 위해
일곱 번째 노래를 부르리니
냉혹한 바람결이 네 몸을 상치 못하고
힘줄을 당기지도 못하리라.

13
안개 낀 길 위에　　　　밤이 덮칠 때를 위해
아홉 번째 노래를 불러 주리니
죽어서 비에 젖은　　　　아낙인 나보다 더
너를 해할 자 아무도 없으리라.

14
칼 든 거인과　　　　언쟁할 고비를 위해
열 번째 노래를 불러 주리니
말이며 지혜가　　　　마음속에 솟아나니
가득 채우고 또 넘쳐 나리라.

15
위험에는 당당하게　　　　맞서 싸우거라
어떠한 장애물도 가로막지 못하리라.
무덤의 가장자리　　　　돌 위에 서서
너에게 내 노래를 들려주었도다.

16
아들아, 어미의 말을　　　　깊이 새겨들어
마음속에 고이 간직하여라.
나의 말을　　　　네가 새겨들으면
언제나 복이 넘쳐 나리라.

14. 퓰스비드르의 노래
(퓰스빈스말 Fiölsvinnsmal)

1
성 앞에서 그가 보니 낯선 자가 다가와
거인의 궁궐로 올라가는구나.

(문지기 퓰스비드르)
타는 불길을 헤치고 입구에 서 있는 것
이 무슨 괴물이냐?

2
무엇을 원하느냐? 무엇을 나불대느냐?
아는 이도 없으면서 무엇을 알려 드느냐?
진창길에 내던질 테니 어서 썩 꺼지거라,
여기는 올 곳이 못 된다, 이 거지 놈아!

3 낯선 자
입구에 서서 객에게 권리를 거부하다니
이 무슨 흉물이냐?
통성명도 못하는 쓸모없는 놈이구나,
어서 썩 꺼져 집으로 가 버려라!

4 퓰스비드르
나는 퓰스비드르라 하고 머리가 좋지만
식량을 나누는 데는 너그럽지 않다.
성벽 안으로는 들어갈 수 없으니
권리도 없는 놈아, 어서 썩 꺼져라.

5 낯선 자
사랑과 기쁨을 원하니 저런 눈요깃감에서
몸을 돌리기가 쉽지 않구나.
황금기둥 주변의 대들보가 휘황하니
이 몸은 여기에서 쉬어 갈까 하노라.

6 퓰스비드르
네놈의 부모가 누구이더냐?
네놈의 종족이 무엇이더냐?

(낯선 자)
빈드칼드르라 하니 바르칼드르가 아비이고
조부는 퓰칼드르라 부르노라.

7 빈드칼드르
말해다오, 퓰스비드르, 너에게 물어보아
알고자 하니,
온유한 천성과 선함으로 왕국을 다스리는 이
그 누구이더냐?

8 퓰스비드르
멩글라다라 부르니 토린의 아들 스바프르와

부인 사이의 소생이니라.
온유한 천성과 선함으로 왕국을 다스리는 이
바로 그녀이니라.

9 빈드칼드르
말해다오, 퓰스비드르, 너에게 물어보아
알고자 하니,
이 울타리는 무어라 부르는가? 이렇듯 사악한 술수를
신들에게서는 본 적이 없구나.

10 퓰스비드르
트림기알라[91]라 부른다, 솔블린디의 세 아들이
그것을 만들었구나.
울타리를 넘으려는 떠돌이들을 창살들이
죄다 붙잡아 들이느니라.

11 빈드칼드르
말해다오, 퓰스비드르, 너에게 물어보아
알고자 하니,
이 대들보는 무어라 부르는가? 이렇듯 사악한 술수를
신들에게서는 본 적이 없구나.

12 퓰스비드르
가스트로피르라 부른다. 흙 거인의 손발로
이 몸이 만들었다.
튼튼하게 떠받치니 사람들이 사는 동안은

---

91 천둥빛이라는 뜻이다.

든든히 서 있을 것이다.

13 빈드칼드르
말해다오, 퓰스비드르, 너에게 물어보아
알고자 하니,
개들은 무어라 부르는가? 이렇듯 사나움을
이 나라에서 본 적이 없도다.

14 퓰스비드르
알기를 원한다니, 하나는 기프르라
또 하나는 게리라 부르느니라.
신들의 몰락까지 열한 개의 초소를
지켜야 하느니라.

15 빈드칼드르
말해다오, 퓰스비드르, 너에게 물어보아
알고자 하니,
짖는 개들이 잠들면 누군가 인간이
안으로 들어갈 수 있는가?

16 퓰스비드르
개들은 보초를 서면 교대로 자라는
명령을 받아서
하나는 낮에 자고 하나는 밤에 자니
아무도 들어갈 수 없다.

17 빈드칼드르
말해다오, 퓰스비드르, 너에게 물어보아

알고자 하니,
개들이 먹으면 잠들게 하여
사람이 안으로 들어갈, 그런 음식은 없는가?

18 폴스비드르
알기를 원한다니, 비도프니르의 옆에 있는
두 날개가 보이느냐?
개들이 먹으면 잠들게 하니
사람이 안으로 들어갈 음식이로다.

19 빈드칼드르
말해다오, 폴스비드르, 너에게 물어보아
알고자 하니,
온 나라 위로 가지를 넓게 뻗친
저 나무는 무어라 부르는가?

20 폴스비드르
미마메이드르라 부르나, 어떤 뿌리에서 자라는지
아는 이가 별로 없구나.
칼도 불도 소용이 없으니 쓰러뜨릴 방법을
아는 이가 없도다.

21 빈드칼드르
말해다오, 폴스비드르, 너에게 물어보아
알고자 하니,
칼도 불도 못 쓰러뜨리는 온 세상에 알려진 저 나무는
무엇에 소용이 닿는가?

22 폴스비드르
여자들이 원치 않는 아이를 가지면
이 나무 열매로 불을 지피면 되느니라.
몸 안에 있던 것이 그들에게서 없어지니
인간의 생명나무라 부르노라.

23 빈드칼드르
말해다오, 폴스비드르, 너에게 물어보아
알고자 하니,
높은 나무 위의 금빛이 휘황한 수탉은
이름이 무엇인가?

24 폴스비드르
미마메이드르의 가지에서 바람이 불면
빛이 나는 수탉은 비도프니르로구나.
근심거리를 만드니 잡아먹고자 하여도
이 검은 놈을 훔치기 어렵구나.

25 빈드칼드르
말해다오, 폴스비드르, 너에게 물어보아
알고자 하니,
저승 신 헬의 세계로 비도프니르를 보내 버릴
무기는 없는가?

26 폴스비드르
헤바테인 나뭇가지이니 사자(死者)들의 문 앞에서
롭트르가 마법으로 잘라 내었지.
묵직한 자물쇠를 아홉 개 채워서

신마라가 철궤에 숨겨 놓았구나.

27 빈드칼드르
말해다오, 폴스비드르, 너에게 물어보아
알고자 하니,
나뭇가지를 빼앗아 가지고 온다면
무사히 살아 돌아올 수 있겠는가?

28 폴스비드르
가지를 빼앗아 가지고 온다 해도
무사히 살아 돌아올 수 있으니,
번쩍이는 흙 궁궐의 영에게 진기한 것을
선물하면 되느니라.

29 빈드칼드르
말해다오, 폴스비드르, 너에게 물어보아
알고자 하니,
창백한 노파를 흡족하게 해 줄 만한
사람이 가질 수 있는 보물이 있는가?

30 폴스비드르
비도프니르가 몸에 감추고 있는
번쩍거리는 낫을 함 속에 넣어서
신마란에게 주면 기꺼이 그녀는
피 묻은 가지를 빌려주리라.

31 빈드칼드르
말해다오, 폴스비드르, 너에게 물어보아

알고자 하니,
활활 타는 불길로 하얗게 둘러싸인
저 궁궐은 이름이 무엇이냐?

32 폴스비드르
글루트라 부르니 칼날의 끝처럼
무언가를 가리키며 돌고 있구나.
신성한 궁궐은 언제나 풍문으로만
들을 수 있을 뿐이로다.

33 빈드칼드르
말해다오, 폴스비드르, 너에게 물어보아
알고자 하니,
난간 앞의 물건을 아스 신의 자손 중
누가 만들었더냐?

34 폴스비드르
우니와 이리, 바리와 오리,
바르와 베그드라실,
도리와 우리, 델링그르와 아트바르드르,
리트스캴프르, 로키이니라.

35 빈드칼드르
말해다오, 폴스비드르, 너에게 물어보아
알고자 하니,
눈부신 신부를 보게 될, 눈앞의 저 성은
이름이 무엇인가?

36 퓹스비드르

히피아 성이라 하니,   마비되고 병약할 때
위로해 주고 치유한 지 오래되었도다.
병이 오래되었어도   가파른 성을 올라가면
모두가 건강해지느니라.

37 빈드칼드르

말해다오, 퓹스비드르,   너에게 물어보아
알고자 하니,
멩글라다의 무릎 앞에   나란히 모여 앉은 소녀들은
이름이 무엇인가?

38 퓹스비드르

첫째는 흘리프,   둘째는 흘리프트루르사,
셋째는 디에트바르타이고
비요르트와 블리드,   블리두르와 프리드,
에이르와 오에르보다이니라.

39 빈드칼드르

말해다오, 퓹스비드르,   너에게 물어보아
알고자 하니,
그녀들이 필요할 때   제물을 바친다면
그녀들은 모두를 지켜 줄까?

40 퓹스비드르

해마다 여름마다   사당에 모여서
그녀들에게 짐승을 잡아 바치니
어떠한 병마가   인간을 덮치더라도

누구나 고통에서 벗어나게 해 준다오.

41 빈드칼드르
말해다오, 퓰스비드르, 너에게 물어보아
알고자 하니,
혹여 멩글라다의 부드러운 품 안에서
잠잘 수 있는 장정이 있겠는가?

42 퓰스비드르
스빕다그르를 빼고는 그 어느 남자도
멩글라다의 보드라운 품 안에서 자지 못한다.
태양처럼 빛나는 그 여인은 오래전에
그와 약혼하였다네.

43 빈드칼드르
문을 활짝 열거라, 자리를 만들거라.
여기서 너는 스빕다그르를 보리라.
하지만 먼저 물어보아라 아직도 멩글라다가
내 사랑을 반기는지.

44 퓰스비드르
멩글라다님, 들어 보시오, 한 남자가 왔으니
나가셔서 객을 보십시오.
개들이 기뻐하고 궁궐 문이 저절로 열리니
제 생각에 스빕다그르 바로 그분이십니다.

45 멩글라다
사모하는 분이 드디어 귀가하셨다는

너의 기별이 거짓이라면
높은 교수대의 　　 번쩍거리는 까마귀가
너의 두 눈을 파먹으리라.

46
어디에서 오셨지요? 　　 이제껏 어디 계셨나요?
집에서는 무어라 부르나요?
약조된 신부가 저라면 　　 그대 이름과 속한 가문을
또박또박 말해 보세요.

47 스빕다그르
이름은 스빕다르그이며 　　 아버지는 솔비아르트이니
바람 차가운 길이 이리로 이끌었소.
부당하다 하더라도 　　 우르드의 결정은
아무도 바꿀 수가 없소이다.

48 멩글라다
환영을 받으셔요, 　　 나의 소원이 이루어지니
인사에 입맞춤이 이어집니다.
진정한 사랑이 　　 뜻밖에 만나게 되면
기쁨은 곱절로 커지지요.

49
좋아하는 산에 　　 오래도록 앉아서
날마다 당신을 사모하였소.
집으로 돌아오시니 　　 이제야 소원이 이루어졌소.
달콤한 연인이여, 저의 방으로.

50 스빕다그르

당신의 사랑이 애가 닳도록 그리웠고
당신도 나의 사랑을 그리워하였구려.
자 이제 앞으로 우리 둘이 영원히 해로함은
틀림이 없겠구려.

15. 리그르의 노래

(리그스말 Rigsmal)

오래된 전설에 따르면 아스 신인 헤임달이 항해 끝에 어느 바닷가에 닿았다 한다. 거기에서 그는 집 하나를 발견하였는데 자신을 리그르라 칭했다. 이 전설에 따라 다음의 노래가 불렸다.

1

사람들 말하기를,
힘세고 고귀하며
건장하고 민첩한
옛날에 푸르른 길 위를
박식한 아스 신,
리그르가 유유히 갔다더라.

2

방랑의 길을
문 열린 집을 하나
안으로 들어가 보니
거기에 노부부가
아이[92]와 에다[93]인데
계속하여 걸어가다가
그가 발견했구나.
바닥이 빛난다.
불가에 앉았으니
허름한 옷차림이라.

92 증조부라는 뜻이다.
93 증조모라는 뜻이다.

3

리그르가 늙은이들에게 도움을 주니
부부를 한 명씩 좌우로 두고
의자의 한가운데 둘 사이에 앉았더라.

4

에다가 재에서 치즈 덩이를 꺼내어 오니
묵직하고 끈끈한데 겨가 잔뜩 붙었더라.
식탁 위에 곧바로 가득히 차려 놓으니
그릇에는 국물을 담아 내놓고
최고의 요리로 송아지고깃국이 나왔더라.

5

그다음에 졸음이 몰려와 일어나
리그르가 그들에게 도움을 주니
부부를 한 명씩 좌우로 두고
침대의 한가운데 둘 사이에 누웠더라.

6

그 후로 사흘 밤을 거기에 머물다가
길을 떠나 계속 방랑의 길을 갔더라.
그 뒤로 아홉 달이 흘러갔노라.

7

에다의 몸이 나고 피부가 검어지니
아이가 생겨 트랄[94]이라 하였다.

---

94 하인이라는 뜻이다.

8

쑥쑥 자라고 무럭무럭 컸으니
두 손은 거칠고 골목대장 외양이라,
손발에 마디마다 매듭이 지고
손가락은 통통하고 얼굴은 험상궂고
등허리가 굽었으며 발꿈치가 튀어나왔더라.

9

곧바로 수월하게 힘쓰기를 배우니
끈으로 묶고 짐들을 쌌더라.
날이 좋으면 여행객을 데리고 왔구나.

10

그때 마당으로 다리 굽은 여자가 들어오니
오목발에 종기가 났고 두 팔은 그을렸으며
코가 눌렸으니 튀르[95]란 이름이라.

11

곧바로 들어와 긴 의자에 자리 잡으니
그녀 옆으로 주인 아들이 오더라.
속닥속닥 이야기하다가 저녁이 되자
머슴과 하녀는 잠자리를 마련하였더라.

12

그 길로 더불어 살며 아이들을 낳았으니
들어 보니 이름이 흐라이므르와 표스니르,

95 하녀라는 뜻이다.

클루르와 클레기, 케피르와 풀니르,
드룸브르와 디그랄디, 드뢰트르와 회스비르,
루트르와 레기알디이니라. 농장을 만들고
밭을 경작하며 돼지를 기르고
염소를 기르며 이탄(泥炭)을 캐었구나.

13
딸들 이름은 트룸바와 쿰바,
오엑빈칼파와 아린네프야,
이스야와 암바트, 에이킨티아스나,
퇴트루귀피아와 트뢰누벤야이니라.
이들로부터 머슴 종족이 유래했느니라.

14
리그르가 곧은길을 계속 갔더니
반쯤 문이 열린 집에 이르렀더라.
안으로 들어가 보니 바닥이 빛났고
부부가 열심히 일하고 있었다.

15
남자는 직조대를 깎고 있는데
수염을 빗었으며 이마가 훤했다.
딱 맞는 옷을 입고 바닥에는 상자가 있었더라.

16
그 옆의 아낙은 치마를 입었고
실로 고운 직물을 잣고 있었다.
머리에는 두건을 목에는 목걸이를

뒤에는 목도리를 어깨에는 끈을 내렸더라.
아피[96]와 암마[97]가 집에 있었더라.

17

리그르가 도리를 가르쳐 주었는데,
식탁에서 일어서니 졸음이 몰려와
부부를 한 명씩 좌우에 두고
침대의 한가운데 둘 사이에 누웠더라.

18

사흘 밤을 거기서 그가 머물렀더라
(그 뒤 길을 떠나 방랑을 계속했다.)
그 뒤에 아홉 달이 흘러갔더라.
암마가 몸이 나고 아이가 생겼으니
카를[98]이라 불렀더라. 아이를 감싸안으니[99]
붉고 생기가 넘치며 두 눈이 반짝이더라.

19

쑥쑥 자라고 무럭무럭 컸으니
가축들을 다루고 쟁기를 만들며
마당을 만들고 우리를 짓고
쟁기를 갈고 마차를 만들었더라.

---

96 조부라는 뜻이다.
97 조모라는 뜻이다.
98 장정 혹은 농부라는 뜻이다.
99 아이를 포대기로 쌌다는 뜻이다. 역자 주.

20
열쇠들을 걸고
염소 옷을 입고
마당에 들어서니
카를의 신부라.
스뇌르[100]라 하였고
베옷을 입었더라.
더불어 살며
반지를 교환하고
침대를 만들고
집을 지었더라.

21
아들을 낳아
기뻐하며 키우니
할르와 드렝그르,
횔드르, 데근과 스미드르,
브레이드르본디,
분딘스케기
부이와 보디,
브라츠케그르와 세그르이니라.

22
딸들의 이름은
다음과 같으니라.
스노트, 부르드르, 스바니,
스바리, 스프라키,
플리오드, 스프룬드와
비프, 파이마, 리스틸,
이들로부터 농사꾼들이
유래했느니라.

23
리그르가 똑바른 길을
계속 갔더니
남문이 있는
궁궐에 다다랐더라.
빛나는 문고리가 있는데
반쯤 열렸더라.

24
안으로 들어가니
바닥이 깔려 있더라.

---

100 슈누어, 곧 이어 주는 끈이라는 뜻이다.

부부가 앉았으니 아비와 어미가
서로 바라보나 두 손은 일을 하더라.

25
집주인이 앉아서 활들을 묶고
시위를 당기고 화살을 깎더라.
그동안 아낙은 두 손을 살펴보며
주름을 펴고 소매를 잡아 올리더라.

26
면사포며 장신구를 쓰고 걸고 앉았는데
파란 옷의 옷자락이 너울너울 거리더라.
눈썹이 빛나고 앞가슴은 하얗고
목덜미는 빛나는 눈[雪]보다 더 빛나더라.

27
리그르가 부부에게 도움을 주니
부부를 한 명씩 좌우로 두고
의자의 한가운데 그가 앉았더라.

28
그때에 아낙이 꽃무늬로 된
빛이 나는 천을 식탁에 펼치고
갓 구운 빵을 그 위에 올려놓으니
하얀 밀로 만들었고 아마포로 쌌더라.

29
햄이며 야생 고기며 속을 채운 새 요리를

은그릇에 담아 가득히 차려 놓고
귀한 잔과 병에는 포도주를 담아 놓고
저녁 해 질 때까지 마시고 이야기했더라.

30

리그르가 일어서니 침대가 준비됐더라
그 후로 사흘 밤을 거기서 머물더라.
그다음에 떠나가 방랑의 길을 갔노라.
그 뒤로 아홉 달이 흘러갔노라.

31

어미가 임신하여 아이가 생겼으니
야를[101]이라 부르고 비단으로 감쌌더라.
고수머리가 빛나고 뺨도 빛나니
뱀이 보듯 눈빛이 날카롭더라.

32

그곳의 궁궐에서 야를이 자라나니
방패를 흔들고 활들을 잡아매고
시위를 당기고 화살을 깎더라.
창을 던지고 긴 창으로 맞추며
개들을 몰고 말을 달리고
칼을 휘두르며 헤엄쳐 건너도다.

33

숲에서 민첩한 리그르가 왔노라.

---

101 왕이라는 뜻이다.

그가 루네 문자를 가르치러 왔더라
이름을 주고 아들이라 부르며
조상의 궁궐들을 가지라고 주었더라.
조상의 궁궐들과 가문의 영지(領地)였더라.

34
거기에서 어두운 길을 말을 타고 가니
음습한 숲을 지나 궁궐까지 갔더라.
보리수 방패를 들고 창을 휘두르니
말에 박차를 가하고 칼을 꺼내 들었더라.
전쟁이 시작되니 초원이 붉게 물들고
적들을 쓰러뜨리고 영토를 얻었더라.

35
이제는 열여덟 궁궐에 앉아 지배하도다.
보물들을 나누어 모두에게 하사하니
보물이며 장신구며 날쌘 말들이며
반지들을 나누어 주고 장신구를 반분하였더라.

36
귀한 사신들이 음습한 길을 가니
헤르시르가 거하는 궁궐로 갔도다.
허리 잘록한 여인이 그들에게 다가오니
귀족이고 세련되니 에르나란 이름이구나.

37
그들이 구혼하여 왕에게 여인을 데려오고
야를의 신부가 되니 아마옷을 입고 혼인하였더라.

그들이 더불어 살고
금실이 좋았으니
늙을 때까지
대통을 이어갔다.

38
부르가 가장 위고
바른이 다음이며
요트와 아달,
아르피와 뫼그르,
니드르와 니드융그르이니라.
놀기를 좋아하니
소느르와 스베인이요,
수영하고 주사위 던지니
하나는 쿤드르이고
코누르가 가장 어리다.

39
그 뒤 귀한 자의
아들들이 성장하니
말들을 길들이고
방패를 다루며
떡갈나무를 깎고
화살을 다듬었더라.

40
코누르 어린 자가
루네 문자를 알았으니
시간의 루네와
미래의 루네라.
특히 사람들을
구해 낼 수 있으며
칼을 무디게 하고
바다를 달래더라.

41
새들의 말을 하고
불을 끌 줄 알며
욕구를 억제하며
근심을 없애는데
힘으로 말하면
여덟 장정의 몫이라.

42
리그르와 야를과
루네 시합을 하여

모든 지식에 있어 코누르가 이겼구나.
그리하여 허락되고 스스로 용인하니
리그르라 이름을 바꾸니 루네에 박식하구나.

43
젊은 코누르가 갈대와 숲을 지나
창을 던지고 새의 말을 들었노라.

44
그때 나뭇가지에서 학이 소리치니
"무엇을 원하는가, 왕자여, 새를 기르려는가?
네게 더 어울리는 것은…… .
말을 타고 적군을 쓰러뜨리는 것이다.

45
단르와 단프르는 화려한 궁궐이 있고
유산과 가진 재산이 당신들보다 많다.
그들은 배를 잘 조종할 수 있고
칼을 잘 다루어 상처를 낼 수 있다."
(이 노래의 끝 부분은 소실되었다.)

16. 휜들라의 노래
(휜들루리오드 Hyndluliod)

1 프레이야

일어나라, 처녀 중의 처녀여,
깨어나라, 친구여!
휜들라, 자매여,
동굴에 사는 여인이여.
밤안개가 끼었으니
우리 이제 말을 타고
발할라로 가자꾸나,
성소로 가자꾸나.

2

군신(軍神)을 우리의
마음에 모시자꾸나.
베르텐족에게
금을 내리시고
헤르모두르에게
투구와 갑옷을 주셨으며
시그문드에게는
칼을 갖도록 해 주셨다.

3

아들들에게는 승리를
다른 이들에게는 금을
많은 장정에게는
말씀과 지혜를
배들에는 순풍을
가인들에게는 노래를
쾌활한 자에게는
대장부 기운과 용기를 주신다.

4

토르님께도 정성을 바치자, 너에게 항상
호의를 갖도록 그분께 간청하겠노라,
물론 거인 여인에게는 다정하지 않으시다만.

5
우리에서 네 늑대 중 하나를 골라
루네 채찍으로 달리게 하자꾸나.
(흰들라)
신들에게 가기에 네 수퇘지는 굼뜨나,
날쌘 나의 말에 안장을 얹기 싫구나.

6
영리하구나, 프레이야, 우리를 쳐다보고
우리에게 물어보며 조언을 구하다니.
저 남자를 애인으로 삼지 않았느냐
젊은 오타르, 인스테인의 아들이로다.

7 프레이야
무슨 헛소리냐, 흰들라, 꿈을 꾸느냐?
동료를 두고 애인이라 부르다니.
나의 수퇘지 금털이 광채가 나니
힐디스빈이라 부르며 바로 두 난쟁이
다인과 나비가 멋지게 만들었도다.

8
안장에 앉아 환담하자꾸나.
왕들의 계보와 신의 혈통을 받은
용사 종족에 대해서도 이야기해 보자꾸나.

황금 유산을 놓고서
젊은 오타르와
안난트리어가
내기를 걸었노라.

9
젊은 영웅이
아비와 친척에게
유산을 물려받도록
기꺼이 돕자꾸나.

10
나에게 그가
돌 궁궐을 지어 주니
궁벽이 지금
유리처럼 반짝이는구나.
그렇게 자주 소의 피로
벽을 적시니
오타르는 아스 여신에게
항상 충심이도다.

11
왕들에게서 유래한
족속들과
조상의 계보를
이제 짚어 보자꾸나.
누가 스콜둥의 가계인가?
누가 스킬핑의 가계인가?
누가 오에들링의 가계인가?
누가 잉링의 가계인가?
누가 뵐핑의 가계인가?
누가 뵐숭의 가계인가?
누가 자유민의 가계인가?
미드가르드에 사는
장정들 가운데 누가
헤르센[102]의 가계이던가?

12 휜들라
오타르, 인스테인이
너를 낳았으며,
인스테인은 늙은
엘프의 자손이로다.
알트는 울프르에게서,
울프르는 세파르에게서

102 야를보다는 신분이 낮은 귀족 계급. 역자 주.

그리고 세파르는 붉은 스반에게서 났느니라.

13

네 아비의 어미가 화려하게 차려입었으니
흘레디스란 이름이며 생각나니 여사제였노라.
아비는 프로디며 프리안트가 어미이니라.
이 종족은 모두 신의 가계에 속하니라.

14

과거에 알리가 가장 힘이 셌으며
늙은 할프단은 가장 높은 스쾰둥족이로다.
용사들의 전투는 세상에 유명하니
그들의 명성이 천상의 낙원까지 자자하도다.

15

장인 에이문트가 도우니 장정 중 최고(最高)이며
차가운 칼로 시그트리그를 베었구나.
고귀한 태생의 알름베이크를 연모하니
그녀는 아들을 열여덟 낳아 주었다.

16

거기에서 스쾰둥가가 거기에서 스킬핑가가
거기에서 오에들링가가 거기에서 잉링가가
거기에서 뵐핑가가 거기에서 뵐숭가가
거기에서 자유민이 거기에서 헤르센가가 나오니
미드가르드에 사는 장정들의 황금기이며
모두 다 너의 종족이니라, 오타르, 이 멍청한 놈아!

17
힐디군나는
스바바와 바다제왕의
모두가 너의 종족이다,
잘 알고 기억해 두어라,
고귀한 자들의 어미이며
딸이니라.
오타르, 이 멍청한 놈아!
더 알고 싶으냐?

18
다그는 토라,
최고의 전사들이
프라드마르와 귀르드르와
암, 요수르, 마르와
잘 알고 기억해 두어라,
영웅들의 어미를 낳았고
이 가계에서 나왔느니라.
두 프레키이며
늙은 엘프이니라.
더 알고 싶으냐?

19
그들의 친구 케틸은
네 어미의
프로디가 카리보다
하지만 가장 나이 많은
클리피의 상속자이니
외조부가 되느니라.
먼저 태어나니
엘프였더라.

20
다음은 난나이니
그녀의 아들은
오래된 가문이더라
브로트와 회르피,
모두가 너의 종족이다,
뇌키의 딸이라,
네 아비의 사촌이니
계속 헤아려 보겠다.
이 둘을 내가 아니
오타르, 이 멍청한 놈아!

21
이솔프와 아솔프는
스케킬의 딸 스쿠르힐덴과

윌모드 사이에 난
아들들이니라.
근본을 거슬러 가면
조상이 많으니라.
모두가 너의 종족이다.
오타르, 이 멍청한 놈아!

22
군나르, 발크르,
그리미르, 아르드스카피,
야른스콜드르, 토리르,
하품하는 자 울프,
(헤르바르드르, 효르바르드르,
흐라니, 안간티르)
부이와 브라미,
바리와 레이프니르,
틴드르와 티르핑거,
두 명의 하딩까지
모두가 너의 종족이다.
오타르, 이 멍청한 놈아!

23
노후를 돌보고
일을 많이 하라고
아른그림과 에이푸라가
아들들을 낳았으나
베르제르커[103] 무리 때문에
육지며 바다가
전율과 공포의
불길 속에 휩싸인다.
모두가 너의 종족이다.
오타르, 이 멍청한 놈아!

24
거기 나이 든
흐롤프의 궁궐 안에서
브로디와 회르피
이 둘을 알게 되었다.
둘 다 모두
요르문레크의 자손이니
—귀담아 듣거라—
파프니르를 쳐 죽인
시구르드의 사위로
민중이 분노하는 자이다.

---

103 곰의 가죽을 뒤집어쓰고 싸우는 전사. 역자 주.

25

그리하여 이 왕은 뵐숭 출신이고
효르디사는 흐라우등가(家)
에일리미는 외드링엔가 출신이니라.
모두가 너의 종족이니라. 오타르, 이 멍청한 놈아!

26

군나르와 호그니는 기우쿠의 자손들이니
군나르의 누이 구드룬도 마찬가지이니라.
이 둘의 형제라도 구토름은
기우쿠의 자손이 아니었더라.
이 모두가 너의 종족이니라. 오타르, 이 멍청한 놈아!

27

링던지기 선수, 흐뢰레크가 낳았으니
하랄트 힐데탄은 아우다의 아들이니라.
아주 부유한 아우다는 이바르의 딸이요
라드바르드는 란드베르의 아비이니라.
아스 신들의 반열에 속하는 영웅들이니라.
모두가 너의 종족이다. 오타르, 이 멍청한 놈아!

28

발드르가 죽음의 장작에 올랐을 때에는
엘프들이 아스 신에 속했었다.
형의 살인자를 발리가 잡았으니
복수할 능력을 그가 지녔구나.
모두가 너의 종족이니라. 오타르, 이 멍청한 놈아!

29
부리의 자손이
프레이르는 게르다,
거인들과 아우르보다와
그녀와 티아시도
오만한 투르스 거인
발드르를 낳았구나.
귀미르의 딸을 얻었으니
친척 간이니라.
이렇듯 친척이니
그의 딸이 스카디로다.

30
많은 이야기를 했으나
잘 새기고 간직하여라.
내가 더 많이 아니
더 알고 싶으냐?

31
흐베드나의 자손들 중
흐베드나의 아비는
헤이드르와 흐로스티오프는
하키가 최악은 아니로다.
효르바르드이니
흐림니르의 자손이니라.

32
비돌프로부터
모든 마술사는
모든 요리사는
모든 거인은
모든 발레족이 나오고
빌메이디의 자손이니라.
스바르트회프디의 자손이며
위미르에게서 나왔느니라.

33
많은 이야기를 했으나
잘 새기고 간직하여라.
내가 더 많이 아니
더 알고 싶으냐?

34
시간이 시작될 때
한 남자가 태어나니

놀랍도록 힘이 세고
땅끝에 사는 거인의
평화를 가져온
신들의 후손이라.
아홉 딸이
이 장정을 낳았노라.

35
기알프가 낳고
아이스틀라가 낳고
울프룬이 낳고
임드루와 아틸라, 야른삭사가
그레이프가 낳고
안게이야가 낳고
에이르기아파가 낳고
그를 낳았노라.

36
그 아들에게 대지가
바람찬 바다와
많은 이야기를 했으나
잘 새기고 간직하여라.
힘을 모아 주니
햇빛도 그러하였구나.
내가 더 많이 아니
더 알고 싶으냐?

37
로키가 안구르보다와
스바딜파리에게서
끔찍한 괴물 가운데
빌라이스트의 형제가
늑대를 낳았으며
슬레이프니르를 얻었노라.
가장 끔찍한 괴물은
낳았느니라.

38
숲에서 로키가
돌같이 단단한 여자 심장이
로프투르의 계략은
모든 난폭한 자들은
구운 심장을 먹으니
반 정도 탄 것이라.
너절한 계집에게서 나오니
그녀의 자손이라.

39
바다의 파도가
하늘의 궁성까지 올랐다가
공기가 차가우면
아래로 가라앉는다.
다음에 눈이 오고
폭풍 같은 바람이 오니
이것이 영원한
억수의 종말이니라.

40
가장 숭고하게
한 남자가 태어났노라
그의 아들에게
땅이 힘을 모아주었다.
가장 부강하고
위대한 지배자라 칭송하니
종족을 통하여
종족들이 모두 얽혀 있도다.

41
그보다 강한 다른 자가
언젠가 오리니
감히 아직 그 이름을
부를 수가 없노라.
오딘이 늑대를
공격할 때까지는
소수만이
더 멀리 내다보리라.

42 프레이야
엘주를 손님에게
기념으로 드려라,
안간티르와 내기하며
조상을 짚어 갈 때
셋째 날 아침에도
지금 들은 말과
이야기를 모두 여측 없이
그가 기억하리라.

43 휜들라
여기서 헤어지자,
졸음이 쏟아진다.
나에게서 좋은 소리
못 들을 것이다.
발정 난 암염소가
숫염소 사이에서 달리듯이

욕망의 불꽃 속에서
밤새도록 달려가거라.

44
사내를 갈구하며
이미 네 치마 속으로
발정 난 암염소가
욕망의 불꽃 속에서
미치도록 달리거라,
몇몇이 기어들었다.
숫염소 사이에서 달리듯이
여러 날 밤을 달려가거라.

45 프레이야
숲의 계집년을 내가
집에서 빠져나오기
(발정 난 암염소가
욕망의 불꽃 속에서
불로 휘감으니
심히 어려울지라.
숫염소 사이에서 달리듯이
여러 날 밤을 달려가거라.)

46 휜들라
화염이 작열하여
모두가 목숨을
엘주는 오타르
매트주도 주어라,
대지가 불길에 휩싸이니
잃고야 마는구나.
네 애인에게나 주어라
독을 탄 술이로다.

47 프레이야
거인 색시[104]인 네가
저주를 하더라도
오타르 그분은 축복의 음료를
당신을 위해 나는
악한 마음을 품고
별 효력이 없을지라.
들이킬 것이며
모든 신들게 도움을 간청하노라.

---

104 휜들라를 말한다.

II

고에다

영웅전설: 영웅들의 노래

그림 7. 고틀란드 게레테(Gerete) 금제원반 중앙의 부조. 전체 직경 9.3cm, 무게 59.9g. 제작 시기 6세기. 태양을 상징하는 원반(다음 쪽 전체 사진) 중앙에 태양기사 두상과 태양마가 묘사되고, 고리 부분의 역삼각형(위 그림 상부 중앙, 다음 쪽 고리 부분 사진) 안에 6개의 가면이 부조되었다. 걸이 장식, 메달 등 원형 금속판 부조는 게르만 민족대이동 시기의 대표적인 공예.
출처: RLGA, 제2권, 표 26a
(도판 웹주소:
http://www.historiska.se/historia/Tema-Guld/Guldskatt/Gotaland/Gotland/Fardhem-brakteat/)

고리 부분

전체 사진

그림 8. 석판 기사상, 픽트족(族) 상징석(Piktischer Symbolstein, Pictish symbol stone). 1934년 스코틀랜드 앵거스 인버고우리 불리언에서 발견. 조성 시기 900-950년경. 에딘버러 스코틀랜드 국립박물관 소장. 검과 방패를 든 기사가 소뿔 잔으로 음료를 마시고 있다.
출처: 스코틀랜드 국립박물관 X.IB 229호
(도판 웹주소: http://nms.scran.ac.uk/database/record.php?usi=000-100-043-517-C)
(참고: 고틀란드 석각화 RLGA, 제1권, 136면, 도판 262)

17. 뵐룬두르의 노래
(뵐룬다르크비다 Völundarkvida)

니두드르 Nidudr는 스웨덴의 왕이었다. 그는 아들 둘에 딸을 하나 두었는데, 딸의 이름은 뵈드빌드였다. 형제도 셋 있었으니, 이들은 핀족 왕의 아들이었다. 이름이 한 명은 슬라그피드르 Slagfidr, 다른 한 명은 에길 Egil, 그리고 뵐룬두르 Wölundr였다. 그들은 얼음 위를 걸어서 야생 짐승들을 사냥했다. 울프달리르(볼프스탈, 늑대의 계곡)로 돌아와 거기에 집을 지었다. 거기에는 호수가 하나 있었는데, 이름이 울프시아르(볼프제, 늑대의 호수)였다. 이른 아침 그들은 호숫가에서 아마를 짜고 있는 세 명의 여인을 발견했다. 그들 곁에는 백조의 옷이 놓여 있었다. 바로 발퀴리[전쟁의 여신]들이었다. 그들 가운데 둘은 뢰트버 왕의 딸이었다. 이름하여 흘라드구드 스반비트 Schwanhwit(슈반바이스 Schwanweiß)와 헤르뵈르 알비트 Herwör Alhwit(알바이스 Allweiß). 세 번째 여인의 이름은 엘룬 Älrun이었고, 그녀는 발란드의 카아르의 딸이었다. 오빠들이 그녀를 집으로 데리고 갔다. 에길은 엘룬을, 슬라그피드르는 슈반비트를 그리고 뵐룬두르는 알비트를 아내로 맞이했다. 그들은 일곱 해 겨울을 함께 살았다. 그러다 여인네들이 전쟁터를 찾아 날아가 버렸다. 그리고는 다시는 돌아오지 않았다. 그러자 에길이 엘룬을 찾으러 나섰다. 그리고 슬라그피드르는 스반비트를 찾아 나섰다. 하지만 뵐룬두르는 울프달리르에 남아 있었다. 그는 옛 전설에 나오는 인물 가운데 가장 재주가 많은 사람이었다. 니두드르 왕이 그를 붙잡아 오게 했는데, 그 내용이 이렇게 노래로 불린다.

1

뭐르크비드르[1] 지나, 남방의 여인들
젊은 알비트[2]가 날아왔네, 운명을 직조하러[3]
남방의 이 여인들, 해변에 앉아 쉬면서
아름다운 삼줄을 엮어 짜고 있었네

2

그 가운데 한 사람, 상냥한 처녀가
부드러운 가슴에 에길을 껴안았네
스반비트라 부르는 또 다른 한 사람
백조 깃을 두르고 (슬라그피드르를 껴안았네)
그들의 누이, 세 번째 여인은
뵐룬두르의 하얀 목을 껴안았다네

3

그렇게 그들은 일곱 겨울 보냈네
여덟 번째 겨울엔 분통하고 원통하여
아홉 번째 겨울엔 더는 못 참았다네
젊은 이방의 여인들 재차 뭐르크비드르로
되돌아가길 바라네, 운명을 직조하러

4

흘라드구드와 헤르뵈르는 흘뢰드베르 태생이네

---

1 우거진 숲을 뜻한다.
2 발퀴리 가운데 한 명. 고대 영어로 '이방인'을 의미한다.
3 이 여인들이 발퀴리이기 때문에, 운명을 직조한다는 말은 전쟁을 개시한다는 뜻으로 이해할 수 있다.

친척뻘 되는 엘룬은 키아르의 딸
홀 안을 지나 성큼성큼 걸어와
단단한 바닥에 서서 큰 소리로 말하네
“숲속에서 온 그들은 즐겁지 않다오”

5

슬라그피드르와 에길, 먼 길 걸어 지친 궁수들
사냥에서 돌아와 실내가 삭막하여
들락날락 들락날락 주위를 살폈네
에길은 동쪽으로 엘루넨 찾으러 가고
슬라그피드르는 남쪽으로 스반비트 찾으러 갔네

6

그동안 뵐룬두르는 볼프스탈[4]에 머물며
단단한 돌에 대고 번쩍번쩍 금덩이 두들겨
반지를 만들어 보리수 인피(靭皮)로 꿰었네
그렇게 그는 상냥한 아내가
되돌아오기만을 기다리고 또 기다렸다네

7

뵐룬두르 외롭게 볼프스탈에 있음을
니아렌족의 희망, 니두드르가 알았네
밤이 되자 장정들이 못 박은 갑옷 입고
말 달리니, 반달 달빛에 방패가 번득였네

4 늑대의 계곡이라는 뜻이다.

8

건물 벽에 바짝 붙어 말에서 내려
홀을 따라 안으로 들어가서
인피에 매단 반지들 보니
뵐룬두르의 반지는 칠백은 족히 되네

9

반지들 풀어, 다시 꿰었지만
하나만 따로 떼어 놓았네
그때 먼 길 걸어, 궁수 뵐룬두르가
피곤한 몸으로 사냥에서 돌아왔네

10

암곰의 살을 불에 구웠네
바람에 말려 잘도 마른 소나무
불꽃 일며 뵐룬두르 앞에서 잘도 탔네

11

대장장이 정령[5], 뵐룬두르가 곰가죽 깔고 앉아
반지를 세었지만 하나가 없으니
흘뢰드베르의 딸이 가져갔다 생각했네

---

5 원문에는 Alfengesell로 되어 있다. 엘프 Alb는 지하의 정령으로, 아스 신과 함께 게르만 신화에 나오는 인물이다. 에다의 저자 스노리는 어둠의 정령과 빛의 정령을 나누어, 후자가 가장 아름다운 존재라고 말한다. 신화에 나오는 난쟁이와는 달리 정령들은 이름이 알려져 있지 않다. 정령은 풍요다산 숭배 내지는 사자(死者) 숭배와 관련이 있을 것으로 추측된다. 에다에는 뵐룬두르가 '정령의 왕'으로 일컬어진다. 한편 야콥 그림 J. Grimm은 빛의 정령을 천사로, 어둠의 정령을 악마로 구분하여, 기독교적 이원론이 여기에 반영되어 있다고 본다.

상냥한 알비트가 돌아왔다 생각했네

12
오랫동안 앉아 있다 살풋이 잠들었다
슬그머니 깨어 보니 기쁨을 잃었네
두 손이 밧줄에 꽁꽁 묶였고
두 발엔 사슬이 칭칭 채워졌네

13
"자유로운 이 몸을 칭칭 묶은 자
그 누구인가? 누가 나를 묶었을까?"

14
니아렌족의 희망, 니두드르가 소리쳤네
"정령의 지도자 뵐룬두르여, 울프달리르 어디에서
우리의 보물을 손에 넣었소?"

15
뵐룬두르
그라니[6]가 달린 길, 어디에도 금은 없어
이 땅은 라인 강 암벽에서 멀리 떨어져 있소
더 많은 금을 우리가 가질 수 있었던 것은
고향 땅이 태평성대였기 때문

니두드르 왕은 딸 뵈드빌드에게 금반지를 주었다. 그것은 그가 뵐룬두르의 집, 삼줄에서 떼어 가져온 것이었다. 그러나 그는 뵐룬두르 소유의 칼

6 시구르드의 말의 이름이다.

을 직접 들고 있었다. 이에 왕비가 이렇게 말했다.

16
"검과 우리 아이 반지를 알게 되면,
번뜩이는 뱀처럼
그러니 그의 힘줄을
세바르스타드르에 꼼짝없이
그는 절치부심 이를 갈고
두 눈이 타오를 거요
동강동강 잘라 내어
주저앉아 있게 하시오"

그리하여 다리 힘줄이 잘린 채, 그는 세바르스타드르라 부르는 호숫가 언덕으로 보내졌다. 거기서 그는 왕에게 보낼 온갖 보물들을 만들었고, 왕 이외에는 그 누구도 그에게 다가갈 엄두를 내지 못했다. 뵐룬두르는 이렇게 말했다.

17
"니두드르의 허리춤에
온 힘 다하여
온 힘 다하여
번쩍이는 그 칼
뵐룬두르의 대장간으로
번쩍이는 보검을
내가 갈았고
내가 연마했지
내가 빼앗겼을 뿐
가져간 게 아니라네!

18
내 아내 손에 있던
뵈드빌드 손가락에
뜬눈으로 앉아서
얼렁뚱땅 그는
붉은 반지 이제는
끼어 있으니, 복수하리라"
망치를 두드렸네
니두드르를 속였다네

19
니두드르의 두 아들
세바르스타드르로 와서

문에 대고 귀를 기울였네
열쇠 행방 물으며 궤짝으로 가서
그 안을 들여다보았으니 재앙은 시간문제라

20
수많은 보물 보니 아이들 눈에는
붉은 금과 번뜩이는 장신구로 보이네
"다음 날에 너희 둘만 오너라
그러면 이 금들을 너희에게 주겠다.

21
하녀든 가신이든 누구에게도 알리지 마라
너희가 여기 왔음을 아무에게도 알리지 마라"
두 소년이 서로 바라보며
동시에 소리쳤네 "가슴 장신구 보러 가자"

22
열쇠 행방 물으며 궤짝으로 가서
그 안을 들여다보았으니 재앙은 시간문제라
그가 두 소년의 머리를 자르고
다리는 물통 안에 담가 놓았다네

23
정수리 아래 있는 두개골은 은으로
박을 입혀 니두드르에게 보냈다네
눈은 떼어 내어 보석으로 만들어
사정에 훤한 니두드르의 아내에게 보냈네

24
두 소년의
이빨 뽑아내어
가슴 장신구 만들어,
뵈드빌드에게 보냈네
뵈드빌드는 이를
자랑삼아 이야기했고
이 장신구 부러지자
뵐룬두르에게 보냈네
“오로지 당신께만
알려 드립니다”

25 뵐룬두르
네 금반지 갈라진 금,
내가 고쳐 놓으면
너의 아버지,
더 멋있다 생각할 것이고
너의 어머니,
더 낫다 생각할 것이라
너 역시 그렇게
생각할 것이라

26
교활한 뵐룬두르,
뵈드빌드에게 꿀술 먹이니
그녀는 의자에 쓰러져
잠이 들었네
“원한과 피해,
모두 복수했으되
섬뜩한 일 하나
아직도 남았구나”

27
뵐룬두르 말하길,
“니두드르의 병졸들이
끊어 놓은 다리 힘줄
다시 이어 놓고 싶어”
껄껄 웃으면서 뵐룬두르
벌떡 일어섰네
뵈드빌드 울면서
모래 해안을 떠났네
친구의 저주와
아버지의 분노에 슬퍼하며

28
니두드르의 사악한 아내,
밖에 있다

홀 안을 따라　　안으로 들어가
홀 안 문지방에서 쉬던　　니두드르에게 물었네
"니아렌족의 희망이신　　니두드르여, 깨어 있소?"

29 니두드르
늘 깨어 있으나　　기쁨 잃고 누워 있소
아들의 죽음을　　잊을 수가 없소
잘못된 당신 충고에　　내 몸이 얼어붙소
이제 뵐룬두르와　　의논하고 싶소

30
정령의 왕, 뵐룬두르여,　　부디 말해 주오
씩씩한 내 두 아들,　　어찌 되었소?

31 뵐룬두르
칼끝을 걸고　　갑판을 걸고
방패 가장자리와　　말 앞발을 걸고
먼저 내게　　맹세하여 주시오

32
내 비록 당신의　　근친 가운데 한 여자,
당신 집안의　　한 아이를 빼앗았지만
당신은 결코　　뵐룬두르의 아내,
나의 여자를　　죽이지 않겠다고 말이오

33
나를 위해 지어 주신　　대장간으로 가 보시오
피에 젖은 가죽이　　놓여 있을 것이오

당신 아들 몸통에서 내가 벗겨 낸 것이오
다리는 물통 밑에 담가 놓았소

34
정수리 아래 커다란 두개골은
은으로 박을 입혀 니두드르에게 보냈소
눈은 떼어 내 보석으로 만들어
그의 사악한 아내에게 보냈소

35
두 소년의 치아는 뽑아내어서
가슴 장신구 만들어 뵈드빌드에게 보냈소
당신들 두 분의 외동딸 뵈드빌드는
당신 아들의 시신을 매달고 돌아다닌다오"

36 니두드르
당신 말 들으니, 내 마음 울적하오
기어코 당신에게 복수하겠소, 뵐룬두르여
당신을 말에서 끌어 내릴 날쌘 용사 없고
당신을 쏘아 쓰러뜨릴 능숙한 궁수 없어
그대 훌쩍 허공에 뛰어올라도, 기어코 복수하겠소

37
껄껄 웃으며 뵐룬두르, 허공으로 뛰어오르니
비탄에 잠긴 니두드르, 멍하니 바라만 볼 뿐.

38
"일어서라, 탕크라드, 나의 최고의 종복아

갈색의 어여쁜　　뵈드빌드에게 일러
반지 낀 그 애가　　내게 오라 전하라

39
뵈드빌드여, 내가 들은 말　　모두모두 사실이더냐?
모래 해안에서 뵐룬두르와　　함께 있었느냐?"

40 뵈드빌드
아버지, 모든 것이　　전부 사실입니다.
그곳에서 저는　　뵐룬두르와 함께 있었습니다.
그래서는 안 되는데!　　내내 불안했답니다.
저는 그분을　　거역할 수 없었고
게다가 거역하고　　싶지도 않았답니다.

18. 효르바르드의 아들, 헬기의 노래
(헬가크비다 효르바르드소나르 Helgakvida Hjörvardssonar)

I

효르바르드 Hiörward라는 왕이 있었는데, 그에게는 네 명의 아내가 있었다. 첫 번째 부인은 알프힐드 Alfhild, 그녀가 낳은 아들은 헤딘 Hedin이었다. 두 번째 부인은 세레이드 Sareid, 그녀가 낳은 아들은 훔룽그르 Humlungr였다. 세 번째 부인은 신료드 Sinriöd, 그녀가 낳은 아들은 힘링그르 Hymlingr였다. 효르바르드는 가장 아름다운 여인과 결혼하겠노라고 맹세했다. 그러던 참에 스바프니르 Swafnir 왕의 딸이 가장 예쁘다는 소문을 들었다. 그녀의 이름은 시구를린 Sigurlinn이었다. 그의 족장은 이드문드르 Idmundr였다. 그의 아들 아틸라는 스바프니르 왕의 딸 시구를린을 아내로 맞이하기 위해 길을 떠났다. 그는 겨울 한철을 스바프니르 왕 곁에서 보냈다. 그곳의 족장은 프란마르 Franmar였고, 그는 시구를린과 그의 딸 알로프 Alof를 잘 돌보아 주었다. 족장은 왕의 딸과 혼인하지 말도록 충고했다. 그러자 아틸라는 고향으로 되돌아왔다.

족장의 아들 아틸라는 어느 날 숲속에 서 있었다. 머리 위 나뭇가지에 새가 한 마리가 앉아 있었다. 새가 들어 보니, 아틸라 휘하의 사람들은 효르바르드의 아내들이 세상에서 제일가는 미녀라고 했다. 새가 지저귀었고, 아틸라는 새의 말에 귀를 기울였다. 새가 이렇게 노래했다.

1
무나르헤임에서 제일가는 미녀 시구를린
스바프니르의 딸을 당신은 보았나요?
하지만 글라시스룬드르의, 당신 휘하 사람들에겐
효르바르드의 여인들이 제일 마음에 든다오

2 아틸라
참으로 똑똑한 새야, 이드문드르의 아들
아틸라와 계속해서 이야기하고 싶으냐?

새
귀공자께서 저를 위해 기꺼이 희생하여
궁정의 모든 것을 주신다면, 그렇게 하겠소

3 아틸라
네가 원하는 사람이 효르바르드가 아니라면
그분의 아이들이 아니라면 그분의 절세미인 아내가
아니라면, 뭐든지 좋다. 협상을 하자꾸나
그것이 친구 간의 도리일 터이니

4 새
대궐과 제단 갖기를 소원하오
임금님 축사의 황금뿔 돋은 암소를 갖고 싶소
임금님 팔에 안겨 잠이 든 채, 자유롭게
그분을 따라 대궐로 갈 적에 말입니다.

아틸라가 고향으로 돌아오기 전에 이 일이 벌어졌다. 그가 고향으로 돌아와 왕이 그에게 새로운 소식이 있느냐고 묻자, 그가 이렇게 말했다.

5

노력은 했지만　　소득은 없습니다.
산등성이 넘어갈 때　　말들이 헉헉거려
늪지대를 첨벙첨벙　　지나갈 수밖에 없었고
치렁치렁 팔찌 두른　　스바프니르의 따님을
그토록 원했건만,　　데려올 수 없었소이다.

왕이 다음번에 다시 그곳으로 가라고 권했고, 몸소 그 길을 동행했다. 그들이 산을 넘다 스바바란드를 내려다보니, 큰 들불이 번졌고 말이 달려 먼지가 일었다. 그러자 왕은 산에서 내려와 들판으로 말을 몰아, 어느 강가에 숙소를 차렸다. 정찰하러 간 아틸라는 강 건너 집을 한 채 발견했다. 거기에는 집 지키는 큰 새 한 마리가 앉은 채 잠들어 있었다. 아틸라는 창을 찔러 새를 죽였다. 집안에서 왕의 딸 시구를린과 족장의 딸 알로프를 발견했다. 그는 이 두 여자를 데려왔다. 족장 프란마르는 독수리 모습으로 변장하고 마법을 걸어 이 처녀를 군인 무리에서 보호했다. 흐로드마르라는 왕이 있었는데, 그도 시구를린을 아내로 맞고 싶어했다. 그는 스바바의 왕을 참살하고 국토를 유린하여 폐허로 만들었다. 그 무렵 효르바르드는 시구를린을, 아틸라는 알로프를 아내로 맞았다.

II

효르바르드와 시구를린은 아들을 낳았는데, 키가 장대하고 수려했다. 하지만 그는 벙어리였고, 이름도 없었다. 언젠가 그가 언덕에 앉아 있는데, 아홉 명의 발퀴리[7]들이 말을 달려오는 모습이 보였다. 그 가운데 가장 멋진 여자가 이렇게 노래했다.

---

7 북유럽 신화에 나오는 오딘의 전령으로, 전사자를 발할라로 인도하는 역할을 맡는다.

6
헬기여, 전쟁의 나무시여,
훗날 보물과
뢰둘스빌리르를 그대가
다스리게 될 것이오.
(일찍이 독수리 노래했듯이)
그대의 투혼
참으로 용맹스럽지만
늘 침묵만 하시니

7 헬기
그대는 나를
헬기라 이름 짓고
더하여 꽃 같은
신부까지 주었소
나의 인사 늘 잊지 말고
기억하여 주시오
그대가 없었던들
어찌 이런 이름 얻었겠소?

8 발퀴리
시가르의 해안에
칼이 있는데
쉰에서 네 자루가
부족하다 하오
그 가운데 최고의 칼이
하나 있는데
황금 박은 그 칼,
방패도 뚫는다오

9
손잡이엔 고리,
칼날엔 하트 그려져 있고
그 칼끝을 보면,
떨지 않는 자 없다오
피 흘리는 뱀[8] 한 마리,
칼날에 그려져 있는데
날 밑엔 독사가
꼬리를 치켜들고 있다오

왕이 한 명 있었는데, 이름 하여 에일리미 Eilimi라. 그의 딸은 스바바라 불렸다. 그녀는 발퀴리였는데, 말을 타고 허공과 바다를 건넜다. 그녀가 헬기

8 원문에는 벌레 Wurm로 되어 있다.

에게 이름을 지어 주었고, 그 이후 전쟁에서 그를 보호해 주었다.

III

10 헬기

만백성 지도자, 효르바르드여, 그대 칭송
아무리 자자한들 성군은 아니십니다.
당신에게 거역도 대항도 하지 않는데
제후들의 성채를 불길로 유린하시다니

11

전에 우리의 친지들이 소유했던 반지들
앞으로는 흐로드마르가 관리할 것이오
그분은 목숨을 두려워 않으니
죽은 자의 유산을 차지할 속셈일까요?

외할아버지의 복수를 갚고자 할 경우, 헬기에게 도움을 거절하지 않겠다고 효르바르드가 대답했다. 그러던 참에 헬기는 스바바가 알려 준 칼을 찾았다. 그와 아틸라는 원정을 나가 흐로드마르를 쳐부수고 위업을 이룩했다. 산에 앉아 있던 거인 하티를 쳐 죽였다. 헬기와 아틸라는 배를 타고 하타표르드에 있었다. 아틸라는 그날 밤, 첫 번째 근무를 하며 순찰하였다. 그때 하티의 딸 흐림게르드가 말했다.

12

하타표르드의 영웅들 이름이 뭔가요?
당신들은 배에 방패로 천막 짓고
안하무인 행동에 거침이 없군요
왕의 이름이 뭔지 어서 대시오

13 아틸라
그분 이름 헬기요.
제후를 위해할 뜻
하나도 없다오
철의 요새에는 선단이
감춰져 있지만, 마녀들이
우리를 어떻게 할 수는 없다오

14 흐림게르드
불손한 영웅이시여,
당신은 누구시오
이름이 뭐요?
제후께서 당신을
그토록 신뢰하시어
멋진 뱃머리에
서 있게 하시는군요

15 아틸라
나는 아틸라요.
당신 보니 울컥한데
악인에겐 나 역시
악하기 때문이오
물에 젖은 뱃머리에
버티어 서서
밤의 악령을
죽였다오

16
마녀여, 시신에 굶주린
당신이야말로 누구요?
악마여, 부친의
이름을 대시오
구중궁궐 깊은 곳에
머물게 될라치면
그대의 품에선
나무가 자라겠소

17 흐림게르드
내 이름은 흐림게르드,
부친은 하티였소
더 용맹스런 분
아직 보지 못했소
이 집 저 집에서 수많은
신부들 데려왔으나

헬기의 손에　　죽고 말았소

18 아틸라
마녀여, 그대는　　왕의 배 앞에 서서
강어귀를 막고
왕의 전사들을 란[9]에게　　받치려 들었을 것이오
창이 그대를　　꿰뚫지만 않았어도

19 흐림게르드
아틸라여, 우둔하시군요,　　꿈꾸고 계시군요
눈썹을 내리깔고　　몽상에 잠기시군요
왕의 배 앞에 서 계신 분　　나의 엄마였고
나는 용맹한 그들을　　물속에 수장시켰다오

20
아틸라여, 있는 힘 다하여　　껄껄 웃고 싶겠지요
흐림게르드가 꼬리를　　흔든다고 말입니다
아틸라여, 아무리 큰소리로　　웃고 떠든들
그대의 심장은 이미　　등뒤로 내동댕이쳐졌소

21 아틸라
물에서 뭍으로　　오르는 내 모습
그대에겐 마치　　수말처럼 보일 것이오
화가 나니 그대를　　절름발이로 만들겠소
그러면 꼬리를　　내리겠지, 흐림게르드여

9 바다를 지키는 거인의 아내를 뜻한다.

22 흐림게르드

힘에 자신이 있다면 뭍으로 올라와
바린스 만(灣)에서 한판 겨룹시다
당신의 앞발을 낚아채어, 당신의
갈비뼈 부러뜨려 놓겠소

23 아틸라

병사들 깨어 왕을 지키기 전에는
떠나지 않겠소
우리 배 아래에서 마녀들 떠오르기를
여기서 기다리겠소

24

일어나시오, 헬기여, 하티를 죽였으니
흐림게르드에게 사죄하시오
제후 곁에서 그녀가 하룻밤을 보내려 하오
보상이라 생각하고

25 헬기

역겨움만 불러일으키는, 그대를 흡족케 해 줄 자
톨레이 사는 투르스[10]뿐
암초 해안 거주자들 중 가장 악한, 개같이 생긴 거인
그자가 그대의 배필

26 흐림게르드

밤이면 병졸들과 바다를 지키는

---

10 거인의 한 명. 대개는 악역을 맡는다.

그 여자를 좋아하는군요, 헬기여
황금말 탄 그 여자,
당신의 두 함대를
여기 그녀가
왕의 병졸들을
그 여자 때문이오.

힘이 없지는 않소
붙잡기 위해
뭍으로 오르니
내가 죽이지 못한 것은

27 헬기
흐림게르드여 들으시오
하지만 먼저 왕에게 알리시오
그 여자 혼자서
아니면 여럿이 함께 왔소?

그대의 원한 내가 갚아 줄지
나의 배들을 구조했소?

28 흐림게르드
스물일곱의 처녀가 있지만
여자 하나가 앞장섰소
말들은 고개를 젓고,
깊은 계곡에 닿아 있고
껑충한 나무엔
들판은 기름지다오
내가 본 것

투구 쓰고 밝게 빛나는
갈기에선 밧줄 내려와
우박이 내렸으니
모두 끔찍했소

29 아틸라
동쪽을 보시오, 흐림게르드여,
맞아 죽지 않으려면.
귀인의 함대에다
땅과 바다에 매복해 있소

헬기의 곤봉에
왕의 병졸들까지

30

날이 새면, 흐림게르드여,　　아틸라가 여기에서
그대를 몰락시키리니
석상처럼 서 있는 그대 모습이　　항구 사람들에겐
우스꽝스러운 징표가 될 것이오

IV

왕 헬기는 매우 힘센 전사였다. 그가 에일리미 왕에게 와서 딸 스바바를 달라고 청했다. 헬기와 스바바는 약혼했고, 이들은 모든 것을 초월하여 사랑을 나누었다. 스바바는 아버지 곁에 머물렀지만, 헬기는 출정했다. 여전히 스바바는 발퀴리였다. 헤딘은 노르웨이의 왕인 아버지 효르바르드 곁에 머물렀다. 그러던 차에 헤딘은 동지제를 지내려고 홀로 숲에서 나와 귀향하는 도중에 마법의 여인을 만났다. 그녀는 늑대에 올라타 뱀을 재갈처럼 물고 있었다. 그녀는 헤딘에게 동행하겠다고 제안했지만, 헤딘은 거절했다. 그러자 그녀는, 브라기(문예의 신)의 술잔에 대고 맹세할 것을 요구했다. 저녁에 맹세 의식이 거행되었다. 제물로 쓴 짐승을 대령하고, 일행은 거기에 손을 얹고 술잔을 들며 맹세했다. 헤딘은 주제넘게도 형의 연인이자 에일리미의 딸인 스바바를 걸고 맹세했다. 그 후 그는 몹시 후회하며, 험한 오솔길을 지나 남쪽 땅으로 들어갔다. 거기에서 그는 형 헬기를 만났다. 헬기가 이렇게 말했다.

31

잘 있었느냐 헤딘아!　　노르웨이의 새 소식
전해 줄 것 없느냐?
무엇이 너를　　그 땅에서 쫓아냈기에
혼자서 날 찾아왔느냐?

32 헤딘

엄청난 불행이　　나를 엄습했소
술잔에 맹세하며　　임금의 따님 택했건만
그 사람이 바로　　형님의 신부였소!

33 헬기

너무 걱정하지 마라,　　헤딘아, 아직도
우리 맹세를　　지킬 수 있으니
어떤 위인이　　내게 대결을 청하니
사흘 밤 안으로　　거기에 가야 한다.
다시 돌아올지　　장담할 순 없지만
운명이 허락하면　　잘될 수도 있으리.

34 헤딘

헬기여, 말씀하셨죠,　　헤딘은 당신에게
도움이 될 것이고　　재주가 훌륭하다고
당신의 적을　　화평하게 하기보다는
칼을 붉게 물들이는 게　　당신에게 더 어울리오

헬기가 이렇게 말한 이유는, 마법의 여인이 늑대를 타고 가는 모습을 목격한 순간, 그는 자신의 종말을 예감했고, 자신의 영혼이 헤딘을 찾아가고 있다고 추측했기 때문이었다. 알푸르라는 임금이 있었는데, 그는 흐로드마르의 아들이었다. 그가 헬기로 하여금 사흘 밤 안에 시가르스뵐르와 대결하자고 청했던 것이다. 헬기는 그때 이렇게 말했다.

35

사위가 어두워지는데　　어떤 여인이 늑대 타고
동생에게 함께 가자며　　동행을 제안했소

시가르스뵐에 있는 시구를린의 아들이
전사할 것을 그 여인 잘 알고 있었소

그러자 대대적인 결투가 벌어졌고, 헬기는 치명상을 입었다.

36

헬기는 시가르에게 분부를 내려
어서 말 타고 에일리미의 외동딸에게 가라 일렀다.
"살아생전 이 몸을 만나보고 싶거들랑
당장 내게 오라 그녀에게 청하시오"

37 시가르

헬기께서 저를 이곳으로 보내어
여쭙게 하였소, 스바바여,
그분이 말씀하시길
목숨이 끊어지기 전에 당신의 모습을
단 한 번이라도 보고 싶다 하셨소

38 스바바

효르바르드의 아드님, 헬기에게 무슨 변고 있소?
시련은 혹독하게 내게 몰아칩니다.
바다가 그분 삼키고 칼이 그분 쓰러뜨리면
소중하신 그분 위해 내가 복수하리다.

39 시가르

이 세상에서 가장 고귀하신 그분이
이른 새벽, 프레카스테인에서 쓰러지고 말았다오
완승한 알푸르는 기뻐 어쩔 줄 모르는데
이번만은 제발 그러지 말았어야 했소

40 헬기
평안하시오, 스바바,
더 이상 이 세상에서
이 몸, 열 곳의 상처에서
칼날이 깊고 깊이
따스한 마음 보여 주시오
우리는 보지 못하리니
피가 철철 흐르고
내 심장에 파고들었소

41
부탁이오, 스바바,
내가 하는 말을
내 동생,
잠자리 깔아 주고
(신부여, 울지 마오)
듣고 싶거든
젊은 헤딘에게
두 팔로 안아 주시오

42 스바바
헬기께서 신부에게
무나르헤임에서 제가
왕께서 죽었는데
외간 남자를
반지 주시던 그날
했던 약속이 있소
내 어찌 기쁜 마음으로
두 팔로 껴안으리까

43 헤딘
입 맞춰 주시오, 스바바,
내 다시는 돌아가
세상에서 가장
효르바르드의 아들
뢰그스헤임이건 뢰둘프스퍌이건
보지 않을 것이오
고귀하신 그분
원수를 갚기 전에는

헬기와 스바바는 다시 태어나게 되었다는 말도 들렸다.

19. 훈딩을 죽인 헬기의 노래 제1곡
(헬가크비다 훈딩스바나 퓌리 Helgakvida Hundingsbana fyrri)

I

1
독수리 노래하던
머나먼 옛날
히민방기에서 성스러운
물줄기 흘러내렸다.
바로 그 시절
브랄룬드르에서 보리일드는
호탕하고 대범한
헬기를 낳았다.

2
어두운 밤 성채엔
노른[11]이 찾아와
귀인의 운명을
점지해 주었다.
용맹무쌍한 자 되라고,
고귀하기 이를 데 없는
제후 중의 제후
되라 당부하였다.

3
브랄룬드르의 성채
무너지고 부서질 무렵[12]

11 운명의 여신을 뜻한다.
12 평화롭던 프로디의 시대(이른바 황금시대)가 종말을 고하고, 전국 시대의 개막을

그들은 힘껏
운명의 실을 자았다.
달빛 실내[13] 한가운데에서
황금의 줄을
가지런히 펴서
단단히 조였다.

4
동쪽과 서쪽에
줄의 끝 묻으니
그 사이의 땅은
모두 왕의 소유가 되었다.
네리의 누이[14]가
줄 하나를 북으로 던지며
영원히 끊어지지
말라고 기원했다.

5
월핑족의 아들[15]과
보배 같은 그를
낳아 준 여인은
불안해하고 있었다.
까마귀들 서로 말하길,
(우뚝 솟은 나무 위에
먹을 것 없이 앉아서)
"나는 알고 있다네

6
태어난 지 하루 만에
시그문드의 아드님
갑옷 입고 서 계시니
새날이 동터 온다
(영웅들 그러하듯)
눈초리 매섭게 뜨니
늑대의 친구라,
즐겁고도 즐겁구나"

알린다.

13 여기서는 일반적으로 세상을 뜻한다.

14 네리 Neri의 조카 혹은 네리의 딸이라고도 부른다. 세 명의 노른 가운데 한 명일 것으로 추측되지만, 그 이름은 알려져 있지 않다.

15 헬기를 뜻한다.

7

왕이 나셨다고 백성 생각하고
찬란한 황금시대의 행운을 빌었네
시끄러운 전쟁터에 임금님 몸소 오시어
이 어린 귀공자께 고귀한 부추[16]를 내리셨네

8

헬기[17]라 이름 짓고 그에게 흐링스타드르
솔퍌, 스네퍌 그리고 시가르스뵐르에다
흐링스타드르, 하툰 그리고 히민방기까지 봉토로 주고
피의 칼도 주었네, 신표틀리의 형제에게

9

우람한 느릅나무 친지들의 품에 안겨
자라나니, 온 세상에 칭송이 자자했네
따르는 사람들 금으로 보상하고
피에 젖은 칼을 아낌없이 나누어 주었네[18]

II

10

임금님 나서서 전투에 대비하라
분부하시니, 헬기의 나이 이제 열다섯

---

16 부추가 무엇을 의미하는지는 명확하지 않다. 칼을 의미할 수도 있고, 앞으로 헬기가 다스릴, 파란 싹이 돋는 영토를 의미할 수도 있다.

17 헬기는 '성인'(聖人)을 뜻한다.

18 피에 젖은 칼은 전투에서 노획한 칼을 가리킨다.

국토와 백성을 오랫동안 다스려 온
사나운 훈딩을 그분이 치셨네

11
시그문드의 아드님이 훈딩의 아들들에게
금과 보물 내놓으라 하셨네
재물을 훔쳐 가고 아버지를 죽인
헬기에게 훈딩의 아들은 복수할 것이 많아졌네

12
하지만 지도자 헬기는 복수를 허락지 않고
훈딩의 아들에게 일체의 배상 거절하며
광풍우와 잔인한 창날 오딘[19]의 원한을
단단히 각오하라 그들에게 일렀네

13
로가퓰에 펼쳐진 전쟁터를 향하여
훈딩의 아들들은 힘차게 진군했네
적들을 사이에 두니 프로디의 평화[20] 깨지고
그라니의 잔인한 개들[21] 탐욕스럽게 들판을 헤매었네

14
엘프와 에이올프에다 훈딩의 아들인

---

19 오딘은 에다 신화의 주신(主神)이다. 보단 Wodan이라고도 하는데, 신화에서는 신들의 아버지, 작가의 신, 사자(死者)의 신, 전쟁의 신, 루네 문자의 신, 황홀경의 신과 같은 다양한 모습으로 등장한다.
20 덴마크의 왕 프로디 시대의, 전설적인 황금시대를 뜻한다.
21 늑대 게리와 프레키를 가리킨다.

효르바르드와 하바르드까지 치고 나니
거인의 족속들은 모두 다 쓰러졌다.
그런 연후, 헬기는 독수리 바위에 앉았다.

15
그때 로가퓰에서 불빛 하나 새어나와
불빛이 번개 되니 히민방기 지방에
투구 쓴 여인들 모습이 보였다.
그들의 갑옷은 피로 물들었고
창에는 말없이 광채가 번득였다.

16
용사들의 지도자 헬기가 꼭두새벽에
전장에서 돌아온 남방의 여인들에게 물었다.
영웅들 곁 고향에서 그대들, 밤새도록
머물지 않겠는가? 화살이 윙윙거렸다.

17
하지만 호그니의 딸이 말 위에 올라탄 채
—방패 소리 멈추었다— 왕 헬기에게 말했다.
"고리를 부러뜨린 그대[22]여, 당신 곁에서 맥주를 마시느니
차라리 여기서 다른 일을 함이 옳으리오

18
우리 아버지 나를 그란마르의 아들
잔인한 아들[23]에게 주겠다고 약속하셨소

---

22 적의 갑옷의 고리를 부러뜨린다는 뜻이다.

하지만 헬기여,
고양이의 아들같이
나는 회드브로드를
대담한 왕이라고 불렀다오

19
그분에게 결투
아니면 그분에게서
몇 밤이 지나지 않아
청하지 못하거나
소녀를, 저를 빼앗지 못한다면
그분이 다시 오실 거요"

20 헬기
"이승의 살인자인
내가 죽는다면 모를까
그자를 무서워 마오
그대를 빼앗기지 않겠소"

21
만군의 지도자 헬기는
땅으로 바다로
전사들과 그 아들들에게
후하디후하게
당장 사신을 보내어
도움을 요청하니
번뜩이는 황금을
내리기 위함이라

22
"서둘러 배를 타라고
브란데이에서 나와서
그러면서 왕 헬기는
수백이 집결하기를 기다렸다.
그들에게 이르라
우리를 도와달라고"
헤딘세이의 영웅들

23
스타프네스네스에서
황금빛으로 장식한

---

23 회드브로드를 가리킨다.

돛단배들이 해안에 모습을 드러냈다.
히외를레이프에게 곧장 헬기가 물었다.
"용사들 숫자를 알아보았느냐?"

24
하지만 왕의 아들은 그에게 대답했다
"뱃머리만 보고 저기 저 바깥
외르바 해협에 떠 있는 기다란 돛단배들
숫자를 헤아리기는 무척이나 어렵습니다

25
믿을 만한 분이시여, 당신이 세시면 천이백에 달하지만
그 반이 넘는 왕의 병사들
하툰에서 대기 중이니 이제 저는 전투에 대기하겠소"

26
항해자가[24] 배의 천막 걷어 내어
병사들 무리 깨우고 다가오는 날을 제후들이 바라본다.
영웅들이 돛대에 높다랗게 돛을
매어 달았다. 바린의 만에서

27
노 젓는 소리 삐거덕 무기 부딪는 소리 쨍그랑
방패가 서로 부딪고 바다의 영웅들 노를 저었다.
귀인들 태운 왕의 함대
뭍에서 멀어지며 서둘러 떠나갔다.

---

24 백성을 인도하는 지배자를 뜻한다.

28
서늘한 파도
힘껏 부딪는
산이 갈라지고
기다란 뱃바닥에
소리 들리니
파도가 부서지는 듯

29
파도에 파도가
미친 듯 날뛰는
견고한 말[26]들을
높은 돛 더 높이 올리라
부딪혀 부서지고
에기르의 딸[25]이
침몰시키려 들 때
헬기가 명했다.

30
구름 속에서 대담하게
그들과 그들이 탄 배를
그니팔룬드르에서 왕의
란[27]의 손길을
시그룬 나타나
보호해 주었다.
기다란 배는
힘껏 팽개쳤다.

31
밤이 되자 해안에
웅장한 배들이
하지만 스바린 언덕의
적개심 품고
왕이 숨어 앉아 있는데
그쪽을 사격했다.
그란마르의 아들들이
왕의 병사들을 정탐했다.

---

25 에기르는 바다의 신. 따라서 에기르의 딸은 파도를 가리킨다.
26 배를 의미한다.
27 바다의 거인의 아내. 바다의 여신.

32
그때, 신이 내려준 구드문드가 물었다.
"이 무서운 무리, 군대를 이끌고
뭍으로 오르는 저 장수는 누구냐?"

33
황금으로 가장자리 두른 붉은 방패 휘둘러
활대에 부딪히며 신표틀리 대답하니
해협의 파수꾼, 그는 지체 높은 남자들과
말을 주고받는 사람이었다.

34
"밤이 되어 네가 돼지와 개들에게
먹이 줄 때, 이렇게 말하라
윌핑 가문 사람들이 동쪽에서 찾아와서
그니팔룬드르 앞에서 전쟁에 굶주려 있다고

35
도망가기 싫어하는 제후 헬기를
함대 한가운데에서 회드브로드가 찾아내리라
물레방앗간에서 네놈이 여자들과 입 맞출 때
그자는 자주 독수리들에게 먹이를 주었지."

36 구드문드
왕이시여, 당신은 부당하게 귀인들을 비난하시니
선대의 가르침을 따르지 않으시오
숲속에서 당신은 늑대들과 포식하며
당신의 형제들을 죽게 만들었소

차가운 숨 몰아쉬며 상처들을 빨아먹고
역겹게도 바위 아래에 몸을 숨기었소

37 신표틀리

바린세이에서 당신은 마법의 여인
교활한 계집! 거짓말을 일삼았지
모든 전사 가운데 오로지 신표틀리만을
남편으로 맞고 싶다고 당신이 말했잖소

38

당신이야말로 발퀴리 중에서도 해롭기 짝이 없는 마녀
그런데도 당신은 오딘 곁에서 무엇이든 다 했지
저주받은 여인이여 당신 때문에
전사들 싸우다 목숨을 잃었소
네피사가에서 우리는 아홉 마리의
늑대를 길렀소 나는 이들의 아버지였소

39 구드문드

분명한 게 하나 있소. 비록 누구보다 사악했을지언정
그대는 결코 펜리르[28] 늑대들의 아비는 아니었소
그니팔룬드르에 이르기 훨씬 전에
저기 토르스네스의 투르스[29]의 딸들이 당신을 거세했으니까

---

28 북유럽 신화에 나오는 거대한 늑대. 신들은 이 늑대를 두려워하여 종말이 올 때까지 바위에 묶어 두었다고 한다.

29 북유럽 신화에 나오는 거인족을 의미한다.

40
시게이르의 의붓아들로서
늑대들 울음소리에 길든 채
재앙이란 재앙은
형제들 가슴에
온갖 악덕 저지르니

당신은 저 숲속에서
나무통 조각들 뒤에 누워 있었소
모두 당신을 덮쳤소
구멍을 뚫고
온 나라에 소문 자자했소

41 신표틀리
브라빌르에서 당신은
달리는 데 길든,
산을 내려오며
안장 아래에

황금빛 고삐에 묶여
그라니의 신부[30]였소
하도 오래 말을 달려
그대는 지치고 굶주렸소

42
굴니르의 암양의
그대는 마치
또 어떤 땐 그대는
투르스의 딸이여,

젖을 짤 때면
염치없는 노예 같았소
몰골 초라한 거지 같았소
험한 소리 더 듣고 싶소?

43 구드문드르
내 차라리 프레카스테인에서
까마귀 먹이로
당신의 개들과
불러 먹이고 싶소

당신 죽여 그 육신을
주지 못해 한스럽소
돼지들을 먹이통으로
악마나 물어 갈 당신

---

30 그라니는 시구르드의 말의 이름이니, 그라니의 신부는 암말을 의미한다.

44 헬기

“쓸데없는 말　　늘어놓느니
차라리 전쟁터로 나아가　　독수리나 즐겁게 함이
그대들에게 더　　어울릴 터
그대들이 그토록　　증오를 감추지 않으니

45

그란마르의 아들들은　　내가 보기에도 악하오
그래도 진실을 말하는 것이　　용사다운 일
모인스헤임에서　　그들 말하기를
칼을 휘두름에　　주저함이 없다 했소”

46

스비푸드르와 스베그유드르는　　안개 낀 계곡과
깊숙이 난 길을 달려　　힘차게 말을 몰아
솔헤임을 향하여　　달려갔다.
사나이들 달리는 곳엔　　운무[31]도 떨었다오.

47

성채의 문에서　　지배자이신 왕을 만나
적들이 다가옴을　　알려 드렸다.
밖에는 회드브로드가　　투구 쓰고 서서
그의 족속들이 말 타고　　급히 오는 광경을 보았다.
“영웅들이여, 그대들 얼굴에　　수심이 왜 그리도 많소”

---

31 원문에는 das Meer der Mist로 되어 있다. Mist는 원래 발퀴리 가운데 한 명의 이름이었고, 북유럽어로 ‘구름’ 혹은 ‘안개’를 뜻한다. 북유럽 신화에 따르면 발퀴리는 구름을 헤치고 말을 타고 달렸다고 한다.

48

날쌘 용골에
기다란 활대며
잘게 썬 노와
씩씩한 용사들 씩씩거리며

우뚝 솟은 돛대
많고도 많은 방패

거룩한 윌핑의
해안으로 몰려왔다.

49

깃발 열다섯이
칠천의 깃발은
금빛 번뜩이는
이곳 그니팔룬드르의
병사들 대부분이
더 이상 싸움을

뭍에 올랐으나
해협에 남아 있다
검푸른 배들이
땅에 놓여 있다.
여기에 있으니
미룰 수 없다, 헬기는

50 회드브로드

재갈 문 준마를
하지만 스포르비트니르는
멜니르와 밀니르는
검을 휘두를 수 있는 자
고향 땅 내 곁에

전투민회(戰鬪民會)로 보내라
스파린스헤이데로 보내고
뮈르크비드르로 보내라
그 누구도 뒤처져
남아 있지 않게 하라

51

호그니와 흐링의 아들,
백발 성성한 엘프를
그들이야말로 전력 다해
뵐숭족들을 위해

아틸라와 잉비
전투에 투입하라
전투를 개시할 터이니
항전을 행하려 함이라

52
폭풍우 몰아치자
번뜩이는 검들이
병사들이 싸운 민족
늘 헬기가 있었다
왕 헬기는 전투에는
강철 같은 심장을
프레카스테인에서는
한곳에 모였다.
전투의 선봉에는
훈딩을 죽인 헬기가.
날쌔고 도망가길 꺼리니
소유하고 있었다.

53
투구로 무장한 여인[32]
–창 휘두르는 소리 커 가는데–
공중 날기에 능숙한
군사들을 향하여 가슴에서
마치 하늘에서 온 듯 다가와
왕 헬기를 보호했다.
시그룬이 큰소리로
우러나온 말로 소리쳤다.

54
"영웅이시여, 잉비의
지배권을 온전히 행사하며
겁먹은 자
후퇴를 모르던 임금을
붉은 반지와
머지않아 당신의
후손인 당신은
삶을 즐길 것이오
죽게 만들고
그대가 쓰러뜨렸으니
부잣집 신부는
몫이 될 것이오

55
왕이시여, 당신은
두 딸을 온전히
승리와 국토는 당신의 것
호그니와 흐링스타디르의
차지할 것이오
싸움은 끝났소."

---

32 발퀴리를 뜻한다.

20. 훈딩을 죽인 헬기의 노래 제2곡
(헬가크비다 훈딩스바나 외누르 Helgakvida Hundingsbana önnur)

I

뵐숭의 아들, 시그문드 왕은 브랄룬드르의 보리일드를 아내로 맞았다. 그들은 아들을 낳아 헬기라 이름 지었는데, 효르바르드의 아들인 헬기의 이름을 따라 그렇게 불렀다. 하갈이 헬기를 키웠다. 훈딩은 힘센 임금이라는 뜻이다. 훈드란드도 그의 이름을 따라 지어졌다. 그는 위대한 전사였고, 많은 아들을 두어, 원정길에 나서게 했다. 훈딩과 시그문드 사이에는 불화와 반목이 있었다. 그들은 서로 상대방의 우인(友人)들을 죽였다. 시그문드 임금과 그의 후손들은 뵐숭, 윌핑(뷜핑)이라고 불렸다. 헬기는 정찰을 나가 몰래 훈딩의 궁을 살폈다. 훈딩의 아들 헤밍이 궁에 있었다. 헬기가 몰래 떠나다가 목동을 만나 이렇게 말했다.

1

헤밍에게 이르라
용사로 키운 사람
회색 늑대 한 마리
훈딩은 그를

장정들이 갑옷 입혀
바로 헬기였다고
그대들이 집에 두고
하말[33]이라 여겼다고

33 헬기를 키운 하갈의 아들이다.

하말은 하갈의 아들이었다. 훈딩 임금은 헬기를 찾아내기 위해 장정들을 하갈에게 보냈다. 벗어날 다른 방도가 없기에, 헬기는 여인의 옷으로 갈아입고 물레방앗간으로 들어갔다. 그들은 헬기를 찾아내려 했지만, 발견하지 못했다. 그때 재앙을 불러오는 블린드르가 이렇게 말했다.

2

하갈의 시중을 들던 저 여자[34]　　눈이 날카로우니
물레방앗간에 있는　　아이 범상치 않소
맷돌이 깨어지고　　물레방아 무너지오
왕이 될 아이 여기서　　보리를 빻아야 하니
용사의 운명　　가혹하기만 하오
힘 있는 저 손엔　　물레방아 손잡이보다
칼자루가 훨씬　　더 어울릴 터인데

하갈이 대답하여 가로되,

3

왕의 따님이　　편도를 젓는다면
방앗소리 쿵쿵거려도　　놀랍지 않소
헬기를 붙들어　　포박하기 전에
마치 바이킹처럼　　싸움을 이끌던
그녀는 평소에　　구름보다 높이 떠 있었소
윌핑의 딸 저 아이는　　시가르와 호그니의 누이

34 헬기는 어렸을 적에 적의 왕인 훈딩 곁에서 지내며, 염탐 활동을 했다. 그러다 귀향하게 되는데, 도중에 목동을 만나 자신의 정체를 밝혔고, 이로 인해 쫓기게 되었다. 그의 양부였던 하갈은 헬기를 하녀로 변장시켜 물레방앗간에 숨김으로써 추적을 피하게 한다. 따라서 여기 이 인물은 헬기를 뜻한다.

그래서 저 아이의 　눈이 날카롭다오

II

헬기는 몸을 피해 전함으로 달려갔다. 그는 훈딩 임금을 죽여서, 훈딩을 죽인 헬기라고 불리었다. 그는 군대를 이끌고 브루나바기르에 진을 치고, 해변에서 가축을 치며 용사들과 날고기를 먹었다. 호그니라는 왕이 있었는데, 그의 딸은 시그룬이었다. 그녀는 발퀴리였고, 말을 타고 허공과 바다 위를 달렸다. 스바바가 다시 태어나 그녀가 되었다. 시그룬은 헬기의 함대로 말을 달려 가 이렇게 말했다.

4

누가 함대를 　해안으로 보냈나요
그대 영웅들 　고향은 어디요
그대들 브루나바기르에서 　무엇을 기다리오
그대들 배를 몰고 　어디로 가려오

5 헬기

하말이 함대를 　해안으로 보냈소
우리의 고향은 　흘레세이에 있소
브루나바기르에서 우리는 　순풍을 기다리오
우리는 함대를 몰아 　동쪽으로 가려 하오

6 시그룬

왕이시여, 당신은 　어디에서 전쟁을 일으켜
발퀴리의 까마귀에게 　먹이를 주었소?
당신의 갑옷은 어찌나 　피로 물들었던지!
투구 쓰고 당신들은 　날고기를 드시는군요

7 헬기

원한다면 말하리다.　　윌핑의 아들 나는
바다 저 서쪽에서　　어려서부터 그래 왔소
브라갈룬드르에서 나는　　곰사냥을 했다오
창과 칼을 써서 독수리를　　배불리 먹였다오[35]
알겠소, 시그룬?　　왜 그렇게 되었는지?
이곳 해변에 잘 익은 음식이　　드문 것도 그 때문이오

8 시그룬

전쟁이 당신의 목표이니,　　헬기로 인하여
훈딩은 전쟁에서　　쓰러질 수밖에 없군요
친지를 복수하고　　칼날을 흥건히
피로 적시니,　　필시 이건 전쟁이오

9 헬기

똑똑한 여인이여,　　당신은 어찌하여
우리가 친지들 원수 갚은　　내력을 알고자 하오?
전쟁 중엔 용감한 전사　　많고도 많고
우리의 친지들에겐　　원한이 가득하다오

10 시그룬

대군의 지도자여,　　가까이서 보았소
숱한 영웅들　　당신 앞에 쓰러짐을
시그문드의 아들이여,　　전쟁이라는 루네 문자로
학살을 알리니,　　그대는 교활합니다

35 적들을 살해하여, 독수리가 그 시신을 먹는다는 화소는 『에다』에서 가장 핵심적이기도 하다.

11

긴 배 맨 앞에 선 당신 모습 보았소
에는 듯이 차가운 파도에 휩쓸리며
유혈 낭자한 뱃머리에 서 계시었소
내 앞에서 당신은 몸을 숨기려 들겠지만
호그니의 따님은 자기 남편감을 안다오

III

막강한 왕 그란마르는 스바린의 언덕에 본거지를 틀고 있었다. 그에게는 아들이 많았다. 한 명은 회드브로드, 또 한 명은 구드문드 그리고 셋째 아들은 스타르카드르였다. 회드브로드는 왕들의 모임에 가서, 호그니의 딸 시그룬과의 혼인을 약속했다. 이 소식을 듣자, 시그룬은 발퀴리들과 허공과 바다로 말을 달려 헬기를 찾아갔다. 헬기는 그곳 로가퓰에서 훈딩의 아들들과 전쟁을 벌이고 있었다. 거기서 그는 엘프와 에이올프, 효르바르드와 헤르바르드를 쓰러뜨리고, 잦은 진투에 지쳐 독수리 바위에 앉아 있었다. 그때 시그룬이 그를 발견하고, 목을 껴안으며 입을 맞추었다. 그러면서 그녀는 그에게 이렇게 청했다. 옛 뵐숭의 노래에는 이렇게 전해 온다.

12

승리에 들뜬 헬기를 시그룬이 찾아가
그의 손 끌어 가슴에 갖다 대며
투구 쓴 왕에게 입 맞추며 인사했네

13

그러자 왕은 그 처녀에게 반했네
시그문드의 아들, 그녀를 만나기 훨씬 전에
온 마음 다하여 그녀를 사랑했었다네

14
“전장에서 이 몸은 회드브로드와 혼약했지만
다른 사람을 신랑감으로 맞고 싶소
왕이시여, 두렵기로는 친지들의 분노이니
아버지의 소망을 내가 저버렸기 때문이오”

15
호그니의 딸 숨김없이 속마음을 드러내어
헬기의 호의를 받아들이겠다 하였네

16 헬기
호그니의 분노를 두려워 마시오
친지들의 불만도 마음에 두지 마시오
젊으신 아가씨, 나와 함께 삽시다
귀한 집의 자손임이 분명할 터이니

헬기는 함대를 규합하여 프레카스테인을 향해 나아갔다. 도중에 바다에서 그들은 전사들을 삼켜 버릴 듯한 폭풍우를 만났다. 번개가 그들 위로 내리치고 배를 때렸다. 그때 허공에선 발퀴리 아홉이서 말을 타고 왔는데, 시그룬의 모습이 보였다. 곧장 폭풍우가 멎고, 그들은 무사히 뭍에 다가갔다. 배들이 육지를 향해 다가오는데, 산에는 그란마르의 아들들이 앉아 있었다. 구드문드가 뛰어오르듯이 말을 타고, 정찰하러 바닷가로 나아갔다. 뵐숭족들은 돛을 내리고 있던 참이었다. 그때 구드문드가 한 말이 헬기의 노래에는 이렇게 적혀 있다.

대군을 지휘하여 저 끔찍한 족속들을
우리 땅으로 끌고 오는 저 위인은 누구인가?

그란마르의 아들 구드문드 이렇게 말했다.

17
황금빛 군기,   뱃머리에 펄럭이며
함대를 이끌고 오는   저 왕은 누구인가?
맨 앞의 배를 보면   평화의 징조는 아니로다
저 바이킹족 주위에서는   핏빛 전운이 감도네

18 신표틀리
함대 한가운데에 서서   후퇴를 모르는
헬기를 회드브로드가   알아볼 수 있을 거요
당신의 종족,   표르숭족의 유산은
회드브로드 혼자서   모두 차지했다오

19 구드문드
프레카스테인에서 우리는   오랫동안 싸움을 중지하고
화기애애한 말로   불화를 해소했소
비록 우리에게   운수가 불리했지만
회드브로드여, 이제는   복수를 명할 때입니다

20 신표틀리
구드문드여, 차라리   험준한 산맥
갈라진 틈 넘으며   목동이 되어
개암나무 지팡이 쥐고   염소라도 키우는 게 낫지
칼로 심판하는 것은   당신에겐 어울리지 않소

21 헬기
쓸데없이 말싸움이나   늘어놓느니

차라리 결투를 벌여서　　독수리를 즐겁게 함이
형님에겐 더　　어울릴 것이오, 신표틀리여
용사들은 증오를　　숨기지 않는 법이랍니다

22
그란마르의 아들들　　내 보기에도 선하지는 않소
용사라면 마땅히　　진실을 밝혀야 하는 법
모인스헤임에서 그들은　　분명히 밝혔소
칼 휘두를 용기　　꺾이지 않았다고
그들도 역시　　용맹한 전사라오

전쟁 소식을 전하기 위해 구드문드가 말을 달려 고향으로 돌아왔다. 이 소식을 듣고 그란마르의 아들들은 군사를 모았는데, 많은 왕들이 거기에 동참했다. 그 가운데에는 시그룬의 아버지인 호그니와 그란마르의 아들 브라기, 다그가 있었다. 이어 대대적인 전투가 벌어져, 그란마르의 아들과 용장들이 모두 전사하고 말았다. 호그니의 아들 다그만 살아남아 뵐숭족에게 복수를 다짐했다. 전쟁터로 달려간 시그룬은 회드브로드의 죽음을 가까이에서 확인했다. 그녀는 이렇게 말했다.

23
세바폴에서 온　　시그룬은 결코
회드브로드 임금의 딸에　　안기지 않겠소
목숨은 다하고　　손도끼가 그대의 몸뚱이에
가까워지고 있소　　그란마르의 아들이여

그런 다음 그녀는 헬기를 발견하고 매우 기뻐했다. 헬기는 이렇게 말했다.

24
현명한 여인이여 모든 게 당신 뜻대로는 안 되었소
운명의 여신에게도 책임의 일부는 있다오
꼭두새벽 프레카스테인에선 브라기와 호그니가
죽었소, 내가 그들을 죽였소!

25
슈티르클레이프에선 스타르카드르 왕이 전사했고
흘레비요르그에선 흐롤라우그의 아들들이 죽었소
궐피처럼 잔인한 자, 내 일찍 보지 못했소
머리가 잘렸어도 몸통은 칼을 휘둘렀다오

26
당신 친지들 거의 대부분이
시체로 변하여 땅 위에 나뒹굴있소
힘 있는 부족들 죽고 죽이게 하는 것이
당신의 숙명이니 당신은 이긴들 승리할 수는 없다오

이 말에 시그룬이 울자, 그가 이렇게 말했다.

27
진정하시오, 시그룬 당신은 우리의 발퀴리였소
왕들도 운명을 피하지 못하오

그녀가 말했다.

28
저 주검들에 재차 생명을 불어넣고

나도 당신 팔에서 쉬고 싶소

IV

헬기는 시그룬을 아내로 맞아, 아들을 낳았다. 그래도 헬기는 늙지 않았다. 호그니의 아들 다그는 아버지의 복수를 위해 오딘에게 공물을 바쳤다. 그러자 오딘은 그에게 자신의 창을 하사했다. 다그는 표투르룬드르(페셀발트)에서 처남(누이인 시그룬의 남편) 헬기를 발견했다. 그는 헬기를 창으로 찔렀다. 헬기가 쓰러졌다. 다그는 세바퍌로 말을 달려 시그룬에게 이렇게 소식을 전했다.

29

슬픈 소식 전하려니 내 마음 울적하구나, 누이야
뜻과는 달리 너를 슬프게 하다니
꼭두새벽 표투르룬드르에서 세상에서 제일가는
고귀하고도 고귀한 헬기가 쓰러졌다
수많은 왕 목을 밟아 죽이던 헬기가

30 시그룬

온갖 맹세 모두 다 무시하시다니
레입트르 땅의 번뜩이는 강물
차갑고도 차가운 천 길 낭떠러지에서
헬기에게 다짐하던 오라비가 아니었소?

31

순풍이 뒤에서 불어 준다 하여도
오라비의 지휘 받아 움직일 배 없고
적을 피해 달아나야 하더라도
오라비를 태우고 달릴 말은 없을 것이오

32
오라비가 휘두르는 칼은　　잘 들지 않고
오라비 몸 주변에서　　싱싱 소리만 낼 것이오.
만일 오빠가　　저 밖 숲속에
친구도 없이　　죽은 시신 말고는
먹이도 없이　　떠도는 늑대라면
헬기의 죽음　　내가 복수할 터이요

33 다그
우습고도 우스워　　얼토당토않구나, 누이야
그토록 심한 저주　　오라비에게 퍼붓다니
불행의 책임은　　오딘에게 있을 뿐
그가 친지들의　　불화를 자초했으니

34
오라비가 너에게　　금빛 찬란한 반지
만딜스베[36]와 빅달리어까지　　모두 주겠다
고통의 보답으로　　나라의 반을
너와 아들들에게 주겠다　　팔찌 장식 고운 누이야

35 시그룬
왕의 무덤에서　　광채가 새어 나와
황금 재갈 입에 문　　비그블레르 말을 타고
그분이 달려오면　　즐겁게 맞이하겠지만
그렇지 않다면　　이 몸은 이제 아침에도 저녁에도
세바폴에 편히 앉아　　행복할 수 없어요

---

36 만딜스베는 '만딜의 성물(聖物)'이라는 뜻이다.

36
적군과 아군을 막론하고 헬기는
그렇게 두려움과 불안을 가져다주었으니
늑대를 만난 듯 산기슭의 암염소들
두려워 두려워 미친 듯 뛰어간다

37
용사들 위로 헬기, 우뚝 솟으니
가시들 위로 기상 높은 물푸레나무 솟은 듯하고
두들겨 맞아 귀가 먼 어린 송아지
다른 짐승들 따돌리고 뛰어오르듯 하니
하늘 향해 뿔들이 타오르는 듯 번뜩인다.

헬기를 위해 언덕만 한 무덤이 만들어졌다. 그러나 발할라에 당도하니, 오딘이 그에게 통치권을 나누자고 제안했다. 헬기는 이렇게 말했다.

38
이제 훈딩이여, 용사들 위해
발 씻을 물 대령하고 불을 피우시오
잠자리에 들기 전에 개들을 고리로 묶고
말들을 돌보며 돼지에게 먹이를 주시오

시그룬의 하녀는 저녁에 헬기의 언덕으로 갔다. 헬기가 수많은 종자를 데리고 언덕으로 말을 타고 오는 모습을 보았다.

39 하녀
허깨비를 본 것일까, 이게 다 뭐야
최후의 심판일까, 죽은 자가 말 달리다니

준마에 저분들 박차를 가하니
영웅들 귀향이 허용되었단 말인가

40 헬기
그대가 보는 것 허깨비가 아니다
준마에 우리가 박차를 가하는 이유는
세상을 유린하려는 뜻이 아니라
단지 영웅들 귀향이 허용되었을 따름

그러자 하녀는 집으로 돌아와 시그룬에게 이렇게 말했다.

41
세바퓰의 시그룬이여, 어서 가 보시오
민족의 지도자 만나 볼 생각이라면
무덤이 열리고 헬기께서 오셨소
상처에서는 피 흐르니 왕께서 당신더러
줄줄 흐르는 상처 아물게 해달라시오

시그룬이 언덕으로 가 헬기를 만나 이렇게 말했다.

42
당신을 만나니 이렇게 기쁠 수가
독수리살에 굶주린 오딘의 매가
시체와 따스한 피 냄새 맡고
이슬방울 떨어지는 사이로 먼동을 보는 듯하오

43
피 묻은 갑옷 벗기 전에

혼 나간 왕의 입에 입을 맞추고 싶소
식은땀에 당신의 머리카락이 젖어 있구려
무덤의 흥건한 피 왕을 적시고
호그니의 사위인 당신의 손 차가운데
제가 어찌하면 속죄를 하오리까

44 헬기
그대 시그룬이여, 세바퓰의 시그룬이여
헬기가 눈물짓는 건 오로지 그대 때문
햇빛처럼 따스한 남방의 그대 황금빛 장식한 그대는
잠자리에 들기 전에 통한의 눈물 흘렸소
방울방울 피가 되어 이 몸의 가슴에 떨어졌소
모든 걸 파고드는 차갑고 불안에 젖은 눈물이었소

45
활력도 잃고, 땅도 잃었지만
귀한 술 한 잔 마시고 봅시다
내 가슴에 뚫린 구멍 훤히 보이더라도
제발 슬픈 노래일랑 부르지 마시오
임금의 딸들인 신부들 무덤에
편안하게 누워 있으니, 우리 죽은 자와 함께함이오

시그룬이 무덤에 잠자리를 깔며 말했다.

46
헬기여, 당신 위해 여기 침상을 폅니다
윌핑의 아들이여, 편히 쉬소서
귀인이시여, 나 그대 팔에 잠들고 싶습니다

살아 있는 왕 곁에　　누워 있듯이

47 헬기
전에도 후에도　　늘 세바퓰에서는
불가능한 것　　하나도 없소
혼 나간 사람 팔에 안겨　　무덤 언덕에
그대가 누운 채　　살아 있으니
아리따운 호그니의 따님이여,　　임금의 핏줄이여

48
피로 흥건한　　길을 달릴 시간이오
파리한 말 몰아　　날아갈 시간이오
닭이 울어 승리의 민족　　깨우기 전에
저승 다리 앞, 서쪽에　　나는 서 있어야 하오

헬기는 종자들을 데리고 길을 따라 말을 달리고, 여인들은 집으로 간다. 다음 날 저녁 시그룬은 하녀를 시켜 무덤을 지키라 일렀다. 해질 무렵, 무덤으로 오면서, 시그룬이 이렇게 말했다.

49
오딘의 궁정에서　　오겠다던 시그문드의
아드님 오셨다면,　　얼마나 좋았을까
그분이 돌아오실　　희망은 사라졌네
물푸레나무에는 독수리들 앉아 있고,　　백성은 모두
꿈의 나라로　　가고 있으니

50 하녀
스콜둥의 따님이여,　　죽은 자의 집으로

혼자서 가시겠다니 경거망동 마시오
용사들의 혼령은 밝은 대낮보단
어두운 밤에 더욱 힘이 세어진답니다

원한과 고통 때문에 시그룬은 더 이상 목숨을 부지할 수 없었다. 용사들은 다시 태어난다는 것이 고대의 믿음이었다. 하지만 이것은 단지 늙은 아낙의 헛된 망상일 뿐이다. 헬기와 시그룬이 환생했다는 말이 돈다. 헬기는 환생하여 하딩기아의 영웅 헬기라고 불렸지만, 시그룬은 할프단의 딸 카라라고 불렸다고 카라의 노래에는 전해져 내려온다. 그녀는 발퀴리였다.

그림 9. 단면 각인 주화(원반) 브락테아트. 독일 함부르크(슐레스비히)
출처: RLGA, 제3권, 표 33b

21. 신표틀리의 종말
(신표틀라로크 Sinfiötlalok)

뵐숭의 아들 시그문드는 프랑켄 땅의 왕이었다. 신표틀리는 그의 장남이었고, 둘째 아들은 헬기였으며, 셋째는 하문드였다. 시그문드의 아내 보르그힐드에게는 오라비가 있었는데, 그 이름은 보르가르였다. 그녀의 의붓아들 신표틀리와 오라비 보르가르, 이 두 사람은 한 여자를 서로 좋아했고 그 때문에 신표틀리는 보르가르를 살해하게 되었다. 그가 집에 돌아오자, 보르그힐드는 그에게 떠나라고 종용했다. 시그문드는 돈으로 보상하려 들었고, 그녀는 이를 받아들였다. 하지만 장례식장에서 보르그힐드는 맥주를 들고 이리저리 돌아다녔다. 그녀는 뿔잔에 가득히 독을 담아 이를 신표틀리에게 건넸다. 신표틀리는 잔 속을 들여다보고는, 그 안에 독이 들어 있음을 발견하고, 시그문드에게 이 사실을 알렸다. 시그문드는 뿔잔을 들고 한 방울도 남기지 않고 쭉 마셨다. 시그문드는 참으로 힘이 세어, 겉으로든 안으로든 독약으로 상처를 입을 사람이 아닌 것으로 전해져 온다. 하지만 그의 아들들은 독이 몸에 닿는 것은 괜찮지만, 이를 마시면 견디지 못했다.

보르그힐드는 신표틀리에게 다른 뿔잔을 건네며 마시라고 말했다. 이번에도 역시 결과는 똑같았다. 그녀는 신표틀리에게 세 번째 잔을 건넸다. 그녀는 이번에는 마시지 않으면 죽인다고 협박했다. 신표틀리는 이번에도 역시 저번과 똑같이 시그문드에게 말했다. 그러자 시그문드가 "아들아, 수염으로 독을 걸러라"라고 말했다. 신표틀리는 이를 마셨다. 그리고 곧장 죽었다. 시그문드는 아들의 시신을 팔에 안고 먼 길을 가서, 길고 좁다란 표르드 해안으로 갔다. 거기에는 작은 배가 한 척 있었고, 그 안에는 사나이 한 명이 타고 있었다. 그 사나이가 시그문드에게 표르드 해안을 건네주겠다고 제안했다. 시그문드가 시신을 배로 옮기자 배는 가득 차 버렸다. 그 사나이가 시그문드에게 먼저 표르드 해안을 건너가라고 말했다. 그러면서 그 사내는 배를 몰아 곧장 사라져 버렸다.

시그문드 왕은 혼인하기 전, 보르그힐드의 제국이었던 덴마크에 오랜 세월 머무른 적이 있었다. 그 후 시그문드는 남쪽으로 내려와 프랑켄 땅으로 가서 프랑켄 제국을 차지하게 되었다. 그곳에서 그는 에일리미 왕의 딸인 효르디스를 아내로 맞았다. 그리하여 아들을 낳았는데, 그 이름이 시구르드였다. 시그문드 왕은 전투 도중 훈딩의 아들들에게 패해 목숨을 잃었고, 효르디스는 할프렉 왕의 아들인 엘프와 재혼했다. 시구르드는 거기서 어린 시절을 보내며 자랐다.

시그문드와 그의 아들들은 모두 힘이 세고 풍채가 좋으며 생각이 깊고 행동이 남보다 월등히 뛰어났다. 그 가운데 제일 뛰어난 사람은 시구르드였다. 옛 전설에는 그가 제왕들 가운데서도 가장 막강한 것으로 알려져 있다.

22. 파프니르를 죽인 시구르드의 노래 제1곡 혹은 그리피르의 예언. 첫 번째 시구르드 노래

(시구르다르크비다 파프니스바나 퓌르스타 에드하 그리피스파 Sigurdarkvida Fafnisbana fyrsta edha Gripisspa)

그리피르는 효르디스의 형제인 에일리미의 아들이었다. 그는 여러 나라를 다스렸고, 누구보다도 총명했다. 그는 미래도 알고 있었다. 시구르드는 혼자서 말을 달려 그리피르의 궁정에 왔다. 누구나 시구르드를 쉽게 알아볼 수 있었다. 궁정 성문 앞에서 그는 어떤 사내와 대화를 나누었다. 그의 이름은 게이티르였다. 거기서 시구르드는 그에게 결심을 요구하며, 이렇게 말했다.

1
이곳 궁성에 사는 자, 이름이 뭐지요
이 나라의 왕을 뭐라고 부르오

게이티르
군졸을 다스리는 분, 그리피르라 합니다
땅과 백성을 다스리는 분이죠

2 시구르드
현명한 왕께서 지금 이곳에 계십니까

저와 이야기를 나누실 수 있습니까
낯선 자 상담이 필요하니 내가 곧
그리피르를 찾아가 뵙도록 하겠소

3 게이티르
선한 왕께서 게이티르에게 물을 것이오
자신을 찾는 이, 이름이 누구냐고

시구르드
내 이름 시구르드, 시그문드의 소생이오

4
그러자 게이티르, 그리피르에게 여쭙길,
"용모로 보아 귀티가 나는
어떤 분이 이곳에 당도하여
전하를 알현하고 싶어하나이다"

5
대군의 지도자, 방에서 나와
낯선 시구르드를 다정하게 맞이했다.
"어서 오시오, 시구르드, 왜 진즉 오지 않았소
게이티르여, 어서 가서 그라니[37]를 돌보아라"

6
담소를 나누며 이런저런 이야기 하는데
총명한 영웅들 모여들었다.

---

37 시구르드의 말의 이름이다.

“외숙부님, 아신다면 알려 주십시오
시구르드의 운명 어떻게 될까요”

7 그리피르
그대는 세상에서 가장 힘센 사람
왕중의 왕으로 평가될 것이오
인심이 후하고 물러서길 싫어하며
풍채가 수려하고 언행이 바르니까요

8 시구르드
훤히 보이신다면 제가 묻는 것보다
좀 더 자세하게 알려 주시오, 왕이시여
당신의 궁정을 떠나자마자
맨 먼저 내게 닥칠 좋은 일이 무엇이오

9 그리피르
맨 먼저 그대는 부친의 원수를 갚을 것이오
그리고 에일리미에게 받은 모욕을 되갚을 것이오
날쌔고 거친 훈딩의 자식들을
쓰러뜨려 승리할 것이오

10 시구르드
고귀하신 왕이여 나의 외숙부시여
자세히 알려 주시오 터놓고 이야기합시다
시구르드의 승리가 눈앞에 보입니까
만천하에 널리 승리를 알리게 되오리까

11 그리피르

그니타 황무지에 우뚝　　위세 등등하게 자리 잡은
욕심 사나운 용을　　쓰러뜨릴 사람 그대뿐
레긴과 파프니르　　그 두 형제를
그대가 제거할 것이오　　그리피르는 예언할 수 있소

12 시구르드

외숙부 말씀대로　　용사들과 함께 싸워
승리를 쟁취하면　　보물을 얻겠지요
냉정히 생각하여　　말씀해 주시오
저의 인생 앞으로　　어떻게 되겠소

13 그리피르

파프니르의 동굴을　　그대가 찾아서
찬란한 보물들을　　집으로 가져가고
그라니의 등을　　황금으로 칠하고
말 달려 기우쿠에게 갈 거요,　　용맹한 영웅이여

14 시구르드

앞을 내다보는 왕이시여,　　앞일이 어찌 될지
좀 더 소상하게　　제게 일러 주시오
기우쿠에게 가 보았는데,　　이제 그곳을 떠나는 것입니다
향후 저의 운명　　어떻게 되겠습니까

15 그리피르

헬기가 죽은 이후,　　격조 높은 왕의 따님
무장한 채 바위에서　　잠들어 있소
파프니르를 살해한　　예리한 칼[38]로

갑옷을 동강동강 잘라 낼 것이오

16 시구르드
잠에서 깨어난 아름다운 신부는
갑옷이 잘렸다고 말하게 되겠죠
사려 깊은 신부는 시구르드에게 뭐라 할까요
그래서 저에게 축복이 될까요

17 그리피르
심오한 루네 문자를 그대에게 가르칠 것이오
누구나 알고 싶어하는 루네 문자 모두를
게다가 온갖 언어로 말하는 법을 가르쳐
치유하는 힘을 부여할 것이오, 행운을 비오이다, 왕이시여

18 시구르드
이것으로 되었소 전언을 들었으니
말 달릴 준비 다 되었소
살 생각하시어 말씀해 주시오
향후 나의 운명 어떻게 되겠소

19 그리피르
헤이미르의 거소에 당도하게 되어
백성의 제왕인 그의 귀빈이 될 것이오
내가 알 수 있는 것, 이것이 전부이니
그리피르에게 더 이상 묻지 마시오

---

38 시구르드의 명검 그람을 뜻한다.

20 시구르드
외숙부의 말씀에 걱정이 앞서니
숙부님은 먼 앞날을 내다보시기 때문이오
엄청난 불행이 시구르드에게 닥칠 것이어서
솔직하게 제게 말씀하지 않는 것입니까?

21 그리피르
봄날 같은 당신의 일생이
내 눈앞에 훤히 보이오
현명한 조언자이자 예언가라는 칭호가
내게 달리 붙여졌겠소 내가 아는 것 모두 말했소

22 시구르드
당신보다 앞날을 더 많이 아는 사람
이 세상에서는 아직 보지 못했소
나쁜 일이 있어도 숨기지 마시오
불행한 운명까지도 말씀해 주시오

23 그리피르
당신의 운명에 불행은 없소
이 점을 명심하오 위대한 영웅이여
세상이 존속하는 한 당신은 이름을
날릴 것이오 전투의 지휘자시여

24 시구르드
예언자 당신과 소생 시구르드는
슬프지만, 작별할 시간이 된 듯하오
—모든 게 정해져 있을 터이니— 제 앞길을

알려 주시오, 외숙부님! 당신도 그러고 싶으시겠죠

25 그리피르
그렇다면 이제 시구르드에게 모두 털어놓겠소
영웅께서 그러기를 원하신 터이니
이것은 진실이니 명심하여 알아 두시오
당신에게도 죽을 날이 정해져 있소이다

26 시구르드
숙부님을 화나게 하지는 않겠소
현명한 조언을 얻고 싶을 뿐이오
거슬리는 말이라도 듣기를 원하니
시구르드에게 정해진 운명이 뭔가요

27 그리피르
헤이미르에게 여자가 있는데 외모가 출중하오
이름을 말하자면 브륀힐드라 하지요
부들리의 딸로 헤이미르 왕께서
그 여자를 냉혹한 소녀로 키웠다오

28 시구르드
헤이미르가 키운 그 소녀 어여쁘다면
어찌 그것이 내게 해가 되옵니까
그 이유를 소상히 알려 주시오, 그리피르여
모든 앞날의 운명 꿰뚫어 보시지 않습니까

29 그리피르
헤이미르가 키운 아리따운 그 소녀

당신의 기쁨 모두를 앗아갈 것이오
잠도 자지 못하고 국사에 전념하지도 못하며
병졸들을 멀리한 채 그녀에게 빠질 것이오

30 시구르드
가혹한 시구르드의 운명 어찌하면 좋겠소
앞날을 내다보시는 당신께서 말해 보시오
지참금으로 곡식을 주고 그녀를 사와야 한단 말이오
백성의 지도자의 피어나는 그 따님을?

31 그리피르
고귀하고 성스럽게 맹세에 맹세를
거듭하겠지만, 지키는 것 별로 없을 것이오
하룻밤만 기우쿠의 손님이 되어 보면
헤이미르의 딸을 당신은 잊을 것이오

32 시구르드
어찌하여 그렇소 어서 말해 주시오
내가 정녕 마음이 흔들리는 놈이란 말입니까
그녀에게 약속을 안 지킬 거란 말이오
온 마음 다 바쳐 사랑했던 그 아가씨에게?

33 그리피르
다른 사람들의 간교로 그렇게 될 것이요
그림힐드의 음모를 복수해야 할 것이오
그녀가 자기 딸을 당신에게 보낼 것이오
하얗게 면사포로 가린 딸을. 그렇게 그녀가 당신을 속일 거요

34 시구르드

기우쿠족과 이 몸이 인척이 되고
구드룬과 혼인하여 부부가 되면
군주로서 어울리는 혼사가 아니겠소
내 마음 거짓 맹세로 불안할 일 없으리다

35 그리피르

그림힐드가 그대를 완전히 우롱하리다
고트족의 왕인 군나르의 손을 잡기 위해
그대 시켜 브륀힐드에게 청혼케 하리니
그대 너무 일찍 왕의 엄마에게 구혼행차 언약하리다

36 시구르드

불행이 닥쳐옴을 분명히 느끼겠소
시구르드의 의지가 사납게 흔들리오
나 자신도 호감 가진 아리따운 처녀에게
다른 사내 위하여 구혼해야 하다니요

37 그리피르

군나르와 호그니 그리고 제3자인 당신까지
맹세에 맹세를 거듭하게 될 것이오
당신과 군나르는 도중에 서로
변장할 것이오, 그리피르는 거짓을 말하지 않소

38 시구르드

왜 그렇지요? 왜 우리는 도중에
몸매와 겉모습을 서로 바꿔야 합니까
벌써 두려워집니다. 또 다른 간계가

소름 끼치는 음모가　　뒤이어 등장하나요

39 그리피르
걸음걸이나 겉모습은　　군나르의 것이지만
어투나 고상한 성향은　　당신의 것입니다
그렇게 당신은　　휘미르의 빛나는
따님과 혼약할 것입니다.　　아무도 못 막습니다

40 시구르드
최악의 상황이군요　　시구르드가 백성에게
배신자로 보이다니　　어떻게 그런 일이!
그토록 고상한　　영웅의 따님을
간계로 속이기는　　정말로 싫습니다

41 그리피르
대군의 지도자여,　　그 처녀와 잘 적에
어머니 대하듯　　아무 관계도 맺지 못할 터
그리하여 당신은　　이 세상 다하도록
명성을 남기리다　　백성의 지도자여

42
그런 연후에　　기우쿠의 거소에서는
시구르드와 군나르의 신부들이　　혼인하고
재차 그들이　　서로 변장을 하겠지만
마음만은 어쩔 수 없는 것,　　누구나 제 마음을 갖고 있으니

43 시구르드
빼어난 용사 군나르는　　좋은 아내 얻겠소?

군나르의 신부가
사흘 밤 동안을
숨기지 말고 말하시오
내 곁에서
머물게 된다는데?
그런 일은 처음이요

44
그런 연후 친족 관계가
기쁨을 주겠소
혼인을 통해
누가 되겠소
어찌 우리 용사들에게
말해 주시오, 그리피르
행운을 거머쥘 사람
군나르요, 나요?

45 그리피르
당신은 맹세를 생각하겠지만
진심으로 그대는
브륀힐드 스스로
교활한 브륀힐드
침묵하지 않을 수 없을 거요
구드룬을 사랑하지만
잘못된 결혼이라 생각하니
복수를 꿈꾸리니

46 시구르드
어찌 해야 브륀힐드에게
이미 우리 그녀를
이 몸이 그녀에게
지키지 못했고
충분히 보상하겠소?
간계로 속였는데
부부 맹세하고도
그녀도 평화 잃었으니

47 그리피르
원한 품은 브륀힐드
그대가 맹세를
기우쿠의 후예로
온 마음 다해서
군나르에게 가서
안 지켰다 고할 터
군주이신 군나르는
당신을 신뢰했지요

48 시구르드
어찌 될 것 같소?
이 일의 책임이
아니면 그 여인이
자신도 비방하는
말해 주시오, 그리피르
나에게 있소?
나를 비방하고
꼴입니까? 그리피르

49 그리피르
고상한 그 여인이
사무치는 분노와
왕비께서 그녀를 속여
그대가 착한 그녀에게
당신을 해치려는 것은
원한 때문이라오
마음 아프게 했을지언정
해를 끼친 것은 아니오

50 시구르드
현명한 군나르와
그녀의 주장에
기우쿠의 아들들이
피를 적시겠습니까?
구토름과 호그니가
따르게 될까요
내 가슴에 칼을 대고
말씀해 보시오, 그리피르

51 그리피르
오라비들이 그대에게
원한이 사무쳐서
현명한 그녀는
살아갈 겁니다
나쁜 짓을 저지르면
구드룬은 정신을 잃겠죠
즐거움이란 모두 잊고
그림힐드의 탓입니다

52
대군의 지도자여,
당신의 일생에
당신처럼 고귀한 분
위안은 당신의 것
행운이 찾아들 것이오
이 땅에는 없었고

태양도 그런 분을 　　목격하지 못할 거요

53 시구르드

잘 있으시오, 작별이오. 　　운명은 거스를 수 없는 것
당신의 예언 　　내 다 들었소이다
더 많은 행운이 　　나의 삶에 주어진다고
당신이 예언했소 　　당신에게도 행운을 빕니다

23. 파프니르를 죽인 시구르드의 노래 제2곡. 두 번째 시구르드 노래

(시구르다르크비다 파프니스바나 외누르 Sigurdarkvida Fafnisbana önnur)

시구르드는 햘프렉의 종마장(種馬場)으로 가서 말을 한 필 골랐다. 그 말은 전부터 그라니라 했다. 그때 흐레이드마르[39]의 아들 레긴이 햘프렉에게 왔다. 그는 그 어떤 신하들보다도 재주가 많았지만, 외모는 난쟁이였다. 그는 현명하고, 원한에 가득 차 있었으며, 또 마술에 능했다. 레긴이 시구르드의 양육과 교육을 떠맡았다. 그는 시구르드를 몹시 사랑했다. 그는 시구르드에게 그의 조상에 대해 이야기하며, 오딘, 호그니 그리고 로키가 옛날 안드바리의 폭포에 와서 겪은 모험에 관해 들려주었다. 이 폭포에는 한 떼의 물고기들이 있었다. 안드바리라고 부르는 난쟁이가 오랫동안 강꼬치고기의 모습을 하고 폭포에 살면서 고기를 잡아먹으며 살아가고 있었다. 레긴이 이렇게 말했다. "오트르는 우리의 형제입니다. 그는 자주 수달의 모습을 하고 폭포 속으로 들어갔죠. 그러던 어느 날 그는 연어를 한 마리 잡아서 물가에 앉아 눈을 깜박이며 게걸스럽게 먹었습니다. 로키는 그를 돌

39 폭력적이고 마술에 능한 농부. 오트르, 파프니르, 레긴의 아버지. 그의 아들 오트르는 수달의 모습을 하고 폭포에서 살다가, 로키에 의해 살해된다. 흐레이드마르와 그의 아들 파프니르 그리고 레긴은 로키에게 그 대가를 금으로 갚으라고 말한다. 흐레이드마르는 저주가 담긴 금(원래 이것은 오딘이 난쟁이 안드바리에게서 빼앗은 것임)을 소유하게 되고, 이를 아들에게 나누어 주지 않으려고 하여, 파프니르는 아버지를 살해하고 금을 독차지한다.

로 때려죽였습니다. 아스 신[40]들은 매우 운이 좋았다고 생각하며 수달의 가죽을 벗겼습니다. 그날 밤 그들은 흐레이드마르의 집에 가서 재워 달라며 사냥한 것을 그에게 보여 주었습니다. 우리는 그것을 움켜쥐며 그들에게 몸값을 요구했습니다. 즉 수달의 가죽 속에 금을 채우고 가죽 바깥 부분도 붉은 황금으로 덮어야 한다고 했습니다. 그러자 그들은 로키를 보내 금을 가져오게 하였습니다. 그는 난 Nan으로 가서 그들의 그물을 얻어 이를 강꼬치고기에게 던졌습니다. 그러자 강꼬치고기가 그물 안으로 들어갔습니다. 이어 로키가 말했습니다."

1 로키
물속에서 첨벙거리는 저게 무슨 고기인가
위험을 피할 수 없겠지, 명부의 여신 헬에게서
이제 몸을 뿌리쳐 번뜩이는 불꽃[41]을 내게 다오

2 강꼬치고기
내 이름은 안드바리[42] 아버지는 오인[43]이오
여러 폭포를 지나왔소 일찍이 적개심에 불탄
운명의 여신 노른이 명하여, 나는 물속에서 허우적거려야 한다오

3 로키
말하시오, 안드바리 사람 사는 대지 위에서

40 북유럽 신화에 등장하는 신족. 최고의 신은 오딘이었다.
41 여기서는 금을 뜻한다.
42 '신중한 자'라고도 부른다. 오딘의 아들로 난쟁이의 모습을 하고 있다. 그는 강꼬치고기의 모습을 하고 폭포에 사는데, 로키가 그를 붙잡아 전 재산을 내놓으라고 요구한다. 그는 원하는 대로 금을 만들어 내는 반지를 가지고 있었지만, 이를 로키가 빼앗아 가자, 이 반지를 소유한 사람은 모두 죽어야 한다고 저주한다. 금과 반지 그리고 저주라는 화소는 니벨룽 전설의 중심을 이룬다.
43 원문에는 Oin으로 되어 있다.

오래 살고 싶거든　　내게 말해 주게
인간의 자식들　　거짓말로 서로 해치면
어떠한 벌을　　받게 되는지?

4 안드바리
바드겔미르에서 허우적거리는　　인간의 자식들은
가혹한 형벌에 시달린다오
거짓말을 늘어놓아　　타인을 속인 자
오래도록 형벌로　　고통을 겪는다오

로키는 안드바리가 소지한 금 모두를 보았다. 안드바리는 로키에게 금을 전부 주었지만, 반지는 하나 남겨 두었다. 그러나 로키는 이 반지까지 빼앗았다. 그러자 난쟁이는 돌 속으로 들어가 이렇게 말했다.

5
구스트르[44]가 가진 금　　이제 두 형제를
죽게 하고　　여덟 명의 제후를
파멸케 할 것이니,　　내가 준 금은
누구에게도 결코　　도움이 되지 못하리

아스 신들은 흐레이드마르에게 보물을 넘겨주고, 수달의 가죽에 보물을 가득 채우고 그 가죽을 앉혀 놓았다. 이제 아스 신들은 그 위에 금을 차곡차곡 쌓아 수달을 감추어야 했다. 수달을 감추자, 흐레이드마르는 그곳으로 가서 수염 한 가닥을 보고, 그것 역시 감추라고 했다. 그러자 오딘은 그 저주의 반지를 꺼내어 수염을 가렸다.

44 안드바리의 별명.

6 로키

당신에게 금을 주었소,　당신은 내 몸값으로
많은 돈을 얻었지만　당신 아들에겐
그 어떤 축복도　주어지지 않을 것
금을 얻은 대가로　당신 둘은 죽게 되오

7 흐레이드마르

네가 선물은 주었으되　사랑의 선물은 아니었소
순수한 마음에서 준 것도 아니오.　이 음모를 미리 알았던들
당신들은 목숨을　잃었을 것이오

8 로키

한 여자를 두고　벌이는 친족의 다툼이
더욱 나쁘오　머지않아 곧
귀공자들 태어나,　보물 때문에 서로 미워할 것이오

9 흐레이드마르

내 목숨 살아 있는 한,　붉은 금은 이제
내 몫이 되었소
당신의 협박　하나도 두렵지 않소
어서 일어나　집으로 돌아가시오

파프니르와 레긴은 흐레이드마르에게 자신의 형제 오트르의 죽음에 대하여 대가를 요구했다. 하지만 그는 그럴 수 없다고 대답했다. 그러자 파프니르는 아버지 흐레이드마르가 잠잘 때 그를 칼로 찔러 죽였다. 흐레이드마르는 자기 딸을 소리쳐 불렀다.

10

링헤이드와 로픈헤이드야!
내 목숨 다해 간다.
욕심이 숱한 사람을
유혹하지

링헤이드

아버지 돌아가셔도
오라비의 죄악을
저희 자매가
벌할 수 없군요

11 흐레이드마르

네가 정녕
아들을 못 낳는다면
딸이라도 낳아라
늑대처럼 강인한 딸을
딸에게 배필을 골라 주어라
위기이니 어쩔 수가 없구나
그래서 너의 딸이
복수하게 하여라

그런 후 흐레이드마르가 죽었다. 파프니르는 금을 독차지했다. 그러자 레긴은 아버지의 유산을 달라고 요구했다. 하지만 파프니르는 거절했다. 그러자 레긴은 누이인 링헤이드에게, 어떻게 아버지의 유산을 찾을 수 있을지 조언을 구했다. 그녀가 말했다.

12

오빠에게 청하여,
유산을 주고
호의를 베풀라고
요청해 보세요
파프니르에게 칼로
재산을 달라고
요구하는 것은
당신께 어울리지 않습니다.

레긴은 시구르드에게 이 사실을 알려 주었다. 어느 날, 그가 레긴의 집에 오자, 그는 따스하게 맞아 주었다. 레긴은 이렇게 말했다.

13
시그문드의 아드님이 지금 오셨군요
날렵한 영웅이 우리 집에 오셨군요
한갓 늙은이보다는 더욱 용기가 많으신 분.
용맹한 늑대 곧 전투를 벌이겠죠

14
잉비의 손자가 우리에게 오셨으니
용맹한 이분을 내가 키워야겠소
용사들 가운데 가장 힘센 사람이 될 터
그의 운명이 온 세상을 떠들썩하게 할 것이오

시구르드는 계속 레긴 곁에 머물렀다. 파르니르가 용의 모습을 하고 그니타 황무지에 있다고, 레긴이 시구르드에게 알려 주었다. 그는 보기만 해도 모든 생명체가 두려워 벌벌 떠는 에기르의 투구를 쓰고 있었다. 레긴은 시구르드에게 검을 한 자루 만들어 주었다. 그 검은 그람이라고 불렸다. 이 검은 매우 예리했다. 그는 이를 라인 강에 꽂아 놓고, 양모 다발을 강물에 흘려보냈다. 그러자 이 검이 이를 마치 물처럼 잘라 버렸다. 이 검을 가지고 시구르드는 레긴의 모루를 두 동강 냈다. 그런 다음 레긴은 시구르드에게 파프니르를 죽이라고 부추겼다. 그러나 시구르드는 이렇게 말했다.

15
왕인 내가 아버지의 복수를 제쳐놓고
붉은 반지를 탐하게 된다면
훈딩의 아들들이 비웃을 거요
에일리미의 목숨을 앗았던 그들이요

II

할프렉 왕은 시구르드에게 아버지의 복수를 하라며 항해에 능한 사람들을 주었다. 그런데 사나운 악천후를 만나 그들은 산맥 초입에서 기다릴 수밖에 없었다. 산기슭에 한 사내가 서서 이렇게 말했다.

16

레빌의 말[45]을 타고 거친 파도에
포효하는 바다 건너 달려오는 자,   저기 누구인가?
돛을 단 말들이   거품 물고 오는구나
파도의 말들이   바람을 막지는 못하리

17

우리는 시구르드와   바다나무들[46] 위에 있는데
불어오는 바람은   죽음으로 몰고 가는 듯
파도가 뱃머리의   우리를 때리고
밀려오는 말[47]들 쓰러지는데   누가 이를 알려고나 할까

18 사나이

뵐숭의 젊은이여,   전쟁터에서 후긴[48]을
즐겁게 하여 저는   흐니카르[49]라 부른다오
산사나이라고 나를   불러도 좋소이다.
펭도 좋고 퓰니르도 좋소,   나도 함께 가고 싶소

45 배를 뜻한다.
46 배를 뜻한다.
47 배를 뜻한다.
48 까마귀의 이름. '생각'이라는 뜻이다.
49 오딘의 여러 별명 가운데 하나이다.

그래서 그들은 뭍으로 방향을 틀었다. 사나이는 배에 올라타 사나운 일기를 진정시켰다.

19 시구르드

말하시오, 흐니카르, 신이건 인간이건
전쟁을 앞두고 무엇이 행운의 징후인지
그대는 알 것이오 칼을 휘두를 때
가장 기쁜 징조는 무엇이오?

20 흐니카르

칼을 휘두를 때, 징후를 판단할 수 있다면
더러는 좋아하겠지요
검디검은 까마귀가 용사의 길을
동행하면 좋은 징조요

21

밖으로 나와 출정 준비 다 되어 있는데
공명심 큰 두 용사가
결투 준비 마치고 뜰에 서 있다면
그것 역시 좋은 징조요

22

물푸레나무 옆에서 늑대 울음소리 들리면
그것 역시 좋은 징조요
그러면 당신은 전사의 승전보를 기대하고
전사가 그대를 보기 전에 그대가 전사를 보게 될 것이오

23
늦게 떠오른 달님 같은 누이에게
맞서 싸워서는 안 되오 볼 수 있는 자가
승리도 거두리오. 칼싸움이 시작되면
도끼 모양의 진이 펼쳐지지요

24
전쟁터로 나가실 때, 당신의 발이 비틀거리면
위험을 조심하시오
불행의 여신들은 당신의 양옆에 서서
부상당한 당신을 보려 할 것이오

25
진정한 투사라면 머리 빗고 몸을 씻고
아침을 든든히 먹소
밤에 그가 있는 곳 확실치 않고
때가 되기 전에 쓰러지면, 그것참 나쁜 일이오이다

시구르드는 링비, 훈딩의 아들, 그리고 그의 형제들과 대대적인 전투를 벌였다. 링비와 형제들이 쓰러졌다. 전투가 끝나고 레긴이 이렇게 말했다.

26
시그문드를 죽인 자 등에 예리한 칼로
피 흘리는 독수리를 새겨 넣었다
대지를 이렇게 붉게 물들인 용사 일찍이 없었다
제후의 후손 그 누가 까마귀를 이처럼 기쁘게 했으랴?

시구르드는 할프렉에게 되돌아갔다. 그러자 레긴은 시구르드에게 파프니르를 죽이도록 사주했다.

그림 10. 벤델(Vendel) 고분 제1호 투구기마상. 투구에 붙인 금속판으로 기마 영웅의 용퇴치 장면을 묘사. 투구 앞뒤 두 마리의 새는 (좌:) 독수리와 (우:) 까마귀. 기마상의 주인공은 대체로 오딘(보단)으로 간주된다. 벤델 고분군(1881-1883 발굴)에는 유명한 배 무덤들을 포함하여 총 14기의 고분이 발굴되었는데, 그 조성 시기(550-800)를 스웨덴 고고학에서는 '벤델기'로 분류한다. 금속판 제조는 4세기 고대 후기 무기생산까지 추적할 수 있다.
출처: RLGA, 제2권, 도판 115
(도판 웹주소:
http://commons.wikimedia.org/wiki/File:Del_av_hj%C3%A4lm_vendel_vendeltid_m%C3%B6jligen_oden.jpg)

24. 파프니르의 노래
(파프니스말 Fafnismal)

시구르드와 레긴은 그니타 황무지로 올라가서 파프니르가 물을 찾아 기어간 길을 발견했다. 시구르드는 길에 구덩이를 파고 그 안에 들어갔다. 그러나 파프니르가 보물을 두고 기어와서 독을 훅 불었다. 독이 시구르드의 머리에서 몸 전체로 퍼졌다. 파프니르가 구덩이 위로 미끄러지자 시구르드는 그의 가슴을 칼로 찔렀다. 파프니르는 몸을 비틀며 이리저리 머리와 꼬리를 흔들었다. 그러자 시구르드는 서로 뒤엉켜 있던 구덩이에서 뛰어나왔다. 파프니르가 이렇게 말했다.

1
이 자식아, 너는
어떤 종족 태생이냐?
번뜩이는 칼을 찔러 붉게
물들인 네놈은,
어떤 놈의 아들이냐?
파프니르의 몸 안에
내 가슴에 네놈의 칼이 박혀 있구나

하지만 시구르드는 이름을 속였다. 죽어 가는 사람이 적의 이름에 저주를 퍼부으면, 그 저주의 말은 엄청난 힘을 가진다고 옛날에는 믿었기 때문이다. 그가 이렇게 말했다.

2
내 이름은 신기한 짐승,
어머니가 누구인지
모르는 아이다
나는 아비도 없다,
나는 떠돌 뿐이니

아비 없는 사람 있을까만
고독한 외톨이일 뿐

3 파프니르
아비는 누구에게나 있는 법,
누가 너를 낳았느냐
아비가 누구냐

4 시구르드
내 족속을 네가
나 역시 모르니.
아버지는 시그문드,
알기는 어려울 것
내 이름은 시구르드
내 무기가 너를 이겼다

5 파프니르
나를 죽이라고
왜 사주에 응했느냐,
용감한 네 아비,
사주한 자 누구냐
눈이 초롱초롱한 이놈아
태어날 아이에게 용맹을 주었네

6 시구르드
나를 사주한 건 나의 용기,
이를 완수했지.
나이 든다 해서
내 손과 내 칼이
어려서 겁쟁이가
용맹해질 수 있을까

7 파프니르
친척 품에 안겨,
싸우는 모습 그토록 용감하니,
포로 신세와 다름없어.
네놈이 자랐겠지
네놈은 여기에서
포로는 늘 무서워 떤다고들 하지

8 시구르드
내가 모국에서 멀리 떨어져 있는 것처럼 말하다니
이 무슨 비난인가?
이곳에 내가 붙잡힌 것도, 포로도 아니다
내가 자유로운 몸임을 네가 모르느냐

9 파프니르
다정한 말까지도 비난으로 듣다니
네놈에게 할 말 있다
번뜩이는 금, 붉은빛 찬란한 보물
이 부귀가 너를 망치리라

10 시구르드
죽는 날까지 시종일관 부귀를 싫어할 자
누가 있을까
누구나 언젠가는 여기서 황천으로
가야 할 운명인데

11 파프니르
운명의 여신의 말을 명심하지 않는 네놈
내 말도 헛되이 듣는군
노 젓다 광풍 일어 익사할 놈아
죽어야 할 놈은 어찌해도 죽는 법

12
내가 보물 위에 앉았을 적에, 공포의 투구는
오래도록 나를 지켰다
나는 누구보다도 더 힘세다고 생각했고
대적할 자 거의 보지 못했다.

13 시구르드
화난 자들 싸우려고 덤비면
공포의 투구라도
지켜 줄 수 없는 법
전투 경험이 많은 자는
혼자서는 용맹할 수 없음을
곧장 알아차릴 터

14 파프니르
나의 아버지의
수많은 황금 위에
군림할 적에 나는
독을 훅 불었다

15 시구르드
번뜩이는 용,
그대는 끔찍한 존재였겠지
심장이 튼튼했으니
사람의 아들이
그런 투구 쓰게 되면
용기 승천하겠지

16
앞일을 꿰뚫고
아는 것도 많으니
그대에게 묻노라
임기응변에 능하고
산모의 해산을 도울 수 있는
운명의 여신들이란 누구인가

17 파프니르
내 보기에 그들은
다양한 족속이니
하나의 핏줄은 아니도다
더러는 아스 신족이고
더러는 엘프족이며
또 더러는 드발린의 딸이라

18 시구르드
앞일을 꿰뚫고　　아는 것도 많으니
그대에게 묻노라
사투르와 아스가　　가슴의 피 뒤섞는
섬의 이름이 뭔가?

19 파프니르
그곳은 오스코프니르,　　신들이 그동안
창 들고 노는 곳
이 둘이 헤어지기 전에　　비프로스트[50] 부서지고
말들은 강물에서 헤엄친다

20
시구르드여, 충고하노니,　　내 말 들으라
이곳을 떠나　　고향으로 가거라
번뜩이는 금,　　붉은빛 찬란한 보물
이 부귀가　　너를 망치리니

21 시구르드
충고는 들었다.　　그럼에도 나는
황야의 보물 찾아　　말을 달리련다
그대 파프니르는　　황천으로 가는
마지막 행렬에 있다

22 파프니르
레긴이 나를 배반하듯　　그대를 배반할 것이다

50 '하늘과 땅을 연결하는 다리'라는 뜻이다.

우리 둘을 죽일 것이다.
그대 나를 이겼으니, 나는 이제
목숨을 버릴 것이다.

시구르드가 파프니르를 죽이는 동안, 레긴은 떠났다. 시구르드가 칼에 묻은 피를 닦아내는데, 그가 되돌아왔다. 레긴이 이렇게 말했다.

23
잘 있으시오, 시구르드, 그대가 이기고
파프니르는 죽었소
이 땅 위에 어슬렁거리는 사나이들 가운데에
그대가 제일 용감하오

24 시구르드
승리의 신의 아들, 우리 모두 하나 되면
누가 가장 용감한지 불확실해질 것이오
칼날을 타인의 가슴에 묻지 않는 사람 중에도
용감한 자 있는 법

25 레긴
풀밭의 그람을 쓰다듬으니 승리에 들떠
도취되어 있구려, 시구르드
나의 형제 그대가 죽였으되
책임 일부는 나한테도 있소

26 시구르드
성스러운 산을 넘어 말 몰아 달리라고
그대가 내게 충고했소

번뜩이는 용,
나더러 죽이라고

그놈은 잘 살았을 것이요, 그대가
사주하지 않았다면

그러자 레긴은 파프니르에게 가서, 칼로 그의 심장을 도려내었다. 칼의 이름은 리딜이었다. 그런 다음 상처에서 흐르는 피를 마셨다.

27 레긴
이제 앉아 있으시오
파르니르의 심장을
도려낸 심장을
피에 섞어

그동안 나는 자겠소
불에 올려놓으시오
내가 마시는
먹고 싶소이다

28 시구르드
예리한 칼로 파프니르의 가슴을 찔러
그대는 멀리 도망갔소
막강한 용에 맞서
그대는 황야에

붉게 물들이는 동안

나는 힘을 과시했지만
누워만 있었소

29 레긴
당신은 나이 든 전사를
누워 있게 하였소
내가 당신에게 준
휘두르기 위해서

오랫동안 황야에

예리한 칼을

30 시구르드
용사들이 만나는 곳에선
용기가 더 유용한 법
진정한 용사는 무딘 칼로도

강철보다도 심중의

승리를 쟁취함을

나는 보았소이다

31

전잿놀이에선 겁쟁이보다 용사의
시도가 더 나은 법
투덜거리는 사람보단 냉정한 사람이
뜻한 바를 더 많이 이룬다오

시구르드는 파프니르의 심장을 꺼내 이를 창에 끼워 구웠다. 심장의 물기가 빠져 다 익었다고 생각되자, 그는 손가락을 갖다 대며 잘 익었는지 살펴보았다. 그는 손가락을 데어, 손가락을 입에 넣었다. 파프니르의 심장의 피가 그의 혓바닥에 닿는 순간, 그는 갑자기 새들의 소리를 알아들을 수 있게 되었다. 박새들이 가지에서 지저귀는 소리가 들렸다.

32 박새 한 마리가 이렇게 노래했다.

피에 젖은 시구르드 저기 앉아
파프니르의 심장을 굽고 있어요
번뜩이는 생명의 고기 먹고 계시니
이분은 참으로 현명할 것입니다

33 또 다른 박새가 이렇게 노래했다.

저기 레긴이 있소, 자기를 믿어 준
사람을 속이려 조언 구하러 갑니다
잘못된 말에 화가 나 있지요
불행을 가져오는 자가 형제에게 복수를 꿈꿉니다

34 세 번째 박새가 이렇게 노래했다.

그는 백발 성성한 수다꾼의 머리를 쳐

황천으로 보냈습니다
그래서 보물을 혼자서 차지합니다
파프니르의 전 재산을

35 네 번째 박새가 이렇게 노래했다.
당신들 세 자매가 짜낸 충고를
받아들이기만 했어도, 그분은 현명했을 터인데
성급하게 판단하여 까마귀들만 즐겁게 하니
늑대가 오겠네 녀석의 귀가 보이네

36 다섯 번째 박새가 이렇게 노래했다.
싸움질엔 능하지만 이분은 생각보다
현명함이 기대에 미치지 못합니다
형제 한 명을 죽이고 또 한 명은 달아나게 하다니

37 여섯 번째 박새가 이렇게 노래했다.
나라에 해로운 적을 저토록 오래 돌보다니
현명하지 못하군요
배반을 꿈꾸는 레긴이 저기 있습니다
역모를 피할 수 없습니다

38 일곱 번째 박새가 이렇게 노래했다.
얼음처럼 차가운 전사의 머리 그분이 잘라
반지[51]를 빼앗습니다.
파프니르 소유의 보물들은 이제
그분이 독차지합니다

51 부를 상징한다.

39 시구르드

레긴이 나를 죽인   살인자가 되다니
무슨 운명의 힘이   이리도 셀까
이 두 형제는   이제 이곳을 떠나
곧장 황천으로   가게 되리라

시구르드는 레긴의 목을 베고 파프니르의 심장을 먹었다. 그리고 시구르드는 레긴과 파프니르, 이 두 사람의 피를 마셨다. 그 순간 박새들의 노랫소리를 시구르드는 들었다.

40

붉은 반지[52]들을   몸에 두르시오, 시구르드
앞일 걱정일랑   왕에겐 어울리지 않소
아름답기 짝이 없는   한 여인을 알고 있는데
억만금을 가진 그녀가   당신 아내가 될 것이오

41

파릇파릇한 오솔길이   기우쿠의 집으로 통하오
방랑자에겐 운명이   길을 안내하지요
소중한 왕에게   따님이 한 분 계신데
곡식을 주고 그분을   살 수 있을 것이오, 시구르드여

42

드높은 힌타르피알에는   궁정이 하나 있소
밖은 온통   불덩이로 둘러싸였소
고귀하신 지도자들이   밝디밝은

---

52 부를 상징한다.

지상의 불꽃으로 이 궁정을 만들었다오

43
바위 위에는 전투에 능한 여인이 잠들었고
보리수의 적[53]이 그녀 향해 날름거립니다
언젠가 오딘이 가시로 그녀의 면사포를 찔렀지요
장정들을 죽이려 했던 그녀[54]를

44
투구 아래 그녀의 얼굴 보실 수 있을 겁니다
빙스코르니르[55]가 전장에서 그녀를 실어 왔습니다
운명의 여신이 명하기 전엔 시그르드리파의 잠을
깨워서는 안 됩니다 왕의 아드님이시여

시구르드는 파프니르의 흔적을 좇아 그의 집으로 말을 달렸다. 집이 활짝 열려 있고, 문틀과 문살이 쇠로 되어 있음을 알았다. 집안의 방도 모두 철로 장식되어 있었다. 그리고 금은 지하에 숨겨 있었다. 지하에서 시구르드는 엄청난 보물을 발견하고 이를 궤짝 둘에 가득 담았다. 그런 다음 그는 외기의 투구와 금으로 만든 갑옷, 그리고 흐로티라 부르는 검 한 자루와 수많은 보물을 훔쳐 그라니에 실었다. 하지만 그가 말의 잔등에 올라타기 전에는, 그의 말 그라니가 도무지 움직이려 하지 않았다.

53 현학적인 표현으로, 여기서는 불꽃을 뜻한다.
54 북유럽 신화에 따르면, 브륀힐드는 발퀴리였다.
55 브륀힐드의 말의 이름이다.

25. 시그르드리파의 노래

(시그르드리포말 Sigrdrifomal)

시구르드는 말을 타고 힌다르피알로 올라가서 프랑켄족이 사는 남쪽으로 방향을 틀었다. 산 위에서 그는 하늘에까지 비칠 정도로 활활 타오르는 빛을 보았다. 그 사이를 지나가 보니, 거기에는 방패성이 있었고, 그 위에는 깃발이 꽂혀 있었다. 시구르드가 방패성 안으로 들어가니 거기엔 한 사나이가 완전무장 상태로 누워서 잠들어 있었다. 시구르드는 먼저 그의 투구를 벗겼다. 그러니 그게 남자가 아니라, 여자임이 드러났다. 갑옷은 단단히 매어져 있었다. 마치 살과 하나가 된 듯했다. 그래서 시구르드는 자신의 칼 그람을 가지고 갑옷의 몸통 부분을, 이어 팔 부분을 찔러 찢었다. 이어 그는 그녀의 갑옷을 벗겼다. 그녀는 잠에서 깨자, 몸을 일으키더니 시구르드를 노려보며 이렇게 말했다.

1

내 갑옷을 왜 찢소? 내 잠을 왜 쫓소?
내 몸에서 회색의 갑옷, 벗기는 자 누구요?

시구르드

시그문드의 아들이오. 그대의 갑옷
잘라 낸 것은 시구르드의 칼이었소

2 시그르드리파
오랫동안 잠에 취해　　폭 잤소
인간의 운명　　오랫동안 짓누르니.
오딘이 군림하니　　졸음의 루네 문자를
떨쳐 버릴 수 없소

시구르드는 앉아서 그녀의 이름을 물었다. 그러자 그녀는 꿀술이 든 뿔잔을 들더니, 이 사랑의 술을 시구르드에게 건넸다.

3 시그르드리파
온전한 낮이여,　　낮의 아들들이여
밤이여, 만물을　　먹여 살리는 땅이여
눈에 노여움을 풀고　　우리를 보소서
앉아 있는 우리에게　　승리를 주소서

4
아스 신들이여,　　아스 여신들이여,
기름진 들판이여
고귀한 우리 둘에게　　말과 지혜를 주시고
치유의 손길을 주소서

그녀는 자신을 시그르드리파라 밝혔다. 그녀는 발퀴리였다. 두 왕이 싸운 내력을 그녀가 들려주었다. 한 왕은 이름이 햘름군나르였다. 그는 나이가 들었고 또 가장 위대한 전사였다. 오딘이 그에게 승리를 약속했다.

또 다른 임금은 아그나르,　　아다의 형제
아무도 그를　　보호하려 들지 않았소

시그르드리파는 전투에서 햘름군나르를 쓰러뜨렸다. 그러자 오딘은 그 벌로 잠재우는 가시로 그녀를 찌르며 이제부터 다시는 싸워 승리를 쟁취하지 못하며, 결혼해야 할 것이라고 말했다. "하지만 내가 그분에게 말했소. 서약을 행할 것이로되, 겁이 많은 남자와는 결혼하지 않겠소." 시구르드는 대답을 겸하여 그녀에게, 당신이야말로 온 세상 소식을 다 알고 있으니, 제발 지혜를 가르쳐 달라고 부탁했다.

5 시그르드리파

전쟁의 나무[56]이신, 그대여,	맥주를 드리겠소
힘과 장부(丈夫)의 명예 섞인	맥주를 드리겠소
노래와 고통을	줄이는 주문으로
훌륭한 마술과 환희의 루네 문자로	가득 차 있소

6

승리를 원하거든,	승리의 루네 문자를 새기시오
칼자루에 새기고	
몇 글자는 옆쪽[57]에	몇 글자는 칼날에.
그리고 튀르[58]를	두 번 외치시오

7

믿었던 다른 사람의 여자가	그대 속이지 않기를 바란다면
맥주라는 루네 문자를	알아야 하오
뿔잔과 손등에	이 글자를 새기고

56 시구르드를 가리킨다.

57 칼의 어느 곳을 지칭하는지는 불확실하다.

58 전쟁의 신. 인도 게르만 시대의 지배적인 신성을 갖춘 신. 제우스나 주피터 혹은 고대 고지독일어의 지우와 같은 인물. 에다 시대에는 오딘이라는 신이 중심에 들어서면서 튀르는 밀려났다고 전해진다.

손톱에 N자[59]를 그리시오

8

위험을 막으려면 가득 찬 술잔을 축복하고
맥주에 부추를 넣으시오
그렇다면 당신의 꿀술에 포도주[60]가
섞이지 않을 것이오

9

산이라는 루네 문자를 새기시오. 죽지 않고 살아남아
여자와 아이를 낳고 싶다면
이 문자를 빈손과 뼈마디에 새겨 넣으시오
그리고 여자들의 도움을 청하시오

10

해협의 돛단 말[61]들을 구조하고 싶다면
파도라는 루네 문자를 새기시오
뱃머리와 노의 깃에 새기어 넣고
노에도 낙인을 찍으시오
폭풍 거칠지 않고 파도 검지 않으리니
무사히 귀향할 것이오

11

의사가 되어 상처를 치유하고 싶거든

---

59 이는 Not의 약자로, 위기, 위험을 뜻한다.
60 이본(異本)에는 독약으로 되어 있다.
61 배를 뜻한다.

가지라는 루네 문자를 알아야 하오
동쪽으로 향한 나뭇가지의 껍질과 잔가지에
이를 새겨 넣으시오

12
적들의 복수를 피하고 싶거든
심판이라는 루네 문자를 알아야 하오
이것들을 빙 둘러 묶어 매어서
하나로 모으시오
부족 회의가 열리어 가득 찬 법정으로
장정들 몰려갈 때에

13
다른 사람보다 더 현명해지고 싶거든
정신이라는 루네 문자를 새기시오
이를 생각해 낸 오딘이 흘러간 물로
헤이드라우프니르의 뇌로
호드라우프니르의 뿔로 맨 먼저 새겨서
주문을 외웠다오

14
번쩍이는 칼을 들고 머리엔 모자 쓰고
오딘이 산 위에 섰소
그러자 미미르[62]는 지혜롭게 첫마디를 시작하며
진실된 문자를 말했다오

62 거인 가운데 하나로, 매우 지혜로운 인물이다.

15

신이 나타나고, 그 앞 방패엔　　루네 문자 새겨져 있고
아르바크[63]의 귀와　　알스빈[64]의 말굽과
굴러가는 뢰그니르의　　마차 바퀴와
슬레이프니르[65]의 이빨과　　썰매의 이음새에도 새겨져 있을 것이오

16

곰의 앞발에,　　브라기[66]의 혀에
늑대의 발톱과,　　독수리의 발톱에
피 흘리는 날개에,　　다리의 끝에
산파의 손에,　　도움 주는 흔적에

17

금과 유리에,　　인간의 행복에
포도주와 양념에,　　발라[67]의 거소에
궁니르[68]의 끝에,　　그라니의 가슴에
운명의 여신의 손톱에,　　밤부엉이의 부리에

18

새긴 모든 문자는　　어여쁘게 깎아서
고귀한 꿀술 발라　　멀리 보내졌소

---

63 말의 이름으로, 일찍 일어난다는 뜻이다.
64 말의 이름으로, 아주 빠르다는 뜻이다. 앞에 나온 말과 함께 태양마차를 끌었다고 전해진다.
65 발이 여덟인 오딘의 말로, 최고의 준마로 전해진다.
66 예술적 영감의 신.
67 예언녀 가운데 한 명.
68 오딘의 창의 이름이다.

아스 신족과 엘프족 그리고   바니르 신족들에게 가 있소
더러는 사람들에게도 있고요

19
책이라는 문자,   산이라는 문자,
맥주라는 문자,   훼손치 않고 제대로
이용할 수 있는 사람에게는   힘이 되는 문자지요
배워서 활용하시오   신들이 사라질 때까지

20
선택은 당신의 것,   스스로 택하시오
용맹한 전사여
말하든 침묵하든,   당신 스스로 결정할 일
불행은 미리   정해져 있으니

21 시구르드
죽음을 막을 수 없다면   피하지 않겠소
태생이 바보가 아니니
살아 있는 한   당신의 충실한 충고
잊지 않겠소

22 시그르드리파
늘 친지들에게는   책잡힐 일 말라고
충고하는 것이오
불행을 가져올 거라면   복수에 급급 마오
죽을 때도 마찬가지요

23
두 번째로 충고하오 옳지 않거든
맹셀랑 마시오
맹세를 못 지키면 가혹한 질책이 따르니
맹세를 저버리는 자 불행할 따름이오

24
세 번째로 충고하오 부족회의가 열리거든
우둔한 자 믿지 마시오
똑똑지 못한 자는 아는 것보다 더 못한 말을
늘어놓는 법이라오

25
당신이 침묵하면 사정은 더 나쁘니
당신을 타고난 바보로 알고
당연히 비난할 것이오
입방아에 오르면 좋지 않으니
좋은 평판 얻으려고 열심히 노력하시오
적을 제거하더라도 다른 날에 하시오
남의 거짓까지도 칭찬을 아끼지 마오

26
네 번째로 충고하오 해로운 마녀가
당신이 가는 길을 막고 나서도
남아 있느니 차라리 떠남이 좋소
아무리 밤이 무섭다 한들 말이오

27

혈투가 벌어지면 사람의 아들은
냉철한 눈이 있어야 하오
가끔은 사악한 여자들이 길을 가로막고
칼과 정신을 흐리게 한다오

28

다섯 번째로 충고하오 아리따운 여자들
의자에 앉아 있거든
미모에 현혹되어 잠 못 들지 마시오
입 맞추려 들지도 마시오

29

여섯 번째로 충고하오 장정들 모여서
이런저런 얘기할 적에
용맹한 장정들과 술 취해 싸우지 마시오
술 마시면 정신을 잃기 쉬우니

30

취기가 지나치면 정신이 혼미해지고
그로 인해
더러는 불행을 당하고 더러는 죽기도 한다오
고통은 여럿이오

31

일곱 번째로 충고하오 용맹한 영웅들과
다툼이 일면
집안에 갇혀 불타 죽느니

싸우는 게 더 낫소

32
여덟 번째로 충고하오,
불의나 간계
유혹을 피하시오
여자를 유혹하지 말고
남의 아내를 탐내지 마시오
여자들의 욕정을
자극하지 마시오

33
아홉 번째로 충고하오
들판에 사람이 죽었거든
외면 말고 묻어 주오
아파서 죽었건
물에 빠져 죽었건
칼에 찔려 죽었건

34
죽은 자 있거든
무덤을 지어 주고
몸과 손을 씻어 주오
머리 빗기고 몸 말리어
관에 넣어 주고
편안히 잠들도록
기도해 주시오

35
열 번째로 충고하오
한편이 되었다 하더라도
그 형제와 그 아버지를
그대가 살해한
적의 친지라면
신뢰하지 마시오
그의 어린 아들 속엔
늑대가 숨어 있소
아무리 금으로
칠해 놓았다 하더라도

36
다툼과 증오가
누그러들고, 원한이
잊혔다고 생각하지 마오
최고가 되려는 자는
깊이 생각하고 무기를
사용할 수 있어야 한다오

37
열한 번째로 충고하오,
악이 가려는 길
무엇인지 잘 생각해 보오
왕의 목숨
그리 길지 않을 것이오
사악한 음모가 진행 중이니

시구르드 말했다. 당신처럼 현명한 여자 보지 못했소. 맹세컨대 당신이 내 마음에 드니, 당신을 갖고 싶소. 이에 시그르드리파 대답했다. 숱한 남자들 가운데 내가 선택해도 좋다면, 바로 당신을 택하고 싶소. 그들은 서로 맹세로 다짐했다.

그림 11. 스텐퀴르카 릴베르스 제3호(Stenkyrka Lillbjärs III). 기독교 이전 석각화. 높이 86cm, 최대폭 45cm. 석회석. 조성 시기 700년경 고틀란드. 투구와 대형 방패 차림으로 구보(驅步)하는 기마 영웅. 목덜미에 삼각형 형상, 앞쪽에 뿔 모양 형상. 오른쪽(추켜올린 말 다리 위) 뿔잔을 든 여성상 아래 손을 내민 남성상이 루네 문자 비문 띠 위에 서 있다. 배 안에 새겨진 두 남자는 각기 돛 고정 장치(돛대)를 잡고 있다. 맨 아래 장면: 오른쪽으로 부서지는 두 쪽 파도의 꼭대기 포말 부분이 양식화되어 석판을 두른 가장자리 띠 장식과 조응한다.
(도판 웹주소:
http://www2.rgzm.de/Navis2/Home/FullImage.cfm?ObjectCode=SE_0066&ObjectName=StenkyrkaLillbjaers3) (참고: 고틀란드 석각화, 제1권, 표 43, 도판 104)

26. 브륀힐드의 노래 단편(斷片)
(브로트 아프 브륀힐다르크비다 Brot af Brynhildarkvida)

1 호그니
기우쿠가 키운　　군나르여, 어찌하여
그대는 살생의　　복수에 나섰는가?
무슨 잘못　　시구르드가 범했기에
용맹한 그분의　　목숨을 노리는가?

2 군나르
시구르드 나에게　　맹세하였소
맹세는 하였지만　　모두를 어겼소
다짐을 잊지 않고　　내게 믿음을
보였어야 했건만　　신뢰를 저버렸다오.

3 호그니
화가 난 브륀힐드　　그대를 시켜
복수와 살인　　악행을 사주했지
그녀는 구드룬의　　좋은 혼처 막았고
역시 그대에게도　　자기 몸을 허락지 않았지—

4

살인에 굶주린 그들이 고귀하고 고귀한
영웅에게 손을 대기 전에
늑대살 굽고 용[69]을 썰어 그들은
구토름에게 독수리 고기를 주었다.

5

라인 강 남쪽에서 시구르드 쓰러졌고
우뚝 솟은 너도밤나무에서는 까마귀들 목이 쉬어라 말했다.
“아틸라여, 그대 가슴을 찔러 칼을 피로 물들이리라
지키지 못한 맹세, 너희는 쓰러뜨리리라, 살인자들아”

6

기우쿠의 따님 구드룬이 밖에 서 있다
맨 처음 내뱉은 그 말, 이러했다.
“용맹스런 시구르드 어디 있기에
나의 친지들이 먼저 말을 타고 옵니까”

7

호그니 혼자서 이렇게 대답했다.
“우리가 시구르드를 칼로 치니
회색빛 그의 말이 죽은 자 위로 고개를 숙인다”

8

부들리의 따님 브륀힐드 말했다.
“이 땅과 무기들 당신들이 다스릴 거요

---

69 이본(異本)에는 뱀으로 되어 있다.

훈족의 시구르드　　조금만 더 오래 살았다면
이것들을 혼자서　　독차지했을 터

9
그분이 좀 더 오래 살아　　기우쿠의 유산과
고트족들을 다스렸다면,　　기우쿠 임금님
비록 용맹한 아들　　다섯이나 낳아
군대를 지휘하게 한들　　무슨 소용"

10
브륀힐드 깔깔 웃으니,　　성채가 쩌렁쩌렁
진심으로 그녀는　　이렇게 말했다.
"이 나라와 무기는　　오래도록 당신들의 것
대담한 자 목을　　그대들이 쳤으니"

11
기우쿠의 따님　　구드룬이 말했다.
"뻔뻔한 그대　　경거망동을 즐기고 있소
살인자 군나르를　　귀신이 물어 갈 것이니
분노에 사무친 가슴　　벌 받아 마땅하오"

12
저녁은 이슥하여　　취기는 오르고
이런저런 말 주고받으며　　잡설들 늘어놓는데
잠자리에 든 자　　곧장 잠들고
군나르 혼자서　　깨어 있었다.

13
군나르 혼자서　　발을 움직이며
많은 말 되뇌었다.　　출중한 지도자 군나르는
고향 가는 길에　　독수리와 까마귀가
지저귀며 하는 말　　가슴에 새겼다.

14
스퓔둥의 따님　　부들리의 소생
브륀힐드 동트기 전에　　잠에서 깨어,
“고뇌를 말하든지　　아니면 죽든지
택하라고 경고하지만　　살인은 저질러졌소

15
군나르여, 꿈속에서　　모든 끔찍한 일 보았소
차가운 침대에 잠들어 있는데　　실내의 모든 사람 죽어 있었소
그동안 당신은　　고통스럽게 말을 달렸고
적군이 당신 발을　　족쇄로 묶었소
이제 당신 족속은　　힘을 잃을 거요
당신들이 맹세를　　어겼으니까, 군나르여

16
군나르여, 당신은　　까마득히 잊었소
당신들 발자국에　　핏물이 흐르는 것을![70]
형제가 최고의 자리　　차지하는 것을
시기하여 그대는　　악행을 저질렀소

70 이교도의 풍습. 피를 나눈 우애를 과시하는 제의의 일환이다.

17
당신 위해 내게 구혼하러 용사가 말을 달려
내게로 오자 사태는 분명해졌소
그분은 흔들림 없이 젊은 영웅에게
충실히 맹세를 지켰던 것이요

18
저 막강한 왕은 금장식한 칼을
우리 사이에 찔러 놓고
밖엔 불을 피워 사방을 두르며
안에는 고름 방울을 칠해 놓았소"

19
그 말을 들으며 그들은 말이 없었다.
그녀가 웃으면서 영웅들을 유인한
모사(某事)를 울면서 털어놓는데
여자가 그럴 줄 뉘 알았으랴.

여기 이 노래에서 시구르드의 죽음에 관한 말이 나온다. 노래에 따르면 그들이 시구르드를 밖에서 죽인 것으로 되어 있다. 하지만 어떤 사람들은 그들이 안에서, 즉 침대에서 잠자는 시구르드를 쳐 죽였다고도 한다. 하지만 독일 사람들은 그들이 시구르드를 밖에서, 즉 숲에서 죽였다고 말한다. 구드룬에 관한 옛 노래에는 시구르드와 기우쿠의 아들들이 부족회의에 가자, 그들이 시구르드를 살해하였다고 전해진다. 구전에서 일치하는 것은, 그들이 그를 배반하여 속이고 마침내 누워서 아무런 저항도 못한 상태에서 살해했다는 점이다.

27. 파프니르를 죽인 시구르드의 노래 제3곡. 세 번째 시구르드 노래

(시구르다르크비다 파프니스바나 트리댜
Sigurdarkvida Fafnisbana thridja)

1

어느 날 시구르드, 기우쿠를 찾아갔네
용을 죽인 젊은 뵐숭족 시구르드가
나머지 두 형제와 동맹을 맺었다네
겁이 없던 그들이 맹세했다네

2

기우쿠의 따님, 젊은 구드룬과
많은 보물을 그가 받았네
젊은 시구르드와 기우쿠의 아들들은
여러 날 동안 마시며 속마음을 털어놓았네

3

브륀힐드 얻으러 그들이 떠났네
시구르드도 그들과 함께 갔다네
젊은 뵐숭족이 길 안내를 맡았네
운명이 허락한다면 브륀힐드는 그의 여자가 될 것이네

4

남방의 시구르드는 장식한 칼을
그들 사이에 놓아두었네
훈족의 영웅은 젊은 여인에게
입도 안 맞추고 안아 주지도 않고
기우쿠의 아들[71]에게 주고 말았네

5

나무랄 데 없이 훌륭한 그의 삶
더없이 순수하고 또 순수했다네
잘못도, 나무랄 거리도 하나 없었지만
잔인한 운명의 여신 그 틈을 파고들었네

6

밤이 오자 밖에 홀로 앉아
사랑에 눈이 멀어 그녀가 말했네.
"젊은 그분, 시구르드를 내 팔에
껴안지 못하면 차라리 죽고 싶어라

7

성급히 내뱉은 말, 지금 후회되네
그의 아내는 구드룬 나는 군나르의 아내
사악한 운명의 여신들 오랜 불행 우리에게 심누나"

8

시구르드와 구드룬이 잠자리에 들고

71 군나르를 가리킨다.

훈족의 왕
시구르드가 아내를
이불에 숨겨
희롱하기 시작하는
저녁이 오면
그녀는 원한에 사무쳐
얼음과 빙하 위를
이리저리 헤맸네

9

"기쁨을 잊었구나
기쁨을 잃었구나
잔인한 생각, 끔찍한 악몽만이
나를 사로잡는다"

10

화가 난 그녀는
살인을 사주했다.
"군나르여, 그대는
나와 우리 땅을
완전히 단념해야
할 것이오
당신 곁에서 난
더 이상 행복할 수 없소

11

한때 머물던
나의 친지들과
가까운 사촌들에게
다시 가고 싶소
그곳에 정착하여
여생을 보내리다
그대가 시구르드를
없애지 않고
여러 제후를
호령하지 못한다면

12

아들은 애비와 함께
죽게 합시다
어린 늑대 키우는 것은
현명치 못한 일
아들이 살아 있는 한,
그 아비 죽인 원한
어찌 잊고,
화해에 이르겠소?"

13
이 말 들은 군나르　　마음이 울적하여
갈피를 못 잡고　　종일 앉아만 있었다.
어떻게 해야　　제일 좋을지
무엇을 해야　　제일 마땅할지
그는 여전히　　알 수가 없었다.
뵐숭의 아들　　잃게 되면
그 고통　　어찌 억누르랴.

14
이런저런 생각에　　오랫동안 잠겨 있다.
왕이 여자를　　멀리한다는 것이
일찍이 보기 드문　　일이었기 때문에
호그니를 불러서　　조언을 구했는데
호그니에 대한 신임이　　두터웠기 때문이라.

15
"그 어떤 귀한 집　　여자보다도, 나에겐
부들리의 딸,　　브륀힐드가 더 좋소
아름다운 그녀와　　그녀의 보물을
단념하느니, 차라리　　죽는 게 낫소

16
그자를 제거할 때　　도와주겠소, 호그니여?
라인 강의 금을　　우리가 갖고
수많은 재산을　　즐겁게 관리하고
마음 편하게　　행복을 누리고 싶소"

17
하지만 호그니는
"그런 일은 우리에게
칼로 깬단 말이요
다짐한 맹세
이렇게 대답했다.
어울리지 않소
다짐한 맹세
철석같은 약속을?

18
우리 넷이 합쳐서
훈족의 지도자,[72]
우리보다 더 행복한 자
더 고귀한 부족
나아가 우리 다섯이
신의 권세까지도
백성을 다스리고
여기 살아 있는 한
이 세상에는 없고
이 땅 어디에도 없소
제후들을 길러 낸다면
이겨 낼 수 있소

19
사태의 발단을
브륀힐드 그대를 괴롭히나,
내가 아는데
그대는 그녀를 진정시키지 못하기 때문"

20 군나르
"구토름을 시켜서
우리 동생 구토름은
맹세도 안 했고
비밀 결의에도
죽이도록 합시다
재치가 없어요
서약도 안 했으며
가담하지 않았소"

21
다혈질이라 그는
사주에 쉽게 넘어갔다.

---

72 시구르드를 가리킨다.

시구르드의 심장에 칼날이 꽂혔다.

22
실내에서 시구르드가 급히 일어나
살인에 눈먼 구토름에게 창을 던졌다.
귀인의 손을 떠난 번뜩이는 쇠칼이
구토름을 향해 힘껏 날았다.

23
몸이 두 동강 나 그가 쓰러졌다.
머리통과 두 손이 멀리 날았다.
다리는 바닥 위로 털썩 떨어졌다.

24
착한 구드룬은 시구르드 옆에서
걱정 없이 무사태평 잠자고 있었다.
잠에서 깨었지만 기쁨을 잃었으니
프레이르의 친구가 흘린 피 때문이라.

25
그러자 그녀가 힘껏 손바닥을 쳤다.
사주받은 구토름이 자리에서 일어났다.
"구드룬이여, 너무 원통해 마시오
젊디젊은 신부여 당신의 형제들 살아 있소

26
내게 어린 아들 한 명 있는데
적에게 붙잡혀 도망치지 못했다오.

적들은 야밤에 섬뜩하고 무서운
달밤의 복수를 꾸미고 있었다오

27
그대가 낳은 자식 비록 일곱이지만
그런 조카는 부족회의에 가지 않을 것이오
사정이 어떠한지 내 이제 알겠소
모든 불행의 원인은 브륀힐드에게 있소

28
그 어떤 용사보다도 그녀는 나를 사랑했소
군나르에게 해로운 짓 나는 하지 않았소
부족을 지켰고 서약을 지켰소
그분 아내의 친구로 남아 있소"

29
왕비는 신음하고 왕은 죽었다.
그녀가 손바닥을 세게 치니
널판 위의 잔들이 소리를 냈다.
마당의 거위들이 새된 소리를 냈다.

30
부들리의 딸 브륀힐드 오늘도
호탕하게 다시 한 번 깔깔 웃었다.
기우쿠의 딸이 지르는 날카로운 비명
그녀의 침실에까지 들려왔기 때문

31
그러자 보라매의 왕, 군나르가 외쳤다.
“남의 불행을 즐기는 여인이여, 행복한 듯이 그렇게
홀 안이 쩌렁쩌렁 울리게 웃지 마시오
어찌하여 그대는 순수한 모습 잃었소
재앙을 가져다줄 빌어먹을 여인이여

32
그대의 사주로 그대의 눈앞에서
우리는 아틸라를 쳐 죽이고 말았소
형제의 피 흘리는 상처를 그대는 보고 말았소
그 상처 그대가 꿰매어 주기는커녕”

33
부들리의 딸, 브륀힐드가 이렇게 대꾸했다.
“누가 사주했단 말이오 그대가 복수한 것 아니오?
그대의 시기를 아틸라는 두려워하지 않았고
그대 둘보다 아틸라는 오래 살아
그대보다 더 많은 일을 해낼 것이오

34
군나르여, 말하노니 당신도 아실 것이오
얼마나 성급하게 행동을 모의했소
젊디젊은 나이에 아무 걱정도 없이
거만의 부를 쥐고 나는 오라비 집에 살고 있었소

35
기우쿠의 아드님, 당신 세 분이

말을 타고 궁정에 모습을 드러낼 때만 해도
내겐 남자가 필요치 않았소
당신들의 출현이 내겐 진정 아무런 도움도 되지 못했소

36
그라니의 등을 타고 황금을 지닌
고귀한 왕께 나는 몸을 약속했소
그분은 외모가 당신들과는 달랐고
그분의 외관은 여느 사람과는 달랐소
비록 그대들도 스스로는 왕이라고 여기겠지만 말이오

37
하지만 아틸라가 나에게만 말했소
혼인하지 않는다면 재산도 권력도
금도 나에게는 나누어 주지 않겠다고
일찍이 아버지가 내게 주었던
노획한 재물과 금과 재산도
내게 주지 않겠다고 말이오, 그는 이것들을 아이에게 주었다오

38
그러니 내 마음이 정처 없이 흔들렸소
오라비의 수모 갚으러 싸움을 시작하여
번쩍이는 갑옷 입은 장정들을 쓰러뜨려야 할지 말지 때문에
백성도 경악하며 이를 알았을 것이고
더러 남정네들은 마음이 상했을 것이오

39
그러자 나는 곰곰이 비교해 보았소

하지만 나는
시그문드가 물려 준
다른 사람의 보물은
내가 사랑했던
여자라고 마음이

보물을 원했소
붉은 팔찌를
마음에도 없었소
이는 오로지 한 사람뿐
흔들리기만 한 건 아니라오

40
언젠가 아틸라도
내가 죽은 내력을
태생이 고귀한
외간 남자와 함께
나의 고통

이 모든 것 알게 될 거요
그분이 듣게 된다면 말이오
여자가 어찌
살아간단 말이오?
곧 씻어질 것이오"

41
기우쿵족의 위안,
그 여인의 목을
사람들이 모두 와서
그녀를 떼어 놓으려고

군나르가 일어서서
팔로 감쌌다.
솔직한 마음으로
몹시도 애를 썼다.

42
하지만 그녀는
눈 하나 끔쩍 않고

군나르의 목에 매달려
오랫동안 걸었다.

43
군나르가 호그니를 불러
"형님과 저의
홀 안으로 보냅시다
그녀의 죽음을

도움을 청했다.
장정들 모아
—위기이니 어쩔 수 없소—
막도록 합시다

시간이 흘러 불행이 닥치기 전에
이 위기를 우리는 벗어나야 하겠소"

44
하지만 호그니 대답하여 가로되
"아무도 그녀의 먼 길을 막지 못하오
그리고 그녀는 다시 태어나지 못하오
이미 병들어 어미의 슬하를 떠났으니
우리에게 그녀는 악에 불과할 뿐
많은 장정의 마음만 상하게 할 뿐"

45
마지못해 그는 대화를 멈추고
치렁치렁 장식한 그녀가 보물 나누어 주는 쪽을 보았다
가난한 창녀들과 하녀들이 모두
그녀의 재물 주위에 둘러서 있었다[73]

46
금장식 갑옷 입은 그 여자는 기분이 좋지 않았다.
그녀의 옆구리가 방석에 쓰러졌다.
비수에 찔려 이렇게 충고했다.

47
"소소한 재물이지만 나의 금을
얻고 싶은 자, 모두 이리 오시오
금빛 붉은 목걸이와 나비매듭과 면사포

73 이교도의 관습에는 주인이 죽으면 가신들이 따라 죽는 일이 종종 있었다.

번쩍이는 의상을 모두에게 나누어 주겠소"

48
모두가 말이 없이 대책을 궁리했다.
마침내 이구동성 그들이 대답했다.
"비록 가난하지만 우린 살아서
궁녀로 남겠소 분수에 맞게 살겠소"

49
아마포로 몸을 두른 그녀, 나이는 어리지만
사려 깊게 생각하며 이렇게 말했다.
"나 때문에 싫어도 억지로 죽는 사람
한 명도 없기를 바랄 뿐이오

50
하지만 그대들 죽어 나를 찾게 된다면
얼마 되지 않은 재물이며 장신구들
그대들의 해골 위에서 찬란하게 번뜩일 것이오

51
군나르여, 앉으시오. 삶에 지친 당신의
빛나는 아내가 드릴 말 있소
내가 목숨을 잃게 되거든
당신들이 탄 해협의 배도 안전하진 못할 거요

52
생각보다 일찍 구드룬은 당신과 화해하고
현명한 왕비는 당신 곁에서도

죽은 남편 생각에　　마음이 울적할 거요

53
한 소녀가 엄마 품에서　　태어날 것이오
광명한 대낮보다　　더 밝은 아이가
스반힐드가 바로 그 아이,　　햇살이 될 것이오

54
그대는 구드룬을　　한 영웅에게 줄 것이오
구드룬은 활을 쏘아　　전사들을 해치울 것이오
그녀는 소망대로　　혼인하지 않을 것이오
아틸라가 그녀를　　아내로 맞을 것이오
부들리의 아들이자　　나의 오라비 아틸라가

55
그대들 충고대로　　나는 많은 것을 생각할 것이오
끔찍하게도 그대들　　나를 속였소
살아 있는 한 나는　　온갖 기쁨 다 잃었소

56
그대는 오드룬을　　갖고 싶을 것이오
하지만 아틸라는　　혼인을 허락지 않으니
그대들은 은밀히　　결합하게 될 것이오
우리의 운명이　　허락만 했다면
내가 그대를 사랑한 만큼　　그녀가 그대를 사랑할 것이오

57
아틸라는 그대를　　가차 없이 벌할 것이오

황무지 뱀굴에
그대는 처박힐 것이오

58
그런 다음,
비참한 종말을
운이 다해서
가슴 절절히
예리한 칼로 침대에서
머지않아 아틸라
맞게 될 터인데
목숨을 잃을 것이오
원한 맺힌 구드룬
그대를 죽이리다

59
제정신 가지고 충고하자면,
당신들의 누이, 구드룬으로서는
장작더미 위로 올라가는 것이
아니면 본인이 제정신이라면
오늘이라도 당장 남편과 함께
더 어울릴 것이오

60
우리 비록
그렇다고 그녀가
높은 파도에 떠밀려
요나쿠르스 해안으로
구드룬을 미워하지만
몰락하지는 않을 거요
물살 험난한
정처 없이 표류할 거요

61
요나쿠르스의 아들들은
그녀는 스반힐드를
스반힐드는 시구르드와
비키의 조언으로 그녀는
요르문레크의 집안에
시구르드의 족속은
구드룬의 고뇌는
결단력 없이 흔들리고
국외로 보낼 것인데
그녀가 낳은 딸
목숨을 잃을 터인데
저주가 내렸기 때문이오
그렇게 멸문되고
더욱 커서 잔혹해질 것이오.

62
그대에게 부탁이 하나 있소
내 평생 이것이 마지막 부탁이 될 터
넓은 요새 하나 들판에 지어
시구르드와 함께 죽을 사람 모두가 들어가게 해 주시오

63
요새 주변에는 천막과 방패 두르고
수의를 입혀 정예의 호위병이 지키게 하시오
그리고 내 옆에는 훈족의 장수를 화장하여 묻어 주오

64
훈족의 장수 옆에는 값비싼 팔찌 두른
나의 종복들을 화장하여 묻어 주오
종복 중 둘은 그분의 머리에
나머지 둘은 다리에 묻어 주오
개 두 마리와 보라매 두 마리도 함께 묻어 주오
그렇게 하면 절차는 끝납니다

65
금으로 장식한 잘 드는 칼을
우리 사이에 넣어 주시오
우리 두 사람이 잠자리에 들어
부부의 인연을 맺었던 그날처럼

66
함께 순장한 이들이 그분의 발치에 눕는다면
그분의 발꿈치에는 황금 장식한

홀의 현관문이
우리의 행렬도
떨어지지 않을 거요
초라하지 않을 거요

67
몸종 다섯과
종복 여덟이 나와 함께
부들리께서 자식에게 내리신,
젖을 나누며
태생이 고귀한
그분을 따를 터
나와 함께
자라난 형제들이라오

68
주절주절 말했소.
공간을 허락한다면,
목소리 잠기고
사실대로 말하자면
신이 나에게
할 말이야 많겠지요
상처는 부어올라
나 이제 죽을 것만 같소."

그림 12.
레르브로-스토라 함마르스 제1호
(Lärbro-Stora Hammars I)

기독교 이전의 기념비적 고틀란드 석각화. 석회석. 높이 391cm, 최대 폭 162cm, 두께 25-30cm. 조성 시기 700년경. 발견 연도 1905년. 힐드(브륀힐드)/시구르드 전설을 묘사한 일련의 장면(본문 311면 이하: 호그니와 힐드). 위로부터 제1단: 발퀴리 힐드의 전몰자 포획과 유괴. 제2단: 복수전을 준비하는 호그니. 제3단: (전투에서 신들의 지원을 얻기 위한) 희생의식 장면 세부묘사. 제단 위에 남자가 엎어져 있고, 그 뒤에서 창을 든 남자가 희생자의 등가죽을 벗긴다. 19세기 신조어 발크누트(Valknut '전몰자의 매듭')라는 세 겹 삼각형 모양의 아홉 개 점은 세계수 위그드라실에 관통된 아홉 세계를 상징한다는 해석이 있다. 희생자 위에 독수리가 날고, 두 번째 독수리를 다른 남자가 오른손에 잡고 있다. 왼쪽 가장자리 인물은 나무에 목매달려 있다. 일부 해석자들은 이러한 일련의 희생의식에 최고신 오딘의 신화가 묘사되어 있다고 본다. 제4단: 복수자들의 상륙과 화해를 주선하려는 여인. 제5단: 전투장면. 근래의 연구 결과에 따르면 이 부분은 다른 전설, 곧 시구르드 전설 장면임이 밝혀졌다. 시구르드의 죽음, 보물을 싣고 시구르드에게서 물러서려 하지 않는 그의 말 그라니. 레르브로 탕겔가르다 제1호 석각화(417-418면, 그림 16)에는 시구르드의 죽음이 일련의 상세한 장면들로 묘사되어 있다.

출처: RLGA, 제2권, 표 66

(실물사진 웹주소:
http://upload.wikimedia.org/wikipedia/commons/thumb/2/2b/Hammars_%28I%29.JPG/768px-Hammars_%28I%29.JPG)

28. 브륀힐드의 저승길
(헬레이드 브륀힐다르 Helreid Brynhildar)

브륀힐드가 죽자, 장작더미 둘을 만들었다. 하나는 시구르드의 것인데, 그를 먼저 화장했다. 그 후 브륀힐드를 화장했다. 화려한 직물을 두른 마차에 그녀를 눕혔다 브륀힐드는 이 마차를 타고 황천으로 갔다고 한다. 그녀는 거인 같은 아낙이 사는 동굴을 지나갔다. 아낙이 이렇게 말했다.

1

어서 가시오 돌로 지탱한 우리 집
뻔뻔스럽게 지나려 들지 말고
다른 여자의 남편을 탐하느니
바느질이 당신에겐 더 어울릴 터

2

호기심 많은 남방의 여인이여
내 집에서 무엇을 찾으려 하오
발퀴리[74]여, 그대는 가끔 손에 묻은
사람의 피를 씻어 내었지요

---

74 전사자를 발할라로 인도하는 초현세적 존재.

3 브륀힐드
석녀(石女)여, 왜 나를 비난하시오
나 역시 전사들에 뒤섞여 전투를 벌였소
나는 그대보다 더 나은 사람이오
알 만한 사람이면 그렇게 생각할 거요

4 거인 아낙
부들리의 딸, 그대 브륀힐드여
몹시도 어려운 시절에 그대가 태어났소
기우쿠의 아들을 그대가 죽였고
덕망 높은 집안을 그대가 멸문시켰소

5 브륀힐드
알고 싶다면 말하리다 재치 없는 그대에게
마차에서 급히 한 가지 알려 주리다
내가 맹세를 저버리고 사랑을 잃은 것은
기우쿠 소생의 자식들 때문이라오

6
지조 높은 왕께서 나와 여덟 자매의
날개옷[75]을 빼앗아 떡갈나무 아래로 가져가게 하였소
분명히 말하노니 젊은 그 왕에게
맹세했던 때 내 나이 열두 살이었소

7
흘림탈의 사람들은 어디를 가든지

75 무엇을 뜻하는지는 불명확하지만, 발퀴리가 입는 옷일 것으로 추정된다.

나를 투구 쓴 힐드라 불렀다오

8
머리가 희끗한 고트족의 왕
투구 쓴 군나르를 황천으로 보내어
아다의 피어나는 형제가 승리하게 했기에
오딘은 나에게 원한을 품었다오

9
스카탈룬드르에서 그는 붉은 방패 하얀 방패로
나를 에워쌌고 점점 나를 죄어 왔소
그는 겁 없는 사람들을 시켜
나에게 깊은 잠을 못 들게 하였소

10
남쪽으로 나 있는 내 홀 주변을
그는 나무를 태워 유린하게 하였소
파프니르의 침상에 있는 금을 나에게
가져다줄 용사만이 이를 넘을 수 있었소

11
나를 지키는 분이 다스리는 그곳으로
금반지를 준 날렵한 분이 그라니를 타고 왔소
훈족의 왕 그분은 영웅 중의 영웅이고
가장 위대한 전사라고 나는 생각하였소

12
그분이 나의 오라비나 되는 듯

우리는 같은 진영에서
우리 두 사람은
껴안을 수 없었다오
즐겁게 살았다오
서로 팔로
여덟 밤이나

13
기우쿠의 따님, 구드룬은
시구르드의 팔에 안겨
원하지 않았던 것을
혼인에 얽힌 간계에
내게 책임을 물었소
잠을 잤기에
나는 알게 되었소
나는 속았소

14
참으로 오랫동안
세상에 태어나
나와 시구르드
함께 남아 있소.
남자들과 여자들이
불행을 자초하건만
우리 두 사람은
거인족의 소생이여, 죽어 없어지시오!

29. 구드룬의 노래 제1곡

(구드루나르크비다 퓌르스타 Gudrunarkvida fyrsta)

구드룬은 죽은 시구르드 곁에 앉아 있었다. 다른 여자들과 달리 그녀는 울지 않았다. 그녀는 고통스러워 몸이 찢기는 듯했다. 그녀를 위로하기 위해, 남녀 여럿이 그곳으로 다가왔다. 하지만 그것은 쉬운 일이 아니었다. 구드룬은 새들의 소리를 알아들은 이후, 파프니르의 심장을 떼어 먹었다는 소문이 들렸다. 구드룬도 그렇게 말한다.

1

시구르드 내려보며 앉아
있을 적에, 구드룬은
여느 여인과는 달리
주먹을 치지도 않고
근심에 젖어
죽고 싶어했다.
그녀는 흐느끼지도
탄식하지도 않았다.

2

궁중의 장정들, 영웅들이
그녀의 고통을
원한이 사무친 그녀는
고통스러워 몸이
그녀에게 와서
달래 주려 했건만
울 수도 없었고
찢기는 듯했다.

3

황금으로 치장한　　영웅들의 멋진
아내들이 구드룬의　　옆에 앉았다.
너나없이 그들은　　구드룬이 감당할
슬프기 짝이 없는　　고통을 이야기했다.

4

그때 기우쿠의 누이　　기아플뢰그가 말했다.
“세상에서 제일　　불행한 여인이로다
다섯이나 되는　　남자와 딸 둘
누이 셋에　　여덟 형제를 잃고
이제 나는　　혼자가 되었으니”

5

하지만 구드룬은 원통하여　　울지도 못하고
남편의 죽음을　　슬퍼하기만 했다.
왕의 죽음으로　　원한에 사무쳤다.

6

훈족의 왕비　　헤르보르그가 말했다.
“내 쓰라린 고통을　　말해야 하겠소
남쪽 나라에서　　일곱 아들과
또 한 사람, 남편이　　싸우다 전사했소

7

폭풍과 풍랑으로　　아버지와 어머니
네 명의 오라비가　　목숨을 잃었소
파도에 휩쓸려　　배가 난파했소

8
나 홀로 직접 장례를 치렀소
황천길에 쓸 목재를 다듬었소
이 모든 고통 반년 사이에 일어났으되
그 누구도 이를 위로하지 않았소

9
그 반년의 세월 끝나기도 전에
나도 포로가 되고 말았소
아침마다 나는 왕비의 화장을 도왔고
신발 끈을 묶어 주어야만 했다오

10
시기하여 그녀는 늘 나를 위협했고
게다가 마구 때리기도 하였소
그토록 정다운 임금 내 일찍 보지 못했고
그토록 질투심 많은 왕비 어디서도 못 보았소"

11
구드룬은 원통하여 울 수도 없었다.
남편의 죽음을 슬퍼하기만 했다.
왕의 죽음으로 원한에 사무쳤다.

12
기우쿠의 딸, 굴뢴드가 말했다.
"길러 주신 어머니, 아무리 현명한들
당신은 모릅니다. 젊은 여자를 즐겁게 해 주는 법을
영웅의 시신을 왜 감추십니까?"

13
시구르드의 얼굴가리개를 그녀가 벗기고
구드룬의 품 쪽으로 그의 뺨을 돌렸다.
“보세요, 사랑했던 분을 어서 입 맞추세요
살아 계신 듯 그분을 안아 보세요”

14
구드룬은 단 한 차례 고개를 들 뿐
피 묻어 굳은 영웅의 머리만을 응시했다.
반짝이던 그의 눈 이미 사라져 버렸고
그의 가슴은 칼에 찔려 있었다.

15
왕비는 다시 베개 위에 쓰러져
머리띠를 잡아 찢고 뺨은 붉게 물들었다.
눈물이 강물 되어 무릎에 흘러내렸다.

16
기우쿠의 딸, 구드룬이 오열했다.
참았던 눈물이 뚝뚝 떨어졌다.
마당에 있던 거위와 멋진 새들
구드룬의 어린 자식 모두가 슬피 울었다.

17
기우쿠의 딸, 굴뢴드가 말했다.
“혼인을 맺은 당신의 사랑
이 세상에서 가장 두터웠소
나의 자매님, 안에서건 밖에서건

시구르드 곁에 있을 때, 가장 행복했소”

18
기우쿠의 딸 구드룬이 말했다.
“기우쿠의 아들에게 우리 시구르드는
부추 다발 가운데서 가장 높이 자란 부추 같은 분
꿴 보석들 가운데서 가장 찬란한 보석 같은 분
임금님 이마 위의 소중한 보석 같은 분이었소

19
왕의 전사들에게 나는 헤리안[76]의
발퀴리보다도 더 고상한 사람으로 취급받았소
그분이 죽은 지금 나는 숲에 떨어진
낙엽처럼 천대받으며 지내고 있소

20
식사할 때에나 잠자리에 들어서도
사랑했던 그분이 무척이나 그립소
이 모든 게 기우쿠의 자식들 때문이오
그들이 내게 한 서린 고뇌를 안겨 주었소
한없는 고통을 누이에게 안겨 주었소

21
그대들이 이 땅의 백성을 유린하고
다짐했던 맹세를 저버리고 있소
군나르여 그대는 황금을 즐기지 못할 거요

76 오딘을 가리킨다.

붉은 반지는 그대의 목숨을 앗을 거요
시구르드에게 그대가 맹세했기 때문이오

22
우리 시구르드가 그라니에 안장 얹고
그들이 말을 달려 불행한 여자 브륀힐드에게
청혼하여 악운을 가져다주기 전만 해도
백성이 누리는 기쁨은 컸다오"

23
그때 부들리의 딸, 브륀힐드가 말했다.
"구드룬이여, 그대를 눈물짓게 한 자
아침에 그대에게 말하게 한 자[77]
남편과 아이들을 잃게 될 것이오"

24
기우쿠의 딸, 굴뢴드가 말했다.
"가증스런 그대여, 말을 아끼시오!
귀인들에게 그대는 늘 재앙이었소
불행한 악운처럼 그대는 기피의 인물이었으니
일곱 분의 왕을 그대가 죽게 했고
여인들의 우정도 망치지 않았소"

25
부들리의 딸, 브륀힐드가 말했다.
"모든 불행은 아틸라의 책임이오

---

77 그동안 고통스러워 침묵했던 구드룬이 다시 말을 하게 됨을 암시한다.

부들리의 아들이자 나의 오라비이죠

26
훈족의 궁정, 드넓은 홀 안에서
임금의 반짝이던 불꽃보물[78]을 보았소
그것이 화근이 되어 계속해서 나는 화를 입었소
두고두고 나는 이 만남을 후회할 것이오"

27
기둥 옆에 서서 브륀힐드는 기둥을 꽉 붙잡았다.
부들리의 딸, 브륀힐드는 화장되었다.
시구르드의 가슴 상처 브륀힐드가 바라보며
그 눈에 불꽃 타오르고 독을 품었다.

그런 다음 구드룬은 숲과 황무지를 지나 덴마크로 갔다. 그곳에서 그녀는 하콘의 딸 토라의 집에서 일곱 해를 보냈다. 브륀힐드는 시구르드가 살아가는 꼴을 보고 싶어하지 않았다. 그녀는 일곱 명의 하인과 다섯 명의 하녀를 죽게 만들었다. 이후 그녀는 칼로 가슴을 찔렀는데, 그 내용이 짤막한 시구르드의 노래(27번)에 나온다.

78 파프니르는 용이 되어 니플룽족의 보물 위에 누워 있었고, 금으로 장식한 시구르드를 본 순간 브륀힐드는 첫눈에 반했다.

30. 니플룽들의 살해
(드라프 니플룽가 Drap Niflunga)

군나르와 호그니는 파프니르가 남긴 그곳의 금을 모두 차지했다. 그때 기우쿠의 아들들과 아틸라 사이에 불화가 생겼다. 아틸라가 브륀힐드를 죽였다며 기우쿠의 자식들을 비난했기 때문이었다. 그래서 그들은 서로 상의하여, 아틸라에게 구드룬을 아내로 주기로 했다. 하지만 그들은 구드룬에게 망각의 약을 마시게 했다. 그리하여 구드룬은 아틸라와의 혼인을 승낙하게 되었다. 아틸라의 아들 이름은 에르프와 에이텔이었다. 시구르드와 구드룬이 낳은 딸의 이름은 스반힐드였다. 아틸라 임금은 군나르와 호그니를 초대했다. 그러면서 그는 윙기 혹은 크네프뢰드의 사신처럼 행세했다. 구드룬은 간계를 깨닫고, 루네 문자로 그들에게 오지 말라는 경고의 말을 써 보냈다. 징표로 그녀는 호그니에게 반지 안드바라나우트를 보냈다. 그녀는 이 반지에 늑대의 털을 달아 놓았다. 군나르는 아틸라의 누이 오드룬을 원했지만, 아내로 삼을 수는 없었다. 그래서 그는 글룀베라와, 호그니는 코스트베라와 결혼했다. 그들이 낳은 아들의 이름은 솔라르, 스네바르 그리고 기우쿠였다. 기우쿠의 자식들이 아틸라에게 오자 구드룬은 자기 아들들을 시켜 기우쿠의 자식들의 목숨을 구하라고 일렀다. 하지만 그들은 그러고 싶지 않았다. 그들은 호그니의 심장을 도려냈고, 뱀들이 득실대는 탑 속으로 군나르를 내던졌다. 그는 하프를 켜서 뱀들을 잠들게 했다. 하지만 독사 한 마리가 그를 물어 독이 그의 간에까지 퍼졌다.

31. 구드룬의 노래 제2곡

(구드루나르크비다 외누르 Gudrunarkvida önnur)

디트리히 임금은 아틸라의 집에 있었다. 그는 거기서 병졸 대부분을 잃었다. 디트리히와 구드룬은 번갈아 가며 자신들의 고뇌를 한탄했다. 구드룬이 디트리히에게 이렇게 노래했다.

1

번뜩이는 궁궐에서　　어머니 나를 길러
소녀 중의 소녀로 길렀소.　　오라비를 사랑했지만
마침내 기우쿠가 나를　　금으로 둘러
금으로 둘러　　시구르드에게 주었소

2

기우쿠의 아들에게　　시구르드는 부추 가운데서
제일 고귀한　　부추 같은 존재였소
토끼나 여우보다 출중한　　사슴 같은 분이었소
잿빛 은(銀) 위로 번뜩이는　　붉은 금과도 같았소

3

고귀한 분 가운데서　　가장 고귀한 그분을
오라비들은 나에게　　허락지 않았소

시기심에 사로잡혀 마음 편치 않았고
마침내 시구르드를 살해하고 말았소.

4
부족회의에서 듣기로, 그라니가 미친 듯 날뛰었다오
내 직접 시구르드를 보지는 못했소
말이란 말은 모두 붉은 피에 젖었고
학살자들에 의해 피 흘리며 죽었다오

5
원한이 사무쳐 나는 그라니와 이야기했소
뺨이 축축이 젖은 말에게 물었소
그러자 그라니는 풀밭에 주저앉았소
주인의 죽음을 알았을 것이오

6
오랫동안 망설였고, 오랫동안 오락가락했소
백성의 목자[79]에게 시구르드 소식 물었소

7
군나르는 고개를 떨구고, 호그니가 말했소
우리 시구르드가 살해되고 말았다고
"구토름이 죽여 라인 강 저편에
늑대의 밥이 되어 누워 있단다

79 군나르를 지칭한다.

8
저기 남쪽을 보라   시구르드가 있다
까마귀들 까악 까악   우는 소리 들어 봐라
시신을 쪼아 먹은   독수리들 울어 대고
죽은 그의 주위에   늑대 소리 요란하다”

9
“호그니여, 어이하여   기쁨 잃은 소녀에게
그토록 회한 어린   말을 하십니까
까마귀와 독수리가   그대의 심장을 쪼아
아무도 모르는 곳으로   가져갔으면 좋겠소”

10
호그니 역시   고통을 못 참으며
안정을 잃고   이렇게 대답했소
“까마귀들 내 심장을   쪼아 먹게 된다면
이것 역시 너를   가슴 아프게 할 터”

11
그 꼴이 보기 싫어   나 홀로 숲에 들어가
늑대들이 먹다 남긴   시신을 수습했소
눈물도 안 나오고   손바닥을 치지도 않았소
한탄하지도 않았소,   다른 여자들과는 달리
시구르드를 바라보며   고통스럽게 앉아만 있었소.

12
초승달이라 밤은   칠흑같이 어두운데
시구르드의 시신 곁에   근심하며 앉아 있었소

늑대들이 오히려　　훨씬 다정하게 느껴졌소
늑대들이 나를　　잡아먹든지, 아니면
자작나무처럼 이 몸을　　태워 주기를 바랐소

13
다섯 밤을 보내고　　숲에서 빠져나와
엘프의 구중궁궐로　　나는 다가갔소
세 해 반을　　토라 곁에 머물렀소
그녀는 덴마크의　　하콘의 따님이라오

14
나를 달래려,　　그녀는 독일 궁궐에서
덴마크의 바이킹족을　　금으로 수놓았소

15
우리는 손으로　　전사들의 전쟁놀이와
지배자들의 영웅들을　　자수에 담았소
붉은 방패와　　훈족 땅의 용사들
투구 쓰고 갑옷 입은 지배자의　　호위병들을 수놓았소

16
시그문드의 말[80]들이　　황금빛 몸통에
새긴 노를 달고　　해변에서 항해했소[81]
퓌넨 섬 남쪽에서　　시그문드와 시게이르가
무기 들고 싸우는 모습을　　자수로 떴다오

80 시그문드의 배를 뜻한다.
81 이런 모습을 자수로 만들었다.

17

고트족의 여인,
자기 딸[82]이 죽은 남편을
이를 안 그녀는
아들에게 눈짓하여
누가 나서서
살해당한 매제를 위해
그림힐드가 들으니
서럽게 애도했소
자수를 내던지고
이렇게 물었소
누이 원수 갚을 테냐
복수할 수 있겠느냐

18

누이의 분노를 달래려
그녀에게 금을 주었고,
그러자 그녀[83]가 물었소.
말에 안장 얹고
매를 날리고,
주목으로 만든 활로
군나르가 나서서
호그니도 그랬소
누가 나서서
마구를 꾸려서
말을 달려
쇠화살을 쏘겠느냐

19

덴마크 사람 발다르와
세 번째로 에이모드가
내 앞으로 나섰소
수염 긴 용사들은
붉은 갑옷에
밝은색 목등가리개 쓰고
야리슬레이프, 그 외에
야리스카르를 데리고
마치 왕처럼 행세하며.
짙은 갈색 땋은 머리에
높다란 투구
폭이 넓은 칼을 들고 나타났소

---

82 구드룬을 뜻한다.
83 그림힐드를 뜻한다.

20
너나없이 그들은
멋진 장신구를
그들은 마치
위로하려는 듯했소

아양 떨며, 멋진 장신구
주겠다고 약속했소
나의 고통 달래 주어
하지만 난 믿지 않았소

21
그림힐드 나에게
술을 한 잔 가져와
그 잔의 냉기에는
차가운 바닷물과

차갑고 씁쓸한
나의 분노 달래 주려 했소
우르드[84]의 샘물과
참회의 피가 섞여 있었소

22
뿔로 만든 술잔엔
붉게 새겨져 있었지만
하딩의 땅의
자르지 않은 곡식과

온갖 문자가
나는 해독할 수 없었다오
꼬리 긴 뱀과
짐승의 내장이 있었다오

23
술에는 사악한 것들이
온갖 뿌리와
축축한 아궁이의 검댕과
그리고 통증을 없애 주는

많이 섞여 있었소
구운 떡갈나무
짐승의 내장
삶은 돼지 간이

24
그것을 마시자

홀 안에 있던

84 세 명의 운명의 여신 중 하나.

시구르드의 운명을
그녀가 다가와
세 명의 왕이 먼저
나는 잊게 되었소
이렇게 말하기 전에
내 발 앞에 와 있었소

25
"구드룬아, 너에게
아버지가 죽은 이후
번뜩이는 반지들과
죽은 파프니르의 재산
이 금을 주니, 받아라
남긴 유산 전부다
흘뢰드베르의 성채들
모두 여기 있다

26
양탄자를 짜는
황금 허리띠가
부들리의 보물을
너 혼자서 가져라
훈족의 딸들과
너를 즐겁게 해 줄 거야
아틸라의 아내인
금빛 찬란한 네가"

27 구드룬
그 어떤 사내와도
브륀힐드의 오라비와도
부들리의 아들과
함께 사는 것이
혼인하고 싶지 않소
혼인하고 싶지 않소
혼인하여 아이 낳고
내게는 어울리지 않소

28 그림힐드
화난다고 영웅들에게
우리 기우쿠 가문에
아들을 낳게 되거든
둘 모두가 살아 있는 듯이
복수하려 들지 마라
곧 불화가 시작될 터
시구르드와 시그문드
내버려두어야 한다

29 구드룬
어머니 저는 냉철해지고 싶지 않아요
그 어떤 영웅에게도 희망을 주고 싶지 않아요
시구르드의 심장에서 흘린 피, 탐욕스런 까마귀가
맘껏 먹어 대는 모습을 목격한 이후로는요

30 그림힐드
내가 본 귀인들 가운데에서 그분이
가장 멋있고 용맹스런 사람이었다
그분을 붙들어라. 네가 나이 들어
홀로 남게 된다면, 그분을 택할 수 없을 터이니

31 구드룬
사악한 짓을 더 이상 이 몸에게
강요하지는 말아 주세요
그자는 군나르를 잔혹하게 죽였어요
호그니의 심장을 잘라 꺼냈어요
전쟁에 불을 붙인 그 뻔뻔한 놈을
죽이지 않고는 나는 평온해질 수 없소.

32
공포에 떨며 그림힐드 그 말 들었다.
자식들의 멸망을 예고하는 말이었고
자기 종족의 종말을 알리는 말이었기에.

33 그림힐드
이 땅과 수많은 사람 그대에게 주겠다
빈비요르크와 발비요르크를 네가 가져라

평생 그들을 부리되 화 좀 풀어라

34 구드룬
왕들 가운데서 그분을 택하겠소
마음에는 없지만 친지들의 소망을 따르겠소
그분이 남편이 된다 해도 나는 행복하지 않을 거요
오라비의 죽음, 내 아들들이 복수할 거요

35
용사들이 서둘러 말 위에 올라타서
남방의 여인들을 마차에 태웠소
이레 동안 우리는 차가운 대지를 달렸고
또 이레 동안 우리는 파도를 헤치고 달렸고
또 이레 동안 우리는 황무지를 지났소

36
그러자 수문장들이 드높은 요새의
창살을 열었고 우리는 말 타고 성문을 지났소
아틸라가 나를 깨웠소. 그의 눈을 보니
남편의 죽음을 그가 잘 아는 것 같았소

37 아틸라
노른[85]이 최근에 나를 깨워
흉흉한 꿈, 해몽해 보라 하였소
기우쿠의 딸, 당신이 번뜩이는 단도로
나의 가슴을 찌르리라 생각했소

85 세 명의 운명의 여신 중 하나.

38 구드룬

꿈에 나타난 단도는 불길을 의미하오
당신의 잘못된 맹세 불로 태우겠소
내게 준 그대의 고통 참으로 컸지만
그래도 나는 그대를 껴안고 돌보겠소

39 아틸라

화단에 심어 가꾸고 싶었던
잔가지들이 꺾이는 모습 내가 보았소
뿌리째 뽑히고 피에 젖은 채 식탁에 올려져
이제 내가 먹으라는 것이었소

40

내 손을 떠나 매가 나는 모습 보았소
먹을 것도 없이 쓰러져 죽겠지요
피에 젖어 부풀고 근심에 겨운
그들의 심장을 꿀에 발라 먹고 싶소

41

늑대들이 나에게서 떠나간 듯했소
원한 서린 그들이 흐느끼는 소리 들었소
그들의 살이 썩었을까 두렵지만
역겨워하며 그 썩은 고기 내가 먹었소

42 구드룬

살인자들이 그대의 침실로 들어가
쪽진 금발의 머리통을 잘라 낼 것이오
몇 밤 지나지 않아 그들은 살해되고

날이 새기 직전에　　식탁에 놓일 거요

43
그 일 이후 나는　　한숨도 못 자고
고집스레 침대에 누워 있소.　　그럴 수밖에 없소

32. 구드룬의 노래 제3곡
(구드루나르크비다 트리댜 Gudrunarkvida thridja)

헤르키아는 아틸라가 가장 총애했던 하녀였다. 헤르키아가 아틸라에게 디트리히(폰 베른)와 구드룬 두 사람이 함께 있는 모습을 보았다고 말했다. 그 말을 듣고 아틸라는 몹시 상심했다. 구드룬이 이렇게 말했다.

1
부들리의 아들이여, 무슨 일이오
무슨 상심 있소, 웃지도 않으시니.
사람들과 얘기하고 나를 만나면
제후들도 덩달아 좋아할 터인데

2 아틸라
기우쿠의 딸, 구드룬이여, 나는 원통하오
이곳 홀에서 헤르키아가 뭐라 한 줄 아시오
당신이 디트리히와 한 이불 덮고 발가벗고 누워서
아마포로 몸을 가리고 있었다 했소

3 구드룬
성스러운 하얀 돌에 대고
그대에게 맹세하오, 절대로 그런

일은 없었소. 디트마르의 아들과
부부관계 맺은 일 결코 없었소

4
나무랄 데 없이 귀하신 그분의
목을 내가 껴안았다 해 봅시다
그래도 우리 생각은 다른 데에 있었을 거요
우리가 나눈 대화 원한에 사무쳐 있었으니

5
서른 명의 장정 데리고 디트리히가 그대에게 왔소
그 가운데 살아남은 자, 한 명도 없었소
갑옷 입은 당신의 형제 이곳으로 데려오오
가까운 조카들과 함께 나를 둘러싸시오

6
사람을 보내 남쪽 작센족의 왕을 불러오시오
그는 성스러운 솥을 축성(祝聖)할 수 있으니

7
왕비가 솥에 손을 담그기 전
칠백의 전사들이 실내로 들어왔소

8 구드룬
군나르는 오지 않았소, 호그니를 탓하려는 게 아니오
다정한 그 형제들 나는 다시 못 볼 것이오
분노한 호그니 칼로 복수할 터이니
내 스스로 죄를 정화해야 할 것이오—

9

섬섬옥수 고운 손을 그녀가 깊숙이 담가
솥바닥에서 녹색 돌을 꺼냈다.
"보시오, 제후들, 솥단지가 끓고 있소
나는 죄가 없소, 순수하고 성스럽소"

10

아틸라는 속으로 껄껄 웃으며
솥바닥에서 구드룬의 손을 꺼냈다.
"솥단지 앞으로 헤르키아를 대령하라
구드룬을 음해한 자, 누구이더냐"

11

헤르키아의 손을 불에 태우니
그 모습 참혹하기 이를 데 없었다.
그들이 그 하녀를 썩은 웅덩이로 데려가니
구드룬의 노여움이 풀리는 듯했다.

33. 오드룬의 탄식
(오드루나르그라트르 Oddrunargratr)

헤이드레크이라는 임금이 있었는데, 그의 딸 이름은 보르그니였고, 그녀의 연인은 빌문드라 했다. 그녀는 아틸라의 누이인 오드룬이 올 때까지는 아이를 낳을 수 없었다. 그녀는 기우쿠의 아들인 군나르의 연인이었다. 다음은 이 전설에 얽힌 이야기이다.

1
옛날이야기 내가 듣기로
어느 처녀가 동방에 왔는데
헤이드레크의 딸이었다. 이 세상 어디에도
그녀를 도와줄 사람 아무도 없었다.

2
아틸라의 누이 오드룬이 들으니
이 처녀는 깊은 슬픔에 빠져 있었다.
축사에서 그녀는 재갈 물린 흑마를
끌어내고, 그 위에 안장을 얹었다.

3
날쌘 그 말 몰아 평탄한 모랫길 달려

우뚝 솟은
말의 잔등에서
실내를 따라
그녀가 내놓은

궁정에 다다랐다.
안장을 내리고
안으로 들어갔다.
첫마디가 이러했다.

4
이 지방에 무슨
훈족의 땅에

새로운 소식 없소?
좋은 소식 없소?

5 하녀
고통에 괴로워하며
당신의 친구요, 오드룬,

보르그니 여기 누웠소
어서 그분을 도와주시오

6 오드룬
도대체 어떤 자가
보르그니의 고통

당신을 능욕했소
왜 그리 크오?

7
빌문드라 하는데
그분이 보르그니를
다섯 해를 보냈다오

그는 지배자의 측근이오
따스한 이불로 감싸
헤이드레크도 모르게—

8
오로지 이 말뿐,
하녀는 보르그니를
힘껏 큰소리로
보르그니를 향하여,

더 이상 말이 없었다.
정성스레 돌보았다.
오드룬이 노래했다.
마법의 노래를

9
귀여운 아들딸이　세상에 태어났는데
호그니를 죽인 자의　아리따운 후손들이었다.
병든 처녀는　놓치지 않고 말했다.
그녀가 한　첫 말은 이러했다.

10
"프리그와 프레이야,　그리고 수많은 신이
부드러운 힘이 되어　당신을 도울 거요
촌각을 다투는 위기에서　그대가 나를 구해 주었듯이"

11 오드룬
그대가 도움을　받을 만해서
그대를 도우러 온 것은　결코 아니오
귀인들이 유산을　분배할 적에
고통받는 사람들을　기꺼이 돕겠다고
나는 약속을 했고　이를 지킬 뿐이오

12 보르그니
오드룬이여, 당신은 미쳤소,　제정신이 아니오
성급하게 그런　말씀을 하시다니
오랫동안 우리는　이 땅에서 함께
잘 살아왔지 않소,　마치 사촌 자매처럼

13 오드룬
군나르를 위해　저녁상을 차리며
밤마다 우리가 나눈 말　나는 잘 알고 있소
그대가 말했소　여자란 나처럼

부정을 저지르지　　말아야 한다고—

14
시름에 겨운 오드룬은　　털썩 주저앉아
번뇌에 고통스러운　　모습을 보여 주었다.

15 오드룬
호화로운 궁정에서　　나는 자랐소
칭찬이 자자했고,　　시샘하는 자 없었소
아버지 살아생전,　　온갖 부귀 누리고
젊음을 누렸소,　　겨우 다섯 해뿐

16
당당하시던 부왕이　　돌아가시기 전에
하신 마지막 말씀은　　이러했소

17
붉은 금을　　너에게 주어
남쪽 지방 그림힐드의　　아들[86]에게 보내겠다
(아버지는 브륀힐드에게　　투구를 쓰게 했소
발퀴리감이라는 생각이　　들었기 때문이오)
신이 나의 편이라면,　　이 세상에 그보다 더
고귀한 여자　　어디 있겠느냐

18
브륀힐드는 옷감 가장자리　　장식을 짰는데

---

86 군나르를 가리킨다.

국토와 백성을 가지고 있었소
파프니르를 죽인 자가[87] 성채[88]를 바라볼 때
대지와 드높은 하늘은 아직 잠들어 있었소

19
남방의 칼로 싸움을 벌여
브륀힐드 소유의 요새를 습격했고
시간 그리 오래 지나지 않아
그녀는 사기극 전말을 깨달았소

20
절치부심 그녀는 복수하러 나서니
사태의 심각성을 우리는 모두 느꼈소
시구르드를 위하여 브륀힐드가 목숨 끊었음을
온 세상 그 누가 모른다 하겠소

21
하지만 벌써 나는 군나르를 사랑했소
반지를 주신 그분은 브륀힐드가 사랑했어야 할 사람

22
용사들이 곧장 오라비 아틸라에게
붉은 반지 내놓고 속죄를 청했소
군나르는 나를 위해 토지 열다섯과
그라니의 등에 실은 짐을 주며, 아틸라가 받아 주길 바랐소

---

87 시구르드를 가리킨다.
88 브륀힐드가 살고 있는 곳을 의미한다.

23

아틸라는 거절했소　　기우쿠의 아들들이
지참금을 주는 것이　　마음에 들지 않았으니.
하지만 우리는 사랑의 마음　　억누르지 못하고
내가 그분[군나르]을　　끌어안았다오

24

나의 친지들　　투덜거리며 말하길
우리의 사랑이　　잘못되었다는 것이오
하지만 아틸라는　　이렇게 말했소
결코 자신은　　해 끼칠 사람 아니라고
하지만 사랑이　　있는 곳이라면
그런 일이 없으란 법　　어디 있겠소

25

아틸라가 나서서　　소나무 우거진 곳으로
정찰병을 보내어　　나의 행동을 염탐했소
와서는 안 될 곳으로　　그들이 왔소, 한 이불 아래에
우리 둘[오드룬과 군나르]이　　누워 있던 곳으로

26

용사들에게 우리는　　붉은 반지 건네며
아틸라에게 이 소식　　알리지 말라 당부했소
하지만 그들은　　아틸라에게 샅샅이 고했소
집으로 가고 싶은 마음　　너무나 간절했기에

27

하지만 그들은　　구드룬에게는 알리지 않았소

당연히 알아야 할　　사람이었건만

28

금 발굽 말이　　달려오는 소리 들렸소
기우쿠의 아들들이　　궁정 앞마당에 왔소
호그니가 칼을 맞아　　심장이 잘리고
군나르는 뱀이 득실대는　　탑에 던져졌소

29

자주 그래 왔듯이　　게이르문드에게 가서
나는 음식을　　준비했소
고귀한 지배자께서는　　하프를 탔고
태생이 귀하신　　왕께서
내가 도와줄 거라며　　희망을 품었소

30

흘레세이[89]에서 나는　　귀 기울여 들었소
비탄에 젖어 하프 줄이　　울리는 소리를

31

어서 자리 뜨자며　　몸종들을 독려했소
왕의 목숨을　　구하고 싶었기에
마차를 몰아　　숲속을 지났소
마침내 우리는　　아틸라의 거소를 보았소

---

89 덴마크의 섬 레쇠 Läsö. 원래 니벨룽 전설은 라인 강에서 발원하여 북쪽으로 전파되다가 이 섬에 이르러 내용이 상당히 바뀌었다. 훈족의 왕이었던 아틸라가 덴마크의 지도자가 되었으리라고 추측된다.

32

그러자 아틸라의 사악한 어미가
발을 쩔뚝이며 왔소 썩어 버릴 여자가!
그러더니 군나르의 심장을 헤집었소
명성 높은 그분을 나는 구할 수가 없었다오

33

힘 있는 그분을, 검을 선물하던 그분을
마치 내 몸처럼 사랑했던 내가
아직도 이렇게 살아갈 수 있다니
용침대 장식[90] 같은 여자여, 나는 놀라울 뿐이오

34

그대는 앉아서 내가 들려준
나와 그들의 엄청난 고통을 들었소
우리는 모두 운명대로 사는 법
이제 오드룬의 탄식도 이것으로 끝이라오

90 파프니르가 금으로 용을 새긴 침대에서 잔 데에서 유래한다. 여기서 "용침대 장식 같은 여자"는 보르그니를 가리킨다.

34. 고(古) 아틸라 노래
(아틀라크비다 Atlakvida)

기우쿠의 딸, 구드룬은 오라비의 죽음을 복수했다. 이것은 온 세상에 다 알려진 바 있다. 먼저 그녀는 아틸라의 아들들을 죽이고 이어 아틸라까지 죽였으며, 그의 궁정 신하들을 모두 죽였다. 이 전설은 다음과 같이 노래로 불리었다.

1
아틸라가 군나르에게　　사신을 보내니
총명한 기사　　크네프레드가 바로 그라.
기우쿠의 궁정,　　군나르의 홀에 당도하여
진귀한 맥주가 있는　　아궁이 옆 의자로 갔다.

2
그곳에는 군신들,　　훈족이 무서워
(간교한 자 침묵하는데)　　홀에서 포도주를 마셨다.
남방에서 온 사자　　크네프레드, 높다란
의자[91]에서 내려다보며　　카랑카랑 소리 지르기를

---

91 높다란 의자는 귀빈 접대에 사용된다.

3
“아틸라께옵서 나를 시켜
낯선 뮈르크비드르 지나
청컨대 그대들은
밝은색 투구 쓰고
재갈 문 말을 타고
전갈을 보내셨소
화사하게 치장한
아틸라께 와 주시오[92]

4
거기 있는 방패와
밝은 금빛의 투구,
금은 빛 안장 덮개,
게다가 투석기 당기고
다듬은 물푸레나무 창과
훈족의 장검
붉은 갑옷을 골라 가져도 좋소
재갈 씹는 말까지

5
그분은 당신들에게
씽씽 울리는 창과
수많은 보석에
뮈르크비드르라 부르는
그니타 황무지[93]도 주려 하시오
황금빛 선박 목재
드네프르 강안과
소중한 산림까지도.”

6
군나르가 몸을 돌려
“날쌘 분이시여,

그니타 황무지의
그런 훌륭한 금을
호그니에게 말했다.
저 말이 무슨 뜻일까요, 조언해 주시오
금이라니,
우리는 갖지 말란 것이요

92 아틸라가 베푸는 잔치에 초대하는 것을 의미한다.
93 불분명하기는 하지만, 동고트족과 훈족의 전투가 벌어진 우크라이나 지방을 지칭한 것으로 추정된다.

7

일곱 곳간 가득　　우리에게도 칼들이 넘치고
칼 손잡이는 모두　　금빛 찬란하고
날쌔기로는 나의 말이 최고이며,　　날카롭기에는 나의 칼이 최고이고
금 갑옷과 예리한 활이　　즐비하게 놓여 있고
황제가 하사하신　　투구와 방패 번뜩이는데
이것들 모두 훈족의 물건보다　　훨씬 낫지요!

8

누이[94]가 우리에게　　늑대 모피에 싸서
반지를 보내다니,　　필시 조심하라는 뜻일 터
붉은 반지가 늑대털로　　둘려 있으니
우리의 행로에는　　위험이 도사리고 있을 것이오"

9

조카들도 친척들도　　총신들도 고문들도
부유한 왕들까지도　　군나르에게 조언하지 않았다.
하지만 군나르는　　연회 도중 제왕답게
냉정하게 용단 내려　　이렇게 분부했다.

10

"일어서시오, 표르니르,　　용사들의 황금 뿔잔
시종들 손을 거쳐　　한 순배 빙 돌리시오

11

군나르가 쓰러지면　　니벨룽족의 유산은

94 구드룬을 가리킨다.

이빨이 섬뜩한   늑대가 차지할 것이오
군나르가 못 돌아오면   갈색 갈기의 곰들이
건설 중인 이 땅을 헤집어   개들이나 즐겁게 해 줄 것이오"

12
위품 있는 사람들이   기우쿠의 회당을 나와
전투의 지도자이자 이 땅의 주인을   탄식하며 수행하는데
호그니의 유산을 관리할   어린 아들이 이렇게 말했다.
"여러분, 어디로 가시든지   즐겁고 행복하십시오."

13
용맹한 용사들   재갈 물린 말을 몰아
바위를 넘고   낯선 뮈르크발드 지났다.
파란 계곡 사이로   힘껏 말을 몰아
강인한 용사들 지나가자   훈족의 변경이 진동했다.

14
아틸라의 땅에는   망루가 하늘 높이 솟았고
배신자들이 가파른   바위요새에 서 있었다.
남방족들의 궁성은   포좌(砲座)로 둘러싸여
번뜩이는 방패와   투창과 장검이
튼튼히 배치되어 있었다.   그곳 병기고에서
아틸라 왕이 포도주를 마셨고   위병들은 밖에서
군나르의 병졸들이   창을 씽씽거리며
왕을 향해 말 달려   오는 것을 막아 세웠다.

15
누이는 곧장   두 오라버니

오는 것을 알아차리니,
"군나르여, 속으셨군요
어찌 훈족의 간계에 맞서 싸우리까?
취하지 않은 탓이라.
힘 있다 한들 당신이
어서 궁정을 떠나시오

16
아틸라를 찾아올 적에
갑옷 입고 오셨더라면
청명한 대낮에
즐비한 시신 보고,
훈족의 우둔한 아낙네들
뱀들 득실대는 탑으로
이제 뱀들의 탑은
장식한 투구 말고
더 좋았을 것
안장에 앉아
운명의 여신들 눈물짓게 하고
비탄에 젖게 하며
아틸라를 떨어뜨렸더라면 좋았을 것을
오라비 두 분의 몫이 되고 말았소"

17 군나르
"이제 니벨룽족을 모으기에는
나무랄 데 없는 용사들에게는
이 땅으로 오는 길이
너무 늦었다
험준한 라인 강 산악을 지나
너무도 멀었다"

18
부르군드족의 사위,
질긴 오랏줄로
군나르를 그들이
꽁꽁 묶어 포박하였다.

19
호그니 예리한 칼로
여덟 번째 병사는
용감한 장수는 적들에게서
일곱을 내리치고
뜨거운 불 속에 밀어 넣었다.
그렇게 자신을 보호하는 법

20
호그니가 군나르의
완력을 제지하였다.
저들이 군나르에게 물었다,
고트[95]족의 왕은
자유와 목숨을
금으로 사지 않겠느냐고?

21
"호그니의 심장을
이 손에 내놓아라
왕의 자손, 그 용맹한 자의
가슴에서 예리한 칼로
잘라 내어 피가 흐르는
그 심장을!"

22
저들은 히알리의 가슴에서
심장을 잘라 내어
피가 뚝뚝 흐르는 채로
주발에 담아 군나르에게 건넸다.

23
그러자 고트족의 왕,
군나르가 말했다.
"겁쟁이 히알리의
심장이 여기 있구나
용맹한 호그니와는
다른 심장이다
여기 이 심장은 주발 위에서
아직도 몹시 떠는데
심장이 들어 있던 가슴팍은
더 심하게 떨고 있겠지"

24
저들이 심장을 도려낼 때
호그니는 껄껄 웃었다.
대담한 투구 대장장이는
신음도 내지 않았다.
그들은 피 흘리는 심장을
주발에 담아 군나르에게 가져갔다.

---

95 군나르는 부르군드족의 왕인데, 여기서 고트는 그 약칭으로 볼 수 있다.

25

경건한 니플룽, 군나르가 기뻐 말했다.
"용맹한 호그니의 심장이 여기 있소
겁쟁이 히알리의 심장과는 비할 바 못 되오
여기 주발 안에서 이 심장은 떨지 않는 것이 보이니
심장이 들어 있던 가슴은 더더욱 떨지 않을 것이오

26

보물에서 그대가 손을 떼어야 하듯
아틸라여, 만인의 눈앞에서 썩 꺼지시오
호그니가 죽었으니, 니플룽의 숨겨 놓은
보물을 아는 사람은 오로지 나뿐이오

27

우리 둘이 살아 있을 적에는, 나 비록 의심했으나
이제 나 혼자 남았으니, 결코 불안하지 않소
저주가 담긴 보물은 라인 강만이 관리할 것이오
니플룽의 유산은 라인 강이 알고 있소
마법의 반지들은 여기 훈족 자손들의 손보다는
물결 속에서 뒹굴며 더욱 찬란하게 빛나리라"

28 아틸라

"마차를 대령하라 영웅은 포박되었다"

29

막강한 아틸라는 힘센 말을 몰았다.
처남이 뒤에서 예리한 칼로 에워싸여 뒤따랐다.
구드룬은 영웅의 고통을 원망하며 지켜보았다.

눈물을 참으며 그녀가
날뛰는 군중 속으로 들어섰다.

30
"아틸라여, 당신 모습 흉하군요.
군나르와 종종
맹세하던 당신인데,
남방의 태양과
승리의 신의 요새,
신방(新房)의 평화와
울러[96]의 반지에 대고
맹세했던 당신이 아니었소"
하지만 전사들은
지도자를 죽이고 말았다.
재갈 문 말이
보물의 수호자를 죽이고 말았다.

31
한 무리의 위병들이
산 채로 왕을
깊은 감옥으로 내던지니,
흉측한 뱀들이
떼를 지어 기어왔다.
하지만 군나르는
원통한 마음에
발가락으로 하프를 켰다.
하프 줄이 울어댔다.
후하던 왕은 그렇게
탐욕스러운 자들에게서
황금을 지켜야만 했다.

32
군나르를 죽이고
돌아오는 길에
아틸라는 이를 가는 말을
집으로 되돌려 보냈다.
용사들이 황무지에서 돌아오니
주위에는 말발굽 소리
전사들의 창 소리
요란하게 들려왔다.

33
왕에게 경의를 표하러
황금 성배 들고

---

96 열두 명의 아스 신 가운데 하나.

구드룬 뛰어나와　　아틸라를 맞았다.
“기쁘오, 왕이여　　이제 당신의 궁정에서
사자(死者)의 창을 맞으시오,　　구드룬이 드리는 선물이오.”

34
포도주 가득 찬,　　아틸라의 술잔이 쨍쨍 울리자
수염이 텁수룩한　　훈족의 용사들
두 명씩 짝을 지어　　회당 안으로 모여들었다.

35
원한에 사무쳤지만　　명랑한 표정으로
그녀가 성큼 걸어와　　창백한 왕에게 주발 건네고
안줏감을 내놓으며　　아틸라를 비웃었다.

36
“창검을 나누어 주는 그대[97],　　두 아들의
피 흘리는 심장을　　꿀 발라 씹어 먹었소
용맹하신 분이여,　　당신은 인육을
즐기며 높다란　　귀빈석[98]으로 보내셨소

37
명랑한 두 아들　　에르프나 에이틀을
당신은 다시는 슬하로　　부르지 못할 거요
다시는 높은 의자에 앉아　　왕자들이 창에
자루를 끼우고　　말갈기를 고르며

97 왕을 뜻한다.
98 높다란 의자는 귀빈 접대에 사용된다.

말 타고 돌아다니는 광경을　　보지 못할 거요”

38
그러자 홀 안에는　　남자들의 절규와
여자들의 비명 크게 일고,　　훈족의 아들들이 눈물지었다.
구드룬만 태연했다.　　곰처럼 대담한 오라비의 죽음도
아틸라와 낳은,　　연약하고 어린
사랑하는 두 아들의 죽음에도　　그녀는 눈물짓지 않았다.

39
거위처럼 하얀 그녀가　　황금을 뿌리니
하인들은 붉은　　반지를 얻었다.
운명에 맡기고 보물들을　　마구 뿌리니
그녀는 보물창고[99]까지도　　아끼지 않았다.

40
어리석게도 아틸라는　　과음하여
무기도 없이, 구드룬 앞에서　　몸을 가누지 못했다.
둘이서 가끔 부드럽게　　귀인들 앞에서
서로 껴안으며　　희롱하던 때가 더 어울렸다.

41
그녀는 칼로 침상에　　피를 뿌리고 마셨다.
살육의 손으로.　　개들을 풀고
하인들을 깨우며　　타오르는 횃불을
문 앞에 내던져　　오라비의 죽음을 복수했다.

---

99 확실치는 않지만, 사원을 지칭할 수도 있다.

42
잔치에 모인 사람 모두를
호그니와 군나르의 전사들이
오래된 회당은 무너지고
불길에 휩싸였다.
부채 들던 시녀들도
그녀는 불에 태웠다.
뮈르크비드르에서 돌아왔다.
부들링의 건물 보물창고는
젊음을 다 바쳤던
화염 속으로 쓰러졌다.

43
더 이상 말하지 말자.
오라비를 복수하려는 여인들
이 고귀한 여인은
죽음으로 몰아넣고,
갑옷 차려입고
이제 더는 없을 것
세 분의 임금을
마침내 자신도 쓰러지고 말았다.

이 이야기는 「신 아틸라 노래」(35번)에 더욱 자세하게 전해진다.

35. 신(新) 아틸라 노래
(아틀라말 Atlamal)

1
남자들 모여,
궁리를 짜내며
은밀히 모사 꾸미고
맹세로 다짐하며 저지른
비행은 온 세상이 다 안다.
하지만 그들도 대가를 치렀고
기우쿠의 아들들도
톡톡히 배반당했다.

2
불행한 운명은
왕들에게도 닥쳤으니
똑똑했던 아틸라도
간언을 잘못 받았고
자신과의 싸움에서
평정을 잃었으며
날랜 사신을 보내
매제들을 오게 했다.

3
교활한 그의 아내[100]
남자 같은 지략을 짜내
은밀히 오고 가는
대화를 엿들었다.
그들을 구하려는
현명한 구드룬은 곤경에 처했다.

100 구드룬을 뜻한다.

사신들은 노를 저어 떠났고, 그녀 홀로 집에 있었다.

4

그녀는 루네 문자를 새겼으나, 윙기[101]가 건네기 전에
이를 변조하여 화근이 되었다.
아틸라의 사신들이 배를 몰아
날쌘 용사들 사는 림표르트[102]를 지났다.

5

사신들이 도착하자 따뜻하게 불 지피어
잔치 분위기 흥겨웠다. 속임수를 누가 알았으랴
처남이 보낸 선물, 매부들이 받아서
무심코 이것을 기둥에 걸어 두었다.

6

호그니의 아내, 현명한 코스트베라가
소식을 듣고 와 사신들을 맞았다.
군나르의 아내 글라움뵈르 역시
즐겁게 예법에 맞추어 손님들을 대접했다.

7

호그니 초대받고, 기꺼이 응했다.
조금만 주의했던들, 흉계를 감지했을 터
호그니가 원한다면 군나르도 가겠다고 약속했다.

---

101 아틸라가 보낸 사신의 이름이다.

102 북유럽 위트란트에 있는 해협 이름. 북유럽의 전승에 의하면 부르군트족이 덴마크에서 살았던 것으로 전해진다.

하지만 군나르의 제안을　　호그니가 거절했다.

8

시녀들이 꿀술을 가져오고　　부족한 것 하나 없었다.
완전히 충분해 보일 때까지　　뿔잔이 돌고 돌았다.
잠자리를 남편들이　　최상으로 마련했다.

9

코스트베라는 똑똑하여　　루네 문자를 알았다.
불빛에 비추어　　문자를 읽는데
두 번씩이나 혀를 입천장에　　부딪혀야 했다.
글자들 변조된 듯하여　　해독이 어려웠다.

10

어울리기 좋아하는 그녀는　　남편과 잠자리에 들어
꿈을 꾸었다.　　아침이 되어
남편이 일어나자,　　그녀는 숨김없이 이야기했다.

11

“호그니여, 집을　　떠나시려오, 조심하시오
루네 문자 아는 이 많지 않소,　　다음에 떠나시오
시누이가 새겨 보낸　　루네 문자 읽었소
시누이는 현명하니,　　결코 당신을 초대한 게 아니오

12

집히는 것이 있소.　　현명한 시누이가
왜 그렇게 혼란하게　　문자 새겼는지는 모르겠소
당신들이 초대에 응한다면　　사악한 간계에 빠져

목숨을 잃는다는 뜻이 담겨 있는 듯하오
글자 하나 떨어져 나갔거나, 변조되었을지도 모르지만 말입니다"

13 호그니
당신은 남을 못 믿는구려, 정확한 사정을 나는 모르니
누가 옳은지를 따지지 맙시다
왕은 우리에게 번뜩이는 금을 줄 것인즉
끔찍한 일 당해도 나는 두려울 게 없소이다

14 코스트베라
그곳으로 가신다면 불행이 걱정되오
이번에는 거기서 환대받지 못할 거요
호그니 꿈을 꾸었소. 숨김없이 말하리다
내가 허깨비를 본 게 아니니, 떠나면 분명 위해를 입으리오

15
당신의 이불이 화염에 휩싸였소
불꽃이 치솟았고 실내가 번쩍거렸소

16 호그니
당신이 오래 내버려둔 아마포가 여기 있소
훨훨 잘 타는 아마포가. 이게 이불로 보인 거요

17 코스트베라
곰 한 마리 들어와 날카로운 발톱으로
의자들을 밀치니, 우리는 비명을 질렀소
아가리 벌려 물어뜯어도 우리는 꼼짝 못했소
믿으시오, 비명 정말로 끔찍했소

18 호그니
우리들 머리 위로 뇌우가 몰려오고 있소
겨울 폭풍을 당신은 백곰으로 본 것이오

19 코스트베라
독수리 한 마리가 홀 안으로 날아왔건만
그 독수리를 곧장 잃어버렸소 피 흘리는 독수리를
고통스러워하는 꼴을 보니 마치 아틸라 같았소

20 호그니
곧장 짐승을 잡게 될 것이니, 피 흘리는 꿈을 꾸는 것이오
꿈에 나온 독수리는 대개는 소를 의미하오
꿈이야 그렇더라도 아틸라는 우리에게 신의를 지킬 거요—
그들은 더 이상 말하기를 원치 않으니, 대화는 끝을 맺었다.

21
왕의 부부[103] 일어나 역시 같은 말을 나누었다.
글라움뵈르는 간밤의 꿈이 불길하다 말했지만
군나르는 이를 진지하게 받아들이지 않았다.

22 글라움뵈르
꿈에 당신을 노린 올가미가 있었소
독사가 물어뜯었는데도 당신은 살아 있었소
세상이 무서워라, 이게 무슨 징조일까?

---

103 군나르와 그의 아내 글라움뵈르를 뜻한다.

23

갑옷 목덜미에서 피 묻은 칼이 번뜩였소
남편에게 꿈 이야기 말하기도 어렵소
창이 당신 몸을 꿰뚫고 지나갔소
양옆에서는 늑대가 울고 있었소

24 군나르

고삐 풀린 개가 소리소리 지르며 달리잖소
창 꿈을 꾼 것은 개 짖는 소리를 예고한 것이오

25 글라움뵈르

강물이 이 회당 안으로 밀려드는 꿈 꾸었소
강물이 불어나서 좌석들을 덮쳤소
당신 형제는 다리가 부러졌소
물길은 도저히 막을 수 없었는데, 그건 무슨 뜻인가요

26

죽은 여자들이 여기 회당에서 밤을 지새우는 걸 보았소
남루한 행색의 당신을 데려가
곧장 당신을 좌석으로 불렀소
수호 여신들이 당신을 떠났소, 걱정스럽소

27 군나르

이미 늦었소 결정이 내려졌으니
우리는 출발을 다짐했고 번복할 수 없소
우리의 목숨 다했음을 알리는 징조는 많소—

28

떠나려는 사람들이
행차를 서두르고,
징조가 불길하니
하인들 열 명만이
그네바르와 솔라르는
왕들의 행차에 합류한
호그니의 사위이자
불을 밝히며
더러는 만류했다.
그들 다섯과
길을 떠났다.
호그니의 아들이었다.
다섯 번째 사람은 오르크니나였는데
날쌘 방패잡이였다.

29

여자들은 여울목까지만
아리따운 여인들의 당부를
배웅차 따라왔다.
아무도 듣지 않았다.

30

군나르의 아내, 글라움뵈르가
기품을 잃지 않고
"당신들의 선의가
악행이 벌어지면
윙기를 향해
이렇게 말했다.
무슨 도움이 될지는 모르겠소
당신은 악한 손님이오"

31

윙기는 다짐하며
"당신들을 속였다면
화평을 가장했다면
몸을 사리지 않았다.
악마가 날 잡아갈 것이오
올가미에 목을 매겠소"

32

선량한 마음으로
"편안하게 노 저으시오,
내 소원대로 될 터,
코스트베라가 목소리 높였다.
승리는 당신들의 것
아무도 막지 못할 것이오"

33
친지에게 행운 빌며
"사태가 어찌 되든
많은 사람이 그렇게 말했지만
따르는 사람들 용감하다 해서

호그니가 말했다.
마음 편히 가지시오"
사태는 판이했다
그것만이 전부는 아니기에

34
헤어지기 전에 그들은
그 순간 운명이 갈리고

서로 바라보았다.
갈 길이 갈렸다.

35
힘껏 노를 저어
툭툭 소리 내며
노 젓는 말뚝 부러지고
배를 묶지도 않고

뱃바닥이 갈라지는 듯했다.
그들은 배에서 내렸다.
노가 갈라졌다.
뭍에 올랐다.

36
바로 그 직후에
부들리 가족 소유의
호그니 문 두드리니

—잠깐 전할 말 있는데—
성채가 보였다.
빗장이 열렸다.

37
그때 윙기가 한마디 했는데,

차라리 하지 않았다면 더 좋았을 것이다.

"궁에서 멀리 가시오,
그대들 경솔히 그물에 걸렸으니
당신들을 은밀히 몰고 왔으나
혹은 여기 이대로 계시면

들어가면 위험하오
저들도 쉽게 그대들 쳐 죽이리다
거기에는 흉계가 숨겨 있소
내가 당신들 교수대를 세울테요"

38
호그니가 거절하며　물러서지 않았다.
모험이 있는 곳이면　그에게 두려움은 없었다.
"우리를 놀라게 마오,　더 이상 말을 마오
한 마디만 더하면　불행을 자초할 것이오"

39
그들은 윙기를　도끼로 내리쳐
목숨을 끊고　황천으로 보냈다.

40
아틸라가 갑옷 입고　병정들을 이끌어
무장한 채　원형 성벽으로 달렸다.
분노에 찬 말들이　이렇게 오고 갔다.
"너희를 죽이기로,　오래전에 서약했다"

41
"너희의 의도가 아직은　분명히 드러나지 않는구나
너희가 싸울 태세인지는　모르겠으나 우리는
너희의 수행원 한 놈을　주살해 버렸다"

42
이 말을 듣고　저들은 분기탱천하여
손가락을 펴서　활줄을 당겨
마구 쏘며 방패로　몸을 가렸다.

43
밖에서 벌어진 일,　안에도 알려져

회당 앞에서 벌어진
하인들의 대화를 듣게 되었다.

44
끔찍한 소식 듣자,
목걸이 보석을
은장식을 내동댕이치니
구드룬도 길길이 날뛰며
움켜쥐고
반지들이 박살 났다.

45
문 돌쩌귀를 부수며,
겁 없이 나서서
니플룽족의 가슴과
그녀가 이렇게 말했다.
밖으로 나갔다.
손님들을 맞았다.
목을 껴안으며
(그것이 마지막 인사였다)

46
"오지 말라고
오고야 말다니,
지혜로운 말로
아무도 듣지 않고,
문자를 새겨 보냈는데
운명이 이렇게 모질군요"
싸움을 막으려 했지만
모두가 거절했다.

47
유복하게 태어난 구드룬은
대담하게 행동했다.
칼을 휘두르며
가는 곳마다 싸움에
가혹한 싸움을 목격하며
그녀가 옷을 벗고
친지의 목숨을 지켰다.
그녀는 몸서리를 쳤다.

48
기우쿠의 딸은
아틸라의 형제 한 명을 쳐서
두 사내에게 치명상을 입혔다.
실려 나가게 했다.

그녀가 그의 한쪽 다리를
또 다른 형제를 치니
황천으로 갔다.

잘랐던 것이다.
그는 일어서지도 못하고
그녀의 손은 떨리지 않았다.

49

그렇게 싸웠으니
기우쿠의 자식의 위업은
니플룽족은 살아 있는 한,
씽씽 소리가 났으며
그들은 적의 투구를

소문이 자자했다.
말할 수 없이 컸다.
칼을 휘둘러
적의 갑옷을 찢었다.
힘껏 쳐 깨부수었다.

50

아침에 시작해서
꼭두새벽에 시작해서
싸움이 격해지고
그들 중 열여덟이 죽고
오라비 오르크닝도 죽고

점심 넘어까지 싸웠다.
한낮이 지날 때까지 싸웠다.
들판엔 피가 흥건
베라의 두 아들과
적이 승리했다.

51

분노에 사무쳐
"악행이 여기 있고,
싸울 칼 서른 개가
남은 것은 열한 개,
부들리께서 돌아가실 적에
절반이 황천에 갔고,

아틸라가 말했다.
책임은 너희에게 있다
여기 있었는데
흉계가 사악도 하구나
형제 다섯이 있었으되
둘은 쓰러졌다

52

멋진 처남 두었음을

부인키 어렵구나

계집 같지 않은 계집이여!
내가 그대를 얻은 이후,
나의 재산과 친지들
나의 누이를 죽였으니
그것이 즐겁지 않구나
마음 편한 날이 하루도 없었으니
너희가 빼앗았고
참으로 원통하도다"

53 구드룬
아틸라여, 그렇게 생각하시오?
보물 때문에 당신이 먼저
고귀하신 그분은
당신이 원한을 토로하시다니
당신이 불행해진 건
당신이 먼저 일을 벌였소
우리 어머니를 죽였소
동굴에서 죽어 갔소
우습기만 하구려
신의 축복이오

54 아틸라
장정들이여, 명하노니
더 고통스럽게 하라
힘껏 싸워서
그녀가 운명에 고통받는 꼴,
저 당당한 여편네를
그 꼴을 꼭 보고 싶구나
구드룬이 탄식케 하라
내 기어이 보고 말리라

55
호그니를 칼로 쳐서
심장을 꺼내라,
원통해하는 군나르의 목에
힘껏 줄을 당기고
두 동강을 내고
어서 실행하라
올가미를 걸어
뱀을 풀어놓아라

56 호그니
마음대로 하시오,
더 큰 고통 겪어 온 나인데,
우리 온전하니
기다리고 있겠소
그것 하나 못 이기겠소
당신들을 이길 수 있소

우리가 상처를 입거든 당신 마음대로 하시오

57
아틸라의 성채를 지키던 베이티가 말했다.
"히알리를 붙잡고 호그니를 봐 줍시다
벌써 반은 죽은 목숨, 이미 죽은 거나 다름없소
설령 살아 있다 한들 폐인이나 다름없소"

58
요리사[히알리]가 경악하여 제대로 서 있지 못하고
울며 벌벌 기어 구석으로 도망갔다.
윗사람들 싸움에 자신이 희생되었고
돼지를 놔두고 죽게 되니 슬프기 그지없고
오랫동안 즐겨온 기름진 음식을 못 먹게 되었다며 탄식했다.

59
부들리의 졸개들이 나가 칼을 갈았다.
익살맞은 요리사는 칼에 찔리기 전에 비명 지르며 말했다.
살려만 준다면 아직 나이 늙지 않아
밭고랑에 거름도 주고, 짓궂은 일 도맡아 하겠소
살려만 준다면 기꺼이 하겠소

60
호그니는 생각 끝에 —아무도 그렇게 빨리 못 하는데—
겁쟁이 그자를 살려 주게 하였다.
"이 시합은 나 혼자서도 쉽게 해치울 수 있소
누가 그런 허튼소리에 귀를 기울이겠소"

61
그들이 선한 분을 붙잡으니
날쌘 용사의 심판을
호그니가 껄껄 웃자,
그의 웃음소리를
선택의 여지 없이
마무리 지을 수밖에
용맹스럽게 고통을 이기는
장정들이 들었다.

62
군나르가 치타[104] 들고
소리를 내니,
아름다운 여인들 탄식하고
구드룬의 운명을 알리니
발가락으로 울려
그 소리를 듣고
영웅들 한숨 쉬었다.
대들보도 무너졌다.

63
먼동이 틀 무렵
오로지 미덕만이
소중한 분들 죽고
오래 전해져 내려왔다.

64
아틸라는 당당하게
구드룬을 향해
"아침이오, 구드룬,
일이 이렇게 된 것은
두 사람 위로 올라서서
놀리며 비웃었다.
용사들 그립겠지
그대의 잘못이오"

65 구드룬
아틸라여, 그대는
모든 것을 알게 되면
분명히 말하는데,
오라비의 죽음을 즐기시는군요.
톡톡히 후회할 것이오.
내가 죽을 때까지

104 하프처럼 생긴 고대의 현악기.

그대 역시 고통을 겪을 거요.

66 아틸라

난 저항할 것이요, 도움이 될지는 모르겠지만
또 다른 충고를 알고 있소, 우리는 자주 행복을 비웃소
몸종들과 많은 보물, 백설 같은 은을
위로금으로 주겠소 원하는 만큼 주겠소

67 구드룬

그것은 안 될 말씀, 나는 거절하겠소
그렇게 되기 전에, 속죄를 거절하겠소
사람들은 내가 원통하리라 여기고 실제로도 그렇소
호그니가 살아 있었을 때에는 고통을 숨겼던 것이오

68

그분들이 우리를 한 집에서 길렀고
숲속에서 우리는 함께 뛰어놀았소
그림힐드가 우리에게 금과 목걸이를 주었소
오라비의 죽음을 당신이 내게 속죄할 수는 없소
그대가 하시는 행동 내겐 모두 고통이오

69

남자의 폭력이 여자의 의지를 바꾸고
가지가 마르면 우듬지를 망치는 법
가지가 부러지면 나무가 죽소
아틸라여, 당신 혼자서 모든 것을 처리하시오—

70

의심은 하면서도　아틸라는 그녀를 신뢰했다.
조금만 신경을 썼더라면　술수를 알았을 터
심중의 말을 구드룬은　교활하게도 숨겼다.

71

구드룬은 오라비의 제사 음식을　후하게 차리게 했다.
아틸라 역시 죽은 사람에게　예를 다하려 했다.

72

그들은 말을 멈추었다.　음식을 차리니
후하여 상다리가　부러질 정도였다.
당당해하던 구드룬은　부들리의 자식들에게 가혹했다.
남편에게 그녀는　잔인한 복수를 준비했다.

73

그녀는 어린것을 불러　잠자리에 눕혔다.
거센 아이들은 겁을 먹었지만　그렇다고 울진 않았다.
“여기 엄마 품에서　우리 둘은 어떻게 해야 하죠?”

74

“꼭 말해야겠느냐,　너희를 죽일 거야
너희의 목숨을 빼앗아야　분이 풀리겠다”

75

“어서 죽여 주세요,　아무도 우리를 지켜 주지 않을 겁니다
하오나 저희에 대한　분노를 멈추신다면

분노는 오래가지 않을 겁니다.”   싸움에 능한 구드룬이
두 아들의 목을 잘라   즉각 처치하고 말았다.

76
계속해서 아틸라는   물어보았다.
아들이 안 보인다,   놀고 있느냐?

77 구드룬
아틸라여, 망설임 없이   분명히 대답하겠소
그림힐드의 딸은 스스로 한 짓   숨기지 않겠소
전말을 알게 되면   즐거울 리 없을 거요
당신은 제게도 고통을 안겼소,   오라비들을 죽였으니

78
오라비들 죽은 후,   난 거의 잠을 못 이루었소
격렬하게 당신을 위협했는데   혹시 생각이 나시나요?
아침이었다고 했지요?   분명히 생각납니다
저녁이 왔으니,   이제 말씀드리겠소

79
아들은 죽었소   당신이 원한 것은 아니었지만
아이들의 해골은   여기 술잔으로 쓰고 있소
아이들이 흘린 피,   잔에 담아 드리겠소

80
창에 찔린 아이의 심장을   냄비에 쪄 놓았소
송아지 심장인 양   맛보시라고 드렸소
당신 혼자 남김 없이   모두 다 드셨소

튼튼한 송곳니로 맛있게 드셨소

81
아이들의 운명 아셨으니 더 흉악한 일 어디 있겠소
내 운명 내가 결정했으니 비웃진 마시오

82 아틸라
구드룬이여, 뜻과는 달리 아이들의 피를
내 술잔에 섞을 때, 그대는 억한 심정이었소
아들들을 죽였으니 당신 심정이 최악일 것이오
그대는 내게 고통에 고통을 안겨 내 마음을 뒤흔들고 있소

83 구드룬
차라리 당신의 목숨을 빼앗고 싶소
당신 같은 분에게는 어떤 벌을 주어도 충분치 않을 터
일전에 그대는 극악무도한 비행을 저질렀소
그토록 끔찍한 광기, 일찍이 이 세상엔 없었소
이전에 저지른 경솔함에 오늘 또다시 경거망동했으니
극악무도한 짓을 저질러 스스로 무덤을 판 격이오

84 아틸라
먼저 돌팔매로 그대를 죽여 장작더미에 태울 것이요
그대가 늘 원했던 바, 이제 실행에 옮겨질 것이오

85 구드룬
걱정일랑 마시고 어서 죽여 주시오
아름다운 나의 죽음, 나를 또 다른 빛으로 인도할 터이니

86
그들은 성채에 앉아
화난 시선을 던지며
저주를 내뱉었다.
그 누구도 더 이상 기쁘지 않았다.

87
니플룽의 가슴에도 원한이 자라나,
큰일을 벌여야겠다고 생각했다.
아틸라에게 원한이 있다고,
그가 구드룬에게 말했다.
그 여인은 호그니가 당한 것을
마음에 두고
복수한다면,
그를 칭송하겠다고 말했다.
바로 그 순간
아틸라가 쓰러졌다.
호그니의 아들[105]이 그와
구드룬을 죽였다.

88
날쌘 아틸라가
잠에서 깨어 말했다.
"부들리의 아들을 누가 죽였소,
사실대로 말하시오
그가 나를 친 것은 우연이 아니었소,
목숨이 달아날 지경이었으니"

89 구드룬
그걸 숨긴다는 것은
그림힐드의 후손에겐 어울리지 않소
당신의 목숨이 끝난다면
그 원인은 내게 있소
또 호그니의 아들에게도 있소,
상처가 당신의 힘을 앗는다면

90 아틸라
본성을 거스르며 당신은
분노하여 사람을 죽였소
당신을 믿고 따르는 친구를
속이는 것은 잘못이오

105 니플룽족을 뜻한다.

91

떠밀리다시피 집을 나서,　　당신에게 구혼했소
마음이 거칠고 외로운　　과부인 당신에게.
알다시피 이것은　　거짓이 아니오
군졸들의 호위 속에　　우린 당신을 맞이했소
우리의 행렬은　　세심하게 준비된 것이었소

92

만인이 우러러보았소,　　고귀한 장정들
쇠고기 많이도 비축하여　　배불리 먹었소
먹을 것 넘쳤고　　모두가 즐겼소

93

식량뿐만 아니라　　보물도 많이 주었소
서른 명이 넘는 하인들과　　아리따운 하녀 일곱
멋진 선물에 은은　　헤아릴 수 없이 많았소

94

그 모든 것을 그대는　　하찮게 여기며
부들리께서 내게 남긴　　땅마저 내놓으라 했소
당신이 함정을 팠고,　　나는 거기에 빠졌소
당신 때문에 내 어머니는　　눈물 흘릴 때가 많았소
집안 분위기 화평할 때가　　한 번도 없었소

95 구드룬

아틸라여, 거짓말하지 마오,　　그것으로 되었소
내가 온유했던 적은 없었지만　　불화의 씨앗은 당신이 뿌렸소
당신의 어린 형제들은　　길길이 싸움질이었고

당신 집 식구 절반을 황천으로 보냈소
복 받을 일은 애당초 없었소

96
우리 세 형제자매는 용감무적이었소
우리는 육지를 떠나 시구르드의 종자들 속으로 들어갔소
각자가 배를 몰아 동방으로 갔지요
결과가 어찌 될 줄 전혀 모른 채

97
왕 하나를 우리가 치니, 그의 땅이 우리에게 떨어졌고
제후들은 복종했소, 우리가 주인이었소
마음대로 우리는 추방당한 자들 숲에서 불러들였고
무일푼인 그들에게 힘을 주었소

98
훈족의 그분[시구르드]이 죽었소 나의 신분도 추락했소
과부가 된 젊은 여자의 분노가 오죽했겠소
아틸라의 집에 온 것은 참으로 큰 고통이었소
죽은 남정네를 못 잊는 아낙네로서는 말이오

99
전장에서 돌아오기 전, 우리는 들었소
그대가 싸움을 시작하여 승리했음을
늘 그대는 피하려 들었고 저항도 하지 않았소
또 자신을 드러내려 하지 않아 제후들의 비웃음을 샀소

100 아틸라
구드룬이여, 그것은 거짓이오, 그렇게 하여

우리의 가혹한 운명을 완화시킬 수는 없소
구드룬이여, 마지막 자비를 베풀어
우리의 장례식을 성대하게 치러 주오

101 구드룬
튼튼한 관 하나와 배 한 척을 구입하겠소
당신의 시신에 수의를 입히겠소
우리 사랑했으니, 필요한 준비 모두 다 갖추겠소

102
아틸라가 운명하자, 친지들이 애도했다.
귀부인 구드룬은 약속을 모두 지켰다.
이제 구드룬은 스스로 목숨을 끊으려 했다.
하지만 그녀는 죽지 않고 살아남았다.

103
기우쿠의 후생, 그토록 대담한 여장부를
얻은 사람은 그 이후 행복하다 일컬어졌다.
방방곡곡 어디든지 소문 들리는 곳엔
이들 부부의 적대감은 두고두고 인구에 회자되었다.

그림 13. 소용돌이 무늬가 있는 방패형 문장(紋章), 법랑
출처: RLGA, 제7권, 도판 68

그림 14. 하블링보 하보르 제2호(Hablingbo Havor II). 고틀란드 석회석 석각화. 높이 110cm, 최대폭 100cm. 묘곽(墓廓) 덮개로 사용되었다. 수직 장식띠 2개, 수평 장식띠 1개. 원형 무늬 1개(직경 46cm).
출처: 고틀란드 석각화, 제1권, 표 11, 도판 23
(오른쪽 사진 출처: 포른살렌 고틀란드 박물관)
(사진 웹주소:
http://en.wikipedia.org/wiki/File:Fornsalen_-_Bildstein_mit_Bowen-Knoten.jpg)

36. 구드룬의 사주(使嗾)
(구드루나르흐뵈트 Gudrunarhvöt)

아틸라를 죽인 구드룬은 해변으로 갔다. 바다에 뛰어들어 자살하려 했으나 물에 가라앉지 않았다. 그래서 그녀는 파도에 밀려 해협을 지나 요나쿠르스 왕의 나라에 이르렀다. 요나쿠르스는 그녀를 아내로 맞아들였다. 그들은 세 아들 쇠를리, 에르프, 함디르를 두었다. 그곳에서 시구르드의 딸 스반힐드가 성장하여 부유한 요르문레크 왕의 아내가 되었다. 요르문레크에게는 비키가 있었다. 비키는 왕의 아들인 란드베르에게 [계모인] 그녀를 아내로 삼으라고 사주하고는 그 일을 왕에게 고자질했다. 그러자 왕은 아들 란드베르를 교수형에 처하고 스반힐드를 말발굽으로 짓밟아 죽이게 했다. 이 소식을 들은 구드룬이 세 아들을 불러들였다.

1
나도 처음 들었다 그리 가슴 저미게
죽도록 슬퍼서 쏟아 내는 말들은.
원한에 찬 구드룬, 아들을 모두 불러
혹독한 말씨로 복수를 부추기니.

2
"너희 어찌 한가하게 인생을 허비하느냐?
어찌하여 희희낙락 잡담이나 나누는가,

피어나는 젊은 애를
말발굽에 밟았거늘,
대로 위에 흰색 말,
고트족의 준마들 몰아
요르문레크 그자가
너희 여동생을,
검은 말에 갈색 말
짓이겨 죽였거늘!

3
군나르 가문에
호그니의 높은 기상
그 애 위한 복수를
이 어미의 오라비 같은
훈족의 제왕 같은
가당찮은 너희,
전혀 볼 수 없구나
거절하지는 않겠지,
용기가 있다면,
높은 기상 있다면"

4
그러자 함디르가
"어머니는 호그니를
그자가 시구르드를
청색 백색 수놓은
남편 피로 낭자하여
용맹스레 말하더라.
그리 칭찬하지 않으셨죠,
잠에서 깨웠을 때.
당신의 이부자리
시뻘겋게 물들었죠

5
형제들 앙갚음에
잔인하기 짝이 없게
이제 우리 힘을 합쳐
어린 누이 복수를
너무 성급하셨으니
아들 모두 몰살했죠
요르문레크 찾아가
당장 할 수 있으리다

6
하지만 훈족 왕들의
무술놀이 나서라고
무구(武具)를 내어 주오.
저희 일깨우셨으니."

7

이 말 듣고 구드룬이 단걸음에 달려가
무기고 궤짝 열고 왕의 투구 장식이며
품 넓은 갑옷 꺼내 아들에게 가져오니
용맹한 장정들이 말 등에 올라탔다.

8

이때에 함디르가 담대하게 외쳤다.
"어머니 뵈오러 돌아오지 못하리다,
고트족 무리에게 용사들 쓰러질 터.
그러면 어머니는 상속 판결 내리겠죠,
스반힐드, 그리고 당신 아들 모두에게."

9

이 말을 듣고 난 규쿠의 딸 구드룬
회한에 사무쳐 앞뜰에 앉았다.
친지들의 불운을 이리저리 헤아리니,
비탄에 젖은 마음 무겁기만 하구나.

10

"나에겐 집이 셋, 아궁이도 셋이어서,
남편 셋을 따라서 세 번이나 시집갔지
그중 가장 소중한 분 시구르드뿐인데
오빠들이 그이를 죽이고 말았어

11

그 혹독한 슬픔은 보상도 없는데
내 마음 한층 더 괴롭힐 작정으로

그자들이 이 몸을 아틸라에게 주었지.

12
씩씩한 아이들을 곁으로 불러들여
니플룽의 자식들 목을 자를 때까지
내 고통 결단코 사그라지지 않았네.

13
운명의 여신들을 원망하며 물가에서
사악한 자들의 박해를 피해 보려 했더니,
높은 파도가 나를 삼키지 않고 떠오르게 해서
목숨 건져 뭍으로 나는 다시금 나왔구나

14
새 혼방에 들어가면 나아질까 소망 품고
세 번째 왕을 맞아 혼인하였구나.
유산을 지켜 나갈 자식들도 얻었으니
유업을 보존할 요나쿠르의 왕자였다.

15
스반힐드 주변에 시녀들 앉아 있는데
이 아이 사랑하는 내 마음 그 누구에 비할까
궁중에 스반힐드 한줄기 햇빛처럼
마음에 활기 주는 귀한 존재였으니

16
아이에게 황금 주고 고운 옷감 베풀어도
고트족속 나라에 바쳐지고 말았구나

스반힐드 머리타래 화려하게 빛나더니,
말발굽에 짓밟혀 먼지 속에 묻혔구나

17
내 큰 슬픔 이러하니, 승리 앗긴 시구르드
침상에서 그자들이 쳐 죽인 것이요,
가장 큰 원한이야 군나르의 생명이니,
사악한 독사들이 그를 물어뜯었더라
허나 심장 찌르는 듯 혹독한 쓰라림은
허물없는 호그니를 산 채 잘라 죽였음이라

18
쌓인 슬픔 기나긴 이 내 근심 기억하소
지체 마오, 시구르드! 번쩍이는 준마 타고
날쌘 걸음 다잡아 이리 몰아 오세요
여기 이젠 조카딸도 친딸도 없답니다
구드룬에게 보석 장식 줄 사람도 없고요

19
기억하세요, 시구르드, 우리가 다짐한 말,
침상에 둘이 누워 나누던 언약을
저를 찾아오리라고 약속했죠, 용사여,
황천의 궁궐로 저를 데려가시려고

20
전사들아, 떡갈나무 장작을 쌓아라
하늘에 닿도록 높이높이 쌓거라
슬픔에 찬 이 가슴을 불꽃에 사르리라

가슴에 맺힌 한을 불길에 녹이리라

21

한 맺힌 나의 노래 끝까지 들으시면,
사내들 마음 모두 부드럽게 풀리고
아름다운 여인들 슬픔도 삭으리라"

37. 함디르의 노래
(함디스말 Hamdismal)

1
동트는 새벽에
때마침 흉흉한
아침 녘 사람마다
가슴을 무겁게
정령[106]들 슬퍼하니
일이 벌어졌다.
근심이 일어
내리눌렀다.

2
어제오늘도 아니라,
시간이 흐른
기우쿠의 딸, 구드룬이
스반힐드의 복수를
참으로 오랜
과거의 일이었는데
어린 아들 사주하여
꿈꾸며 나섰다.

3
"스반힐드라 부르는
거만한 요르문레크가
대로 위에서
너희의 누이였느니라
말로 짓밟게 했느니라
하얀 말에 검은 말

106 고대 게르만 신화에는 정령이 아스 신과 함께 나오기가 일쑤이다.

회색 말에 길들인　　고트족의 말로

4
백성의 지도자인　　너희는 흩어져 살다
우리 종족 가운데에서　　너희만 살아남았느니라
숲속의 백양나무처럼　　나 역시 고독하고
떡갈나무 가지처럼　　친지들은 죽어 갔느니라
여름 폭풍에　　가지가 부러져
잎을 잃은 나무처럼　　창공의 대기를 잃었느니라

5
너희는 군나르의　　핏줄을 닮지 않았구나"

6
이 말에 용기백배하여　　함디르가 말을 이었다.
"호그니의 업적 기리기를　　망설이고 주저하시는군요
그들이 잠자는　　시구르드를 깨웠을 때
당신은 누워서　　살인자들을 비웃었습니다

7
파란색 하얀색　　색색이 수놓은
당신의 이부자리는　　용사의 피로 얼룩졌습니다
시구르드가 죽었고　　당신은 그분 곁에서
망연자실 앉아 계셨습니다,　　군나르가 원했던 바이지요

8
아틸라에 복수하려고　　당신은 에르프와
에이틸을 죽였습니다　　하지만 가장 가슴이 아픈 사람은

바로 당신이었습니다
누구나 사용하여
자신만은 절대로
꿰찌르는 칼은
타인을 해치지만
그럴 수 없는 법입니다"

9
그러자 쇠틀리가
"어머니와 긴 말씀
한 가지 드릴 말씀은,
고통스러워 말씀을 못하시는
현명하게 말했다.
나누고 싶지 않습니다
당신들이 약속을 어겼습니다
당신의 요구 무엇입니까

10
당신은 외삼촌들과
후손들을 사주하여
우리가 말에서 내려
구드룬이여, 당신은
착한 아이들을 원망하며
싸움질로 몰아넣습니다
싸움을 회피하면
우리까지 원망할 것입니다"

11
투덜거리며 그들은
젊은이들은 훈족의
안개 낀 계곡을 지났다.
궁성을 나섰다.
쇠약한 말을 타고
누이의 죽음을 보복하러.

12
말 잔등에 올라타
에르프를 도중에 만났다.
무슨 소용 있겠소."
귀공자를 그렇게 나무랐다.
대담하게 싸우는
"바보에게 길을 알려 준들
그들은 서출의

13
만나자마자 용맹한　그에게 물었다.
"화난 난쟁이야,　네놈이 우리에게 무슨 도움이 될까"

14
이복형제인　에르프가 대답했다.
"내가 당신들에게　도움을 주고 싶소
손바닥도 맞들면　낫다는 말이 있소
발바닥도 함께 디디면　도움이 되지 않겠소?"

15
"누가 누구에게　도움을 준다고?
손바닥도 맞들면 낫다니　무슨 말인가?"

16
단단한 쇠붙이로　저승의 여신을 즐겁게 해 주려고
그들은 칼집에서　예리한 칼을 꺼냈다.
젊은 이복형제가　바닥에 쓰러지자
그들도 힘이　3분의 1은 쇠했다.

17
그들은 외투 흔들고　칼을 숨기고
갑옷으로 갈아입고　전투태세 갖추고
계속해서 섬뜩한　길을 떠났다.
누이의 의붓자식(란드베르)이　나뭇가지에 맞아 죽은 모습이 보였다.
성채의 서쪽　찬바람 매서운 나무 옆에
마치 까마귀를 부르는 듯,　심상치가 않았다.

18

실내에는 흥겨운　　잔치가 떠들썩
말발굽 소리　　들리지 않았다.
마침내 보초들이　　호각을 불었다.

19

그들이 서둘러　　요르문레크에게 알리자
투구 쓴 장수들이　　모습을 드러냈다.
“폭도가 접근하오,　　명령을 내려 주시오
여자들을 능욕하여　　힘센 장정들이 분노한다오”

20

요르문레크가 키득거리다　　수염을 쓰다듬으며
갑옷을 입으려 하지 않고　　술만 마셔 댔다.
검은 머리 흔들며　　번뜩이는 방패를 바라보고
손으로 술잔을　　빙글빙글 돌렸다.

21

“우리 홀 안에서　　함디르와 쇠를리의
모습을 보니,　　참으로 기쁘구나
내 그들을　　활줄로 꽁꽁 묶어
올가미로 기우쿠의 아이들의　　목을 조르고 싶다”

22

높다란 계단에서　　고귀한 분이 소리쳤다.
관리자이신 그분이　　친지들에게 경고하며
“이 높은 성채에서　　장정 두 명이
천 명의 고트족을　　묶는단 말이냐”

23
궁정 안이 소란해지고 술잔이 넘어졌다.
장정들은 사람의 심장에서 나온 피 속으로 빠져들었다.

24
기고만장한 함디르가 목청을 돋워
“우리 두 형제가 그대의 요새에
나타났소, 요르문레크 즐겁지 않소이까
이제 당신은 두 발과 두 팔 잘려
뜨거운 불 속에 내동댕이쳐질 것이오”

25
이 말 듣고, 투구 쓴
최고 참모가 곰처럼 목청을 높였다.
“화살도 예리한 칼도 쓸모가 없을 때엔
돌을 던지시오 요나쿠르의 자식들을 향해”

26
기고만장하여 함디르가 소리 질렀다.
“형제여, 그대가 입을 열면 해롭소
잘못된 충고가 나올 수 있으니”

27 쇠를리
함디르여, 용기가 있되 지혜는 없구려
분별력이 없다면 부족한 점이 많은 법

28
오는 길에 우리가 죽인 용감한 형제

날렵한 용사
몸통[107]이 잘렸을 터인데,
받들어야 할 분을
에르프가 살아 있다면
악녀가 나를 사주하여
우리가 죽이고 말았소

29
늑대를 본받아
스스로 원한을 품음은
황야의 숲속에서 탐욕으로
운명의 여신의 잿빛 개[108]처럼
우리 둘에게는 어울리지 않소
연명하는 늑대처럼 말이오

30
우리는 잘 싸웠소,
시체를 깔고 앉았소
공명을 누렸으니
아무도 밤이 옴을 보지 못하리,
우리가 죽인
마치 나뭇가지에 앉은 독수리처럼
오늘 죽든 내일 죽든
운명의 여신 예언처럼—

31
회당의 끝 부분에서
함디르는 집 뒤에서
쇠를리가 쓰러졌다.
최후를 마쳤다.

이것이 고(古) 함디르의 노래이다.

107 요르문레크의 몸통을 가리킨다.
108 늑대를 뜻한다.

후 기

그림 15. 토르슬룬다 보탄-오딘 상 부분도. 스웨덴 욀란드 토르슬룬다(Torslunda)에서 발견된 투구 장식용 금속판. 6세기 청동 주물. 높이 4.7cm, 폭 5.5cm. 스톡홀름 국립역사박물관 소장. 새 모양의 뿔 달린 투구를 쓰고 허리에 칼을 찬 애꾸눈의 전쟁신 오딘이 양손에 창을 하나씩 들고 춤을 춘다. 오른쪽에 필시 늑대 (또는 곰) 털가죽을 입고 창을 든 '광란의 전사' 베르제르커(Berserker)가 오딘의 발뒤축을 찌른다. 늑대 펜리르가 오딘을 잡아먹는다는, 종말신화 라그나뢰크가 암시된 의식무(儀式舞) 장면(다음 쪽 도판 참조).

출처: RLGA, 제5권, 도판 47

(도판 웹주소:

http://www.archeurope.com/uploads/images/Viking/vendal_helmets/matrix_1_l.jpg)

(416면 사진 웹주소: http://www.runewebvitki.com/Torslunda%20Plate.JPG)

전체 도판

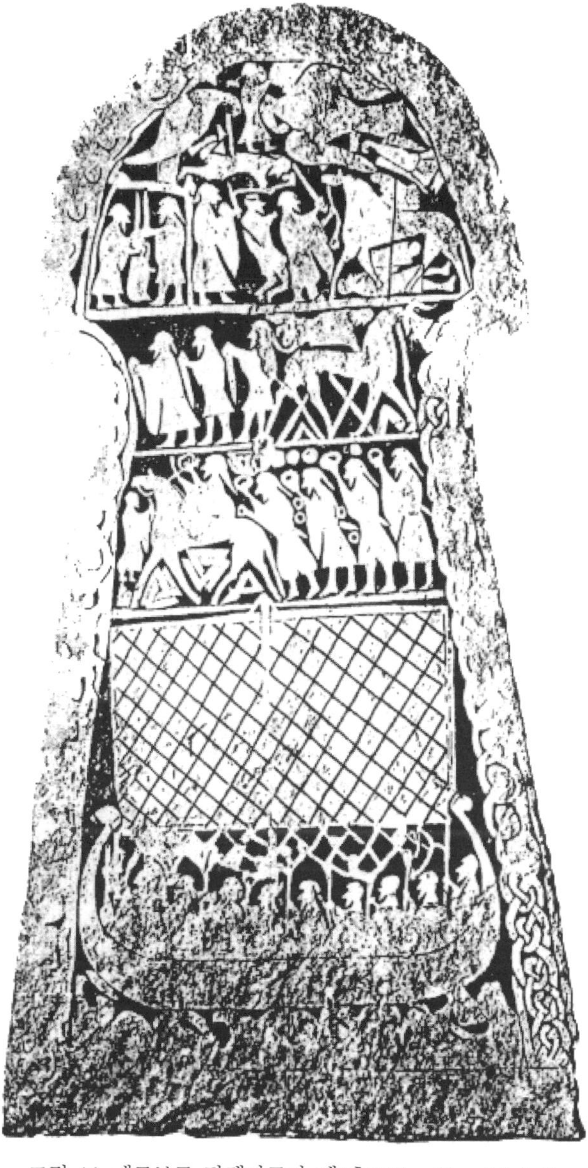

그림 16. 레르브로 탕겔가르다 제1호(Lärbro Tangelgårda I)

세부도(제3단)

그림 16: 레르브로 탕겔가르다 제1호(Lärbro Tangelgårda I). 높이 253cm, 최대폭 144cm, 두께 26cm. 조성 시기 700년경, 발견 1861. 기독교 이전 고틀란드의 기념비적 석회석 석각화. 시구르드 전설, 곧 시구르드의 죽음과 발할라 입성을 묘사한 일련의 장면들은 레르브로-스토라 함마르스 제1호 석각화(332면, 그림 12) 제5단 그림의 세부 설명인 것처럼 보인다. 위로부터 제1단(반원형의 상단 부분): 전투의 신이자 전몰자들의 신 오딘이 새의 형상으로 '초혼'된다. 그 아래 왼쪽부터 집안에서 수퇘지에 걸고 행해지는 서약 의식 — 숲속에서 비겁하게 시구르드의 등을 찌르는 암살행위 — 보물을 실은 말 그라니가 시구르드를 떠나지 않으려 버틴다. 제2단: 저승여행의 시작. 오른쪽에 오딘의 팔각마 슬레이프니르, 왼쪽에 항복자세를 취하는 세 명의 전사. 제3단: 영웅들의 당당한 발할라 입성. 기마전사와 수행인들이 각기 승리의 화관을 흔들고, 왼쪽 인물은 무리를 향해 환영의 뜻으로 손을 내민다. 제4단: 대형(거의 100×100cm) 배 그림. 9명의 전사, 그 아래로 판자형의 노와 부서지는 파도.

출처: 고틀란드 석판화, 제1권, 표 31, 도판 86(제3단 세부도 도판 웹주소: http://kulturbilder.files.wordpress.com/2013/07/b-gotland-108186-2.jpg)

에다 문학

『에다 *Edda*』는 중세에 고대아이슬란드어로 기록된 신화 및 영웅서사시로서 세계문학의 귀중한 자산이다. 짐록의 독일어 번역은 1851년 초판이 간행된 이래 19세기에 9판이 인쇄되었으며, 여전히 가장 포괄적인 독일어본의 하나로 꼽힌다. 이 판본은 2부 또는 3부로 구성되어 있다.

1) 신곡(神曲)['신들의 노래'](16편) 2) 영웅시['영웅들의 노래'](24편)	두운시(頭韻詩), 『고(古)에다』 (일명 '운문 에다')
3) 스노리 스투를루손 Snorri Sturluson 새 산문시(1. 귈파긴닝; 2. 스칼드스카파르말; 3. 하타탈)	『신(新)에다』(일명 '산문 에다' 또는 '스노리 에다')

'에다'란 '증조할머니'를 뜻하는데, 책 표제로서 에다도 그런 뜻인지는 명확하지 않다.

『고에다』의 노래들은 800-1200년 사이에 생성되었다. 나중 것들은 아이슬란드에서, 먼저 것들은 노르웨이 또는 영국령 섬들의 노르웨이 주민 지구에서 나왔다. 후대의 '아틸라 노래'(제35곡)가 발생한 곳은 그린란드이다. 저자는 알려지지 않았는데, 이는 초기 중세의 문학에서 드문 일이 아니다.

『신에다』는 1220년경 아이슬란드에서 쓰였다. 저자 스노리 스투를루손

(1178-1241. 9. 22. 암살)은 정치가이자 중세아이슬란드의 가장 중요한 시인이었다. 그는 스칼드 문학(스칼드스카파르말 Skaldskaparmal)과 하타탈 Hattatal의 규범들을 후세에 전수해 주었고, 특히 고대노르웨이 신화 '귈파긴닝'에 관해 포괄적으로 서술했다.

그림 17. 코덱스 레기우스('고에다' 왕실 필사본), 첫 면
소장: 레이캬비크 필사본연구소

고(古)에다

전승

주된 필사본은 '왕실 필사본' 혹은 '호화 필사본'이란 뜻의 유명한 '코덱스 레기우스' Codex Regius이다. 1270년경에 어느 필사자 한 사람이 기존의 가사집(歌辭集) 사본에 따라 현재의 필사본을 기록했다. 그 가사집은 여러 사람에 의한 여러 단계의 다양한 수집 작업의 결과였음이 분명하고, 대략 1240년에 완성되어 있었다. 현존 필사본에는 처음 소유자 표기로 1643년 스베인손 Sveinsson 주교의 이름이 등재되어 있다. 그 이전에 코덱스가 전승된 과정에 관해서는 확실히 알려진 바가 없다. 17세기에 이 필사본은 코펜하겐의 왕립 도서관으로 넘어갔고, 이에 따라 '왕실 필사본'이라는 현재 명칭도 얻게 되었다. 1971년 이래로는 레이캬비크 Reykjavik 소재 아이슬란드 기록보관소에 보존되어 있다.

왕실 필사본 '코덱스 레기우스'는 6부 45매의 양피지로 구성되어 있다. 4부와 5부 사이(32매 이후)에 양피지 8매(1부)가 누락되어 있다. 그러나 이러한 대규모의 누락 부분을 제외하면 보존된 노래들은 전승 상태가 대체로 온전하고, 선명하게 두 집단(『신들의 노래』와 『영웅들의 노래』)으로 나뉘며, 이들 집단은 다시금 소규모의 의미 있는 단위들로 이루어져 있다. 양피지 크기는 세로 길이가 19-19.4cm, 가로 폭이 13-13.4cm이다. 가죽 장정에는 금박이 새겨졌다. 각 노래의 시작 부분은 갈색 잉크로 쓴 제목 및 녹색 혹은 적색의 첫 글자로 표시되어 있다. 이따금 대화체 노래에는 여백에 약자들이 보인다. 필사자(筆寫者)는 본문 하단에 나뭇잎, 꽃 또는 줄무늬 장식, 그리고 몇 가지 동물상과 인간의 머리를 그려 넣었다. 본문은 연속하여 기록하고 행과 절을 나누지 않았다. 우리가 원본으로 사용한 판본의 번역자 짐록 Simrock은 필사본의 본문을 충실히 따르지만, 노래의 배치에서는 이따금 원본의 순서에서 벗어난다. 여기에 더하여 짐록은 주 필사본에는 없지만 그와 긴밀하게 연관된 다른 『에다』 시가들을 포함시켰다.

왕실 필사본 가사집의 생성

『에다』 연구에서는 그 생성에 대한 의문이 오랫동안 다양하게 논의되어 왔다. 그러나 구전 단계에 이어 필사본이 나오기 시작했다는 점은 대체로 확실하다. 먼저 소규모 계열의 시가집들이 전해지다가 점차 큰 규모로 합쳐졌을 가능성이 있다. 마지막 단계의 이 수집본이 '코덱스 레기우스'의 토대가 되었거나 '코덱스 레기우스' 자체였을 수도 있다.

생성에 관해서는 대략 세 가지 관점을 분류할 수 있다. 안드레아스 호이슬러(Andreas Heusler, 1923)는 일종의 시가집 이론에서 출발한다. 그는 "오딘집"(Odin-Heft, 총 3곡), "잠언집"(총 6곡이던 것이 나중에 6번 가사인 하바말 Havamal로 통합), "헬기집"(Helgi-Heft, 총 3곡), 그리고 규모가 큰 "시구르드 시가집"이 있었다고 전제한다. 4집이 모두 단계적으로 확충되었다는 것이다.

엘리아스 웨센(Elias Wessén, 1945)은 스노리 스투를루손이 『에다』 수집본의 생성에 큰 몫을 했다고 믿는다. 그는 1220년에 자신의 귈파긴닝 Gylfaginning에서 일부 노래들(제1-3곡: 뵐루스파 Völuspa, 그림니스말 Grimnismal, 바프트루드니스말 Vafthrudnismal)을 유별나게 정확히 인용했는데, 이 노래들은 1270년경에야 비로소 '코덱스 레기우스'에서 세상의 빛을 보았기 때문이다. 여기에 다른 노래들이 추가로 기록되었고, 그 결과를 훗날의 편집자가 '코덱스 레기우스'에 질서정연하게 배열했다는 것이다.

구스타프 린드블라드(Gustav Lindblad, 1954-1980)는 필사본을 조사한 결과, 근본적으로 2개의 수집본이 있었음이 분명하다고 추론한다. 그 하나는 개별적으로 또는 짝지어 기록된 노래들로서, 이들이 '코덱스 레기우스'의 『신들의 노래』 부분에 체계적으로 배열되었을 것이라 한다. 그 반면 『영웅들의 노래』 부분은 애초부터 시가집 또는 심지어 "운문 가족전설"로 계획되었다. 개별적으로 영웅들의 노래 부분은 다음과 같이 생성되었을 것이라 한다. 시구르드 Sigurd를 중심인물로 삼은 시구르드 연작가사(連作歌辭)가 먼저 나오고, 뵐숭 Völsung족과 니플룽 Niflung족에 관한 시가들을 거쳐, 끝으로 훈딩족의 살해자 헬기 Helgi와 고트족의 왕 에르마나리히 Ermanarich에 관한 부분이 추가되었다는 것이다.

언어

『고(古)에다』 (그리고 『신(新)에다』)의 원래 원어는 고(古)노르드어, 좀 더 정확히 말하자면 875-930년에 아이슬란드 섬을 점령했던 노르웨이인들의 언어인 고(古)아이슬란드어이다.

(추정 언어 단계:) 태고(太古)노르드어				200년경
고대노르드어 / 고대아이슬란드어				700년경
(고대)서(西)노르드어		(고대)동(東)노르드어		900년경
고대아이슬란드어	고대노르웨이어	고대덴마크어	고대스웨덴어	1200년경
(신)아이슬란드어	(신)노르웨이어	(신)덴마크어	(신)스웨덴어	1500년경

아이슬란드어는 그러니까 북게르만어 또는 스칸디나비아 어계(語系)에 속한다. 이 어계는 동게르만어(고트어)와 서게르만어(독일어, 앙글로프리슬란드어 어군)와는 확연히 구분되는 단위를 구성한다.

특히 법률문헌을 남긴 다른 고대노르드어들에 비해 고대아이슬란드어는 문학어, 시어로서 큰 의미를 지닌다. 『에다』 가사, 스칼드 문학과 13-

14세기의 전설, 즉 '사가' Saga 문학 같은 독특한 기념비적 문학을 이 언어가 남겼기 때문이다. 그 어떤 나라도 주민 대비 비율로 보아 중세아이슬란드처럼 풍부하게 발전된 시문학을 생산하지 못했다.

언어 성과(켄닝가르: 우회어법)

『에다』의 언어는 당대 상황에 비추어 탁월하고 독특한 창작물이다. 이 언어는 두운을 사용하는 고도로 발전된 예술어이다. 무엇보다도 비유·직유·우회 어법에 의한 거의 바로크적인 장식문체가 그 특징이다. 우회어법 '켄닝가르'(단수형 '켄닝': '(재)인식')는 특정의 목표를 지칭하지만 늘 이해하기 쉽지는 않은 문체 수단으로서, 사실적이거나 또는 신화적인 암시를 담는다.

배를 가리키는 많은 우회어법 가운데 하나는 "굴림대 말[馬]"이다. 당시 사람들은 배를 굴림대 위에 얹어 육지로 끌어올렸기 때문이다. 다른 또 하나의 우회어법은 "백조산(白鳥山)의 말"(파도의 말)이다. "전투"는 "칼들의 만남" 또는 "창들의 소나기"이다. "칼"을 가리켜 "피의 뱀" 또는 "상처의 불꽃"이라고 한다.

신화적인 '켄닝가르' 중에 이해하기 쉬운 것으로는 (니플룽족의) '보물'을 뜻하는 "파프니르의 유산(遺産)", "파프니르의 거처", "그란의 무거운 짐" [그란 Gran: 보석이나 귀금속의 무게 단위] 등이다. 신화적인 이야기를 아는지에 따라 이해 여부가 좌우되는 예로, '금'을 뜻하는 '켄닝가르' 가운데 "시프의 머리털"이 있다. (토르의 이야기에 나오는 표현으로, 토르는 시프에게서 잘라 낸 머리털을 금으로 변화시키라고 로키에게 강요한다.) 또는 "황금시대", "프로디의 평화"(부록의 '프로디의 평화' 참조)도 금을 가리킨다.

서술 형식

서사적으로 폭넓은 서술이 아니라 간략하고 짧게, 이따금 극도로 압축된 서술이 주류를 이룬다. 특정의 사건, 운명 또는 예지(叡智)에 맞추어 첨예화되고 핵심을 내포한다. 노래 전체가 단 하나의 문답놀이로 이루어진 경우도 자주 있는데, 여기엔 대화체의 속성으로 인한 극적 요소가 추가된다. 전체를 관통하는 서술 원칙은 배열식 문체이다. 복잡하지 않게 차례차례 이야기가 이어진다.

『고에다』의 노래에서는 절[節, 연(聯)] 형식이 지배적이다. 산문 부분이 노래를 도입하거나 더 나아가 노래의 틀을 이루기도 한다. 이따금 노래 내부에 산문체의 짧은 연결 부분이 나오기도 한다. 두 편의 노래(제21, 30곡)는 완전히 산문으로 되어 있다.

세계상

『에다』가 전해 주는 세계상은 낯설지만 매력적인 느낌이 든다. 그것은 사라진 이교적·게르만적 세계로서, 여기서는 죄가 용서와 속죄로 이어지는 것이 아니라 다시금 새로운 죄를 부를 뿐이다. 아들은 아버지의 살해를 복수(피의 복수)로 응징해야 하고, 이 새로운 살인 행위는 또다시 사정없는 죽음의 보복으로 이어진다. 그리하여 온통 암울한 숙명론이 지배한다. 질투, 중상, 물욕 같은 반사회적 행동은 처벌받지만 변화의 여지가 없는 것으로 여겨진다. 모든 것이 고정되어 있다. 급격한 발전이나 갈등의 중재는 존재하지 않는다. 운명은 정해져 있기 때문에 또한 예견할 수 있다. 그래서 자주 예언과 예시와 꿈이 나온다. 거기에 해당되는 영웅은 자신의 몰락을 알고 있다. 그는 전력을 다해 이에 저항하는 것이 아니라 숙명론자로서 굴복한다. 그의 예정된 운명은 그러나 그가 행동하는 것을 저지하지는 않는다. 행동은 그를 비록 몰락으로 이끌지만, 그를 고귀하게 만들고 그에게 가치를 부여한다. 그는 영광스러운 죽음에 이어 오딘의 발할라[천당]에서 자리를 얻을 것이라는 확신을 얻는다.

『에다』 문학에는 기독교적인 요소가 극히 미미한 정도로만 흘러들었는데, 그런 가운데에도 가장 인상적인 부분은 제1곡 종결부에 있는 예언녀의 신탁(神託)이다. 기독교적인 것은 이 시에 어울리지 않으며, 기독교로의 개종 시기를 경험한 기록자가 후세에 첨가한 것으로 이해해야 한다.

두운

절[연] 형식으로 작성된 『고에다』의 노래들은 중세 초기의 예술 형식인 두운법을 사용한다. 일반적인 압운시에서는 압운어가 각 행의 끝에 있다.

Es schlug mein Herz, geschwind zu Pf*erde*!
Es war getan fast eh ged*acht*.
Der Abend wiegte schon die *Erde*,
Und in den Bäumen hing die N*acht*.

심장이 고동쳤네, 어서 말을 타라*고*!
미처 생각도 하기 전에 그리되었*네*.
저녁이 대지를 흔들어 잠재우*고*
밤 어둠이 나무들 속에 걸려 있었*네*.
(괴테: 「환영과 작별」, 십자운(十字韻) abab)

그 반면, 두운시에서는 서로 관련된 압운어가 행 내부에 있고 각 압운어의 초성이 일치한다.

Hell lachte ***H***ögni, da sie das ***H***erz ihm schnitten [h]
Keiner ***K***lage gedachte der ***k***ühne Helmschmied. [k]
Blutig auf der Schüssel ***b***rachten sie's Gunarn. [b]

그들이 심장을 도려내어도 호그니는 밝게 웃었네.
비명은 생각지도 않았네, 담대한 투구 대장장이.
심장을 피범벅 접시에 담아 군나르에게 가져갔네.
(「고[古] 아틸라 노래」, 제34곡, 제24연)

일반적으로 전반부 반행(半行)[제1 반행]에 강세 있는 압운어, 즉 두운어가 최소한 1개 있어서 후반부 반행[제2 반행]의 두운어와 조응한다. 제1 반행에는 자주 2개의 두운어가 있다. 중간휴지에 의해 제1 반행과 제2 반행이 나뉜다.

순수 구성요소가 모두 그러하듯이, 두운법도 내적 형식, 그러니까 시의 내용을 위한 외적 표지이다. 그리하여 두운에는 이따금 거의 표어처럼 압축된 사건이 힘차게 그리고 선명하게 표현된다. 이는 마치 주인공이 애당초 출구가 없는 운명의 무자비한 톱니바퀴에 멈출 길 없이 빠져드는 것과 같다. 두운 형식은 또한 자주 사용되는 문답놀이를 강조하며 대화상대자들의 핵심적인 의도를 부각시키는 데에 도움을 준다. 특히 재치와 풍자로 생활의 예지(叡智)를 노래하는 격언시에서 그러하다.

모든 고대 시가문학이 그랬듯이 『에다』도 구두로 낭송되었다. 오늘날의 독자는 이 점을 고려해야 하며, 이따금 몇 구절을 큰소리로 낭송하거나, 더 좋게는 다른 사람에게 낭송시켜 들어 보아야 한다.

절[연] 형식

포르뉘르디스락 Fornyrdislag과 리오드하트르 Liodhattr가 2개 주요 시행 형식이다. 포르뉘르디스락(‘고대 서사시행’)은 고대 게르만 장행시(長行詩)의 전통을 계승했다. 2개 강세음을 가진 단행(短行 또는 半行) 2개가 두운으로 연결되어 1개의 장행을 구성한다. 개시행(開始行[前半行] Anvers)에서는 2개 강세음 가운데 하나가, 종결행(終結行[後半行] Abvers)에서는 첫 강세음만 두운을 가질 수 있다. 그러니까 강세음에는 두운이 있거나("유두운[有頭韻]

강세음) 또는 없다('무두운[無頭韻] 강세음).

'Bis "***B***örs 'Söhne	die "***B***älle (den ***B***oden) er'hoben
'Sie, die das "***m***ächtige	"***M***idgard 'schufen,
Die "***S***onne von "***S***üden	"***s***chien auf die 'Felsen
Und dem "***Gr***und ent"***gr***ünte	"***gr***üner 'Lauch.

광활한 미드가르드를	창조한 그들이,
뵈르의 자식들이	공들을(대지를) 높이 들기 전에
태양이 남쪽에서	암벽에 내리비쳐
대지에 녹색 부추가	파랗게 돋았더라.

(「예언녀의 계시」, 제1곡, 제4연)

둘째 시행 형식 리오드하트르(원래 "민요 가락, 노래 가락")는 장행으로 시작하지만, 그러나 그 뒤에 대체로 강세음 2개를 가진 1개의 완전행(단일행 Vollzeile)이 이어진다.

Der "Ausgänge 'halber, bevor du "eingehst,	[장행]
"Stelle dich "sicher	[완전행]
Denn "ungewiss ist, wo "Widersacher	[장행]
Im "Hause "halten.	[완전행]

집안에 들기 전에 그대여 출구들을
확인하여 둘지니
집안 어딘가에 적대자들이 있을지
확실치 않으니라.
(「지존자의 노래」, 제6곡, 제1연)

완전행(2, 4행)의 강세음 수가 늘 2개로 유지되지는 않는다. 완전행 1개에 강세음 3개가 있는 경우도 매우 빈번하게 볼 수 있다.

리오드하트르는 (예컨대 제6곡 또는 제2곡처럼) 격언시(생활의 예지 선포)와 교훈적인 시(창세에 관한 지식, 신과 인간에 관한 설명), 그리고 직접

화법이 압도적인 노래(제9곡 에기르의 주연)에서 주로 사용된다. 서술형 노래에는 이 형식이 보이지 않는다. 운문 『에다』 전체에서 가사 부분의 약 25%에 리오드하트르가, 75%에는 포르뉘르디스락이 사용되어 있다. 일부 노래(예컨대 제20-22곡, 헬기의 노래)와 산문이 많이 섞인 노래[예컨대 제23·24·25곡, 그러니까 신(新)시구르드가(歌)]에서는 포르뉘르디스락과 리오드하트르 연이 함께 나타난다.

[시가별 해제]

신들의 노래

『신들의 노래』(1-16)는 압도적으로 '인식의 시'로서, 일부는 진지한 어조로, 일부는 경쾌한 어조로 쓰여 있다. 이 노래들은 상상력의 한계에 이를 만큼 풍성한 주제를 포괄하여 세계 창조로부터 윤리·도덕적 행동에 관한 일상적인 문제들의 설명까지 다룬다. 그리하여 『신들의 노래』에는 이교적·게르만적 세계의 온갖 전경이 다채롭고 다양하게, 그러면서도 내적인 통일과 짜임새를 갖추며 설계된다.

인식의 매개는 본질적으로 두 가지 형식을 취한다. 어느 지식욕을 가진 사람이 질문하거나 두 명의 대화상대자 사이에 지식에 관한 논쟁이 벌어진다. 『신들의 노래』 첫 부분(제1-7곡)에서 주인공은 오딘이다. 그 뒤를 이어 토르, 로키, 트륌, 알비스, 프레이르 등이 중심인물로 나온다.

『신들의 노래』 중에 규모는 좀 작지만 그렇다고 매력이 뒤지지는 않는 부분이 '잠언'으로, 예지 또는 덕목의 교훈을 담고 있다. 여기서(제6-7곡) 우리는 신들의 높은 영역을 벗어나 생활의 다채로움 속으로 들어선다. 아마도 뒤늦게 생성된 (그러니까 가까운 연대의) 몇몇 가사(제7-10곡) 가운데 일부는 조소적인 어조로, 다른 일부는 재담조로 되어 있다. 신부(新婦) 구하기를 주제로 다룬 가사가 3편(제12-14곡)이고, 신분 풍자와 사랑의 그리움이 2편(제15-16곡)의 주요 내용이다.

전체적으로 가사(歌辭)『에다』 제1부는 의식적(意識的)으로 배열한 듯한 구도를 보여 준다. 일반적인 주제에서 인식 문학을 거쳐 개별적이고 삽화적인 사건들이 이어진다.

(1)『에다』 가사집은 '예언녀의 계시'라는 뜻의 환상시(幻像詩) 뵐루스파 Völuspa로 시작한다. 이 노래는 웅장한 세계 구상이다. 우선 [신과 인간의 태고사(太古史)로서] 조화 속에서 펼쳐지는 세계 창조가 이야기되고, 둘째(제25연 이하), 첫 전쟁의 발생, 신과 인간에게 닥치는 위험, 혼돈과 종말 상황의 도래, 세계 대화재(제56연)에 의한 세계의 멸망이 이어진다. 셋째(제57연 이하), 마침내 조화가 회복되는 가운데 새 세상이 도래한다. 말세의 예상에는 기독교 사상 체계가 작용하지만, 가사의 이교적·게르만적 기조(基調)에는 변함이 없다. 이 부분이 북유럽 신화의 가장 중요한 출처 가운데 하나이자 가장 탁월한『에다』 가사의 하나이다.

서술기법 측면에서 뵐루스파는 단 하나의 독백으로 구성된다. 환상능력을 지닌 거인 여자 뵐바['발라']가 지혜를 구하는 최고신 오딘에게 가르침을 베푸는데, 그녀의 계보는 신들의 그것보다 더 오래되었다. 1인칭 형식이 사용되지만 이따금 3인칭 형식(제39-41, 44연)도 나온다. "무슨 뜻인지 아시겠소?"라는 후렴이 단락 끝에 자주 사용되어 엄숙한 선언 투의 어조를 강화하고, 이로써 독자를 암울한 불확실성과 조용한 구원의 기대 사이에서 긴장하게 한다. 병렬로 나열된 신화적 인물들이 많아서 가사 내용을 이해하기 어려워 보이게 하는데,『신에다』의 해설이 큰 도움을 준다.

(2) '그림니르의 노래'[그림니스말 Grimnismal]는 액자구조 속에 들어 있는 신화적 지식의 시이다. 오딘이 그림니르라는 가명으로 자신의 양자 게이로드를 시험한다. 형을 죽이고 권력을 잡은 이 아들은 시험을 통과하지 못

하고 마침내 칼에 몸을 던져 죽는다. 긴 중간 부분에서 그림니르(오딘)가 독백으로 포괄적인 지식을 장황하게 펼쳐 보인다. 신들의 거처, 세계수(世界樹) 위그드라실, 발할라, 세계의 생성을 설명하고 수많은 자신의 이름을 열거한다.

(3) '바프트루드니르의 노래'(또는 '바프트루드니르의 잠언')[바프트루드니스말 Vafthrudnismal]는 오딘이 강그라드르라는 이름으로 공포의 대상인 거인 바프트루니드르와 대화 형식으로 벌이는 지혜 싸움이다. 아내 프리그가 오딘을 저지해 보지만 소용이 없다. 이 논쟁에서도 다시금 세계의 생성과 멸망, 신들의 운명, 낮과 밤, 계절, 천문학 같은 신화적인 주제들이 다루어진다. 오딘이 이긴다. (죽은 발드르의 귀에 대고 오딘이 무슨 말을 속삭였는지) 거인이 대답하지 못하기 때문이다.

(4) 수수께끼 같은 내용의 단편(斷片)으로, 그 진위 여부도 논란의 대상이 되어 있다. '오딘의 루네 마법'[오딘의 흐라프나갈드르 Hrafnagaldr]이라는 제목도 매우 불확실하다. 짐록은 이 노래가 '벡탐의 노래'(제5곡)의 서곡으로 만들어졌을 가능성이 있다고 추측한다. 주인공은 "회춘(回春)의 여신"인 이둔으로, 『에다』에서 드물게만 언급된다. 신들은 이 여신이 보관하는 사과를 먹어야 늙지 않는다.

(5) '벡탐의 노래'[벡탐스크비다 Vegtamskvida]는 짧은 환상시인데, '발드르의 꿈'[발드르스 드라우마르 Baldrs draumar]이라고도 한다. 발드르의 악몽에 불안해진 오딘이 지하세계에서 벡탐이라는 가명을 쓰며 발라(뵐바)에게 질문한다. 죽음에서 소생한 예언녀 발라는 발드르가 죽을 것임을 계시한다. 오딘은 도저히 풀 수 없는 마지막 질문을 통해 자신의 정체를 드러낸다. 발드르의 꿈과 죽음은 『신에다』에서도 다루어진다.

(6) '지존자[오딘]의 잠언' 혹은 '지존자의 노래'[하바말 Havamal]는 분량이

많고 다채로운 잠언집인데, 어조와 내용이 앞에서와는 전혀 다르다. 이것 역시 지식의 시에 속하지만 분명히 오락적인 요소를 내포한다. 그 대상은 아이슬란드 주민의 일상생활 규범들이다. 언어는 간단하고 명료하다. 재치, 유머, 코믹, 반어와 대담성이 중요한 문체 수단이다. 여러 다양한 부분들을 조합한 것으로, 전체 노래가 포괄적인 '풍속·교훈'을 이룬다.

제1-79연은 일반적인 행동 규범들이다. 손님 접대, 예지, 취흥(醉興), 침묵과 달변, 질문, 농담, 자제(自制), 불행 등이 거론된다. 제80-93연은 사랑을 다룬다. 제94-110연에서는 오딘이 자신의 애정 체험을 전한다. 제111-138연에는 한 젊은이(로드파프니르에 따라 '로드파프니르의 노래')를 위한 교훈이 들어 있다. 마지막으로 제139-165연은 '오딘의 루네가(歌)'이다. 그가 자신을 어떻게 희생했는지, 그리고 루네 문자에 통달한 덕으로 어떻게 죽음을 모면했는지에 관한 자기반성이 담겨 있다. 이로써 미덕 교훈이 끝난다.

(7) '하르바르드의 노래'[하르바르드스리오드 Harbardsliod]라는 재담조 가사가 이어진다. 뱃사공 하르바르드로 변신한 오딘이 천둥번개의 신 토르에게 강 건너 주기를 거절한다. 두 신은 말싸움을 벌이고, 그러면서 둘 다 거창하게 으스댄다. 오딘은 다시금 애정 행각을 늘어놓고, 토르는 거인 퇴치를 자랑한다. 여기서 사회적 위계가 밝혀진다. 오딘이 상류층 궁신(宮臣)들의 존경 대상인 반면 토르는 낮은 농민층의 대변자임이 드러난다.

(8) '휘미르 Hymir의 노래'[휘미스크비다 Hymiskvida]에서는 토르가 벌이는 일련의 격렬한 영웅 행위들이 중심을 이룬다. 토르는 거인 휘미르가 보관 중인 죽 끓이는 솥을 에기르 Ägir의 결혼 잔치에 쓰기 위해 가져와야 한다. 이 과제가 액자[외화(外話)] 역할을 한다. 내화(內話)로서 토르의 다음 모험담들이 특히 부각된다. 넓은 바다에서 낚시질로 미드가르드의 뱀 잡기, 휘미르와 힘겨루기, 죽솥을 머리에 이고 나르기, 망치로 거인 죽이기 등이 이어진다. 이른바 켄닝가르라는 우회어법이 노래에 사용되기 때문에, 독자는 —『에다』의 다른 가사에서처럼 — 그 의미를 염두에 두어야 한다. 예컨대

“턱의 수풀”(제10연)은 턱수염을 가리킨다. 과장되게 힘을 뽐내는 토르의 행태 묘사에 조롱(嘲弄)끼가 함축되어 있는지? 어쨌든 이것은 이교 신들의 세계에 대한 시인의 거리감을 암시하는 하나의 징표이다. 그 세계는 진지한 사건이라기보다는 오히려 재밋거리로 받아들여진다.

(9) ‘에기르의 주연’[외기스드레카 Oegisdrecka]은 조소 취향과 재담조가 지배적이다. 이 부분은 ‘로키의 욕설’을 뜻하는 로카센나 Lokasenna라는 제목으로 더 잘 알려져 있다. 바다 거인 에기르의 잔치에 초대받지 않은 손님 로키가 나타나 여신과 남신들에게 차례차례 욕을 퍼붓는다. 그는 대담하게도 모함까지 서슴지 않는다. 토르가 망치로 쳐 죽이겠다고 위협하자 로키는 오직 그 앞에서만 물러선다. 바로 앞 가사에서 그랬듯이, 신들의 세계는 특별히 진지하게 취급되지 않고 오히려 인간의 눈에 비친 모습대로 그려진다. 로키의 종말을 알리는 산문체 결말 부분에 이르러 순전한 오락의 윤곽이 깨진다.

(10) ‘트륌의 노래’[트륌스크비다 Thrymskvida] 혹은 ‘망치 찾아오기’라는 뜻으로 하마르스헤임트 Hamarsheimt라고 하는데, 거인 트륌이 토르의 망치 묠니르 Miölnir를 훔쳐 가서는 프레이야 Freyja를 아내로 얻어야만 돌려주겠다고 한다. 헤임달 Heimdall의 충고에 따라 신부로 변장한 토르와 그의 하녀로 변장한 로키가 꾀를 쓸 작정으로 트륌에게 간다. 마침내 트륌이 망치를 결혼 선물로 내놓자 토르는 그것으로 트륌과 그의 일가족을 모두 쳐 죽인다.

(11) ‘알비스의 노래’[알비스말 Alvismal]는 시종일관 대화로 구성되어 있다. 알비스[전지자(全知者)]는 토르의 딸을 아내로 삼고 싶어한다. 토르는 교활하게 지혜시험으로 결정하려 한다. 땅, 하늘, 달 따위가 인간, 신, 아스신족(族), 바니르신족, 난쟁이족, 그리고 지하세계 헬 Hel의 언어로 무엇인지를 묻는 말에 알비스는 모두 올바로 대답하지만, 너무 서둔 나머지 아침 해가

비치는 것을 알아채지 못한다. 그는 돌로 변하여 암벽의 거주자가 된다. 이 노래는 '지식의 시'에 속한다. 시적인 이름 자료가 인상적으로 폭넓게 펼쳐진다.

(12) '스키르니르의 여행'[스키르니스푀르 Skirnisför]도 다시금 대화체 가사이다. 신부 구하기를 묘사하는 섬세한 노래로, 프레이르가 멀리서 거인족의 딸 게르다 Gerda에게 격렬한 연정을 느낀다는 이야기이다. 그는 자신의 말과 검을 내주며 하인 스키르니르("빛나는 자")를 구혼 사절로 파견한다. 스키르니르는 게르다의 파수꾼을 제압하고 화염벽(火焰壁)을 통과한다. 새쭉한 게르다가 값진 구혼 선물들(황금사과 11개와 발드르의 반지)을 거절하자, 스키르니르는 루네 문자 마술을 동원하여 그녀를 집요하게 위협한다. 게르다는 마침내 굴복하여 9일 후에 프레이르와 만나기로 동의한다. 청혼이 받아들여지자 사랑의 그리움을 참을 수 없는 프레이르에게 9일 기한은 너무 멀기만 하다.

(13) '그로아의 소생(蘇生)'[그로갈드르 Grogaldr]은 뒤이어지는 제14곡과 주제면에서 연관된다. 두 노래 모두 스빕다그르 Svipdagr가 처녀 멩글라다 Menglada에게 구혼하는 내용이다. 여기 제13곡에서 스빕다그르는 죽은 어머니 그로아를 소생시키고, 살아난 어머니가 아홉 가지 처신 규칙을 가르쳐 주며 그를 구혼 길에 떠나보낸다.

(14) '퓰스비드르의 노래' 혹은 '퓰스비드르의 잠언'[퓰스빈스말 Fiölsvinnsmal]은 멩글라다를 얻으려는 본격적인 구혼을 묘사한다. 멩글라다는 '바벌로에/바프를로기 Waberlohe/vafrlogi'(타오르는 불꽃)에 둘러싸인 성채에서 퓰스비드르 Fjölsvidr/Vielwisser[유식자(有識者)]라는 거인의 보호를 받으며 살고 있다. 우선 빈드칼드르 Vindkaldr라는 이름으로 행세하는 스빕다그르와 퓰스비드르 사이에 문답 시합이 벌어진다. 이 시합에서 스빕다그르는 (빈드칼드르로서) 거인으로부터 하나하나 정보를 캐내다가, 마침내 자

신만이 멩글라다의 신랑으로 정해져 있다는 말을 듣는다. 이로써 행복한 결말이 예고된 것이다. 스빕다그르가 자신의 신분을 밝히고, 멩글라다가 다가오고, 그리하여 두 사람은 기뻐하며 사랑의 그리움에 종지부를 찍는다.

(15) '리그르의 노래'[리그스말 Rigsmal](또는 '리그르의 교훈시'라는 뜻의 리그스툴라 Rigsthula)는 신분에 관한 교훈적인 시가이다. 여기서는 헤임달 신이 리그르 Rigr(아이슬란드어로 '왕')로 등장하여 하인, 농부, 귀족 등 세 가지 신분의 원조가 된다. 그가 아이가 없는 세 부부 사이에 각각 하룻밤씩 사흘 밤 동안 누워 아들 하나씩을 낳아 준다. 그는 아이 Ai(증조할아버지)와 에다 Edda(증조할머니)를 위해 트렐 Thräl(하인)을 낳고, 이 아이가 튀르 Thyr(하녀, 처녀)와 가족을 이룬다. 리그르/헤임달은 이어 직조공 부부인 아피 Afi(할아버지)와 암마 Amma(할머니)를 위해 카를 Karl(사내, 농부)을 생산하고, 카를은 스뇌르와 결합한다. 끝으로 그는 귀족 신분으로 사는 '아버지'와 '어머니'를 위해 아들 야를을 낳아 준 다음, 이 아이에게 루네 문자 지식을 가르쳐 그를 양자로 삼는다. 야를 역시 에르나 Erna와 신분에 어울리는 혼인을 하여 후세를 생산한다. 상세한 이름에 이르기까지 신분에 관한 문화사적 서술을 제공하는 것이 이 노래의 매력이다.

(16) '휜들라의 노래'[휜들루리오드 Hyndluliod, 독일어: 휜들라리트 Hyndlalied]로 『신들의 노래』가 종결된다. 후세에 생성된 인식의 노래로서, 그 대부분은 뒤에 이어지는 『영웅들의 노래』에 가깝다. 삽입된 것이 분명한 중간 부분(제24-41연)만이 『신들의 노래』인데, 제1곡 뵐루스파와 연결되기 때문에 소(小) 뵐루스파라고도 부른다. 이곳을 감싸고 있는 부분들은 프레이야가 거인 여자 휜들라를 찾아가 발할라로 함께 여행하며 오타르의 조상에 관해 알아내는 이야기이다. 오타르는 노르웨이 영웅인데, 휜들라가 그와 정사를 가진다. 휜들라는 프레이야의 소원을 들어주어 풍부한 지식 보따리를 풀어놓지만, 마지막에는 반어적인 거리감을 애써 숨기지 않는다. "연정에 불타

뛰어다니렴, 여러 밤 동안 / 암염소가 수컷들 사이를 날뛰어 헤매듯이.”

영웅들의 노래

『영웅들의 노래』(제17-40곡)는 『신들의 노래』와는 달리 훨씬 긴밀한 상호 관계를 보여 준다. 마치 연속적으로 배열한 듯한 이야기가 아틸라의 왕궁에서 벌어지는 니플룽족의 끔찍한 몰락을 향해 치닫는 형국이다. 그래서 시구르드 Sigrud와 니플룽족의 멸망에 관한 노래(제21-35곡)가 『영웅들의 노래』의 중심을 이룬다. 이 『영웅들의 노래』를 연작가사집 Liederzyklus(독)으로 볼 수도 있다.

일종의 서막처럼 한데 모아진 ‘뵐룬두르의 노래’(제17곡)와 특히 헬기의 노래 3곡(제18-21곡)이 시구르드를 예고한다. 제26, 27곡은 의미로 보아 중심 부분을 형성한다. 시구르드가 군나르를 위해 브륀힐드에게 구혼할 때 속였던 일이 발각되는 이야기와 시구르드 살해 계획 및 살해가 여기에서 다루어진다. 이어지는 노래들의 주제는 시구르드와 관련하여 속은 여인들의 고통으로서, 브륀힐드(제27, 28곡)와 구드룬(제29, 31, 32곡)의 노래가 그것이다. 아틸라 노래 2곡(제34, 35곡)이 니플룽족의 아틸라 원정과 멸망을 다루며 연작가사의 정점을 이룬다. 제36, 37곡은 이에 대한 메아리처럼 느껴진다. 이제 세 번째 결혼하여 살고 있는 구드룬이 자신과 시구르드 사이에서 태어난 딸 스반힐드 Svanhild를 위해 복수하라고 자기 아들들을 사주(使嗾)한다.

『에다』와 중세고지독일어 서사시 『니벨룽겐의 노래 *Nibelungenlied*』(1200년경)에 나오는 가장 중요한 등장인물들의 상응 관계는 다음과 같다. 『에다』는 『니벨룽겐의 노래』에도 자료를 제공했다.

『에다』 *Edda*		『니벨룽겐의 노래』 *Nibelungenlied*	
그림힐드	Grimhild	우오테(우테)	Uote(Ute)
구드룬	Gudrun	크림힐트	Kriemhilt(Kriemhild)
군나르	Gunnar	군터	Gunther
호그니	Högni	하겐	Hagen
시구르드	Sigurd	지(크)프리트	Sifrit(Siegfried)
브륀힐드	Brynhild	브륀힐트	Brünhilt(Brünhild)
아틸라	Attila, Atla	에첼	Etzel

짐록은 '코덱스 레기우스'에 전승되지 않은 3개 가사(제38-40곡, 이 책에서 생략)를 번역본에 부록 형식으로 수록했다. 그 가운데 평화 시대의 종막을 다룬 동굴의 노래(제38곡)는 『신들의 노래』와 『영웅들의 노래』를 포괄하는 중요한 의미가 있다.

(17) 『영웅들의 노래』 첫 곡인 '뵐룬두르의 노래'[뵐룬다르크비다 Völundarkvida](Völundur: 대장장이 빌란트)는 두 부분으로 구성되어 있다. 첫 부분(제6연까지)은 백조처녀들의 전설이다. 삼형제가 백조처녀 셋의 깃털옷을 훔치고는 각기 결혼을 강요한다. 그러나 아홉 해가 지나간 뒤에 백조처녀들은 깃털옷을 다시 발견하자 달아난다. 삼형제 중 둘이 사라진 아내를 찾아 나선다. 셋째인 뵐룬두르는 집에 남아 반지를 만들며 아내 알비트 Ahlvit[독일어 Allweiß: 전지자(全知者)]가 돌아오기를 기다린다. 둘째 부분(제7연 이하)에 본래의 빌란트 전설이 이어진다. 니두드르 Nidudr 왕이 뵐룬두르를 잡아들여 그의 무릎 힘줄을 잘라 버리게 하고는 알비트의 몫인 반지들을 빼앗아 자기 딸인 뵈드빌드 Bödvild에게 준다. 이에 대해 뵐룬두르가 잔인하게 복수한다. 왕의 어린 두 아들을 꾀어내어 목을 자른 그는 그것으로 장신구를 만들어 사정을 전혀 모르는 왕 일가에게 보내고, 그것도 모자라 공주를 임신시키기까지 한다. 뵐룬두르는 사태의 전말을 설명한 뒤 공중으로 솟아올라 추격을 피한다.

(18) '효르바르드의 아들, 헬기의 노래'[헬가크비다 효르바르드스소나르 Helgakvida Hjörvardssonar]는 기사민담(騎士民譚)에 가까운 양식으로 4부로 나뉘어 서술된다. (I) 우선 효르바르드 왕이 새점[鳥占]을 보고 선택한 아름다운 시구를린 Sigurlinn에게 두 차례 구혼하는 이야기가 나온다. (II) 둘 사이에 태어난 아들 헬기는 이름도 없이 벙어리로 자란다. 발퀴리 Valkyrie(독일어 Walküre, 전쟁의 여신) 스바바는 그에게 이름과 말하는 능력을 주고 어느 특별한 칼을 암시하며, 그렇게 하여 그를 기사로 만든다. 스바바는 이때부터 그를 보호하며 기사 편력에 수행한다. 헬기는 가신(家臣) 아틸라와 함께 길을 떠나 특히 거인 하티를 죽인다. (III) 이제 스바바의 적수인 악녀 거인 흐림게르드 Hrimgerd가 등장하여 살해당한 자기 아버지 하티를 위해 복수하려 한다. 헬기가 자기와 동침하면 복수를 단념하겠다는 것이 그녀의 조건이다. 헬기는 거절하지만 스바바에 관해 그녀에게 계속 질문을 던지며 시간을 끈다. 마침내 아침 해가 비치자 흐림게르드는 돌로 변한다(제11곡 '알비스의 노래' 종결부 참조). (IV) 마지막 부분에서 헬기의 동생인 헤딘이 숲의 마녀에게 현혹되어 형의 신부인 스바바를 범하려 한다. 헤딘은 회오(悔悟)에 사로잡힌다. 하지만 헬기는 머지않아 닥칠 알푸르와의 싸움에서 죽게 되리라는 것을 제대로 예감한다. 알푸르의 아버지 흐레이드마르를 그가 죽였던 것이다. 이제 헬기는 감상에 젖어 계획을 밝힌다. "스바바, 부탁하오 …… 내 동생 헤딘에게 잠자리를 펴 주오." 훨씬 후대의 작품으로, 구성과 시의 질적 수준이 뒤지는 편이다.

(19) 그다음의 두 노래에서는 시구르드의 동생이자 헬기라는 이름을 가진 다른 영웅의 운명이 다루어진다. 첫 곡인 '훈딩을 죽인 헬기의 노래 제1곡'[헬가크비다 훈딩스바나 퓌리 Helgakvida Hundingsbana fyrri]에서는 헬기의 탄생과 유년기를 거쳐 회드브로드를 무찌른 승리에 이르기까지의 과정이 장엄한 찬가조로 서술된다. 이 영웅생활의 거점들은 탄생, 운명의 여신 노른 Norn들의 도움, 기사 서임식, 부친을 위한 복수로 훈딩을 죽인 일, 그를 유리하게 해 주는 전쟁의 여신 발퀴리들의 출현 등이다. 그런 다음 시그룬

을 위해 그녀에게 강요된 신랑감 회드브로드와 벌이는 싸움이 한층 폭넓게 펼쳐진다. 에기르의 딸들에 의해 헬기의 선단(船團)이 궤멸당할 위험이 닥치고, 두 전사(戰士) 신표틀리와 구드문드 사이에서 에기르가 퍼붓는 거친 언쟁에 이어 헬기가 격전에서 대승리를 거두며 동시에 시그룬을 얻는다. (볼프람 폰 에셴바흐의 『파르치팔』에서 파르치팔/콘드비라무르스 사이와 유사?) 이 노래는 내면을 파고드는 박진감과 완결된 짜임새, 부드러우면서도 집중적인 언어의 힘을 지녔고, 가장 훌륭한 『에다』 가사에 속한다. 예감에 찬 환상적 어조에 비추어, 이 노래는 『에다』를 시작하는 '예언녀의 계시'(제1곡)에 아주 가깝다. 예언녀의 계시가 세계 창조와 발전에 관한 포괄적인 전망을 제공하는 반면, 여기 이 노래는 한 개인, 즉 영웅 헬기의 발전에 관한 조망을 보여 준다. 반면, 헬기는 또한 그 운명에 있어 『영웅들의 노래』 후반의 주역 인물인 시구르드를 암시한다.

외견상 이 노래는 헬기의 찬란한 출세를 다루는 것처럼 보인다. 하지만 "프로디의 평화가 산산이 부서졌네"라는 제13연의 극도로 간결한 표현은 고도로 의미심장하게 주인공의 비극적 파탄을 주제화한다(색인에서 '프로디의 평화' 참조). 필사본('코덱스 레기우스')에서 연작 『영웅들의 노래』가 바로 이 노래로 시작되는 데서도 그 특별한 의미가 드러난다. (다만 짐록은 여기에서 필사본의 배열 순서를 지키지 않는다.)

(20) '훈딩을 죽인 헬기의 노래 제2곡'[헬가크비다 훈딩스바나 외누르 Helgakvida Hundingsbana önnur]은 헬기의 생애를 유년기부터 죽을 때까지 음울한 어조로 보여 준다. 바로 앞의 노래에서 알려진 내용이 취급되기도 하며, 4부로 구성되어 있되 각 부분은 8개 이상의 산문체 연결부에 의해 결합된다. 문학적 질의 수준은 평범한 편이다.

제1부는 헬기의 탄생, 이후 이어지는 '영웅들의 노래' 전체의 기초가 되는 훈딩과 시그문드 사이의 적대관계, 그리고 헬기의 유년기 삽화를 다룬다. 이때 헬기는 훈딩의 궁에서 첩자로 머무는데, 양아버지인 하갈에 의해 처녀로 변장되어 방앗간에 숨겨진다.

제2부에서는 헬기의 첫 번째 해전이 이야기된다. 이 전투에서 그는 훈딩을 죽여 아버지의 원수를 갚는다. 이제부터 발퀴리 시그룬의 운명이 중심에 떠오른다. 시그룬은 헬기를 보호하고 사랑하는 여자로 운명지어져 있다. 이 여자는 헬기와 훈딩의 싸움을 구름 속에서 구경한 가까운 증인이지만, 그 소식을 다시 한번 듣고 싶어한다.

제3부는 회드브로드와의 갈등을 주제화한다. 그녀 아버지는 이 남자를 신랑감으로 그녀에게 강요했었다. 시그룬은 헬기에게 사랑을 고백하고 지원을 요청한다. 두 번째 해전을 위한 준비가 끝나고 뵐숭족이 헬기의 지휘 아래 승리한다. 회드브로드와 그의 친척들은 모두 — 다그까지 — 전사한다.

마지막 제4부에서 파국이 완결된다. 시그룬과 헬기가 막 결혼의 행복을 얻은 순간, 다그가 서약을 깨고 헬기를 살해하여 아버지의 원수를 갚는다. 헬기는 명예롭게 발할라에 들어간다. 오딘이 그에게 공동통치를 제안한다. 그의 무덤가에 시그룬을 따르는 큰 무리가 모인 가운데 헬기 자신이 사자(死者)로서 모습을 나타낸다. 거기서 시그룬은 사랑하는 사람과 죽음을 통해 결합할 것을 갈망하여 그에게 잠자리를 마련한다.

(21) '신표틀리의 종말'[신표틀라로크 Sinfiötlalok]은 짧은 산문체 가사로서 직접 니벨룽족 전설로 넘어간다. 우선 시그문드의 장자이자 시구르드의 형인 신표틀리의 운명이 화제가 된다. 신표틀리는 질투심에서 자기 어머니의 오빠를 죽인다. 어머니는 비록 살인자 아들이 제안한 회개를 받아들이지만 몰래 복수를 꿈꾼다. 그를 독살하려는 두 차례의 시도가 실패한다. 그러나 세 번째는 성공한다. 『신들의 노래』풍의 어조로 신표틀리의 발할라를 향한 귀향이 묘사된다. 시그문드가 죽은 아들을 오딘에게 넘겨주고, 오딘이 신표틀리의 뱃사공으로서 마지막 여행을 맡는다. 마지막 부분에서 니벨룽족 전설의 위대한 영웅 시구르드가 분명히 암시된다. 그의 출생 및 유년기 묘사에 이어 다른 모든 영웅에 비해 그가 압도적으로 우월하다는 사실이 제시된다.

(22) 시구르드 노래들 중 첫 번째인 '파프니르를 죽인 시구르드의 노래 제1곡 혹은 그리피르의 예언'[시구르드다르크비다 파프니스바나 퓌르스타 에드하 그리피스파 Sigurdarkvida Fafnisbana fyrsta edha Gripisspa]에서 운명을 예언할 줄 아는 그리피르는 젊고 거침없이 나서는 조카 시구르드에게 미래를 알려 준다. 그러면서 그는 이 영웅의 포괄적인 인생의 모습을 그려 보인다. 엄격히 선택된 대화 형식과 친밀한 어조로 일관한, 고도로 완결되고 압축된 노래이다. 좀 더 오래된 노래들(제18, 20, 21, 23, 24, 25곡)에 관한 지식에 기초하고 있으나, 시구르드의 생애의 여러 다양한 단계들을 수월하게 결합하여 유유하게 물 흐르는 듯한 묘사로 바꾸어 놓았다. 그리피르는 "이처럼 고귀한 사나이를 땅도 해도 다시는 보지 못할 것"이라고 말한다. 당사자 시구르드는 자신에게 예정된 인생 행로를 전혀 주저 없이 받아들인다. "운명이란 강요할 수 없는 법이지."(제52연 이하)

(23) '파프니르를 죽인 시구르드의 노래 제2곡'[시구르다르크비다 파프니스바나 외누르 Sigurdarkvida Fafnisbana önnur] 또는 '레긴의 노래'[레긴스말 Reginsmal]에서는 파프니르 Fafnir라는 용을 죽이도록 부추기는 이야기까지 다루어진다.

난쟁이 레긴은 기술에 능한 대장장이로 시구르드의 양아버지이다. 그는 시구르드에게 니벨룽족 보물 Nibelungenhort이라는 저주받은 재화에 관해서도 알려 준다. 레긴의 형제 오트르가 수달의 모습으로 변신했을 때 로키가 그를 죽였다. 레긴과 그의 형제 파프니르는 신들에게 보상을 요구하여 수달 털가죽을 금으로 가득 채워야 한다고 주장한다. 로키는 안드바리에게서 금을 빼앗아 냈고, 그러자 안드바리는 거기에 저주를 걸었다. 첫 악행으로, 황금에 욕심이 난 흐레이드마르가 자기 아들 파프니르에게 살해당한다. 파프니르는 보물을 탈취하고는 용의 모습으로 변신하여 황야에서 그것을 지키고 있다. 이 문제로 레긴은 형제간인 파프니르와 결별하고 마술의 검 그람을 단조(鍛造)하여 만든다. 이 칼로 시구르드가 파프니르를 죽이라는 것이다(제14연 다음의 산문 삽입부). 하지만 시구르드는 우선 다른 생각을 품는다. 훈딩의 아들들에게 아버지의 죽음을 복수하겠다는 것이다. 그는 선단을 무장시켜 나서지만 폭풍우에 말려든다. 오딘이 흐니카르로 행세하며 나타나 폭풍을 잠재우고, 전투 행위에 관한 지혜(제20-25연)를 알려 준다. 곧 닥친 전투에서 시구르드가 승리한다. 돌아온 그는 레긴으로부터 다시금 파프니르를 죽이라는 사주를 받는다. 이 노래에서는 '신들의 노래' 화소(話素)와 영웅전설 화소들이 다채롭게 섞이고, 산문체 삽입부가 여럿 나오고, 대화 형식도 다시금 널리 사용된다.

(24) '파프니르의 노래'[파프니스말 Fafnismal]에서는 산문체 도입부에서 아주 짤막하게 용 파프니르를 찔러 죽이는 장면이 묘사된다. 노래의 전반부(제1-22연)는 죽어 가는 파프니르와 그 퇴치자 시구르드 사이의 매혹적인 대화로 구성된다. 파프니르는 시구르드의 정체를 물어 알아낸 뒤, 보물이 그를 파멸로 이끌 것이라고 예언하고(제9연, 제20연에 반복) 또 레긴의 속임수를 조심하라고 경고한다. 노래 후반부에는 전투 중에 비겁하게 몸을 피했던 레긴이 이제 시구르드에게 돌아온 이야기가 다루어진다. 두 사람은 어떻게 승리를 얻게 되었는지, 그러니까 시구르드의 용기가 결정적이었는지 아니면 레긴의 검이 주효했는지를 놓고 다툰다. 그런 다음에 시구르드는 파프니르의 심장을 불에 굽는다. 심장의 피가 그의 혀에 닿자 그는 새들의 말을 알아듣게 된다. 일곱 마리의 새가 그에게 파프니르의 심장을 다 먹어치우라고, 그리고 거짓말하는 레긴을 죽이고 보물을 차지하라고 충고한다. 시구르드는 레긴을 살해하고, 파프니르의 심장을 먹고, 두 형제 파프니르와 레긴의 피를 마신다. 새들이 다시 그에게 말한다. ―그가 아름다운 처녀(구드룬)와 결혼하고 힘센 브륀힐드를 이기리라는 것이다. 이에 시구르드는 보물을 가지러 말을 타고 떠난다.

(25) '시그르드리파의 노래'[시그르드리포말 Sigrdrifomal]는 시구르드의 유년기 일화들을 담은 세 번째 노래인데, 단편적(斷片的)으로만 전승되어 있다. 산 위에서 잠자고 있던 발퀴리 시그르드리파를 시구르드가 구해 주는 이

야기이다. 깨어난 시그르드리파는 시구르드를 자신의 약혼자로 생각하고, 기뻐하며 그에게 환영의 술을 대접한다. 시구르드가 지식을 넓혀 달라고 청하자 시그르드리파는 그에게 루네 문자 해독법(제5-20연)을 가르쳐 준다. 또한 처신법을 알려 달라는 시구르드의 두 번째 요청도 그녀가 들어준다(제21-37연, 11개 규칙). 여기에서 예지론이 중심을 이루는 것은 『에다』의 『신들의 노래』 및 『영웅들의 노래』의 일반적 경향에 어울리고, 시구르드의 (정신적) 위대성이 성장하는 모습을 보여 주기 위해 지혜 구하기를 이 노래의 핵심 내용으로 삼은 것이다. 소실된 결말 부분에서는 시구르드와 시그르드리파의 약혼이 노래되었을지도 모른다.

(26) 이어지는 시구르드 노래 역시 단편에 불과하다. 집록은 이 노래를 '브륀힐드의 노래 단편'[브로트 아프 브륀힐다르크비다 Brot af Brynhildarkvida]이라고 명명했으나, 지금은 '시구르드의 노래 단편'[브로트 아프 시구르다르크비다 Brot af Sigurdarkvida]으로 표기된다. 다음과 같은 본문 내용이 전승되어 있다. — 시구르드 암살 계획, 시구르드의 죽음에 관한 호그니의 보고(제5, 7연), 암살 후 군나르와 브륀힐드의 고통스러운 불안. 시작 부분은 빠져 있으나, 다른 노래(특히 뵐숭족 전설)로부터 추론할 수 있다. 시구르드는 원래 브륀힐드와 결혼하도록 정해져 있었으나 망각의 묘약 탓으로 구드룬의 남편이 된다. 구드룬의 오빠 군나르 Gunnar가 브륀힐드와 결혼하게 되어 있는데, 너무 힘이 약해서 미래의 아내를 제압할 수 없다. 이에 시구르드가 군나르의 모습으로 말을 타고 위험한 '바벌로에/바프를로기'(타오르는 불)를 통과하고 군나르를 위해 브륀힐드를 제압한다. 훗날 구드룬과 브륀힐드 사이에 말싸움이 벌어져 이 속임수가 밝혀진다. 브륀힐드는 시구르드의 죽음을 요구한다. 군나르와 호그니는 시구르드와 혈맹의 우정을 서약했던 터라 암살을 구토름에게 떠맡긴다. 결말 부분은 소실되었는데, 아마도 이런 모습일 것이다. — 브륀힐드는 좌절감에 빠져 자살한다. 헬 Hel(지하세계, 저승)에서 원래 서로 짝 지워지게 되어 있던 브륀힐드와 시구르드가 결합한다.

(27) 짐록이 '파프니르를 죽인 시구르드의 노래 제3곡'[시구르다르크비다 파프니스바나 트리댜 Sigurdarkvida Fafnisbana thridja]이라고 표기한 이 노래는 '소(小) 시구르드 노래' 또는 '신(新) 시구르드 노래'[시구르다르크비다 인 스카마 Sigurdarkvida in skamma]로 더 잘 알려져 있다. 이 노래에서도 시구르드의 운명이 서술된다. 그러나 브륀힐드가 중심에 위치하여 사랑, 질투, 복수욕을 억제하지 못하는 인물로 묘사된다.

시구르드가 군나르를 위해 브륀힐드를 제압하는 이야기는 (말을 타고 화염을 통과하는 장면이 빠진 채) 아주 짤막하게(제1-4연)만 다루어진다. 브륀힐드의 갈등을 시인은 신속하게 처리한다. (그녀에게는) 시구르드의 사랑이 아니면 죽음이 있을 뿐이다. 구드룬을 질투한 끝에 브륀힐드는 군나르에게 시구르드를 죽이라고 요구한다. 군나르는 브륀힐드를 잃을 것이 두렵고 또 시구르드의 재산이 탐나서 호그니의 (서약 파기) 경고를 무시하고 동생 구토름을 설득한다. 이 암살자에 의해 시구르드는 구드룬 옆에 누운 채로 침상에서 자신의 칼로 살해당한다. 시구르드는 죽어 가면서 자신의 불행한 운명을 초래한 원흉이 브륀힐드라고 지적한다. 브륀힐드는 긴 독백에서 자신의 일생을 돌아보고 자살을 택한다. 그에 앞서 이 여인은 감상적이면서 동시에 자부심에 찬 어조로 상세한 장례의식을 지시한다. 자신을 시구르드 곁에 나란히 묻어 달라고.

(28) '브륀힐드의 저승길'[헬레이드 브륀힐다르 Helreid Brynhildar]은 길이가 짧은 노래로, 그 시작 부분에서 브륀힐드는 죽은 뒤에 망자(亡者)들의 나라인 지하세계 헬로 들어가려는 순간 갑자기 어느 거인 여자의 저지를 받는다. 이 거인은 브륀힐드가 불명예스러운 행동들을 했고, 특히 니플룽족의 몰락에 책임이 있다고 비난한다. 이에 대해 브륀힐드는 자부심에 차서 일방적인 대답만 늘어놓는다. 그러면서 자신의 생애 가운데 가장 중요했던 순간들을 열거하는데, 그러나 군나르를 살해하도록 부추긴 장본인이 자신이었다는 사실은 말하지 않는다. 결국 브륀힐드는 현세의 삶을 떠나 저승에서 시구르드와 결합하게 될 것에 만족해한다.

(29) '구드룬의 노래 제1곡' 또는 '구드룬이 남편을 애도하는 노래'[구드루나르크비다 퓌르스타 Gudrunarkvida fyrsta]도 앞의 노래와 마찬가지로 특정한 상황에서 시작한다. 살해당한 남편 시구르드의 관 앞에 구드룬이 굳은 듯이 서 있다. 조문객들이 찾아와 각자 몸소 겪은 큰 슬픔을 말하며 위로하지만 구드룬은 꼼짝도 하지 않는다. 미망인으로서 망자 시구르드를 포옹하고 그에게 입을 맞추라고 굴뢴드가 권고하자, 그제야 비로소 구드룬은 경직되었던 몸을 푼다. 그녀는 통곡하며 비할 자 없던 남편을 잃었노라고 애통해한다(제18-22연). 통곡이 비난으로 바뀌고, 니플룽족의 암울한 멸망이 예언된다. 이에 대해 굴뢴드와 브륀힐드가 격렬한 대화를 벌인다. 굴뢴드가 비난을 받는다. 조언해 준다면서 브륀힐드의 죄 많은 인생을 암시하여 오히려 구드룬에게 새삼 고통만 더해 주었다는 것이다. 브륀힐드는 극도로 격앙되어 시그루드의 관 옆에 서 있다. 산문체 결말 부분이 이어지며, 구드룬이 덴마크로 떠났고 브륀힐드는 자살했다는 사실이 간단히 밝혀진다.

(30) '니플룽들의 살해' 또는 '니플룽[니벨룽]족은 어떻게 몰살당했나'[드라프 니플룽가 Drap Niflunga]라는 제목의 이 노래는 시구르드 살해 이후에 일어난 사건을 적나라한 사실의 나열로 압축하여 묘사한다. 이 짧은 산문체 부분은 독자를 위한 요약으로, 개별 가사들의 연결부로 구상되었을지도 모른다. 아틸라는 누이동생 브륀힐드의 죽음에 깊이 상심한 나머지 보상의 의미로 구드룬과 혼인하겠다고 강요한다. 나중에 그는 악의에서 군나르와 호그니를 초대한다. 구드룬이 오빠들에게 경고하지만 소용이 없다. 그녀는 아들들을 통해 군나르와 호그니에 대한 배려를 얻어내려 해 보지만 이 또한 헛된 일이다. 호그니의 심장이 가슴에서 도려내지고, 군나르는 독사탑에서 독사에 물려 죽는다.

(31) '구드룬의 노래 제2곡'[구드루나르크비다 외누르 Gudrunarkvida önnur]의 내용은 구드룬의 생애에 관한 것이다. 구드룬은 지난날을 돌아보며 시구르드와 누린 행복, 이 남편의 막강한 위력에 대해 오빠들(군나르와 호그

니)이 보인 질투, 시구르드의 살해, 그녀의 큰 고통과 3년 반 동안의 덴마크 체류, 그곳에서 남편을 위한 복수 계획을 추진한 일 등을 이야기한다. 그녀의 어머니 그림힐드가 시구르드 살해 사건을 잊게 하려고 애쓰는 정경이 이 노래의 중심부를 이룬다. 재산과 망각의 묘약, 특히 아틸라와의 혼인이 그 수단이다. 구드룬은 주저하며 다가올 재앙을 암시하지만(제31연), 그러나 결국 아틸라와 결혼하기로 작정한다. 제37연부터는 아틸라의 궁전에서 니플룽 가문이 몰락한 이후의 사건이 다루어진다. 구드룬이 이제는 오빠들의 죽음에 대해 아틸라에게 복수할 작정이다. 아틸라의 암울한 환상들(제37연 이하)이 매우 인상적이다. 이 노래는 단편적으로만 전승되어 결말이 빠져 있고, 몇 가지 모순과 여러 애매한 부분들이 보인다. 소재로 보아 제26곡과 34곡에 가깝다.

(32) '구드룬의 노래 제3곡' 또는 '구드룬의 신의 심판'[구드루나르크비다 트리댜 Gudrunarkvida thridja]은 구드룬이 남편 아틸라를 속이며 디트리히 폰 베른 Dietrich von Bern과 부정을 저지른다는 비난에 대해 결백을 밝히는 이야기이다. 한때 아틸라의 애인이었던 헤르키아가 질투심이 일어 아틸라 앞에서 구드룬을 모함한다. 신의 심판(기독교적 모티브!)에 판결이 맡겨진다. 끓는 물에 두 손을 담그는 시험에서 구드룬은 아무런 해도 입지 않으나, 헤르키아는 손에 화상을 입는다. 이 여자는 늪지에 밀쳐져 빠져 죽는다(이교적 모티브).

(33) '오드룬의 탄식'[오드루나르그라트르 Oddrunargratr]은 니플룽족의 멸망에 관한 화소들을 사용한, 불행한 연인의 비감에 찬 애탄가이다. 오드룬은 아틸라와 브륀힐드의 여동생이다. 브륀힐드가 죽은 뒤에야 비로소 오드룬은—비록 잠시뿐이지만—군나르와 결합할 수 있게 된다. 외화[액자 이야기]에서 오드룬은(제13연까지) 출산 중인 보르그니를 돕기 위해 주문을 외운다. 여기에 그녀의 감동적인 인생 이야기(제13-32연)가 이어진다. 브륀힐드에게 현혹되어 그녀를 신부로 선택한 군나르, 시구르드 살해에 뒤이은 브

륀힐드의 죽음, 군나르를 향해 싹트는 오드룬 자신의 사랑(제20연 이하), 아틸라가 두 사람의 밀회 장소에까지 첩자를 보낸 일(제25연), 니플룽족의 멸망(제28연), 독사탑에서 오드룬을 통해 구조받으려는 군나르의 기대, 군나르의 죽음—이러한 일련의 사건 서술에 이어 오드룬의 비가조(悲歌調) 전망이 노래를 마감한다. 이 노래의 중심 사건은 이례적으로 덴마크로 옮겨져 있다.

(34) '고(古) 아틸라 노래'[아틀라크비다 Atlakvida]는 『고에다』의 가장 오래되고 가장 인상적인 '영웅들의 노래'들 가운데 하나이다. 이 노래는 뒤늦게 생성된 신(新) 아틸라 노래(제35곡)와 달리 더 정밀하고 더 잘 알려져 있다.

노래 내용은 부르군트(니플룽/규쿵)족이 보름스 Worms에서 아틸라의 왕궁을 찾아 훈족의 나라로 진군하는 이야기, 부르군트족의 멸망, 구드룬이 남편 아틸라에게 오빠들의 원수를 갚는 이야기 등이다.

소재는 게르만족 대이동 시기인 5세기로 거슬러 올라가는데, 저자는 서로 분리된 두 가지 역사적 사건을 재치 있게 하나로 얽었다. 군다하리우스 Gundaharius 왕이 다스리던 부르군트 왕국이 437년 로마 장군 아에티우스 Aetius에게 멸망한 사건이 그 하나이고, 다른 하나는 453년 거행된 게르만족 출신의 처녀 힐디카 Hildika와 훈족의 왕 아틸라의 결혼이다. 아틸라는 결혼식 날 밤에 죽었다.

(중고지)독일어 대서사시 『니벨룽겐의 노래』(1200년경)에 비추어 보면, '고(古) 아틸라 노래'는 그 2부에 해당하는 '니벨룽겐의 멸망'을 다룬다. 그러나 차이가 있다. 『니벨룽겐의 노래』에서는 크림힐트가 지크프리트의 살해에 대해 끔찍한 복수를 벌이는 반면, 구드룬은 남편 시구르드의 원수를 갚는 것이 아니라 시구르드의 살해범들(!)인 두 오빠 군나르와 호그니를 위해 복수극을 벌인다.

니플룽족의 풍부한 보물을 얻을 생각으로 아틸라가 부르군트(니플룽/규쿵)족 사람들을 초대한다(제1-5연). 군나르는 호그니와 상의하는데, 누이동생 구드룬이 반지에 늑대털을 붙여 보내온 것을 본 호그니는 그것이 경고의 신호라고 생각한다. 왕궁의 다른 사람들도 한결같이 가지 말라고 권한다. 그러나 군나르는 불행하게도 출발을 명령한다. 보물이 결코 아틸라의 소유가 되지 않으리라고 확신하기 때문이다(제11, 12연). 이들이 훈족의 궁성에 도착하자 구드룬은 싸움을 좋아하는 군주 아틸라를 조심하라고 다시 한 번 경고한다. 군나르가 제압당하여 묶인다. 보물을 내놓아야만 그를 살려 주겠다는 것이다(제20연). 이에 군나르는 호그니의 심장을 보여달라고 요구한다. 그러나 아틸라 측은 겁보인 히알리의 심장을 가져온다. 히알리의 심장이 떠는 것을 보고 군나르가 속임수를 알아차린다. 그는 다시금 호그니의 심장을 요구한다. 그들은 껄껄 웃는 호그니의 몸을 가르고 심장을 도려내어 군나르에게 가져온다. 그러자 군나르는 마지막 카드를 내어놓는다. 이제 보물이 있는 곳을 아는 사람은 자기뿐이라는 것이다. 그는 묶인 채로 독사탑에 내던져지고, 거기서 두 발로 하프를 타다가 끝내 죽고 만다. 이때 구드룬이 최후의 일격을 준비한다. 마음에도 없이 억지로 아틸라의 아내가 되었던 그녀는 이제 자신과 아틸라 사이의 자식들(두 아들 에르프와 에이틸)을 죽이고, 이런 사정을 모른 채 술에 취한 아틸라를 찔러 죽이고, 주변에 보화를 풍성하게 나누어준 뒤 왕궁 안에 불을 질러 재산과 사람들을 잿더미로 만들어 버린다.

(35) '아틸라의 노래' 또는 '신(新) 아틸라 노래', 일명 '그린란드의 아틸라 노래'[아틀라말 Atlamal]도 앞의 노래와 똑같은 소재, 그러니까 훈족의 아틸라 왕을 찾아가는 부르군트(니플룽/규쿵)인들의 이야기를 다룬다. 아마도 그린란드에서 생성되었을 것이다.

이 노래는 뒤늦게 기록되었고, 상당히 많은 분량(총 103연)이고, 개별 삽화들을 한층 자세히 묘사하며 새로운 인물과 화소들을 덧붙인다. 특히 영웅시가의 장엄한 어조에서 벗어나 일상의 사적인 영역으로 옮겨가고, 제후 신분의 인물들을 촌부(村夫)의 수준으로 끌어내린다. 그럼에도 불구하고, 그리고 어느 정도 장황함에도 불구하고, 이 노래에는 유쾌하고 오락적인 면모들이 적지 아니 눈에 선연하게 묘사되어 있다.

아틸라가 비니 Vini를 시켜 부르군트(니플룽/규쿵)족을 초청한다. 군나르 및 호그니의 부인 글라움뵈르 Glaumvör와 코스트베라 Kostbera는 불길한 예감에 싸여 남편들의 여행을 막아 보려 하지만(제9-26연) 헛된 일이다. 작별(제28-34연)에 이어 결연한 출발이 따른다. 이들이 아틸라의 궁에 도착하면, 이제는 보물을 둘러싼 싸움이 아니라 부족 사이의 분쟁이 일어난다. 보물 이야기는 이 노래에 전혀 나오지도 않는다. 구드룬이 오빠들을 영접하고, 마지막으로 화해를 주선해 본 뒤, 끝내 그녀 자신도 격렬하게 벌어지는 혈투에 가담하고 만다. 호그니가 제압당하고, 군나르는 포로가 되어 독사탑에 던져져(제61, 62연) 치터(하프)를 켠다.

이 노래의 마지막 3분의 1(제88연 이하)은 구드룬과 아틸라의 다툼에 할애되어 있다. 구드룬은 오빠들의 장례식을 복수의 광란극으로 바꾸어 놓는다. 우선 자신과 아틸라 사이의 자식들(에르프와 에이틸)을 살해한 그녀는 그 머리통에 맥주를 담아 아틸라로 하여금 마시게 하고, 아이들의 심장을 꼬치구이로 요리하여 역시 그가 맛있어하며 먹게 한다. 이 여자는 마침내 흐니플룽(니플룽/니벨룽)을 시켜 아틸라를 살해한 뒤 자신도 그의 손에 죽는다. 이어지는 종결부 대화(제88연 이하)에서 목숨을 다한 구드룬과 아틸라가 다시 한 번 다툼질을 벌이며 운명적인 삶을 한탄한다.

(36) '구드룬의 사주(使嗾)' 혹은 일명 '구드룬의 임종가(臨終歌)'[구드루나르 흐뵈트 Gudrunarhvöt] 첫 부분(제1-8연)에서 구드룬은 세 번째 결혼에서 태어난 두 아들 함디르와 쇠를리를 부추겨 요르문레크 왕에게 복수하게 한다. 그녀가 시구르드와 결혼하여 낳은 딸 스반힐드 Svanhild를 왕이 죽였기 때문이다. 함디르가 이의를 단다. 어머니의 남편 시구르드를 살해한 군나르와 호그니를 모범적인 영웅으로 취급하는 것은 사리에 맞지 않는다는 것이다. 또한 (두 번째) 남편 아틸라에게서 낳은 아들들(에르프와 에이틸)을 죽인 것도 어리석었다고 한다. 그러면서도 함디르와 쇠를리는 다시는 돌아오지 못할 여행길에 오른다. — '함디르의 노래'(제37곡)에서 이 이야기가 더 상세히 다루어진다.

후반부(제9-21연)에서 구드룬은 비애에 젖어 자신의 생애를 돌아보며 비극적이던 상황들을 주마등처럼 눈앞에 떠올린다. 비할 자 없이 출중하던 시구르드, 아틸라와의 강요된 결혼, 자기 자식들(에르프와 에이틸)을 무참히 죽인 일, 실패로 끝난 자살기도(제13연), 첫 번째 결혼의 소생인 딸 스반힐드의 죽음, 다시 한 번 회한을 일으키는 시구르드의 피살, 두 오빠 군나르와 호그니와의 사별이 연이어 그녀의 입에 담긴다. 제10연에서 두 오빠를 남편 시구르드의 살인자로 규탄했던 그녀가 이제 그들을 애도한다. 종결부에서 구드룬은 사별한 시구르드와 화형장에서 결합할 것을 소원한다. 제28곡 마지막에 브륀힐드가 똑같은 소원을 말하는 부분을 연상시키는 유사 장면이다. ― 일목요연한 줄거리와 명료하고 절실한 언어가 돋보이는 노래이다.

(37) '함디르의 노래'[함디스말(인 포르노) Hamdismal (in forno)]는 바로 앞의 노래(제36곡) 첫 부분에 이어지고 그 연속으로 읽을 수 있다.

구드룬은 두 아들 함디르와 쇠를리를 부추겨, 그녀의 딸 스반힐드를 죽인 요르문레크에게 복수하라고 지시한다. 그들은 어머니 스스로 이미 가족에게 충분히 불행을 초래해 왔다고 비난하면서 마지못해 복수길에 오른다(제1-11연). 도중에 그들은 이복형제 에르프를 만나는데, 그가 돕겠다고 자청한다. 두 형제는 명예심을 건드리는 이 말에 어리석게 반응하여 돌연 격노하며 그를 가로로 두 쪽을 내어 죽인다. 그들은 두 차례의 경고를 무시하며 계속 행군한다. 교수대에 란드베르가 매달려 있고(제17연), 요르문레크의 환영 인사가 전해지는 것이다(제21, 22연). 두 형제는 술잔치에 깊이 빠진 요르문레크를 제압하여 토막 내어 죽이지만(제24연), 그러나 왕은 죽기 직전에 암살자들을 돌로 쳐 죽이라는 명령을 내린다. 마지막 대화에서 두 형제는 서로 탓한다. 좀 더 약은 쇠를리는 이복동생 에르프를 괜히 격노하여 죽인 탓으로 자신들의 전력이 약화되었음을 깨닫는다. 두 형제는 서로 부둥켜안으며 숙명적으로 하나가 되어 최후를 맞이한다. 스노리도 『신에다』에서 이 이야기를 다루었다.

'고(古) 아틸라 노래'(제34곡)와 더불어 이 노래는 『에다』의 가장 오래된 부분에 속한다. 소재도 매우 오래되었다. 역사적으로 이 소재는 서기 375년에 있었던 동고트족의 왕 에르마나리히 Ermanarich의 몰락에서 유래한다.

(38) 짧지만 그러나 의미 깊은 '그로티 방앗간의 노래'[그로타쇵그르 Grotta-söngr]는 프로디 Frodi 왕의 최후와 그에 따른 평화의 종말을 다룬다. 전설적인 덴마크 왕 프로디는 스콜둥 가문 출신이자 오딘의 후예인데, 예컨대 "프로디의 평화"라는 말이 사람들 입에 오르내릴 만큼 선정을 베푼 것으로 유명했다. 그런데 무엇이든 소원하는 대로 빻아 주는 그로티라는 신비로운 방앗간이 있었다. 왕은 여기에 힘이 장사인 두 거인 여자 메냐와 페냐를 고용하여 맷돌을 돌리게 했다. 하지만 이들은 지시대로(제5연 이하) 황금, 평화, 행복을 빻아 내는 대신 그들이 타고난(제11연 이하) 파괴욕에 사로잡힌다. 광기 어린 분노에 빠져 이제 그들은 적대적인 군대를 만들어낸다. 이로써 프로디의 몰락이 확정되고, 맷돌은 깨어져 심연으로 가라앉는다.

이 노래는 주필사본(主筆寫本) '코덱스 레기우스'에 포함되어 있지 않고, 『신들의 노래』도 『영웅들의 노래』도 아니다. 이 노래의 커다란 의미는 바로 『에다』 노래들의 핵심을 담고 있다는 점이다. 돌연히 찾아드는 불화, 불길같이 번지는 분열이 세계의 파멸을 초래한다. 『신들의 노래』에서는 이 주제가 환상시(幻像詩) '예언녀의 계시'(제1곡 25연 이하)에 부각되어 있다. 『영웅들의 노래』에서는 프로디식 평화정치의 종말이 마치 날카로운 신호음처럼 훈딩족과 뵐숭족 사이의 해묵은 적대관계를 예고하고, 이로부터 시구르드를 둘러싼 비극적 사건이 막을 길 없이 종말을 향해 치닫는다. 훈딩족 살해자 헬기의 첫 번째 노래에 이 문제가 거의 애탄조로 지적되어 있다(제19곡 13연). "원수들 사이에 프로디의 평화가 깨지니/그라니의 희끄무레한 개들이 게걸스럽게 나라를 휘돌더라."

(39) '해의 노래'[솔라르리오드 Solarliod]는 종교적인 내용으로 되어 있다. (해는 '그리스도'를 가리킨다.) 어느 죽은 사람이 아들에게 주는 교훈이 다섯 단

락에 걸쳐 다섯 가지 비유, 다섯 가지 조언, 아버지의 이력, 죄인과 의인들의 내세 묘사, 우의(寓意 알레고리), 그리고 마지막 간청의 순서로 이어진다.

(40) '군나르의 하프 연주'라는 제목의 이 노래는 아마도 18세기 시인 군나르 팔손 Gunnar Palsson이 소실된 옛 노래에 근거하여 쓴 모작으로, 니플룽족이 멸망할 때 군나르가 독사(毒蛇)굴에 갇혀 하프를 타는 이야기가 그 내용이다(참조: 제30곡 종결부, 제33곡 30연, 제34곡 31연, 제35곡 62연).

신(新)에다

스노리 스투를루손의 『신에다』는 4개 필사본으로 전승되었다. 이 작품을 쓰게 된 동기를 작가는 이렇게 밝혔다. — "시어(詩語)를 배우고 그 어휘를 옛 표현을 통해 강화하거나, (옛) 시가에 은폐되어 ('어둡게') 표현된 것을 이해하려는 신진 음유시인들을 위해 [이 작품을 썼다.] 그들이 이 책을 연구하여 지식을 넓히고 또 즐기게 되기를 바란다. 이들 이야기를 잊거나 주요 시인들이 사용한 예스런 우회적 표현들을 원본에서 제거하려 해서는 안 될 것이다. 기독교도들은 그러나 이교 신들과 여기에 있는 이야기들의 진실성을 믿음에 있어, 이 책 초두에 설명된 바와 다른 방식을 택해서는 아니 된다." (스칼드스카파르말 Skaldskaparmal 제8장)

『신에다』는 3부로 구성되어 있다.

1. 귈피의 환상(幻像)[귈파긴닝 Gylfaginning]

게르만족 신들의 세계에 관한 전반적 개관을 산문 형식으로 서술한다. 스노리는 확신에 찬 기독교도로서 거리감과 밝은 여유를 보이며 북유럽 신화 및 우주 생성에 관한 일체의 지식을 요약하고 있다. 자주 인간적 면모를 보이는 신들의 행위, 거인과 난쟁이들의 세계, 엘프족과 아스 신족, 세계의 시원과 종말 등등이 그것이다. 그는 『고에다』의 시가도 소급하여 다룬다. 생동감이 넘치고, 현란하고, 상상력이 풍부하고, 기괴하고, 동화적인 우주가 펼쳐진다. 아르투어 헤니 Arthur Häny는 이렇게 평했다.

> 이 세계에서는 아무것이나 다 가능하다. 신이 뱀으로, 거인이 독수리로 변신

할 수 있고, 여자 거인이 말을 타고 왕궁에 출현하고, 요술 맷돌이 황금을 빻아 내고, 사악한 늑대가 해를 뒤쫓아가며 삼키려 한다. 헤임달 신은 아홉 처녀가 동시에 낳은 아들인데, 이들은 모두 자매간이다(A. Häny: Snorri Sturlusson: Prosa-Edda. Zürich 1991).

스노리는 외화(外話: 격자 이야기)에 전설적인 귈피 Gylfi 왕을 등장시켜, 그로 하여금 무엇이든 알고 싶은 지식욕에서 세 신에 관한 온갖 정보를 얻어내게 한다. 이를 위해 작품 핵심 부분에서 대화체 형식이 사용된다. 끝없는 질문에 세 신이 마침내 싫증을 내는 순간, 귈피는 마치 유령에게 속은 듯한 기분으로 벌판에 홀로 버려져 있다.

2. 시문학 언어, 시어법[스칼드스카파르말 Skaldskaparmal]

신진 '스칼데' Skalde(시인)들을 위한 시학[詩作指針]으로, 여기에서 스노리는 다른 스칼데들의 절구(絕句) 형식 사례들을 인용하고, 다른 한편으로 예화(例話)나 신화들을 서술한다. 스노리는 서언을 앞세워 작품을 전반적으로 소개하면서 게르만족의 이교세계에 거리를 둔 자세를 표방한다.

켄닝가르 Kenningar(단수: Kenning)에 관한 해설이 이 시학의 중심을 이룬다. 켄닝이란 사물, 사태, 인물에 관한 우회적 표현을 가리킨다. 이 우회어법에 의한 선명한 장식문체로 시어가 현저하게 풍성해진다. 그러나 이 어법은 언어를 애매하고 난해하게 하거나, 오늘날에는 이따금 전혀 이해할 수 없게 만들기도 한다. 배경 이야기가 제시되지 않을 때에 특히 그러하다. 예컨대 금을 가리키는 우회어 '외그르의 불'의 이면에는 특정의 신화적 이야기가 숨겨져, 스노리도 이것을 다른 여러 사례와 함께 밝히고 있다. 스칼드스카파르말에서도 스노리는 외화를 사용하여, 탐구욕이 강한 바다거인 에기르와 시신(詩神) 브라기가 등장하는 대화 장면을 구성했다. 이 도입부는 브라가르외두르 Bragarödur('브라기와 에기르의 대화')라는 제목 아래(다른 7개 발췌 부분과 함께 이 [집록의] 번역본에) 제시되어 있다.

여기 번역본에 포함된 일부 본문 가운데 '니플룽족과 규쿵족'이라는 부분이 특히 흥미롭다. 『고에다』의 『영웅들의 노래』에서 다채롭고 다양하게 묘사된 니벨룽족 전설의 소재가 압축된 언어로 다루어져 있기 때문이다.

3. 시행 목록[하타탈 Hattatal]

스노리가 자신의 후원자 야를(제후) 스쿨리 Jarl Skuli와 하콘 Hakón 왕을 위해 쓴 송가 102곡을 모은 작품집이다. 스노리는 이 시들을 해설하면서 그가 알고 있던 모든 형식 요소들(두운법, 음수율, 시연 배열법 등)을 부각시킨다. 이 번역본에는 해당 본문 또는 그 일부가 포함되지 않았다.

독일어판 원본에 관하여

사용된 원본: Die Edda, die ältere und jüngere nebst den mythologischen Erzählungen der Skalda. Übersetzt und mit Erläuterungen begleitet von Karl Simrock. Achte, durchgesehene Auflage. Stuttgart, Verlag der Cotta'schen Buchhandlung 1882.

카를 짐록(Karl Simrock)과 그의 역서

생애
1802. 8. 28.－1876. 7. 18. 본(Bonn)에서 출생 및 사망
독문학자, 번역가, 모작 시인, 시인

19세기 최대의 고대게르만어·고대독일어(고고지독어, 중고지독어) 문학 번역가. 중고지독어로 된 『니벨룽겐의 노래』를 약관 25세에 번역하여 괴테의 칭송을 받았고, 이 번역본이 1892년까지 42판이나 간행되었다.

색인

[주요 이름, 어휘, 용어]

(편역: 김길웅)

가름 Garm: 신화에 나오는 지옥의 개. ↑로키의 아들이자 신들의 주적인 ↑펜리스 늑대와 동일한 존재일 가능성이 있다. 세계의 종말 때, 가름은 결박을 푼다.

강그라드(르) Gangradr, (영: Gangrad) ("반대 의견을 제시하는 조언자"): ↑바프트루드니르와 지식 논쟁을 벌일 때 오딘이 사용한 이름.

강글레리 Gangleri: ↑귈피의 다른 이름.

강물의 말 (독: 플루트트로스 Flutross): 배.

게르 Geer: 원래 "투창".

게르다 Gerda ("울타리 안에 보호받는 여자"): 거인 ↑귀미르의 딸이자 신 ↑프레이르의 아내. 그녀는 불꽃이 타오르는 울타리로 둘러싸여 있다. 프레이르는 ↑스키르니르를 시켜 그녀에게 구혼하게 한다. 게르다는 주로 대지의 여신으로 간주된다.

게리 Geri와 **프레키 Freki** ("탐욕꾼"과 "탐식가"): 오딘을 수행하는 두 마리의 늑대.

게이로드 Geiröd, (영: Geirrod) ("방패"): 거인 가운데 하나로 ↑오딘의 양아들. ↑토르의 체력을 살피기 위해, 그에게 불에 달군 쇠창살을 던진다. 토르는 철장갑을 낀 손으로 이를 붙잡은 뒤 되던져 게이로드와 대들보를 뚫어 버린다.

게피온 Gefion ("주는 여자"): ↑아스 신족의 일원으로 결실과 보호의 여신. 오딘이 북쪽 지역을 정찰하라는 임무를 주어 그녀를 파견한다. 그녀는 네 아들을 소로 둔갑시켜 쟁기에 맨다.

고트 Gote, 고트족 Goten: 호전적인 민족 혹은 개별적인 투사를 가리키는 듯하다.

구드룬 Gudrun, (영: Gudrun): ↑기우쿠와 ↑그림힐드의 딸. ↑군나르, ↑호그니 및 ↑구토름의 여자 형제. 어머니 ↑그림힐드의 종용에 따라 ↑시구르드와 결혼한다. 시구르드가 살해될 때 아들 시그문드는 겨우 네 살이었으나, 이 아이도 피살당한다. 구드룬은 이후 덴마크로 가서 하콘의 누이 토라의 집에서 3년 반 동안 산다. 그림힐드가 재차 종용하자, 그녀는 마음에도 없이 아틸라와 혼인한다. 구드룬은 니플룽족이 몰락할 때, 아들 ↑에르프와 ↑에이틸을 죽이고 또 남편까지도 살해한다. 그것은 군나르와 호그니를 살해한 데 대한 보복이었다. 이어 구드룬은 자살을 시도하지만 뜻대로 되지 않는다. 그녀는 ↑요나쿠르와 세 번째 결혼하여, 세 아들 ↑쇠를리, ↑에르프, ↑함디르를 낳는다. 구드룬과 시구르드 사이의 딸 ↑스반힐드가 요르문렉에 의해 살해되자, 그녀는 함디르와 쇠를리에게 복수를 사주한다.

구드문드 Gudmund: 그란마르의 아들 가운데 한 명. 자기 종족과 헬기 사이에 해전이 벌어지자 그는 신표틀리와 언쟁을 벌인다.

구스트르 Gustr: ↑안드바리의 다른 이름인 듯하다.

구토름 Gutthorm, (영: Guttorm): ↑그림힐드의 아들이자 기우쿠의 의붓아들이며 구드룬, 군나르, 호그니의 이복형제. 군나르와 호그니는 그를 사주하여 시구르드를 죽이게 한다.

군나르 Gunnar: ↑그림힐드와 ↑기우쿠의 아들이자 구드룬, 호그니, 구토름의 남자 형제. 그는 아틸라의 자매인 ↑오드룬보다 ↑브륀힐드와의 결합을 더 선호했지만 그녀와 혼인할 수는 없었다. 그를 대신하여 결혼한 ↑시구르드는 사태가 발각되어 목숨을 잃는다. 군나르는 글라움뵈르와 재혼한다. 아틸라가 ↑기우쿵족/니플룽족을 훈족의 궁정으로 초대하는데, 이것은 군나르의 종말을 의미한다. 그는 아틸라에게 시구르드의 유산(↑보물)을 넘겨주기를 거부하고, 최후의 기우쿵족(니플룽족)으로 남아 하프를 연주하며 뱀굴에서 죽어 간다.

군로드 Gunnlöd, (영: Gunnlod) ("전쟁에의 초대"): 여자 거인. ↑수퉁의

딸. 시적 재능을 부여한다고 믿었던 스칼데의 꿀술을 지킨다. 오딘은 뱀의 모습을 하고 군로드에게 잠입하여 그녀를 유혹한다. 마침내 그는 꿀술을 마시고 독수리로 변신하여 도망간다.

굴뢴드 Gullrönd: ↑기우쿠의 딸.

굴린캄비 Gullinkambi ("황금빗"): 세상의 종말을 울음으로 알리는 닭.

굴베이그 Gullweig ("황금의 음료" 혹은 "황금의 힘"): 마녀 혹은 예언녀. 황금에 대한 탐욕을 의인화한 표현. 그녀는 사람을 홀리는 재주를 타고 태어났다.

굴팍시 Gullfaxi ("황금갈기, 황금말"): 거인 ↑흐룽니르의 말. 오딘은 훗날 이 말을 아들 ↑마그니에게 선사한다.

궁니르 Gungnir ("흔들리는 사람"): 목표물을 놓치는 법이 없는 오딘의 창. 난쟁이들이 만들었다. 궁니르는 이 세상에 전쟁을 가져다준 것으로 되어 있는데, 오딘은 궁니르를 휘둘러 전사를 죽이고 죽은 영혼을 발할라로 데리고 간다.

귀미르 Gymir ("바다"?): 바다의 거인 ↑에기르의 다른 이름.

귈피 Gylfi ("바다, 사나운 파도"): 스웨덴의 신화적인 임금. 아스 신족에게 스칸디나비아의 지배권을 넘겨준다.

그니타헤이디 Gnitaheide ("그니타 황무지"): 파프니르가 용이 되어 보물을 가지고 사는 곳으로, 그곳에서 시구르드가 파프니르를 살해한다. 아일랜드 출신 N. 베르그손은 로마 성지 순례 여정을 묘사하면서 역시 그니타 황무지를 언급했다. 베르그손에 따르면 시구르드가 그곳에서 용을 쳐 죽인다.

그니파헬리르 Gnipahellir ("위에 매달려 있는 동굴"): 지하에 있는 저승으로 들어가는 입구의 동굴. 그곳은 ↑가름이라는 개가 지킨다. 세상이 멸망할 때, 이 개는 사슬을 풀고 뛰쳐나온다고 전해진다.

그라니 Grani: 시구르드의 말. 시구르드는 이 말을 ↑할프렉 왕에게서 받는다.

그란마르 Granmar: 싸움에 굶주린 막강한 왕. 세 아들 ↑회드브로드, ↑구드문드, 스타르카드르와 함께 빌숭족(↑훈딩을 살해한 헬기 1)에 맞서 싸운다.

그람 Gram: 시구르드의 칼. ↑난쟁이 레긴과 그의 양아버지가 제작한 칼. 이 칼은 매우 잘 들어서, 강물에 떠 있는 양털까지도 두 동강을 낼 수 있다. 이 칼을 써서 시구르드는 레긴의 모루를 두 동강 내고, ↑파프니르를 살해하며 보물을 차지한다. 이후 그는 레긴을 죽인다. 그는 또 그람으로 ↑시구르드리파의 갑옷을 벗기고 그녀를 잠에서 깨운다. 군나르를 위해 ↑브륀힐드에게 구애한 후, 시구르드는 혼례식날 밤에 순결의 상징으로 이 칼을 자신과 여자 사이에 놓아둔다. 마침내 그는 살인자 구토름에게 이 보검을 던져 그를 두 조각 내어 죽인다.

그로아 Groa: 예언녀 혹은 성장(成長)의 여신. 그녀의 아들 ↑스빕다그르가 죽은 그녀를 깨워 예언을 하게 한다.

그로티 Grotti: 신화적인 물레방아. ↑프로디의 평화.

그리피르 Gripir: 왕. ↑에일리미의 아들, 시구르드의 삼촌. 현자로 통하며, 앞일을 훤히 꿰뚫어본다.

그림니르 Grimnir ("가면 쓴 자"): ↑오딘의 별명 가운데 하나.

그림힐드 Grimhild: 기우쿠의 아내이자 구드룬, 군나르, 호그니와 구토름의 어머니. 그녀는 자기 아들 군나르를 브륀힐드와 결혼시키기 위해 시구르드로 하여금 대신 구혼하게 하고, 동시에 망각의 약(사랑의 묘약)을 써서 원래 브륀힐드와 혼인하기로 되어 있던 시구르드가 자기 딸 구드룬과 혼인하게 만든다. 시구르드가 죽은 후 그림힐드는 보상금으로 황금을 제시하고 다시금 망각의 약을 사용하며 구드룬과 아틸라의 혼인을 성사시킨다.

글라시르 Glasir의 황금: 글라시르("번쩍이는 자")는 ↑아스가르드에 있는 ↑발할라의 대문 앞에 무성한 황금낙엽 숲을 가리킨다.

글라움뵈르, 글룀베라 Glaumwör, Glömwera, (영: Glaumvor): 군나르의 아내. (군나르의 첫 아내는 ↑브륀힐드). 글라움뵈르는 아틸라를 보는 순간 니플룽족이 몰락할 것임을 예견한다.

기밀리, 기밀리의 언덕 Gimili ("불이 침범할 수 없는 곳"): 황금으로 장식한 홀. 그 안에는 말세에 구원받은 인간들이 살아간다. 스노리는 기밀리를 기독교식으로 해석하여, 선인들이 사후에 머무는 거소로 풀이했다.

기아플뢰그 Giaflög: 기우쿠의 누이. 다섯 남자와 두 딸, 세 자매와 아홉 명의 남자 형제를 잃는 불운의 여자이다.

기우쿠, 규쿠 Giuku, (영: Giuki)와 기우쿵족 Giukung (니플룽족): 그림힐드와 혼인하여 아이를 낳는데, 그 이름이 구드룬, 군나르, 호그니, 구드나이, 구트호름(의붓자식)이다.

긴눙가가프 Ginnungagap: 창세 이전, 우주의 근원 공간의 이름. 북쪽으로는 추위와 폭풍이 엄습하여 얼음장 같은 ↑니플헤임이 생성된다. 남쪽으로는 온화하여, 불같은 무스펠헤임이 만들어진다. 불이 얼음을 덮치면서 생명체가 만들어지는데, 거인의 원형인 ↑위미르가 이렇게 하여 탄생한다. 초기의 신들이 위미르를 긴눙가가프 한가운데로 데려가 그 몸으로 대지를 만들었다.

나글파르, 나글파리 Naglfar, Naglfari, (영: Naglfari) ("손톱의 배", "죽은 자들의 배"): 세계가 몰락할 때 항해를 시작하여, 신들에 맞서 싸우도록 무스펠의 아들들을 태우고 간다. 최고, 최대의 배로 알려졌으며, 죽은 자들의 자르지 않은 손톱으로 만든 것으로 전해진다. 뵐루스파에 따르면 로키가, 스노리에 따르면 거인 흐뤼미가 이 배를 몬다.

나스트란드 Nastrand, (영: Nastrond) ("죽은 자의 해안"): 북유럽에 위치한 신화적인 장소. 지붕에서 독이 떨어지는 그곳의 홀에는 맹세를 지키지 않은 자들과 범죄자들이 수용되어 있다.

난쟁이 Dvergr, (영: Dwarf, 독: Zwerg): 에다 문학에는 난쟁이들이 자주 등장하는데, 그 이름만 100개가 넘는다. 이들은 매우 지혜로운 존재로 손재주가 뛰어나다. 신들의 장신구들은 거의 이 난쟁이들이 만드는데, 토르의 망치, 오딘의 창, 헤임달의 반지, 프레이야의 목걸이, 프레이르의 배, ↑펜리스볼프의 밧줄이 바로 그것이다. 시구르드는 난쟁이 그리피르에게서 보검 그람을 얻는다. 난쟁이들은 산속의 바위 아래에서 살며 보물을 지키는 사람으로 등장한다. 그들에게는 마술적인 힘이 있다. 그들이 어떻게 만들어졌는지에 대해서는 두 가지 설명이 있다. 거인 ↑브리미르의 피로 만들었다는 것과, 거인의 원조 ↑위르의 살로 만들었다는 설이 그것이다. 자연의 정령이나 죽은 자의 악령에서 유래했을 가능성이 크다.

노레그 Noreg: 노르웨이.

노른 Norn: 선과 악을 좌우할 수 있는 운명의 여신. 운명의 실을 잣는 것이 고대 로마의 운명의 여신 파르체들의 특징인데, 북유럽 신화에서 운명의 여신인 노른들에게는 그러한 화소가 없다. 대표적인 운명의 여신은 ↑우르드, 베르단디, 스쿨드이다. 우르드와 스쿨드는 각각 "운명"과 "과오"를 의미하다가 훗날 "과거"와 "미래"의 여신이 되었고, 베르단디는 "현재"를 뜻한다. 이 운명의 여신들은 ↑발퀴리에 가깝고 또 한편으로는 ↑디스와도 유사하다. 로마 시대의 게르만 민족에게서 찾아볼 수 있는 품위 있는 노부인에 대한 숭배가 바로 운명의 여신이 등장하게 된 배경이었다.

노아툰 Noatun, (영: Nöatŭn) ("배의 광장, 배의 도시"): 신 ↑뇨르드의 거소.

뇌르비 Nörwi, 뇌르 Nör(r) ("협소한, 가느다란"): ↑로키의 아들. 원래 죽은 자들의 망령을 뜻한다. 그의 딸은 "밤"을 의인화한 '뇌트(Nöt[t])'이다.

뇨르드 Niörd, (영: Njord): 바니르 신족의 일원. 다산의 신이자 항해의 신. 그의 아들딸이 바로 ↑프레이르와 프레이야이다. ↑노아툰에 있는 바다에 살며, 바람과 바다와 불을 다스리고 어부들을 도와주며, 상당한 부자로 알려져 있다. ↑스카디와 결혼하지만, 뇨르드는 바닷가에서 살고 싶고, 스카디는 북방의 산지로 가고 싶어한다.

니드회그(르) Nidhögg(r) ("분노에 가득 차 때리는 사람"): 죽은 자들의 피를 마시고, ↑흐베르겔미르에서 시체를 먹는 죽은 자들의 용. 세계수 ↑위그드라실 아래에서 산다고 한다. 니드회그르는 악의 근원을 상징하며, 세상이 멸망한 다음에도 새로운 세계에서 존속하게 된다.

니플룽 Niflung, 니플룽족 Niflungen: 니벨룽의 북유럽적 표현. 그밖에 '기우쿵' 혹은 '기우쿠의 아들딸'로 불리기도 한다. 군나르와 그의 형제자매가 기우쿠의 아들딸이기 때문이다.

니플헤임 Niflheim ("어두운 세계"): 얼음장 같은 북방에 위치한 신화적 장소로, 창세 이전부터 있었다. 니플헤임은 세계수 ↑위그드라실의 세 갈래 뿌리 가운데 하나의 끝에 있으며, 이따금 지하세계와 동일시되기도 한다.

니플헬 Niflhel ("어두운 헬"): 원래 ↑헬의 강조형에 불과하다. 지하세계의 한 부분, 즉 땅속 아홉 번째 세계로, 가장 깊은 곳에 있는 지옥을 의미한다. 이 단어는 스노리가 만들어낸 것일 가능성이 있고, 에다 노래에는 나오지 않는다.

다그 Dag: ↑호그니 2의 아들, ↑시그룬의 남자 형제. 맹세를 어기고 그는 헬기 2를 살해하여 아버지의 원수를 갚는다.

델링그르 Dellingr, (영: Dellinger): 아침 이슬. 밤은 이것으로 낮을 만들어 낸다.

드발린 Dvalin(n), (영: Dvalin) ("느린 사람", "잠자는 사람"): 난쟁이로서, 몇몇 ↑노른의 아버지.

디스 (Dis, 복수형: 디시르 Disir) ("여자"): 정체가 불분명한 여신 혹은 여자 귀신. 주로 꿈에 나타나 조심하라고 이르는 인물. 때로는 ↑발퀴리와 동일시되고, 때로는 위협적인 인물로, 때로는 도와주는 인물로 등장하기도 한다.

라그나뢰크 Ragnarök, (영: Ragnarok) (여성 복수형. "신들의 최후, 신들의 운명"): 인간뿐만 아니라 신들도 멸망하는 말세를 뜻하는 말이다. 그 징후로는 1) 엄동설한이 도래하고, 2) 온 세상이 불에 타며, 3) 대지가 대양 속으로 가라앉고, 4) 태양이 어두워지는 것을 들 수 있다. 중요한 것은 세상의 종말이 결코 말 그대로 종말이 아니라는 점이다. 종말을 겪은 후에 새로운 순수한 세상이 열려, 과거의 원수들이 서로 화해하며 살아가게 된다.

라그나뢰크르 Ragnarökr ("신들의 황혼"): ↑라그나뢰크에 대한 잘못된 표기로, 세상의 종말을 뜻한다.

란 Ran ("여자 강도"?): 바다의 거인인 에기르의 아내. 사공이나 항해자들이라는 부정적인 의미를 지닌다. 란은 ↑헬이나 ↑발할라로 가지 못한 익사자들을 일종의 바닷속 저승으로 끌고 간다.

레긴 Regin ("강자"): 재주가 많지만 심술이 사나운 난쟁이. ↑흐레이드마르의 아들이자, 파프니르와 오트르의 형제. 할프렉 왕을 섬기는 대장장이. ↑시구르드의 양아버지. 그는 시구르드에게 보검 ↑그람을 만들어 주면서, 형제 ↑파프니르를 죽이고 아버지의 유산을 차지하라고 사주한다. 시구르드는 파프니르를 죽이고 레긴까지 살해한다.

레라드 Lärad, (영: Lerad) ("보호를 베푸는 자"?): ↑발할라의 지붕에 있는 신화적인 나무. 염소 헤이드룬(= 꿀술 '메트'의 근원)과 사슴 엘드림니르(= 강물의 근원)가 그 가지를 먹는다.

로두르 Lodur: 신. 인간에게 멋진 용모와 삶의 온기를 준다. ↑오딘과 ↑회니르의 동반자.

로키 Loki: 매우 다층적이고 부정적인 속성을 지닌 게르만족의 신. "로키는 외모가 화려하고 멋있지만 성정이 사납고 걷잡을 수 없다. 교활하기 짝이 없고 사술에 능하다". 로키는 앙구보르다와의 사이에 ↑펜리스볼프, ↑요르문간드, ↑헬을 낳는다. 그는 신들을 위기에서 구해 주기도 한다. 로키는 개성이 매우 다양하여 한 마디로 설명하기 어렵다. 그는 여러 사건에 연루되어 있는데, 예컨대 ↑아스가르드의 건설, 토르의 거인국 행차, ↑시프의 머리카락, ↑발드르의 죽음 등이 그것이다. 때로 그는 ↑롭트르라는 이름을 쓰기도 한다. 로키라는 이름의 뜻은 명확하게 밝혀져 있지 않지만, 타오르는 불꽃과 관련이 있다.

로파르 Lofar ("칭찬하는 사람"): 난쟁이들의 족장.

롭트르 Loptr ("공기 같은 사람", "공기의 신"): 로키의 별칭.

리그르 Rigr, (영: Riger) ("왕"): 노예, 농부, 귀족 등 세 신분의 조상을 만든 신. 리그르는 ↑헤임달과 동일시되기도 한다. 혹은 ↑오딘의 가명일 수도 있다.

리딜 Ridil: 난쟁이 ↑레긴이 ↑파프니르의 심장을 도려낼 때 사용한 칼.

링헤이드 Lyngheid: 레긴의 누이. 그녀는 레긴에게 보물을 완력으로 얻지 말라고 충고한다.

마그니 Magni ("강자"): 토르와 여자 거인 야른삭사의 아들. 세 살 적에 말 굴팍시를 얻는다. 세상이 멸망한 후 그는 형제인 모디와 함께 토르의 망치를 상속받는다. 마그니는 토르의 개성을 의인화한 인물로 간주된다.

만헤임 Mannheim ("인간의 세계"): ↑스카디와 뇨르드의 거소.

메냐 Menja, (영: Menia)와 페냐 Fenja, (영: Fenia) (메냐는 "노예" 혹은 "목걸이를 두른 여자", 페냐는 "늪지에 사는 여자"?): 산에 사는 여자 거인으로, 덴마크의 왕 프로디의 태평성대가 몰락하고, 광포한 시대가 올 것임을 알린다.

메트 Met (꿀술): 고대의 발효주. 꿀과 물을 섞어 발효시킨 술로 ↑발할라의 신들이 마신다.

멩글라다 Menglada, 멩글뢰드 Menglöd ("보석, 장신구를 기뻐하는 여자"): 타오르는 불꽃 ↑바버로에로 둘러싸인 처녀의 이름. ↑스빕다그르가 그녀에게 구애하여 성공한다.

모디 Modi ("화난 자"): 토르의 아들 가운데 하나. 형제 마그니와 함께 토르의 망치를 상속받는다. 모디는 토르의 특징을 의인화한 이름으로 간주된다.

묠니르 Miöllnir, (영: Miölnir) ("번개"?, "번쩍이는 번개무기"?, "으깨어 부수는 자"?): 난쟁이 신드리와 브로크가 만든 토르의 망치. 내리치면 번쩍번쩍 번개를 일으키고, 내던지면 마치 부메랑처럼 되돌아온다. ↑트륌이 이를 훔쳤다가 되돌려준다. 토르가 죽은 다음 그의 아들인 ↑마그니와 모디가 이를 물려받았다. 이 망치는 신들의 무기일 뿐만 아니라 성스러운 장비이기도 하다. 묠니르는 스칸디나비아의 이교도를 상징한다(기독교의 십자가에 비교됨).

무덤의 이슬: 피.

무스펠 Muspel, (영: Muspell) (“불에 의한 세상의 종말”): 고고독일어와 고대저지독일어로 무스펠은 “세상의 종말”을 뜻한다. 고대북유럽어로 무스펠은 거인의 이름 가운데 하나였을 것으로 추측된다.

뮈르크비드르 Myrkwidr (“어두운 숲”, “침침한 숲”): 남방에 있는 전설상의 숲.

뮈싱거 Mysinger: 바이킹족의 바다의 왕. 메냐와 페냐의 소리를 듣고 밤에 프로디 왕을 살해하며, 이후 프로디의 태평성대가 끝난다.

미드가르드 Midgard (“중앙의 거주지”): 인간의 거주지를 뜻하지만, 일반적으로 신들도 함께 어울려 사는 세계를 가리키기도 한다.

미드가르드 뱀 Midgardsormr (“세계 뱀”): 북유럽 신화에 나오는 괴물로, 태곳적의 큰 바다에 살며 온 세상을 집어삼킨다. 로키와 여자 거인 안구부르다 사이에서 태어난 것으로 알려졌다. 요르문간드.

미미르 Mimir (“기억하는 자”, “현자”): 세계수 아래에 있는 지혜의 샘. ↑위그드라실을 소유한 지혜로운 거인. 오딘은 이 샘에서 지혜를 마시기 위해 미미르에게 한쪽 눈을 맡긴다. 세상이 몰락할 때 오딘은 이 샘 가에서 미미르에게 조언을 구한다.

미스트 (“구름”, “안개”): ↑발퀴리의 이름 가운데 하나.

바니르 신족 Vanir (영: Vanir): ↑아스 신족 다음으로 큰 신족. 바니르 신들은 주로 풍요와 다산의 신으로 농민들의 숭배를 받았다. 항해자나 어부들은 바니르 신들에게 날씨를 좋게 해달라고 기도한다. 한때 아스 신족과 다툼이 일지만, 화해하여 양 신족의 결합이 이루어진다. 대표적인 바니르 신으로 ↑뇨르드, ↑프레이르, ↑프레이야가 있다.

바드겔미르 Vadgelmir: 지하세계에 있는 강으로, 거짓말을 하던 사람들이 참회하는 곳.

바리 Barri (“곡식 들판” 혹은 “안개 숲”): 신화상의 지명으로, ↑프레이르와 ↑게르다가 결혼식을 올리기 위해 만나기로 한 곳.

바우게 Bauge: 반지.

바우타스테인 Bautastein(e): 죽은 자를 기념하기 위해 세운 돌, 선돌(Menhir).

바프트루드니르 Vafthrudnir (영: Vafthrudnir): 현명한 거인. ↑오딘이 그에게 지식을 겨루자고 청한다.

발드르(발더), 발두르 Baldur(Balder), (영: Balder) (고대북유럽어로는 발드르 baldr, 고고독일어로는 발드 bald, "용감하다"): ↑오딘의 둘째 아들. 중요한 게르만 신 가운데 하나로, 그의 죽음은 게르만 신화에서 중요한 역할을 한다(발드르의 꿈, 발드르의 죽음, 발드르의 장례). 그는 불의를 참지 못한다. 눈먼 그의 형제 ↑회드르에 의해 죽는다.

발라 Vala: 예언녀 ↑뵐바의 다른 이름. 오딘의 명에 따라, ↑발드르의 죽음을 예언한다.

발란드 Walland: 이탈리아나 프랑스와 같은 로만어권 나라를 가리키는 말.

발리 Vali, (영: Vali): ↑오딘의 아들 가운데 하나. 태어나자마자 그는 형제를 죽인 ↑회드르를 주살한다.

발퀴리 Valkyrja, (영: Valkyrie) ("전사자들을 선택하는 자"): ↑오딘의 시중을 들며, 인간의 운명을 결정짓는 초현세적인 존재. 전장에서 전사한 자들을 발할라로 인도한다. 발퀴리는 인간처럼 사랑에 빠지기도 하는데, ↑스바바는 헬기 1과, ↑시그룬은 헬기 2와, ↑시그르드리파는 시구르드와 사랑에 빠지며, ↑브륀힐드도 시구르드와 사랑을 나눈다. 발퀴리의 숫자는 매우 많다.

발할라 Valhall, Valhalla, (영: Valhalla) ("죽은 자의 홀"): ↑아스가르드에 있는 ↑오딘의 거소. 그곳에서 오딘은 발퀴리가 전장에서 데려온 전사자들을 모은다. 이들은 발할라에서 마치 전몰 용사들의 천국처럼 살아간다. 낮에는 서로 싸우다가도, 밤이 되면 함께 잔치를 즐긴다. 사람이 죽은 후에 언덕이나 산에서 선조들과 함께 흥겹게 서로 마주 보며 다시 살아간다는 미신이 발할라를 탄생시킨 계기였던 것으로 보인다.

베라 Bera: ↑코스트베라.

베스틀라 Bestla ("아내", "나무껍질"): 여자 거인. 뵐토른의 딸. ↑뵈르와 혼인한다. 최초의 신들인 ↑오딘, ↑빌리, 베의 어머니.

베이그비르(비그비르) Beyg(g)vir(Byggvir), (영: Beyggvir): 프레이르의 하인.

베일라 Beyla: 프레이르의 하녀이자 비그비르의 아내.

벡탐 Vegtam: 오딘이 죽은 예언녀 ↑발라를 찾아 지하세계인 ↑헬을 찾아 갈 때 사용한 가명.

벨리 Beli ("울부짖는 자"): ↑프레이르에게 무기도 없이 살해당한 거인.

보르가르 Borgar: ↑보리일드의 남자 형제. ↑신표틀리가 그를 죽인다.

보르그니 Borgny: 헤이드렉 왕의 딸이자 빌문드의 버림받은 연인. 빌문드는 기독교적인 연민 때문에 ↑오드룬의 해산을 돕는다.

보르그힐드 Borghild: 뵐숭의 아들 ↑시그문드의 첫 아내. 시그문드와 혼인하여 ↑신표틀리, ↑헬기 2, 하문트를 낳았다. 보리일드의 남자 형제인 보르가르와 의붓자식 신표틀리가 한 여자를 놓고 구애하는 사태가 벌어지자, 신표틀리는 보르가르를 죽였다. 속죄하는 의미에서 신표틀리는 보리일드에게 돈을 건네지만, 그녀는 신표틀리의 술잔에 독을 타서 마시게 한다.

보물, 니플룽족의 보물: 유산, 파프니르의 잠자리, 파프니르의 유산, 파프니르의 진영, 번쩍이는 황금, 그니타 황무지의 먼지, 붉게 타오르는 보물, 황금, 니플룽의 황금, 그라니의 짐, 그라니의 등짐, 흐니플룽족의 보물, 기우쿵족의 보물, 라인 강의 황금, 붉은 황금으로 불리기도 한다. 원래는 난쟁이 ↑안드바리의 소유였으나, ↑로키가 빼앗아 흐라드마르에게 그 죽은 아들에 대한 보상으로 주었다. 이후 이 보물을 소유하게 된 ↑파프니르는 거기에 걸린 저주 때문에 아버지를 살해한다. 파프니르의 형제인 ↑레긴이 시구르드를 사주하여 시구르드가 아버지 파프니르를 죽이고 이 보물을 빼앗은 것이다. 시구르드 역시 피살되자, 이 보물은 니플룽족(군나르와 호그니)의 수중에 들어간다. ↑아틸라는 니플룽족을 자기 궁정으로 초대하여 이 보물을 차지하려 시도하지만 실패한다. 그는 보물의 내력을 알고 있는 군나르와 호그니를 살해하는데, 이후 이 보물은 종적을 감추고 만다.

뵈르, 부르 Bör, Bur, (영: Börr) ("아들"): ↑오딘, ↑빌리, 베의 아버지. ↑베스틀라와 혼인한다. 그의 아버지는 부리인데, 황소의 시조 아우두믈라가 얼음에서 꺼낸 것으로 전해진다.

뵐룬두르(벨란드, 빌란드) Völundur(Weland, Wieland), (영: Völund): ↑난쟁이들에게서 대장장이 일을 배워, 훗날 불구가 된 데 대해 복수를 계획한다.

뵐바 Völva ("예언녀, 무녀"): 거인족 출신의 무녀이자 마술사. 때로는 발라라는 이름으로 등장하기도 한다.

뵐베르크르 Bölverkr, (영: Bolwerk) ("악을 조장하는 자"): 오딘의 이름. ↑스칼데(노르웨이와 아일랜드의 궁정시인 겸 가수)의 꿀술을 훔치는 대목에서 오딘은 뵐베르크르라는 이름으로 나온다.

부들리 Budli: ↑아틸라 1, ↑브륀힐드, ↑오드룬의 아버지.

브라기 1 Bragi: 스칼데의 최연장자. 9세기경 노르웨이에서 살았을 것으로 추정된다. 그의 시연 일부가 오늘날까지 전해 오는데, 거기에는 스노리의 공로가 크다. 브라기가 시인의 신 ↑브라기 2와 동일한 인물일 개연성이 매우 크다. 그는 사후 약 200년 후에 신비적인 인물로 추앙받아 왔기 때문이다.

브라기 2 ("문학", "족장, 촌장, 영주"): 12, 13세기 스노리의 작품에 문예의 신으로 나오는데, 시인 브라기 1을 신격화한 존재일 개연성이 크다. 지혜가 출중하고 언변이 뛰어난 그는 아스 신족의 일원이고, ↑이둔과 혼인한다.

브라기 3: ↑그란마르의 아들, 훈딩을 죽인 ↑헬기 2에게 살해당한다.

브륀네: "흉갑"을 뜻하는 고어. 이 단어는 울란트, 슈밥, 짐록, 바그너가 19세기에 이르러 재차 사용했다.

브륀힐드, 힐드 Brynhild, Hild, (영: Brunhild, Brynhild): ↑부들리의 딸, ↑헤이미르의 수양딸. 아틸라는 그녀의 남자 형제이다. ↑발퀴리이며, "전투의 여인"이라고 불리기도 한다. 호전적이고 힘이 세다. 브륀힐드는 수많은 전사를 죽여 발할라로 데려가려는 욕심에서 ↑오딘을 긴 잠에 빠지게 한다. 그녀는 불길이 활활 타오르는 성채에 살며, 말을 타고 이 불길을 지나갈 수 있는 사람과 결혼하겠다고 선언한다. ↑시구르드는 군나르를 위해 군나르로 변장한 채 이 불길을 통과하고, 브륀힐드는 군나르와 결혼한다. 하지만 브륀힐드는 이 속임수를 간파하고, 구드룬의 남자 형제들을 선동하여 시구르드를 죽이게 한다. 시구르드가 죽자, 그녀도 칼에 몸을 던진다. 그녀는 장작더미에 불을 붙여 자신을 태워 달라고 유언하며, 죽어서 시구르드와 하나가 될 것이라고 생각한다.

브리미르 Brimir, (영: Brimer): 거인. 그의 피에서 난쟁이들이 태어난다. 브리미르는 ↑위미르의 다른 이름일 가능성도 있다.

비다르 Vidar ("지속적으로 지배하는 자"): 아스 신족 가운데 가장 힘이 센 사람 가운데 하나. 늑대 ↑펜리르의 주둥이를 찢어, 오딘의 죽음을 복수한다. 비다르는 오딘의 아들로 간주되기도 한다.

비프뢰스트 Bifröst, (영: Bifrost) ("흔들리는 하늘 길", "잠시 나타났다 사라지는 무지개"): 미드가르드와 ↑아스가르드, 즉 대지와 하늘 사이의 다리 이름. 무지개라고도 한다. 세상이 몰락하면, 이 다리는 불의 거인족 아들들이 타고 올라간 뒤 무너진다.

빌리 Vili, (영: Vili)와 베 Ve, (영: Ve) ("의지"와 "성소"): 형제 ↑오딘과 더불어 최초의 신들. 그들은 최초의 인간 부부인 ↑아스크와 엠블라를 만들고, 거인의 원조인 ↑위미르를 때려죽이고, 위미르의 몸으로 세계를 창조한다.

빌스키니르 Bilskinir, (영: Bilskirnir) ("불빛으로 번쩍이는 사람"): 토르의 궁전. 발할라와 마찬가지로 문이 540개 달려 있다.

빙골프 Vingolf, (영: Vingolf) ("단란한 집"): ↑아스가르드에 있는 건물, 아스 여신들의 사원. 전사자들과 오딘이 귀향시킨 전사들이 머무는 곳이기도 하다.

빙스코르니르 Wingskornir: 브륀힐드의 말.

빙기 Wingi: 아틸라 1의 전령(다른 전령의 이름은 ↑크네프뢰드). 니플룽족이 아틸라에게 배를 타고 갈 때 살해당한다.

쇠를리 Sörli: 함디르의 형제.

수르투르 Surtur, 수트르 Sutr ("시커먼 사람"): 불의 거인. 세상이 몰락할 때, 불꽃이 이는 칼을 휘둘러 온 세상을 불태운다고 한다. 수르투르는 특히 신들의 원수이다.

수퉁 Suttung: ↑스칼데의 꿀술을 소유한 거인. 오딘은 신과 인간을 위해 이 꿀술을 훔친다.

스반힐드, 슈반힐드 Svanhild, (영: Swanhild): 구드룬이 시구르드와 결혼하여 낳은 딸. 어머니와 함께 아틸라의 궁정으로 가서 니플룽/기우쿵족의 끔찍한 몰락을 지켜본다. 어머니의 세 번째 남편인 ↑요나쿠르의 궁정에서 자란다. 요르문렉 왕의 아내가 되기로 예정되어 있지만, 그녀를 젊은 란드베르와 혼인시키자는 이야기가 나오게 되고, 분노한 요르문렉 왕은 그녀를 찢어 죽이라고 명령한다. 구드룬은 이 소식을 듣고 ↑함디르와 쇠를을 시켜 복수하라고 사주한다.

스바딜파리 Svadilfari, (영: Svadilfare): 암말로 변신한 ↑로키와 스바딜파리 사이에서 다리가 여덟 개 달린 ↑슬레이프니르가 태어난다.

스바바 Svava ("잠들게 하는 여자, 살인자"): 영웅문학에만 나오는 ↑발퀴리. 에일리미의 딸. 효르바르드의 아들 헬기에게 이름을 부여하고 말문이 트이게 하며, 보검을 주고 그의 아내가 된다. 다른 발퀴리인 ↑시그룬의 전신이라고 전해진다.

스빕다그르 Swipdagr ("갑자기 밝아오는 낮"): 솔바이르트르와 ↑그로아의 아들. 처녀 멩글라다에게 구애한다.

스카디 Skadi: 사냥과 스키의 여신. 거인 ↑티아시의 딸. 티아시가 죽자 그녀는 토르에게 복수한다. ↑뇨르드와의 결혼은 불행하게 끝난다. 훗날 ↑오딘과 여러 아들을 둔다.

스칼데 Skalde (원래는 "조롱시 작가"): 중세 스칸디나비아의 시인으로, 사회에서 높은 명성을 누렸다.

스칼덴메트 Skaldenmet, 스칼데 꿀술: 창작의 재능을 주는 꿀술.

스쾰 Sköll ("조롱"): 세상이 멸망할 때 해를 따라가 집어삼킨다는 신화적인 늑대. 다른 늑대 하티는 달을 따라간다.

스쾰둥족 Skiöldunge, (영: Skiold): 민족 이동기 이전, 덴마크의 고대 왕족. ↑오딘이 그 시조.

스키드블라드니르 Skidbladnir ("얇은 나무판으로 만든 것"): 신 ↑프레이르의 배. 난쟁이들이 정교하게 만들었다. 가장 아름다운 배로 알려져 있으며, 돛을 올리자마자 늘 순풍을 받는 것으로 전해진다. 작은 조각을 잇대어 만들었기 때문에, 돛은 마치 천처럼 개어 자루에 넣어 다닐 수 있다. 아스 신족들은 모두 완전무장한 채 이 배를 탄다.

스키르니르 Skirnir ("환히 빛나는 사람"): 프레이르 신의 하인 겸 전령. 프레이르와 ↑게르다를 짝지어 주기 위해 애쓴다.

스킨팍시 Skinfaxi ("빛의 말"): 밝은 낮을 가져오는 말.

슬레이프니르 Sleipnir ("미끌어지듯 달리는 자"): 오딘의 말. 다리가 여덟이고, 신들의 말 가운데 최고의 준마.

슬리두르 Slidur ("위험한"): 지하세계의 강. 독약의 계곡에서 발원하여 비수와 장검을 담고 흐른다.

시구르드 Sigurd: 뵐숭족 시그문드와 효르디스의 아들. "젊은 뵐숭"으로 불리기도 한다. 난쟁이 ↑레긴이 그의 양아버지인데, 그에게서 보검 ↑그람을 받은 뒤 그의 사주에 따라 ↑파프니르를 죽이고 저주가 걸린 보물을 차지한다. 군나르를 위해 ↑브륀힐드를 제압하며, ↑그림힐드가 전해 준 망각의 약(사랑의 묘약)을 마시고 ↑구드룬과 결혼한다. 시기심에 불타는 브륀힐드의 사주를 받아 그림힐드, 군나르, 호그니는 시구르드를 살해한다. 시구르드에게는 딸 아슬라우그가 있다고 전해진다.

시구를린 Sigurlinn: 왕 스바프니르의 딸이자 ↑효르바르드의 아내.

시귄 Sigyn: ↑아스 신족의 여자로 ↑로키의 아내.

시그룬 Sigrun ("승리의 루네 문자"): 발퀴리, ↑호그니 2 왕의 딸. 구름, 하늘에서 솟아 나왔다. ↑헬기 2의 연인이며 수호자. 아버지 호그니의 명에 따라 ↑회드브로드와 결혼하기로 되어 있지만, 이 혼인은 헬기로 인해 무산된다. 시그룬은 헬기와 함께 죽는데, 그전에는 발퀴리인 ↑스바바였다고 전해진다. 그녀는 다시 태어나 카라라는 이름으로 살았다고 한다.

시그르드리파 Sigrdrifa ("승리를 이끌어 내는 여자"): 호전적인 ↑발퀴리. 분수에 넘게 두 임금 사이의 분쟁에 간섭하여 햘름군나르를 살해하는데, 그 때문에 ↑레긴이 긴 잠에 빠뜨린다. 그녀는 다시는 전쟁에 나서지 않고 결혼하겠다고 서약한다. 그녀는 방패 산으로 둘러싸인 힌다르피알 산에서 쉬고 있다가 ↑시구르드에게 구원받고, 그에게 사랑의 묘약을 준다. 그녀는 사랑을 다짐하며 시구르드에게 루네 문자로 지혜를 전해 준다. 시그르드리파와 ↑브륀힐드는 활동력이 매우 강한 발퀴리로서, 오딘에 의해 잠에 빠졌다가 시구르드에게 구원받는다는 공통점이 있다. 그러나 이 두 사람 사이에 연관은 없다.

시그문드 1 Sigmund: 뵐숭의 아들로 괴력을 지녔다. 첫 번째 결혼 상대인 ↑브랄룬드르 출신의 보리일드는 세 아들을 낳았다. 신표틀리, ↑헬기 2, 하문드가 바로 그들이다. 기뉼 왕의 딸 효르디스가 그의 두 번째 아내인데, 이 결혼에서 아들 ↑시구르드를 낳았다. 시그문드는 훈딩의 아들들과 싸우다 쓰러진다.

시그문드 2: ↑시구르드와 구드룬 사이에 태어난 아들. 네 살 때 아버지와 함께 살해되었다.

시프 Sif ("혼인한 친척"): 아스 신족의 여자로 토르의 아내이자 울러 신의 어머니.

신표틀리 Sinfiötli, (영: Sinfiotli): ↑뵐숭족의 남자. 시그문드 1의 장남이자 시구르드와 헬기 2의 형제. 한 여자를 두고 다투다 의붓어머니 보리일드의 남자 형제 ↑보르가르를 살해한다. 이에 분노한 보리일드는 시그문드의 보상 제안에도 불구하고 그를 독살한다.

아들러 Adler: 독수리.

아르 Aar: ↑아들러.

아르바쿠르 Arvakur와 **알스비두르 Alsvidur** ("제때에 깨어난", "매우 날쌘"): 태양마차를 끄는 말.

아스, 아스 신족 As, Äsir ("전투의 여신"?): 고대 북유럽 신화에 나오는, 비교적 세력이 큰 신족. 다른 신족으로 바니르 신들이 있다. 아스 신족은 주로 전쟁과 지배의 신들로, 왕의 전사(戰士)들이 숭배했다. 일반적으로 신들을 아스라고도 부른다. 최고의 아스는 ↑오딘. 오딘의 아들로 토르와 발드르가 있고, 로키도 역시 아스 신족이다. 바니르 신족과의 전쟁이 끝난 뒤 볼모로 잡히거나 혹은 교혼에 의해 두 신족은 서로 뒤섞이기도 한다. 아스 여신들 가운데 최고는 프리게, 프레이야, 게피온이다. 모든 신들은 ↑아스가르드에서 산다. 이 두 신족은 형성 유래가 서로 같다.

아스가르드 Asgard ("아스 신족의 거소"): 신들의 거처. ↑아스 신들이 작업장, 거소, 재판정으로 사용하는 성채. 아스가르드에 있는 ↑발할라와 ↑흘리드스캴프에서 오딘이 온 세상을 내려다본다.

아스크 Ask ("서양물푸레나무"): 북유럽 신화에서 아스크와 ↑엠블라("느릅나무")는 최초의 부부로서, 신들이 물결에 밀려 온 두 그루의 나무로 만들었다. (제1곡) 뵐루스파에 따르면 ↑오딘은 이들에게 영혼을, ↑회니르는 생명의 온기를, ↑로두르는 외관(건강)을 부여했다. 스노리에 따르면 오딘, ↑빌리와 ↑베가 이들에게 호흡과 생명, 오성과 움직임, 외모, 언어, 청력과 시력을 준다.

아이 1 Ai: 난쟁이의 이름.

아이 2 Ai: "조상".

아틸라 1(아틀리 1) Attila(Atli), (영: Atli) (훈족의 왕) ("끔찍스러운 자"): ↑부들리의 아들, ↑브륀힐드와 ↑오드룬의 남자 형제. 보물이 욕심나서 ↑구드룬과 결혼한다. 시구르드가 죽은 후, 구드룬의 남자 형제인 군나르와 호그니가 그녀에게 강권하여 이 혼인을 받아들이게 한다. 두 사람 사이에 아들 에르프와 에이틸이 있다. 아틸라가 니플룽족[기우쿵족]을 자신의 궁정으로 초청하는데, 이것이 니플룽족 몰락의 서막이 될 뿐만 아니라 그 자신의 운명도 결정짓는다. 아틸라는 호그니의 심장을 도려내고 군나르를 뱀이 우글거리는 굴 안으로 던지라고 명령하지만,

그 역시 구드룬의 손에 죽고 만다.

아틸라 2: 이드문드(이드문드르)의 아들. 봉신. 자신이 섬기는 왕 효르바르드와 아름다운 ↑시구를린을 맺어 주려고 노력한다.

안드바라나우트 Andvaranaut, (영: Andvaranaut): 저주가 담긴 반지로 난쟁이 ↑안드바리가 소유한 보물의 하나. 이 반지는 ↑시구르드가 ↑파프니르에게서 빼앗은 것으로 시구르드 사후, 니플룽족[기우쿵족] 소유로 넘어간다. 이것을 소유한 사람은 죽는다는 저주가 걸려 있다. ↑구드룬은 아틸라의 궁정으로 떠나지 말라는 경고의 의미로, 이 반지에 늑대의 털을 붙여 군나르와 호그니에게 보낸다.

안드바리 Andvari, (영: Andvari) ("신중한 자"): 오딘의 아들, 난쟁이. 폭포수 아래에서 헤히트의 모습을 하고 있다가 ↑로키에게 붙잡혀, 목숨을 구하려면 보물 전부를 내놓으라는 협박을 받는다. 로키가 황금을 마음대로 만들어내는 반지마저 내놓으라고 요구하자, 안드바리는 이 반지에 저주를 내린다. 반지를 소유한 사람의 목숨을 빼앗겠다는 것이 저주의 내용이다. 황금과 반지 그리고 이에 얽힌 저주는 니벨룽 전설의 기본 화소이다.

알비스 Alvis, (영: Alvis) ("전지자"): 토르의 딸 주변을 지키는 난쟁이인데, 토르에게 속아 넘어간다.

알푀드르 Alfödr, 알파터 Allvater ("전능하신 아버지"): 오딘의 별명. 아마도 중세라틴어로 기독교 신의 명칭인 옴니파테르 omnipater의 번역일 것이다.

암독수리들: 파프니르가 죽임을 당한 뒤 시구르드에게 예언을 해 주며 앞으로 살아갈 방도에 대해 조언한다.

앙게이야 Angeyja ("조르는 사람"): ↑헤임달 신의 아홉 어머니 가운데 하나.

야를 Jarl ("제후"): 스칸디나비아 궁정의 고위 관료.

에기르(외기르) Ägir (Ögir), (영: Aegir) ("바다 거인", "바다): 바다의 거인으로, 손님 접대가 융숭하며 매우 사려 깊고 현명하다. 바다 신의 용모를 하고 있다. 그의 아내 ↑란은 뱃사공들에게는 부정적인 의미를 지닌다. 에기르의 다른 이름은 ↑귀미르.

에다, 에다 노래 Edda, Edda-Lieder (“증조할머니” 혹은 “노래, 문학”이라는 단어에서 유래. “문학에 관한 책, 시학”을 뜻할 수도 있다.): 일반적으로 13세기 아일랜드에서 채록된 문학 유산으로, 운문 에다(『고에다』)에는 이 단어가 “할머니”라는 뜻으로 두 차례 나온다. 『신에다』의 필사본에는 “Bok bessi heitir Edda”라는 표현이 나오는데, 이것은 “이 책의 이름은 에다이고, 스노리가 여기에 현재의 순서대로 수록했다”라는 뜻이다. 이로써 에다라는 이름이 일찍부터 스노리의 작품과 유관함이 드러난다. 상당한 기간이 지난 1643년, 필사본(코덱스 레기우스)이 하나 발견되었는데, 여기에는 이미 스노리가 인용한 텍스트들이 나온다. 흔히 이 필사본을 『고에다』라고 하는데, 이것이 이미 스노리 이전에 존재한 모음집일 것으로 추정되기 때문이다. 『고에다』를 새문드르 시그푸손(Saemundr Sigfusson, 1056-1133, 최초로 이름이 밝혀진 아일랜드의 작가)의 작품으로 오인하여, 스노리 에다와 구분하기 위해 이를 ‘새문드르 에다’로 부르기도 한다. 하지만 얼마 후 내용과 형식 양면에서 코덱스 레기우스에 실린 노래와 일치하는 필사본 일부가 발견되면서, 에다-노래의 개념이 확장되기에 이른다. 이 개념은 오늘날 장르 개념으로도 사용된다. 최고의 에다 연구가 가운데 한 사람인 쉬어(K. Schier)는 이를 “코덱스 레기우스에 있는 것과 같은 종류의 노래”라고 단정한다.

에르프 1 Erp: ↑구드룬이 ↑아틸라 1과 재혼하여 낳은 아들. 어머니가 벌인 혈육에 대한 복수로 니플룽족이 아틸라의 궁정에서 멸망할 때 동생 에이틸과 함께 살해당한다.

에르프 2: ↑구드룬의 세 번째 남편 ↑요나쿠르의 아들(사생아?). 구드룬과 요나쿠르의 적자들인 ↑쇠를리와 함디르가 어머니의 지시로 요르문렉에게 복수하러 갈 때, 에르프가 돕겠다고 나서다가 도리어 이들 이복형제들에게 즉흥적으로 살해된다. 이들의 이복누이 ↑스반힐드와 결혼했던 요르문렉 왕은 사주를 받고 아내의 부정을 의심, 그녀를 말로 짓밟아 죽게 한다.

에이틸: ↑에르프 1.

에인헤리어 Einherier, (영: Einheriar) ("홀로 싸우는 전사들"): 전몰 용사로서, ↑발퀴리가 그들을 전장에서 맞아 오딘이 있는 ↑발할라로 인도하고, 여기서 그들은 태평스럽게 살아간다. 종일 서로 싸우다가, 저녁이 되면 함께 모여 흥겹게 먹고 마신다. 살아 있는 사자(死者)의 무리는 이미 타키투스의 『게르마니아』에도 나온다.

에일리미 Eilimi: 외들링족 출신의 왕. 난쟁이 예언자 ↑그리피르의 아버지. ↑스바바와 효르디스의 아버지이자 시구르드의 어머니. ↑훈딩의 아들들이 에일리미의 목숨을 앗는다.

엘 Äl: 맥주와 같은 음료수.

엘디르 Eldir: ↑에기르의 하인.

엘리바가르 Elivagar (el은 "악천후", vagr는 "바다"): 온 세상을 감싸는 태곳적의 바다. 11개 강물로 이루어진 엘리바가르에서 무스펠하임의 열기에 얼음이 녹고, 여기에서 최초의 유기 생명체인 거인 ↑위미르가 탄생한다.

엘프 Albe, Alfe, (영: Elf) (라틴어 albus는 "하얗다", 인도게르만어 접두사 "albh-"는 "반짝이다"): 신화적인 인물로 대개는 아스 신과 함께 언급된다. 스노리는 어둡고 검은 엘프와 밝은 엘프를 구분하는데, 밝은 엘프는 최고의 미인으로 간주된다. 난쟁이들과는 달리 이 엘프들은 거의 이름이 전해지지 않는다. 엘프가 죽음 및 다산 숭배와 관련이 있을 가능성이 있다. 『에다』에서 ↑뵐룬두르는 "엘프의 왕"으로 불린다. J. 그림은 기독교적 이원론을 바탕에 깔고, 밝은 엘프를 천사로, 검은 엘프[난쟁이]를 악마로 분류했다.

엠블라 Embla ("느릅나무"): 북유럽 신화에 따르면 엠블라와 ↑아스크("물푸레나무")는 인류 최초의 부부로서, 강이 범람하여 떠내려온 나무를 사용하여 신이 창조했다.

예리한 칼을 든 피의 독수리: 적의 등에 피의 독수리를 새겨 아버지의 원수를 갚았던 풍습에서 유래.

오드(오두르) Od, Odur: 프레이야의 첫 남편.

오드뢰리르의 음료: ↑스칼데의 꿀술.

오드룬 Oddrun: ↑아틸라와 ↑브륀힐드의 누이. 오드룬은 ↑군나르에 반하지만, 그가 브륀힐드와 결혼하자 불행해진다. 브륀힐드가 죽은 후 오드룬과 군나르 사이에 사랑의 해후가 이루어지나, 이 만남은 ↑아틸라가 파견한 정탐병에게 들키고 만다.

오딘 Odin (앵글로색슨어로 보단, 고대작센어로 보덴, 고대프랑크어로 보단, 고고독일어로 부탄, 부오탄. 오드르 Odr는 "분노한, 신들린"의 뜻): 에다 신화의 주신(主神). 다양한 모습으로 나타난다. 신들의 아버지, 시인의 신, 죽은 자의 신, 전쟁의 신, 마술의 신, 루네 신 그리고 황홀경의 신으로도 모습을 드러낸다. 이름도 여럿이다. 오딘은 부르와 ↑베스틀라 사이에 태어난 아들로, 아내는 ↑프리그, 아들은 ↑발드르, ↑토르, ↑헤임달, ↑튀르 등이다. ↑아스가르드가 그의 거소이다. 외눈박이(↑미미르), 반지 다라우프니르, 후긴과 무닌이라는 이름의 두 까마귀, 게리와 프레키라는 늑대 그리고 다리가 여덟인 말 슬레이프니르가 모두 그의 특징과 연관되어 있다. 오딘은 특히 전쟁의 신이었다. 그는 전사한 병사들을 보호하여 ↑발할라에 집결시키는 임무를 맡는다. 영웅전설에서 그는 자주 보호자로 나타나는데, 죽은 신표틀리를 발할라로 인도하는 사공의 모습이 되기도 한다.

오스코프니르 Oskopnir ("아직 만들어지지 않은 것"?): 전쟁터. 세상이 멸망할 때, 아스 신들이 그곳에서 ↑수르투르와 ↑무스펠의 아들에 맞선다.

오타르(우타르) Ottar, (영: Ottar): 노르웨이의 영웅, 프레이야의 선조. 그에 관해서는 별로 알려진 것이 없다.

오투르 Otur, 오트르 Otr: ↑흐레이드마르의 아들이자 ↑레긴과 파프니르의 형제. 수달의 모습을 하고 연어를 잡는다. 로키가 돌을 던져 그를 죽이자 아버지 흐레이드마르는 로키에게 보상금을 요구한 끝에 저주가 담긴 금은보화를 받는다. 이것은 원래 난쟁이 ↑안드바리의 것으로, 니벨룽 전설의 중심 화소가 되었다.

요나쿠르 Jonakur: ↑구드룬과 혼인하여 세 아들을 낳은 왕. 아들의 이름은 ↑쇠를리, 에르프, 함디르.

요르문간드(르) Jörmungandr, (영: Jörmungand) ("힘센 괴물"): 미드가르드 뱀의 이름 가운데 하나.

요르문레크 Jörmunrek: 아들 둘을 둔 왕. 아들의 이름은 브로트와 회르피. 그는 구드룬의 딸 ↑스반힐드를 살해하고, 그 대가로 함디르와 쇠를리에 의해 참혹하게 복수당한다.

요테(요툰) Jote (Jötun): 거인의 통칭. 혹은 전사를 폄하하는 명칭.

요툰헤임 Jötunheim, (영: Jotunheim) (거인의 집): ↑미드가르드 동쪽에 있는 악마의 거대 제국.

우르드, 우르다 Urd, Urda, (영: Urd) ("운명"): 운명의 여신 ↑노른의 하나.

울러 Uller: 게르만족의 신.

원숭이 신: 휘미르의 별칭.

위그드라실 Yggdrasil ("오딘의 말"): 서양물푸레나무, 세계수. 그 뿌리는 세 방향으로 펴져 온 세상에 걸쳐 있다. 그 한 뿌리 아래에 인간이, 두 번째 뿌리에 거인족이 살고, 나머지 한 뿌리 아래엔 죽은 자들의 나라인 지하세계가 있다.

위미르 Ymir ("쌍둥이"): 북유럽 창세 신화에 나오는 거인의 원조로 머리가 여섯 있다. 이 거인의 몸이 땅이 된다. 위미르는 난쟁이들의 조상이다. 북방의 추위와 남방의 더위가 충돌하여 위미르가 탄생했다. 위미르는 한쪽 다리를 써서 팔 아랫부분에서 자가수정을 하고, 이를 통해 서리 거인족을 낳는다. 최초의 신 오딘, 빌리, 베가 태어난 후, 이들이 위미르를 죽인다. 오딘의 형제 빌리와 베는 위미르의 사체를 긴눙가가프로 끌고 가, 그 몸을 이용하여 세계를 만든다. 그의 피는 바다가 되고, 그의 살은 흙, 뼈는 산, 이빨과 뼛조각은 바위, 두개골은 하늘, 머리카락은 나무, 뇌는 구름, 눈썹은 인간의 세계가 된다. 거인의 원조인 위미르를 거인 ↑휘미르와 동일시하면 안 된다.

이다 평원 Idavöllr, Idafeld, (영: Idavold) ("분주한 들판"?): ↑아스가르드

인근의 평지. 신들의 거소 가운데 하나. 세상이 몰락한 뒤에도 존속한다고 알려져 있다.

이둔 Idun ("젊게 해 주는 여자"): 자주 언급되지는 않지만 풍요의 여신이자 브라기의 아내. 신들의 노화를 막아 주는 사과를 지킨다. 이둔은 자신이 돌보는 사과와 함께 로키와 거인 ↑티아시에게 납치당하지만, 아스 신족의 도움으로 풀려난다.

카를 Karl: "남자", "농부".

코덱스 레기우스: 『고에다』(운문 에다) 필사본.

코스트베라 Kostbera, 베라 Bera: ↑호그니 1의 아내로, 아틸라에게 가지 말라고 경고한다.

콜가 Kolga ("물결"): 바다의 여신인 ↑에기르의 아홉 딸 가운데 하나. 어머니 ↑란처럼 그녀도 사공들에게 적대적이다.

쿠페 Kufe: 맥주의 양을 재는 단위. 얼마나 되는지는 알려져 있지 않다.

크네프뢰드 Knefröd: 기우쿵[니플룽]족에게 훈족의 궁정으로 와달라고 초청할 때 아틸라가 파견한 사신.

토르 Thor (남부 게르만어로 도나르, 원래 뜻은 "번개"): 게르만족의 번개의 신. 아스 신족 가운데 가장 힘이 세다. 오딘의 아들이자 ↑발드르의 형제. 지피가 그의 아내이고 ↑마그니("힘")와 모디("분노")가 그의 아들이다. 그는 힘을 강화시키는 허리띠와 철장갑 그리고↑묠니르라는 망치를 가지고 다닌다. ↑로키가 늘 그를 동행한다. 토르는 악의 세력에 맞서 인간과 신을 보호하는 인물이다. 트루드헤임에 거주하며, 두 마리의 염소가 끄는 마차를 타고 다닌다. 기골이 장대하며 힘이 세고, 뺨은 불그스레하다. 엄청난 식욕을 보이며 술도 동이째 마시는 인물이다. 그의 모험과 전투 가운데 중요한 것으로는 거인 ↑흐룽니르와의 결투, 게이로츠가르트 여행, 거인 크륌에게서 망치 묠니르를 도로 빼앗는 싸움 등을 들 수 있다. 그는 또 거인 휘미르와 싸운 것으로 유명하다. 신 토르는 전쟁의 신이었다가 나중에 날씨의 신으로 변한다. 오딘은 왕의 군사들이 믿는 신인 반면 토르는 농부가 신봉하는 신이다. 그래서 이들은 적대적이지만, 왕족의 조상이자 전쟁의 신이라는 공통점이 있다. 토르 숭배는 널리 퍼졌으며, 토르라는 이름을 딴 인물과 지명이 많다. 이미 게르만 시대에 토르는 신 가운데서 높은 지위를 누렸다. 기능으로 보아 그리스·로마 신화의 헤라클레스와 유사하다.

투르스 Thurs ("거인"): 거인의 이름 가운데 하나. 투르스는 악마적 특징을 지닌 거인이다. ↑트륌은 "투르스의 왕"을 뜻한다. 투르스는 루네 문자로 Th를 의미할 수도 있다.

튀르 Tyr: 전쟁의 신, 하늘의 신, 집회의 신. 인도게르만 시대에 이미 두각을 나타냈다. 그리스·로마 신화의 제우스[유피테르, 주피터]에 비견될 만하다. 튀르는 용감무쌍한 존재로서, 한쪽 손을 ↑펜리스볼프의 주둥이에 넣었다가 잘려 불구가 된다. 루네 문자 마술에서 T자는 그의 이름을 가리킨다.

트롤 Troll, 트롤레 Trolle ("악령, 거인, 마술적인 존재"): 적대적인 거인들을 가리킨다. 질병과 재해를 일으키는 존재. 인간보다 훨씬 크고 흉측한 외모를 지니고 있다. 근대에 들어오면서 일반적인 거인족보다 더 중요한 역할을 한다.

트륌 Thrym ("소음"): 토르의 망치 ↑묠니르를 훔치는 거인.

티아시 Thiassi: 힘이 센 거인. 그의 아버지는 엘발디, 이디와 강그르가 그의 형제이고 ↑스카디가 그의 딸이다. 훗날 그는 토르에 의해 죽는다. 그 보상을 요구하는 스카디를 위해 ↑오딘은 죽은 티아시의 두 눈을 받아 하늘에 던져 두 개의 별을 새로 만든다.

티알피 Thialfi: 소년 농부로서 토르와 동행하며 그를 위해 싸운다.

파프니르 Fafnir ("포옹하는 사람"): ↑흐레이드마르의 아들이자 ↑오트르와 레긴의 형제. 파프니르는 오트르를 살해한 대가로 받은 보물을 아버지 흐레이드마르가 나누어 주지 않자 아버지를 죽인다. 파프니르는 용의 모습으로 변신하여 보물을 지킨다. 레긴의 음모에 화가 난 시구르드는 파프니르를 살해하고 저주가 담긴 보물을 차지한다.

파프니르의 살해자: 시구르드의 칼, ↑그람을 뜻한다.

페냐 Fenja: ↑메냐.

펜리르, 펜리스 늑대 Fenrir, Fenrisulfr, Fenriswolf (영: Fenris, Fenrir) ("늪에 사는 자"): ↑로키와 거인 여자 앙구부르다 사이에서 태어난 늑대. 튼튼한 밧줄로 묶여 있지만, 세상이 멸망할 때 이를 끊어 ↑오딘에게 씌운다. 지옥의 개[늑대]로 나오는 ↑가름은 아마도 펜리르와 같은 것으로 추측된다. 가름도 라그나뢰크에서 밧줄을 끊기 때문이다. 라그나뢰크에서 태양과 달을 삼키는 ↑하티와 스콜 같은 늑대도 역시 펜리스 늑대의 변형일 가능성이 크다.

펜살 Fensal, (영: Fensalir): 프리그의 거소.

펭 Feng ("붙잡기, 붙잡는 사람"): ↑오딘의 다른 이름.

푈니르 1 Fiölnir, (영: Fiolnir) ("많은 것을 아는 사람"): ↑오딘의 다른 이름.

푈니르 2: ↑프로디에게 ↑메냐와 페냐를 팔아치우는 왕.

푈스비드르 1 Fiölswidr ("많은 것을 아는 사람"): 처녀 ↑멩글라다를 지켜주는 거인.

푈스비드르 2: ↑오딘의 다른 이름.

프레이(르) Freyr, Frey ("남자주인, 지배자"): ↑바니르 신족 중 가장 중요한 신이자 풍요의 신으로, ↑뇨르드의 아들이자 ↑프레이야의 남자 형제(오빠). ↑아스 신족 출신인 거인족의 딸 ↑게르다와 혼인한다. ↑스키드블라드니르라는 배와 멧돼지 굴린보르스티가 그의 소유이다. 스노리의 『신에다』(산문 에다, 「귈파긴닝」 제24장)에 따르면 프레이르는 "아스 신들 가운데 가장 뛰어난 신"이고, 다른 한편으로 『인링가 사가』(인링가 전설)에는 웁살라에 정착한 스웨덴의 한 왕으로 나온다. 이 왕의 지배 아래 ↑"프로디의 평화"가 시작되었다. 프레이르 숭배의 중심지는 웁살라와 동부 스웨덴이었다.

프레(이)야 Freyja, (영: Freya) ("여자", "여주인"): 북유럽 신화에서 가장 유명한, 아름다운 사랑의 여신으로, ↑바니르 신족에 속하고 ↑뇨르드의 딸이자 ↑프레이르의 여동생. 프레이야는 폴크방이라는 하늘의 처소에 살며, 출정할 때에는 포로의 절반을 차지한다. 다산의 여신이며, 마술을 가르치는 역할도 한다. 고양이가 끄는 마차를 타고 다닌다.

프레카스테인 Frekastein: ↑헬기 노래에 나오는 전쟁터. ↑효르바르드의 아들 헬기 1은 물론이고, 훈딩을 죽인 헬기 2도 역시 여기에서 죽음을 맞는다.

프로디, 프로디의 평화 Frodi: 프로디는 덴마크의 전설적인 왕으로 스퀼둥족 출신이다. 그가 다스리는 시기에 평화가 오래 지속되고 내외적으로 안정이 이룩되었다. 프로디의 평화는 이른바 '황금시대'에 해당한다. 프로디는 게르만족의 영웅전설에 반복하여 나타나는 인물로, 앵글로색슨족의 베오울프(8세기)에는 프로다로 되어 있다. 프로디 치하의 전설적인 평화를 스노리는 이렇게 기술했다. "프리드레이프의 아들이 프로디인데, 그는 아버지에게서 왕국을 이어받았다. 이 시기는 바로 아우구스투스 황제가 온 누리에 평화를 가져다주고 그리스도가 태어난 해였다. 프로디는 북유럽의 왕들 가운데에서 가장 강력했다. 그래서 덴마크 사람들은 흔히 평화를 그의 은덕으로 생각하여, '프로디의 평화'라는 말을 즐겨 쓴다." 프로디의 평화가 무너지고 프로디가 죽게 되는 과정이 "동굴의 노래"에 감명 깊게 묘사되어 있다. 프로디는 두 여자 거인 메냐와 페냐를 전설상의 물레방앗간 그로티에 남겨 놓고 그들이 원하는 것을, 그것이 평화이든 혼란이든, 빻아 달라고 시켰다. 엄청난 분노에 빠진 메냐와 페냐는 거칠고 사납게 대응한다. 이들은 황금과 평화와 행복 대신 불과 무기와 적군을 만들어낸다. 바다의 왕 ↑뮈싱거가 이들 군대를 이끈다. 뮈싱거는 프로디를 죽이고 그의 소유물을 약탈하며, 메냐 및 페냐와 그녀의 물레방아를 바다에 던져 버린다. 프로디라는 인물은 스퀼둥족으로서 프리드레이프의 아들이고, 프리드레이프의 아버지 스퀼드는 오딘의 아들 가운데 하나이다. 프로디 이후의 시대는 분열과 반목, 기만과 살육과 복수로 점철되었다. 이러한 내용이 뵐루스파에 감명 깊게 묘사되어 있다.

프리그 Frigg, (영: Frigga) (고대작센어 fri, 고대영어 freo는 "여자"라는 뜻.

고대인도어 prija는 "연인"): ↑아스 신족의 주요 신으로 ↑프레이야 못지않게 중요한 존재. 프리그는 오딘의 아내이자 ↑발드르의 어머니이다. 그녀의 거소는 펜살리르이고, 주름옷이 그녀를 상징하는 차림새이다. 오딘과 혼인한 그녀는 인간이 갈등에 처하면 간섭한다. 프리그는 여성의 신, 친족의 신이자 사랑의 신일 것으로 추정된다.

핌불베트르 Fimbulvetr, (영: Fimbulvetr) ("혹독한 겨울"): 세상의 멸망을 초래한 혹독한 겨울.

핌불튀르 Fimbultyr ("막강한 신"): ↑오딘의 다른 이름.

하갈 Hagal: 사람 이름. 훈딩을 죽인 ↑헬기 1을 양육한다.

하르바르드 Harbard ("회색수염"): 뱃사공의 모습으로 토르의 항해를 방해하는 인물. 오딘의 별명.

하말 Hamal: ↑하갈의 아들.

하티 1 Hati: 효르바르드의 아들 헬기 1에게 살해당하는 거인. 그의 딸인 여자 거인 흐림게르드는 아버지의 원수를 갚으려고 한다.

하티 2 ("경멸자"): 세상이 멸망할 때 달을 좇아가 집어삼킨다는 전설상의 늑대. 반면 ↑스쾰이라는 늑대는 태양을 뒤쫓는다.

함디르 Hamdir: ↑구드룬이 세 번째 남편인 요나쿠르와 낳은 두 아들 가운데 하나(다른 아들은 ↑쇠를리). 구드룬의 사주를 받아 쇠를리와 함께 이복 여동생인 스반힐드의 원수를 갚다가 둘 다 목숨을 잃는다.

햘프렉 Hialprek: 티오디의 왕. ↑시그문드가 훈딩의 아들들에게 살해당한 후, 햘프렉의 아들 엘프는 효르디스와 혼인한다. 햘프렉은 시구르드에게 해군을 주어 그의 아버지 시그문드를 위해 복수하게 하고, 또 자기 소유의 명마 그라니를 선물한다.

헤르보르그 Herborg: ↑아틸라의 어머니.

헤르시르 Hersir, (단수: 헤르스 Hers): 귀족 계층. ↑야를보다는 신분이 낮다.

헤르키아 Herkia: 하녀이자 아틸라가 한때 사랑한 여자. 질투심에서 아틸라에게 구드룬을 무고(誣告)하여 파멸시키지만, 그녀 자신도 신의 심판을 받는다.

헤리안 Herian: ↑오딘의 다른 이름.

헤이드 Heid: 굴베이그와 마찬가지로 황금욕의 의인화.

헤이드룬 Heidrun: ↑발할라의 거주자들에게 지속적으로 꿀술을 주는 염소.

헤이미르 Heimir: 브륀힐드를 양육하는 인물.

헤이미르의 수양딸: ↑브륀힐드.

헤임달 Heimdall ("세상에 빛을 비추는 자"): 9명의 자매가 낳은 신으로 "현자 아스"로도 불린다. 만인의 아버지이자 신들을 지켜 주는 존재. ↑로키가 그의 철저한 원수. 하늘 끝, ↑비프로스트 옆의 히민비요르그 위에 거처가 있고, 매우 섬세한 지각 기관을 지녔다. "그는 새보다도 잠을 덜 자고 낮에는 물론, 밤에도 100라스텐(옛 측량 단위로, 원래는 발판을 의미) 거리를 보며, 땅속 잔디와 양털이 자라는 소리까지 들을 수 있다". 기알라의 각적("↑헤임달의 각적")을 소유하여, 세계의 종말이 가까워지면 온 세상에 이를 알린다. 때로는 리그르라는 이름으로도 등장한다.

헤임달의 각적: 기알라의 각적. 각적 혹은 트럼펫. 세계수 ↑위그드라실 아래에 숨겨져 있다. 헤임달은 세계가 멸망할 때 이를 불어 온 세상에 알린다.

헬 1 Hel ("지옥", 고대영어 hell, 고고독일어 hella, hellan. 원래 뜻은 "숨기다"): 죽은 자들이 머무는 명부의 세계. 이승에서 질병이나 노령으로 죽은 사람들이 머무는 곳으로, 기독교적 의미의 지옥과는 다르다. 북방, 니플헤임 인근에 있는 것으로 추측할 수 있지만, 니플헤임과 동일한 곳일 수도 있다.

헬 2: 지하세계의 여신. 지하세계 헬을 훗날(10, 11세기) 문학적으로 의인화한 것일 수도 있다. 이 지하세계는 여신들의 거소이자 그들이 다스리는 영역이다. 스노리는 여신 헬을 로키의 딸이자 ↑미드가르드 뱀과 ↑펜리스[펜리르] 늑대의 누이로 간주한다.

헬기 Helgi ("성인" 혹은 "축성 받은 자")

헬기 1 Helgi: 노르웨이의 왕 효르바르드가 ↑시구를린과 혼인하여 낳은 아들. 원래 이름도 없이 벙어리로 자란 그를 발퀴리 ↑스바바가 보호한다. 스바바는 그와 결혼하여 입을 열게 하며, 이름을 지어 주고 보검도 준다.

헬기 2: 훈딩을 죽인 헬기. 뵐숭족 태생이며 ↑시그문드와 ↑보리일드의 아들. 하갈이 그의 양아버지이다. 열다섯 살 때 그는 시그룬을 아내로 탐내는 회드브로드를 죽이고 다그를 제외한 훈딩의 아들 모두를 살육하지만, 훗날 다그에게 죽임을 당한다. 발할라로 돌아온 그에게 오딘은 통치권을 나누자고 제안한다. 헬기는 찬란한 용사 시구르드의 모습을 선취한다. 헬기 2가 계보상으로 시구르드와 연결되는 것도 이런 맥락을 뒷받침한다. 시구르드와 헬기 2는 이복형제로서, 헬기 2는 시그문드와 보리일드 사이에서 태어나고, 시구르드는 시그문드와 효르디스의 아들이다. 헬기 1과 헬기 2 사이에 연관은 없다.

호그니(회그니) 1 Högni, (영: Hogni, Högni) (남독 지방에서는 하겐): 군나르, 구드룬과 구트호름의 형제로 ↑코스트베라와 혼인. 군나르 편의 조언자. 그는 구드룬이 시구르드와 결혼해야 하며 군나르를 위해 시구르드가 구혼 사절로 브륀힐드에게 가야 한다고 조언한다. 독일 니벨룽겐의 노래에서와는 달리, 그는 시구르드를 살해해서는 안 된다고 주장한다. 니플룽[기우쿵]족이 아틸라의 궁정에서 몰락할 때, 그는 아틸라의 최대 적수이다. 아틸라의 명령으로 그는 심장이 잘려 죽고, 이로써 보물에 관한 비밀을 아는 최후의 인물이 죽고 만다.

호그니 2: 회드브로드에게 자신의 딸 시그룬을 주겠다고 약속한다. 헬기 2는 도와 달라며 시그룬에게 달려가서 회드브로드와 호그니의 일족을 살해한다.

호그니 3: 공주 힐드 1의 아버지. 헤딘 왕은 힐드 1을 포로로 잡는다. 호그니는 헤딘과 함께 히아트니아비히 전투를 벌이는데, 이 싸움은 한 시대가 몰락할 때까지 계속된다.

회니르 Hönir, (영: Honir, Hoenir): 인간에게 오성을 부여한 신. 다른 작품에서는 오딘이나 로키와 함께 등장한다. 침묵의 신이자 제의 의식의 신인 것으로 추측된다.

회드르(회두르) Hödur ("전사"): ↑발드르를 겨우살이 가지로 살해한 오딘의 장님 형제. ↑라그나뢰크에 이어 새 세상이 창조된 뒤 두 사람은 우정으로 결합한다.

회드브로드(르) Hödbrodd(r): ↑그란마르의 아들. 발퀴리 신분인 시그룬의 남편으로 간주된다. 회드브로드는 도움을 요청 받고 나타난 헬기 2에게 도리어 살해당하고, 이에 ↑신표틀리가 헬기에게 복수한다.

효르디스 Hiördis, (영: Hiordis): ↑에일리미 왕의 딸. 시구르드의 어머니이자 시그문드의 아내. 시그문드가 죽자 그녀는 할프렉 왕의 아들인 알프와 결혼한다.

효르바르드 Hiörward: 훈딩의 아들 가운데 한 명으로, 노르웨이의 왕. 아름다운 시구를린에게 두 번 구혼한다. 두 사람은 혼인하여 헤딘과 헬기 1을 낳는다.

후긴 Hugin과 **무닌 Munin** ("생각"과 "기억"): 오딘은 아침마다 이 두 마리의 까마귀를 풀어 온 세상을 두루 정찰케 한다.

훈드란드 Hundland ("개들의 나라"): 훈딩 왕이 통치하는 상상의 나라.

훈딩 Hunding: 세력이 막강한 왕으로, 아들 효르바르드, 하바르드, 헤밍, 엘프, 앙올프, 륑비를 데리고 강력한 힘을 발휘한다. 그는 뵐숭의 아들인 시그문드와 철저한 원수 사이가 된다. "훈딩과 시그문드 왕 사이에는 불화와 적대감이 생겼다. 그들은 서로 상대방의 친구들을 죽인다." 훈딩은 시그문드를 쳐 죽인다. 시그문드의 아들이자 시구르드의 이복형제인 헬기 2는 훈딩과 그의 자식들을 죽인다. ↑발할라에서 훈딩은 하인처럼 혹사당하며 바닥을 정리하고 불을 지피고 가축을 돌보아야 한다.

휘미르 Hymir: 토르가 모험할 때 등장하는 전형적인 적대적 거인. 그의 소유인 거대한 솥단지를 토르가 맥주를 양조하기 위해 빼앗으려 한다. 휘미르는 튀르 신의 아버지로 알려졌으나 오딘의 아들이라고도 한다. 그는 거인으로 강등한 늙은 신의 모습일 수도 있다.

휜들라 Hyndla ("작은 개"): 동굴에 살며 늑대를 타고 다니는 여자 거인. 계보학에 뛰어난 재능을 지녔다.

흐니카르 Hnikar ("선동자"): 오딘이 시구르드를 보호할 때 사용하는 이름 가운데 하나.

흐니플룽족 Hniflungen: 니플룽족, 니벨룽족.

흐레이드마르 Hreidmar: 마술에 능하고 힘이 센 농부. ↑오트르, 파프니르와 레긴의 아버지. 아들 오트르는 폭포에서 로키에게 살해당한다. 흐레이드마르와 그의 두 아들 파프니르와 레긴은 그 대가로 금을 요구한다. 흐레이드마르는 저주가 담긴 보물을 얻지만, 이를 아들들과 나누기를 거부한다. 화가 난 아들 파프니르는 아버지를 죽이고 보물을 독차지한다.

흐로드마르 Hrodmar: 에일리미를 죽이고 그의 보물을 착복한 왕. 이에 효르바르드의 아들 헬기 1이 복수하려다가 흐로드마르의 아들 알푸르에게 살해당한다.

흐로티 Hrotti: 파프니르의 칼. 시구르드가 이를 얻는다.

흐룽니르 Hrungnir ("시끄럽게 하는 사람"): 주연 자리에서 신들을 모두 죽이겠다고 협박하는 거인. 결투에서 토르에게 패한다.

흐륌, 흐륌르, 흐림니르 Hrym, Hrymr, Hrimmnir, (영: Hrym) ("서리 내린 자" 혹은 "숯 검댕을 뒤집어쓴 자"): 신들에 맞서 싸우는 거인. 세계가 멸망할 때 죽은 자들을 태운 배 ↑나글파르를 몬다.

흐림게르드 Hrimgerd: 여자 거인. 효르바르드의 아들 헬기 1을 살해한 거인 하티 1의 딸이다. 헬기가 그녀와 대화를 오래 끌자, 마침내 먼동이 터 오고 그녀는 돌로 변하여 아버지를 위한 복수에 실패한다.

흐림그림니르 Hrimgrimnir ("서리 그림니르"): 명부에 거주하는 거인.

흐림투르스족 Hrimthursar ("서리 거인"): 거인족의 이름. 그 이름은 이들의 조상인 프미르가 얼음에서 태어나 "서리 거인"으로 불리는 데서 연유한다. 생명을 위협하는 힘들은 차가운 북방 지역에 살고 있다는 믿음이 이 족속의 연원에서 생겨났다.

흐림팍시 Hrimfaxi ("검은 말"): 밤을 가져오는 말(↑스킨팍시는 낮을 가져

그림 해설
(번역: 임한순)

그림 1(xii면): 브로(Bro) 교회 제1호
1: 대원형 무늬[바깥 광륜(廣輪)을 제외하고 직경 68cm]
2: 소원형 무늬(직경 34cm, 35cm)
교회 남서쪽 모퉁이 벽에 박아 넣은 석회석 석판[(스웨덴 고틀란드 섬의 유적) 고틀란드 석각화 Gotlands Bildsteine, 제1권, 표 5, 도판 11]

그림 2(xiii면): 클린테 훈닝게 제1호 Klinte Hunninge I
기념비적인 기독교 이전 석각화(높이 284cm, 최대폭 158cm, 두께 20cm). 조성 시기 700년경. 1860년경 발견. 상부면(上部面)(머리면): 방패와 창을 든 작은 기사의 기마상(騎馬像). 그 위쪽: 싸우는 두 전사(戰士). 왼쪽에 거의 엎드린 자세의 (살해당한?) 남자, 오른쪽에 (뿔잔을 손에 든?) 여자, 그 아래에 한 마리의 개가 보인다. 장면의 의미: 사자(死者)의 발할라 입성. 줄 장식 횡선 아래의 배에 방패를 (그리고 칼을?) 든 7명의 전사가 타고 있다. 왼쪽 파도 속에 새겨진 직사각형 우리가 보이고, 그 안에서 바닥에 누운 남자가 뱀들과 싸우고 있다(뱀굴에 갇힌 군나르?). 오른쪽에서 한 여자가 뱀을 잡으려 하고, 왼쪽 아래의 여자는 뱀을 가져오는 것처럼 보인다. 하단의 좀 더 큰 직사각형 안에 여섯 채의 합각머리 집이 보이고, 그 위쪽에 활과 화살을 든 두 전사와 소 한 마리가 있다. 왼쪽: 한 남자가 아마도 화살에 맞아 막 넘어지려 한다. 그 아래쪽의 사내는 벌써 죽어 누워 있다. 그 아래에 다시금 합각 지붕. — 배 아래쪽에 묘사된 장면들은 필시 (상단, 머리면의) 사자에 대한 복수를 촉구하는 내용인 듯하다. [고틀란드 석각화, 제1권, 표 52, 도판 128]

그림 3(1면): 카를스루에 기사상
알레만족 고분에서 출토된 원형 걸이장식. [카를스루에 바덴 주립박물관]

그림 4(2-4면): 알스코그 티엥비데 제1호 석각화 Alskog-Tjängvide I
석회암 석판, 1844년 발견. 앞면 훼손. 그림에 의해 복원. 상부면에 다리가 여덟 개 달린 말(팔각마) 위에서 검을 든 기사는 슬레이프니르를 탄 오딘이다. 그 앞에 바이킹 시대의 복식을 한 여자가 오른손에 아마도 뿔잔을 들고 있다. 개는 짐작건대 오딘이 데리고 다닌다. 오딘 위쪽에 죽은 전사가 있고, 그 위로 창이 보인다. 전사와 창이 가리키는 반원형 건물: 발할라? 개 위쪽에 남녀가 서로 마주 보고 있다. 석판 하반 면은 거대한 배를 보여 준다. 우측 가장자리 무늬선과 배 사이에 루네 문자 비문 띠가 비스듬히 이어져 있다. [RLGA, 제1권, 표 18]

그림 5(55면): 바취바체(Watsch-Vače) 요대(腰帶) 장식
[RLGA, 제2권, 표 28a]

그림 6(146면): 호른하우젠(Hornhausen)·모르슬레벤(Morsleben) 석판 기사상
석회석. 원래 경계석이던 것이 나중에 묘비석으로 사용되었다. 기사(오딘?)는 원형 방패, 대검, 장창으로 무장한 전사의 모습이다. 위치선: 뱀이 겹겹이 제 몸을 휘감은 형상으로 압축 띠를 구성. 조성 시기 700년경. [RLGA, 제2권, 표 48a. 작센 안할트 주립 고고학 유적 관리청(할레 Halle) 사용허가 필]

그림 7(205-206면): [스웨덴 고틀란드] 게레테(Gerete) 지방의 반각(半刻) 금제 원반
고틀란드, 6세기. [RLGA, 제5권, 표 26a]

그림 8(207면): 기사상. 스코틀랜드 앵거스 인버고우리 불리언
스코틀랜드 국립고고학박물관. [고틀란드 석각화, 제1권, 136면, 도판 262]

그림 9(262면): 반각 주화. 독일 함부르크(슐레스비히)
[RLGA, 제3권, 표 33b. 뮌스터, 카를 하우크(Karl Hauck) 교수 사용허가 필]

그림 10(287면): [스웨덴 우플란드] 벤델(Vendel) 지방의 투구기마상. 고총(古冢) I
투구에 붙인 압착 금속판. 기마 영웅의 용(뱀) 장식 머리. 두 마리의 새: (왼쪽) 독수리와 (오른쪽) 까마귀. 압착 금속판 제조는 4세기 고대 후기 무기 생산까지 추적할 수 있다. [RLGA, 제2권, 도판 115]

그림 11(310면): 스텐키르카 릴베르스 제3호 Stenkyrka Lillbjärs III
기독교 이전 석각화(높이 86cm, 최대폭 45cm). 석회석. 조성 시기 700년경. 투구와 대형 방패 차림의 구보(驅步) 기마 영웅상. 목덜미에 삼각형 무리, 앞쪽에 뿔 모양 무리. 오른쪽(추켜올린 말 다리 위)에 여성상. 그 아래 손을 내민 남성상이 루네 문자 비문 띠 위에 서 있다. 배 안에 새겨진 두 남자는 각기 돛 고정 막대(돛대)를 잡았다. 맨 아래: 오른쪽으로 부서지는 두 쪽 파도의 꼭대기 포말 부분이 양식화되어 석판을 두른 가장자리 띠 장식과 조응한다. [고틀란드 석각화, 제1권, 표 43, 도판 104]

그림 12(332면): 라르브로-스토레 함메르스[함마르스] 제1호
Lärbro-Store Hammers [Hammars](힐드 전설/시구르드 전설)
기념비적 기독교 이전 석각화(높이 391cm, 최대폭 162cm, 두께 25-30cm). 석회석. 조성 시기 700년경. 1905년 발견. 힐드 전설을 묘사한 일련의 장면(호그니와 힐드). 제1단: (위로부터): 힐드의 납치와 압송. 제2단: 복수전을 준비하는 호그니. 제3단: (전투에서 신들의 지원을 얻기 위한) 희생의식 장면 세부 묘사. 제4단: 복수자들의 상륙과 화해를 주선하려는 여인. 제5단: 전투. — 근래의 연구 결과 이 부분은 다른 전설, 곧 시구르드 전설 장면임이 밝혀졌다. 시구르드의 죽음, 보물을 싣고 시구르드에게서 물러서려 하지 않는 그의 말 그라니. 레르브로 텡겔가르다 제I호 석각화(417-418면 그

림 16)에는 시구르드의 죽음이 일련의 상세한 장면으로 묘사되어 있다. [RLGA, 제2권, 표 66. 스톡홀름 국립역사박물관 사용허가 필]

그림 13(400면): 에나멜(법랑), 소용돌이 무늬 문장(紋章) [에스커천 Escutcheon] [RLGA, 제7권, 도판 68]

그림 14(400면): 하블링보 하보르 제2호 Hablingbo Havor II
석각화. 석회석 판(높이 110cm, 최대폭 100cm). 묘곽(墓廓) 뚜껑으로 사용되었다. 수직 장식띠 2개, 수평 장식띠 1개. 원형 무늬 1개(직경 46cm). [고틀란드 석각화, 제1권, 표 11, 도판 23]

그림 15(415-416면): [스웨덴 욀란드 섬] 토르슬룬다(Torslunda) 출토 보탄-오딘상
애꾸눈의 전쟁 신으로 묘사. [RLGA, 제5권, 도판 47. 독일 뮌스터, 카를 하우크(Karl Hauck) 교수 사용허가 필]

그림 16(417-418면): 레르브로 텡겔가르다 제1호 Lärbro Tängelgårda I
시구르드 전설. 기념비적 기독교 이전 석각화(높이 253cm, 최대폭 144cm, 두께 26cm). 석회석. 조성 시기 700년경. 1861년 발견.
여기에 묘사된 일련의 장면들은 '레르브로 스토레 함메르스[함마르스]' 제1호 석각화 제5단 그림(332면)의 세부 설명인 것처럼 보인다. 시구르드의 죽음과 발할라 입성. (위로부터) 제1단 반원형의 상단 부분: 전투의 신이자 사자들의 신인 오딘이 새의 형상으로 '초혼'된다. 그 아래 (왼쪽부터): 집안에서 수퇘지에 걸고 행해지는 서약 의식, 숲속에서 비굴하게 등을 찌르는 암살행위, 보물을 실은 말이 시구르드에게서 떨어지지 않으려 하는 장면. 제2단: 저승여행의 시작. 오른쪽에 오딘이 타고 다니는 저승의 8각마(八脚馬) 슬레이프니르(색인 참조). 왼쪽에 항복 자세를 취하는 세 명의 전사. 제3단: 영웅들의 당당한 발할라 입성. 기마 전사와 인도자가 각기 승리의 화

관을 흔든다. 왼쪽 인물은 무리를 향해 환영의 뜻으로 손을 내민다. 제4단: 대형 배 그림 (거의 100×100cm). 9명의 승무원, 그 아래로 판 모양의 노와 부서지는 파도가 보인다. [고틀란드 석각화, 제1권, 표 31, 도판 86]

그림 17(420면): 코덱스 레기우스(Codex Regius 왕실필사본) 첫 면 [레이캬비크 필사본연구소]

출처:

Reallexikon der Germanischen Altertumskunde. Begr. von Johannes Hoops. 2., vollig neu bearb. u. erw. Aufl., hrsg. v. H. Beck u. a., Berlin/New York 1973 f. [= RLGA 게르만 고고학 전문사전]

Gotlands Bildsteine: Gesammelt und untersucht von Gabriel Gustafson und Frederik Nordin. Mit Zeichnungen von Olof Sörling. Photographien von Harald Faith-Ell. Nach erneuter Durchsicht und Ergänzung des Materials herausgegeben von Sune Lundquist.
Bd. I, Stockholm 1941
Bd. II, Stockholm 1942.
[= Gotlands Bildsteine 고틀란드 석각화 제1권, 제2권]

[해설]

북유럽 게르만 신화의 배경과 구조

임 한 순

기독교가 전파되기 이전의 유럽 신화는 1) 세계 신화의 고전에 해당하는 '그리스·로마 신화' 이외에 2) 갈리아 지방과 브리타니아 도서 지역에 분포했던 켈트족의 신화('켈트 신화'), 3) 스칸디나비아와 독일어권 지역의 '게르만 신화'(또는 '북유럽 신화')로 분류할 수 있다. 그런데 북유럽 및 동유럽 신화에는 본질적으로 게르만족 계통의 신화와 슬라브족 계통의 신화가 혼합되어 있다. 게르만족 집단에는 도이치인, 네덜란드인, 덴마크인, 스웨덴인, 노르웨이인, 아이슬란드인, 영국인 및 이들과 닮은 기타 민족들이 속하고, 슬라브족은 러시아, 세르비아, 크로아티아, 불가리아, 루마니아, 슬로바키아, 폴란드 사람들로 구성되어 있다. 이 지역의 신화 전통에는 이 밖에도 동해 Ostsee 연안의 프러시아, 리투아니아, 라트비아 사람들도 기여했으며, 좀 더 북쪽 지역에서는 핀란드, 스웨덴, 노르웨이의 라플란드족이 북유럽 신화 형성에 가담했다. 최단 북방 지역의 민족들은 핀란드의 라플란드족과 그 가장 가까운 이웃인 러시아의 사모예드족이었다. 원래 이들 두 부족은 오랜 옛날에 유럽과 아시아의 툰드라 지대 전역에 거주하던 우랄족의 일부가 흩어져 남았던 것인데, 그들의 종교적 경향은 최근에 이르기까지 시베리아 민족들의 경우와 비슷했다. 이 모든 전통을 편의상 '북유럽 신화'에 포함시킬 수 있다.

현재까지 전해진 북유럽 및 동유럽 신화의 대다수는 스칸디나비아 또는 아이슬란드에서 유래한다. 그밖에 대부분의 슬라브 신들은 겨우 이름만 남겼을 뿐이다. 유럽 전래의 신화들은 특히 기독교에 의해 축출당했다. 러시아에서 블라디미르 대제후가 989년에 그리스정교로 개종하자 키예프에서는 이교 신전들이 약탈당했다. 다행히도 당시의 역사 기록자들은 이 사건에 관한 보고에서 천둥의 신 페루누 Perunu 또는 가축의 신 벨레스 Veles가 있었다고 밝혔다. 피상적이나마 이러한 보고마저 없었다면 오늘날 우리는 슬라브 신화에 관해 전혀 알 수 없을 것이다. 그러나 기독교로 개종하기 이전 블라디미르의 이교적 출신과 과거 행적도 신화 이해에 어려움을 야기한다. 그는 스웨덴 출신이었고, 드녜프르 Dnjepr 강변의 '루스'(러시아) 국가인 키예프 제국은 바이킹족 이동의 직접적인 결과로 그 지배 아래 들어갔다. 슬라브족의 천둥신 페루누는 그러니까 북유럽 토르 신화의 일부 요소를 이미 흡수했을 가능성이 있다. 바이킹족이 도착한 860년경 이전에 슬라브족 전래의 망치신이 분명 있었겠으나, 북유럽의 전사들이 노브고로드와 키예프에 미친 강력한 영향은 필연적으로 러시아 신과 그에 상응하는 게르만 신의 동일화를 초래했다. 바이킹족의 존재가 얼마나 막강했는지를 당시 아랍 여행자 이븐 파들란 Ibn Fadlan의 기록에서 짐작할 수 있다. 그는 922년 볼가 강에서 어느 루스[러시아]족 지배자의 장례가 선상(船上) 화장으로 치러지는 장면을 목격하고 기록으로 남겼다.

발칸 반도의 슬라브인들은 기독교와 접촉했을 뿐만 아니라 훗날 오랫동안 이슬람의 지배도 받았다. 그들이 슬라브 영향권에서 장기간 소외된 것은 발칸 신화에 불리하게 작용했다. 이 지역 신화는 한 번도 기록된 적이 없고, 구전되던 전래 설화의 자리에 기독교와 이슬람교의 성담(聖談)이 들어섰다. 발트지역 신화의 주요 신들에 관해서도 대략 상상이 가능하지만 신화 자체는 오늘날 전혀 남아 있지 않다. 우연히 기록되지 않은 경우 유럽의 신화는 애석하게도 모두 발트 신화의 운명을 면치 못했다. 켈트 신화는 다행히도 아일랜드의 기독교 수도승들이 옛 전설의 기록에 관심을 보였기 때문에 전승될 수 있었다. 게르만 민족들이 로마제국의 서쪽 지역을 유린한 뒤, 그리스와 로마의 고전적 신화 유산도 켈트 신화와 마찬가지로 수도원 장서관들에 보존되었다. 게르만 신화의 핵심 부분 역시 해당 지역의 기독교화 이후에 기록되었다. 아이슬란드의 학자 겸 정치가였던 스노리 스투를루손 Snorri Sturluson이 『에다 *Edda*』를 비롯한 신화 자료의 보존에 부심하지 않았더라면 게르만 신화는 대부분 인멸되고 말았을 것이다.

스노리 스투를루손은 13세기 초에 게르만 신들의 세계에 관한 일종의 시작(詩作) 지침서를 저술하면서 고대 북유럽 신화 『에다』를 상세히 해설했다. 그는 750-1050년경의 바이킹 시대 전설들을 회상했다. 바로 이 시기에 오딘, 토르, 프레이르 신의 영웅담이 강한 전통으로 형성되어 있었다. 아직 기독교를 접하지 않았던 덴마크인, 노르웨이인, 스웨덴인 등 용맹한 북유럽 사람들은 쉴새 없이 노략질과 정복을 위해 바다로 나갔다. 바이킹 전사들은 대개 소규모 부대나 선원 집단을 조직했으며, 군사적 정복 전쟁, 교역을 위한 항해, 해적질 등을 앞두고 일시적으로만 큰 집단을 이루었다. 이따금 그들은 명망 있는 지도자 아래에서 일정 기간 종사하다가 다시금 흩어지고는 했다. 대규모 육상 부대나 해상 함대가 구축되기도 했다. 예컨대 그들이 842년 프랑스를 공격하고 866년 잉글랜드에 침입할 때 그러했다. 뛰어난 조선 기술과 노련한 항해술에 힘입어 그들은 강과 바다의 지배자가 되었고, 엄청나게 먼 거리를 이동할 수 있었다.

바이킹족의 공격으로 가장 큰 고통을 아일랜드 사람들이 받았다. "바다가 밀물처럼 쏟아 낸 외지인들이 아일랜드 전역을 뒤덮었으며, 항구와 해변과 성채들이 온통 노르만인과 해적의 물결로 가득하다"라고 아일랜드 북부 얼스터 Ulster 지방의 연감에 기록되어 있다. 836년 바이킹족은 오늘날의 더블린에 항구적인 거점을 설치하기로 결정했다.

공격적인 바이킹 전사들이 애꾸눈 오딘 신의 영웅담을 즐겨 경청했다는 것은 놀랄 일이 아니다. 게르만 신들의 왕 오딘은 전사자(戰死者)들의 아버지로서 각별한 매력을 지녔다. 이 신은 전쟁터에서 죽은 자들을 풍요의 여신 프레이야와 나누어 차지했다. 오딘은 또한 저 무시무시한 베르제르커 Berserker들을 고무했다. 벌거벗은 몸에 곰 껍질을 쓰고 싸운다는 이들 광포한 전사들은 일종의 인간 병기로서 거침없이 전투에 뛰어든다. 그러나 오딘 역시 전지전능한 불멸의 존재가 아니다. 라그나뢰크 Ragnarök('신들의 황혼') 때에 펜리르라는 이름의 늑대가 최고신인 그를 통째로 삼켜 버린다. 호전적인 신들이 결국 모두 몰락하는 것은 북유럽 신화의 특징이자 그 담당자들이던 바이킹족의 자화상이기도 하다.

1. 창세신화와 우주관

태초에는 끝이 없는 황량한 심연만 펼쳐져 있고, 그 안에 창조의 맹아가 움직임도 형체도 없이 들어 있었다. 심연 속에서 빛의 나라 무스펠헤임과 어둠의 나라 니플헤임이 나뉘었다. 니플헤임에서 강물이 흘러나와 얼어붙었는데, 남쪽의 무스펠헤임에서 불어오는 열기로 얼음이 녹자 그로부터 거인 위미르가 탄생했다. 얼음[물]과 불이 만나는 경계를 게르만 신화에서는 긴눙가가프 Ginnungagap('하품하는/입 벌린 허공')라 한다. 대립적인 두 힘이 중간 지대에서 만나 어우러져 생명을 탄생시킨 것이다. 최초의 생명체 위미르는 사악한 거인족의 아버지였다. 그다음에 아우두믈라 Audhumla라는 암소가 나와서 이 거인에게 젖을 먹였다. 암소가 얼음 덩어리를 핥자 그 속에서 신의 모습을 한 부리 Buri라는 남자가 모습을 드러냈고, 그 아들 뵈르와 어느 거인의 딸 사이에서 세 아들 오딘, 빌리, 베가 태어났다. 이들이 최초의 거인 위미르를 공격해 죽인다. 그 몸에서 어찌나 피가 많이 쏟아졌는지, 거인족이 모두 빠져 죽고 베르겔미르만 살아남았다. 이 거인은 배를 타고 도망쳐 새로운 거인족의 시조가 되었다.

오딘을 비롯한 삼형제 신은 위미르의 시체를 심연 한가운데로 끌고 가서 세상을 창조했다. 시체의 피로 바다와 강이 , 뼈와 이빨로 산과 바위가, 머리카락으로 나무가, 두개골로 하늘이, 뇌로 구름이 각각 만들어졌다. 그런 다음에 신들은 무스펠헤임에서 가져온 불꽃으로 별을 만들어 하늘에 달았다. 태양이 거처를 얻고, 달은 자신의 힘을 알게 되었다. 오딘은 난쟁이족을 만들어 땅과 바위 속에서 살게 했다. 이어 세 신은 해변에서 물푸레나무와 오리나무를 발견하여 그것으로 각각 남자와 여자를 창조했다.

[그림 1] 위그드라실. 북유럽 고미술, 도해(1847)[1]. 위그드라실의 거대한 가지들이 아홉 세상을 떠받치고 있다. 무지개다리 '비프로스트'의 상단 밑에 신족과 정령들의 나라가 있고, 그 아래에 인간, 난쟁이, 바다 악령들의 세계, 그리고 이를 둘러싼 거대한 뱀 요르문간드 너머로 서리 거인들의 나라인 바깥세상('우트헤임')이 펼쳐져 있다.

오딘은 이들에게 영혼과 생명을, 빌리는 재능과 감정을, 베는 아름다운 용모와 언어와 감각을 주었다. 두 남녀에게서 인간 족속이 나와 미드가르드에서 살게 되었다.

---

1 그림 1: EM 251: Illustration, Nordische Antiquitäten 1847. [EM 251= Die Enzyklopädie der Mythologie. Klassisch, Keltisch, Nordisch. Arthur Cotterell. Genehmigte Lizenzausgabe EDITION XXL GmbH: Reichelsheim 2000. Übersetzung: Helene Baudon u. a. (Copyright: Annes Publishing limited, U. K. 1997), 251면]. 이하 이 책에서 인용한 그림은 여기에서와 같은 약자로 표기.

① 미드가르드는 중간 지대 또는 대지의 성채라는 뜻으로, 사람이 살 수 있는 ② 마나헤임 Manaheim이라는 대지 중에서 산과 암벽으로 견고하게 둘려진 부분이다. 대지는 동글납작한 평면이고, 그 바깥 바다 둘레를 요르문간드라는 세계 뱀이 제 꼬리를 물고 거대한 고리 모양을 지어 감싸고 있다. 우주 중간에 위치한 이 대지를 포함하여 모두 아홉 세계와 아홉 개의 창공이 펼쳐져 있다. 미드가르드 위쪽에 하늘, 곧 신들의 세계인 ③ 아사헤임 Asaheim(아사[아스] 신족의 나라)이 있고, 북쪽에는 춥고 어두운 ④ 니플헤임(독일어: Nebelheim 안개나라), 남쪽에는 불의 세계인 ⑤ 무스펠헤임, 동쪽에는 거인족의 세계 ⑥ 요툰헤임, 서쪽에는 난쟁이들의 거주지인 ⑦ 스바르트알파헤임 Svartalfaheim이 있다. 이러한 공간 개념에 잘 들어맞지는 않지만, 이밖에 두 세계가 더 있다. 바니르 신족이 사는 ⑧ 바나헤임 Vanaheim과 '빛의 꼬마 요정들'이 사는 ⑨ 리오스알파헤임 Liosalfaheim이 그것이다. 이들 아홉 세계의 배치는 달리 설명되기도 한다. [그림 1]에 암시되어 있듯이, (1) 리오스알파헤임, 무스펠헤임, 아사헤임이 대지 위쪽(평면?)에 위치하고, (2) 중간세계인 대지에는 바나헤임, 미드가르드, 요툰헤임이 있으며, (3) 대지 아래에 스바르트알파헤임, 지하세계인 헬(헤임 Hel[heim])과 니플헤임이 펼쳐져 있다. 그러니까 세 평면에 거주자별로 각각 세 개씩의 세계가 있다는 것이다.[2]

아홉 세계 각각의 위치와 전체 구조는 관점에 따라 조금씩 다르게 나타난다. 게르만 창세신화에 제시된 공간 개념이 현대인의 논리적 사고를 만족시킬 만큼 치밀하지는 못하기 때문이다. 특히 남쪽에 있다는 불의 나라 무스펠헤임은 '뵐루스파'(『신들의 노래』 제1곡)의 창세와 종말 묘사 부분에 등장할 뿐, 우주의 중심 축에 의존한 3개 평면과 아홉 세계 체계에서 정확히 어디에 위치하는지 밝혀져 있지 않다. 스노리 스투를루손에 따르면 무

---

2 참조: Friedrich Kurts: Handbuch der Mythologie. Illustrierte Gesamtausgabe mit 97 Holzschnitten. Vollkommene Neubearbeitung der Ausgabe Leipzig 1869. Hrsg. von Christian Klemm. Athenaion o. J., 305면.

스펠헤임의 속성은 다음과 같다. ― "처음 존재한 세상은 남반구를 차지하고 있는 무스펠이었다. 그곳 대기는 밝고 더웠으며, 불길이 거세게 타오르기 때문에 원래 그곳에서 나거나 그곳에 속하지 않은 것은 견딜 수 없었다. 수르트 Surt(독: Schwarz 검은색)가 그 땅의 끝까지 뻗치고 앉아 그곳을 지켰다. 그는 불꽃 칼을 가졌는데, 세상의 종말에 등장하여 사방으로 불길을 흩뿌릴 것이다." 그리하여 아홉 세상과 거기에 거주하는 신, 서리 거인, 죽은 자, 산 자, 괴물, 난쟁이, 정령, 짐승 등 모든 존재가 모조리 불타서 재가 된다는 것이다(EM 227).

[그림 2] 위그드라실. 8세기경. 목각[3]. 세계수 위그드라실은 우주의 중심축이었다. 기교적으로 뒤얽힌 바이킹들의 이 목각 무늬는 생명의 한복판에서 나오는 강력한 힘을 인상적으로 보여 준다. 왼쪽 아래에 사슴이 위그드라실의 늘 푸른 잎을 뜯어먹는데, 뱀이 그 목을 가차 없이 물고 있다. 이는 생명의 태동부터 시작되는 생사의 투쟁을 상징한다.

3 그림 2: EM 250, 252. 베르너 포만 문서실(Werner Forman Archive).

북유럽 신화의 우주관에서 가장 흥미롭고 독특한 요소는 세계수(世界樹) 위그드라실이다. 이 나무는 하늘, 땅, 지하세계를 꿰뚫어 지탱하는 거대한 우주 축이다. 그 무성한 잎은 구름이요, 금빛 열매들은 하늘의 별이다. 세 갈래로 나뉜 뿌리가 지하세계, 거인족, 신들의 세계에 하나씩 뻗어 있고, 각각의 뿌리 끝에서 샘물이 솟는다. 신들의 거처인 아스가르드 근처로 뚫고 들어간 뿌리에는 우르드의 샘이 있다. 여기에서는 신들이 회합을 벌이고, 운명의 세 여신인 노른들이 물을 길어 간다. 또 하나의 뿌리는 거인족의 땅 요툰헤임에 있는 미미르의 샘에 닿아 있는데, 이 샘은 지혜의 원천이다. 세 번째 뿌리는 니플헤임으로 파고 들어갔고, 그 아래에 흐베르겔미르 샘이 있다. 이 샘은 열한 개 강들의 발원지이며, 근처에서 보통은 시체를 먹는 괴물 용 니드호그 Nidhogg가 위그드라실의 뿌리를 갉아 먹고 있다.

하늘의 견고한 궁륭인 아사헤임을 난쟁이 넷이 동서남북에서 떠받치고 있다. 거기에 신들의 도시 아스가르드가 있고, 무지개 다리 비프로스트가 중간세계인 땅과 하늘 사이에 놓여 있어 신들의 통로로 사용된다. 하늘에는 해와 달이 두 마리의 늑대에게 쫓겨 쉴새 없이 달리고 있다. 스쾰이라는 늑대는 해를, 하티는 달을 삼키려 한다. 이와 비슷한 천체 운행의 의인화는 보편적이며, 한국의 민담에서도 '해와 달을 삼키려는 늑대'의 화소를 발견할 수 있다.

2. 신들의 세계(판테온)[4]

신들의 도시 아스가르드에는 아스 신족이 거대하고 화려한 궁성에서 살았다. 도시 한가운데에는 초록색 나무들이 우거진 이다볼 Idavoll 광장이 있었다. 도시 한쪽을 글라드스헤임이라고 불렀는데, 여기가 발할라와 아스 신들의 옥좌가 있는 곳이다. 은으로 덮인 오딘의 궁에는 넓은 홀과 높다란 옥좌가 있었고, 최고신 오딘이 거기에 앉아 세상을 내려다보았다. 여신들은 빙골프라는 아름다운 궁전에서 살았다.

스노리 스투를루손은 오딘을 정상으로 하는 아스 신족의 12 주신(主神)을 열거했다. 오딘, 토르, 뇨르드, 튀르, 브라기, 헤임달, 회드르, 비다르, 발리, 울러, 포르세티 Forseti가 그들이다. 재앙의 근원인 악의 신 로키도 아스 신족과 대등한 위상을 인정받았다. 주신들은 각기 고유한 권한과 직책을 가졌고, 거목 위그드라실 아래 '우르드의 샘' 근처에 설치된 12개 바위 좌석에 둘러앉아 인간의 운명과 세상에 관해 심의하고 판결을 내렸다. 12 주신 가운데 실제로 신화에서 가장 중요한 신은 오딘과 토르이고, 나머지 신들은 비교적 드물게 등장한다. 여기서는 가장 중요한 남자 신 셋(오딘, 토르, 프레이르)과 악의 신 로키, 여신의 대표격인 프레이야, 그 밖의 여신으로 프리그, 발퀴리, 노른과 헬을 좀 더 자세히 알아본다. 기타 신들에 관해서는 간략한 설명을 색인에 올리기로 한다.

2.1 남신

오딘(Odin, 독: 보탄/보단 Wotan/Wodan)

최고 통치자이자 전쟁의 신인 오딘은 지혜를 얻기 위해 미미르의 샘물을 마시는 대가로 한쪽 눈을 내주었다. 그렇게 외눈박이가 된 그는 전투에서 이기도록 영웅에게 용기를 불어넣을 뿐만 아니라, 시의 수호신으로서 시인에게 영감을 준다. 그는 선지자로도 활약한다. 자신의 영혼을 멀리 내보내기도 하고, 다리가 여덟인 준마 슬레이프니르를 타고 질주해 다니고, 때

4 게르만 신들의 이름은 언어별로 차이가 있고 이형도 많다. 여기서는 번역 원전을 반영하되 다음 책을 기준으로 삼는다: Die Enzyklopädie der Mythologie. Klassisch, Keltisch, Nordisch. Arthur Cotterell. Genehmigte Lizenzausgabe EDITION XXL GmbH: Reichelsheim 2000. Übersetzung: Helene Baudon u. a. (Copyright: Annes Publishing limited, U. K. 1997).

로는 다른 형상으로 변신하여 은밀히 세상을 감시한다. 그는 애꾸눈에다 전체적으로 무서운 형상이고, 신분이 노출되는 것을 피하려고 챙이 넓은 모자를 눌러 쓰고 다닌다. 그의 주요 무기는 마법의 창 궁니르 Gungnir이며, 어깨에 두 까마귀 후긴 Huginn(생각)과 무닌 Muninn(기억)을 데리고 다니면서 온갖 정보를 찾아오게 한다. 그는 초기 게르만 전쟁 신인 보탄[보단]과 티와즈 Tiwaz의 성격을 이어받아 우선 전투의 신으로 나타나게 된 것 같다.

[그림 3a] 고대 종교와 신흥 기독교의 세력다툼. 스웨덴 헬싱란드 Hälsingland 스코그 Skog 교회의 12세기 양탄자 그림.[5] 한가운데에 마주 선 발할라(?)와 기독교 교회(십자가와 종탑!)를 중심으로 왼쪽에 전래 신화의 추종 세력과 오른쪽에 기독교 군대가 대치하고 있다. 좌단에 묘사된 세 신이 북유럽 신화의 오딘, 토르, 프레이르일 것으로 보인다.

[그림 3b] 앞 그림 왼쪽 끝 부분에 묘사된 게르만 신화의 세 주요 남신. (왼쪽:) 바이킹의 최고 신이자 전쟁신 오딘은 도끼와 창을 무기로 들었다. 그 옆의 양식화된 작은 나무는 위그드라실을 상징한다. (가운데:) 천둥신 토르는 공포의 쇠망치 묠니르를 휘두른다. (오른쪽:) 프레이르는 풍요의 상징으로 옥수수자루를 들었다.

[그림 4] 오딘. 『에다』 산문본 삽화(1760)6. 두 마리의 까마귀 후긴과 무닌이 오딘을 수행하며 아홉 세계의 온갖 소식을 모아 그의 귀에 속삭여 준다. 오딘이 높다란 옥좌 흘리드스캴프에 앉아 세상을 내려다볼 때면, 행운을 물어 오는 두 마리의 늑대 게리 Geri와 프레키 Freki도 그의 발치에 누워 있다.

---

5 그림 3a-3b: John Grant: An Introduction to Viking Mythology. London: Quantum Books Ltd. 57면; EM 174, 252. 베르너 포만 문서실. 이 양탄자를 생산한 것으로 보이는 고벨린 Gobelin은 중세 네덜란드의 유명한 양탄자 직조업 가문으로, 17세기에 파리로 이주하여 루이 왕가의 지원을 받았다.

6 그림 4: EM 201, 252. Edda-Prosa, 1760. 왕립도서관, 코펜하겐.

모든 문화는 정체성을 확인하기 위해 각기 적절한 신을 찾게 마련이어서, 바이킹 세계도 자신의 주요 특징인 폭력을 정당화하기 위해 오딘과 같은 신이 필요했을 것이다. 이 신의 독일어 이름 보탄 Wotan은 '분노하다'라는 뜻의 현대어 동사 '뷔텐' wüten의 어원으로 간주된다. 오딘은 두려운 신이지만, 그러나 늘 현명하고 대개는 공의로운 신으로 그려졌다. 그와 그의 아내 프리그는 거짓말을 못하기 때문에 오히려 자신들을 곤경에 빠뜨리기도 한다. 오딘은 전투에서 죽은 용맹한 전사들을 휘하에 거두어들여 '라그나뢰크', 곧 세계의 멸망에 대처하려 한다. 에인헤리어라고 불리는 이들 죽은 영웅들은 신족과 서리 거인족이 비그리드 Vigrid 평원에서 벌이는 최후 결전에 결사적으로 동원된다. 그러나 이 전쟁에서 양쪽은 거의 전멸하고 만다. 오딘 자신도 로키의 자식인 괴물 늑대 펜리르에게 죽임을 당할 운명이다.

토르(Thor, Donar)

오딘 다음으로 위력 있는 신은 오딘과 대지의 여신 표르귄 Fjorgyn 사이에서 태어난 토르이다. 오딘이 폭력과 전쟁의 화신인 반면 그 아들 토르는 질서를 수호한다. 토르는 천둥 치는 쇠망치 묠니르를 휘둘러 거인들을 그들의 영토인 우트가르드 Utgard(바깥세계)에 머물도록 제압하며, 미드가르드를 감싸고 있는 거대한 뱀 요르문간드를 낚시로 잡아 올리는 위력을 발휘한다. 오딘이 왕, 전사, 시인 등 귀족층을 수호한 반면 토르는 인구의 대다수를 차지하던 자작농을 보호했다. 그는 체구가 크고 붉은 수염에 식욕이 엄청났으며, 곧잘 이성을 잃고 화를 내지만 금세 다시 본모습으로 돌아가고, 기민하지는 못해도 매우 강건하고 믿음직스러웠다. 그의 이름과 특성은 게르만어의 목요일 명칭(영: Thursday, 독: Donnerstag, 덴: Donersdag, 스: Torsdag)에 반영되었다. 여기에 나타나 있듯이 그는 천둥과 번개의 신이었다. 토르의 망치는 파괴용 무기일 뿐만 아니라 목걸이에 달아 재앙을 막

[그림 5] 청동 토르 상. 10세기[7]. 토르는 신묘한 망치 묠니르를 늘 손닿는 곳에 두었다. 그가 이 망치를 날리면 천둥 번개가 일었고, 거인들의 두개골을 깨부수는 데 이것만큼 위력적인 무기는 없었다.

[그림 6] 목걸이 장식용 은제 묠니르. 11세기[8]. 정교한 바이킹 무늬에서 천둥과 벼락의 신 토르의 번뜩이는 눈빛이 연상된다. 장신구로 애용된 토르의 망치는 재앙을 막는 부적의 의미도 지녔다.

는 부적이자 창조를 상징하는 호신품으로서, 결혼과 출생을 축하하는 기념품으로 즐겨 사용되었다. 토르는 또한 농경과 관련된 특성도 지녔다. 묠니르는 농사 도구이며 풍요의 상징으로서 남근을 암시하기도 했다. 숭배자들이 필요에 따라 그러한 특성을 부여했을 것이다.

라그나뢰크의 파국을 몰고 온 '도끼와 칼의 시대'는 야성적인 바이킹족에게는 그들 자신의 일상을 비춰 주는 거울과 같았다. 그래서 토르도 서리 거인족에게는 극도로 예민한 반응을 보인다. 그러나 사가 Saga라고 불리는 스칸디나비아 전설에서 그는 성실하고 소박한 성격으로 묘사된다. 이주자로서 외지에 정착한 사람들은 오딘을 대신할 좀 더 온건한 대안으로서 그 아들 토르를 선호했다. 그는 노르웨이 남부에서 지배층의 폭정을 피해 아이슬란드로 이주한 사람들에게 특히 인기가 있었다. 이들 가운데 수많은 사람이 가문의 이름으로 토르 신에게 연대감을 표시했다. 토르스텐 Thorsten 또는 토르울프 Thorulf는 널리 퍼진 성이다. 토르는 또한 여러 지명에도 차용되었다. 신들에 대한 서리 거인족의 습격이나 자작농 계층에 대한 국내 폭군들의 잔혹행위 또는 조급한 기독교 선교사들의 이교사원 파괴와 같은 신적이거나 인간적인 위기상황에서 토르 신의 초월적 존재는 항상 위안이 되었다. 묠니르는 파괴, 다산, 재건의 도구로서 어디에서나 볼 수 있었다. 바이킹 시대가 끝날 무렵에 토르는 드디어 오딘보다 더 위대한 신이 되었다. 스웨덴의 옛 도시 웁살라의 신전에 있는 그의 신상도 오딘과 프레이르 사이, 그러니까 한가운데에 그려져 있다(그림 3a 참조).

---

7 그림 5: EM 197, 252. 국립역사박물관, 스톡홀름.

8 그림 6: EM 209, 252. 국립역사박물관, 스톡홀름.

[그림 7] 발할라와 요르문간드. 『에다』 산문본 삽화(1760)[9]. 첨탑이 즐비한 화려한 발할라 궁에는 전사한 최정예 용사들이 들어와 오딘의 유령군단을 구성, 라그나뢰크에 벌어질 최후의 결전에 대비한다. 세계 종말에는 (오른쪽:) 거대한 세계 뱀 요르문간드가 세상을 통째로 삼킬 것이다. 토르는 미끼로 황소머리를 써서 이 괴물을 낚은 적이 있다.

9 그림 7: EM 176, 252. 아르나마그나 연구소, 코펜하겐.

[그림 8] 요르문간드를 낚는 토르. '고스포스 십자가'(그림 19 참조) 기둥의 부조[10]. 토르가 거인 휘미르와 배를 타고 바다로 나가 '세계 뱀' 요르문간드를 낚고 있다. 그림 왼쪽에 앉은 인물이 토르인데, 오른손에 망치를 들고 왼손에는 굵은 낚싯줄을 잡았다. 바닷속 낚싯줄 끝에는 황소머리가 미끼로 묶여 있다.

『에다』 제1곡 「뵐루스파」의 제25-28연에는 아스 신들과 바니르 신들 사이에 일어난 '최초의 종족간 전쟁'이 다루어져 있다. 신들 사이의 투쟁은 두 종교 또는 종파가 벌인 세력다툼의 기억을 반영한 것으로 보인다. 새 종교가 기존 종교를 대체하게 될 때 이런 투쟁은 늘 나타나기 마련이었고, 두 종교는 결국 서로 융합되었다. 『에다』에서는 주로 아스 신들과 거인 신족

10 그림 8: John Grant: Viking Mythology. 17면; Herbert Gottschalk: Lexikon der Mythologie. 391면.

사이의 대결이 부각되지만, 개별적으로는 남녀 신들의 사랑과 결혼에 의한 쌍방의 융화도 자주 실현된다. 토르의 복합적 성격도 이런 맥락에서 이해해야 할 것이다.

프레이르(Freyr, Frey. 독: 'Herr' 나리, 주인)

프레이르는 12 주신의 하나인 뇨르드의 아들이고, 미모의 여동생 프레이야와 쌍둥이 남매간이다. 이들 세 신은 모두 아스 신족과 바니르 신족이 휴전협정의 일환으로 서로 지도자들을 인질로 교환할 때 아스가르드로 왔다. 바니르 신족의 최고신이던 뇨르드는 바다와 바람을 다스리며 배와 뱃사람을 보호했다. 그의 궁전을 노아툰 Noatun('배의 도시')이라고 불렀다. 뇨르드와 그의 아들 프레이르는 각기 서리 거인족 여인과 독특한 사연 끝에 결혼했는데, 그 의미는 나중에 설명하기로 한다.

[그림 9] 청동 프레이르 상. 11세기 스웨덴 룬다 Lunda 지방. 높이 약 10cm[11]. 발기한 남근에 다산과 풍요의 신 프레이르의 역할과 특징이 잘 나타나 있다.

프레이르는 여름 해와 비의 신이며, 게르만 신들 중에서 가장 중요한 농경신 또는 풍요의 신으로 숭배되었다. 그는 고대 덴마크에서 숭배되었다고 타키투스가 밝힌 대지의 어머니 네르투스 Nerthus의 속성들을 계승한 것으로 보인다. 성(性)이 여성에서 남성으로 바뀌었으나, 프레이르를 낳은 어머니는 아버지 뇨르드의 누이동생이자 첫 부인인 네르투스였다. 바니르 신족의 근친결혼 풍속을 아스 신족은 허용하지 않았고, 그래서 뇨르드는 아내를 바나헤임에 둔 채 프레이르와 프레이야 남매만 데리고 아스헤임에 왔다. 스노리 스투를루손에 따르면 프레이르는 "언제 해가 빛나고 비가 올지, 그에 따라 언제 대지에 열매가 맺힐지 결정한다. 그는 선한 신이므로 평화와 풍요를 기원한다." 웁살라의 프레이르 신상에는 거대한 남근이 달려 있는데, 이로 보아 그는 농경과 목축뿐 아니라 인간의 생육도 관장했다. 프레이르의 가장 중요한 재산인 스키드블라드니르라는 배와 수퇘지 굴린부르스티 Gullinbursti는 둘 다 풍요의 상징이었다.

로키(Loki, Lopt)

불의 신 로키는 거인 파르바우티 Farbauti와 라우페이 Laufey의 아들인데, 선동·사기·변신술 등으로 혼란을 초래하다가 발드르를 죽게 함으로써 마침내 라그나뢰크를 촉발한다. 로키의 유래에 관해서는 여러 견해가 있고, 그와 유사하게 변덕과 배반을 일삼는 신화적 형상이 유럽 이외의 여러 지역에서 확인되었다. 선악의 이분법에 따르면, 로키는 예컨대 메피스토펠레스처럼 악의 화신이며 다재다능한 유물론적 합리주의자이다.

원래 로키는 무해한 장난꾼에 가까웠다. 그는 거인과 내기를 걸어 프레

11 그림 9: John Grant: Viking Mythology, 59면; Herbert Gottschalk: Lexikon der Mythologie, 377면.

이야를 위험에 빠뜨리지만, 오딘에 못지않은 변신술을 발휘하여 다른 신들과 함께 그녀를 도로 구해 준다. 그는 또 토르의 아내 시프 Sif의 아름다운 황금머리칼(무르익은 곡식의 상징)을 자르지만, 맨머리(황량한 겨울의 상징)로 절망에 빠진 그녀에게 난쟁이들을 시켜 진짜 금으로 된 금발을 만들어준다. 시(詩)의 신 브라기의 아내 이둔은 신들의 젊음을 유지시키는 황금사과를 관리하는데, 로키가 속여 그녀를 사과와 함께 서리 거인 티아시에게 넘겨주었다. 신들이 노쇠해지기 시작하자, 오딘이 개입하여 로키로 하여금 이둔과 사과를 되찾아오게 한다. 이처럼 견딜 만하던 장난꾼 로키는 점차 사악하고 난폭한 약탈자로 변하여 끝내 재앙을 초래한다. 발드르를 죽게 한 그는 족쇄에 채워진 뒤에도 발악으로 지진을 일으키는 등 파괴자의 속성을 버리지 않는다. 악의 화신답게 그의 세 자식—거대한 세계뱀 요르문간드, 늑대 펜리르, 지옥 헬의 여왕이 된 막내딸 헬—도 모두 사악한 괴물이다. 로키는 이 자식들과 거인족을 지휘하여 아스 신족과 영웅들을 상대로 공멸을 초래할 최후의 결전을 지휘한다.

2.2 여신

프레이야(Freyja, Freya, Frea. 'Dame/lady': 부인, 숙녀)

[그림 10] 풍요의 여신 프레이야. 아서 랙함 Arthur Rackham 그림(1910)[12]. 바니르 신족의 다른 여신들처럼 프레이야도 비법에 능하여 아시르 전사들에게 최초로 마술을 가르쳤다. 오딘은 그녀의 지식을 재빨리 배워 곧 여신을 능가하게 되었다. 나중에 프레이야는 봄의 여신 이둔과 동일시되어 영원한 젊음의 사과를 지킨다.

---

12 그림 10: ME 221; John Grant: Viking Mythology, 60면.

게르만 신화에서 가장 중요한 여신은 오딘의 아내 프리그가 아니라 풍요와 미의 여신 프레이야이다. 이 여신은 풍요의 남성 신 프레이르의 쌍둥이 여동생으로, 신족들 사이의 첫 전쟁 후에 아버지 뇨르드 및 오빠와 함께 바니르 신족을 대표하여 아스 신들에게 왔다. 프레이야는 기독교 이전의 북유럽인들에게 사랑의 여신으로 간주되었고, 신화에서는 성적인 매력이 강하며 자유롭게 애정행각을 벌이기도 한다.

여신은 고양이 두 마리가 끄는 전차를 타고 눈물을 흘리며 남편 오두르 Od, Odur를 찾아다닌다. 오두르는 미지의 존재로 남아 있으나, 이따금 오딘과 동일시되기도 한다. 거인들도 그녀를 탐낸다. 그녀 자신도 허영심이 강해서, 아름다운 황금목걸이 브리싱가멘 Brisingermen, Brisingamen을 얻는 대가로 네 난쟁이에게 나흘 밤 동안 각각 하루씩 번갈아 몸을 팔았다. 인간인 오타르가 그녀를 열렬히 숭배하자, 이에 감동한 프레이야는 그를 곁에 두기 위해 멧돼지로 변신시켜 아스가르드에 데려왔다. 거인족 여인 휜들라는 프레이야가 인간 애인 오타르를 타고 발정한 암염소처럼 밤에 뛰어다닌다고 흉을 보았다. 그녀의 빛나는 목걸이는 달과 연관이 있고, 은빛 털의 멧돼지가 그녀를 태우고 희미한 밤길을 달리는 정경도 그러하다. 그녀는 매가죽 옷을 입고 공중을 날기도 하는데, 이 화소는 오딘의 아내 프리그에게도 해당한다. 프레이야는 또한 전쟁에 관여하여 전차를 타고 전장에 나가며, 전사한 자들의 영혼을 오딘과 나누어 가진다. 그래서 죽은 전사들의 절반은 오딘의 궁전인 발할라로, 나머지 반은 폴크방에 있는 여신의 궁전 세스룸니르 Sessrumnir로 간다. 프레이야는 고매하고 아름다운 여인들의 영혼도 거두어들인다.

프리그(Frigg, Frigga, Frija, Fricka)

프리그는 대지와 대기의 여신 표르긘 Fjorgyn의 딸로 오딘의 아내이자 발드르의 어머니이다. 그 이름에서 금요일의 명칭(영: Friday, 독: Freitag, 덴:

Vrijdag, 스: Fredag)이 유래했다. 프리그는 아들 발드르를 해치지 않겠다는 약속을 모든 생명체로부터 받았으나, 단 하나 겨우살이를 연약한 기생식물이라고 얕잡아 제외했다가 결국 재앙을 당한다. 로키가 장님 신 회드르를 꼬여 겨우살이 가지를 발드르에게 던지도록 부추기고, 이에 발드르는 심장을 관통당하여 죽는다.

프리그는 정숙하고 사랑스런 아내이자 죽은 아들을 잃고 통곡하는 자상한 어머니이지만, 프레이야와도 여러 공통점이 있다. 프리그는 지하세계 여행에 입을 매가죽 옷을 가졌고 황금에 대한 애착도 강하다. 이처럼 동일한 여신의 인격에 대립적인 역할이나 속성들이 결합되어 나타나는 현상을 우리는 관능미의 여신 프레이야에게서 이미 확인했다. 아스가르드의 두 주요 여신의 이러한 양면성은 매우 흥미로운 현상으로서, 유사한 경우들이 여러 고전 신화에서 확인되었다. 예컨대 고대 시리아의 아쉐라 Asherat-아스타르테 Astarte-아나트 Anat와 그리스 신화의 헤라 Hera-아프로디테 Aphrodite-아르테미스 Artemis는 각 신화 체계에서 가장 중요한 여신들이다. 여기서 첫 자리의 여신들은 아내이자 어머니로서 정숙함과 모성애를, 둘째는 연인이자 정부로서 관능미를, 셋째는 순결하고 아름답지만 냉담하고 오만한 처녀의 속성을 대표한다. 북유럽 신화에서 아내이자 어머니의 형상은 프리그에, 연인이자 정부의 형상은 프레이야에 각각 부각되어 있다. 그리스 신화의 아르테미스처럼 청순 냉담한 처녀사냥꾼의 모습은 뇨르드의 아내가 된 거인족의 딸 스카디에게서 희미하나마 찾아볼 수 있다.[13]

13 참조: The North Myths. Introduced and retold by Kevin Crossley-Holland. [서미석 옮김: 북유럽 신화. 현대지성사 1999, 39면.]

스카디(Skadi)

스카디는 서리 거인 티아시의 딸로 겨울의 정령이자 사냥꾼과 등산가의 여신이다. 아버지가 로키의 도움으로 이둔을 납치하고 황금사과를 빼앗았다가 아스 신들에게 살해당하자, 스카디는 아스가르드로 신들을 찾아가 그 보상으로 "남편 하나와 웃음 한 자루"를 요구한다. '신랑 고르기'에서 신들의 두 발만 보고 남편감을 손수 선택하게 된 스카디는 눈독을 들였던 발드르 대신 바다의 신 뇨르드 노인을 얻는다. 약속에 따라 두 사람은 결혼하지만, 스카디에게는 남편의 거소인 아스가르드의 노아툰이 너무 시끄럽고, 뇨르드에게는 북방의 빙산 지대가 너무 춥고 황량하다. 아흐레씩 서로 거처를 바꿔 살아 본 끝에 두 사람은 각자 고향에서 따로 살기로 합의한다. 스카디는 요툰헤임의 눈 덮인 산지로 되돌아가 이전처럼 스키와 사냥에 몰두한다.

발퀴리(Valkyrie, Walküre)

[그림 11] 뿔잔을 든 발퀴리. 금도금 은제 목걸이 장식. 11세기 스웨덴 바이킹 무덤[14]. 발할라에 선택받아 들어온 용사들에게 뿔잔 가득히 꿀술 '메트' Met를 대접하는 발퀴리의 모습. 금발을 쪽 찌어 묶고 부드럽게 흘러내리는 주름옷을 입었다.

발퀴리는 원래 음산한 전쟁의 정령이자 죽음의 천사로서, 전쟁터의 하늘을 독수리처럼 휘돌며 오딘의 이름으로 전사들에게 개개인의 운명을 나누어준다. 선택받은 전사들은 이들의 안내를 받아 오딘의 유령군대가 있는 하늘 궁전 발할라로 들어간다. 훗날의 북유럽 신화에서 발퀴리들은 낭만적으로 변용하여 오딘의 아름다운 시녀가 된다. 금발머리에 두 팔이 눈처럼 흰 이 처녀들은 화려한 발할라의 영웅들에게 끊임없이 꿀술 메트와 고기를 대접한다. 전쟁터에서 이들은 사랑스러운 백조처녀 또는 말을 탄 여장부 아마조네가 되어 공중을 떠돌아다닌다. 이러한 미화 경향이 뵐숭 가문 전설과 중세 독일의 대서사시 『니벨룽겐의 노래 *Das Niebelungenlied*』에 계승되었다. 여주인공 브륀힐드는 본래 전쟁터에서 죽은 아름다운 발퀴리였다. 이상화된 발퀴리들은 그들의 전신인 본래의 발퀴리 무리보다 훨씬 더 섬세하여, 자주 인간세계의 영웅들과 사랑에 빠진다. 특히 백조처녀들은 지상에서 깃털이 없으면 쉽사리 붙잡힐 수 있기 때문에 종종 큰 위험에 빠졌다.

노른(Norn, Nornier)

노른은 그리스 신화의 세 여신 '파르스'와 비슷한 운명의 여신들이다. 자매간인 우르드 Urd(운명), 베르단디 Verdandi(현재), 스쿨드 Skuld(미래)의 세 노른이 신, 거인, 난쟁이, 인간의 운명을 주관했다. 최초의 노른은 우르드로서, 위그드라실의 첫 번째 뿌리에 위치한 그녀의 샘에 신들의 회합 장소가 있다. 앵글로색슨족은 우르드를 위어드[뷔르트] Wyrd라는 이름으로 알고 있었고, 잉글랜드에서는 세 자매 노른들의 위력에 관한 신앙이 기독교 전파 이후에도 오랫동안 유지되었다. 예컨대 셰익스피어의 비극 『맥베스』

14 그림 11: ME 213: John Grant: Viking Mythology, 90-91면.

가운데 "황량한 벌판"에서 주인공의 미래를 예언하는 세 마녀는 분명 이들 노른과 연관이 있다.

헬(Hel)

헬은 불의 신 로키와 그의 정부인 서리 거인 앙그르보다 Angrboda 사이에 태어난 삼남매(늑대 펜리르, 뱀 요르문간드, 헬) 중 막내로서, 오딘에 의해 죽은 자들의 지하세계 '헬'로 내던져져 그곳을 지배하는 여왕이 되었다. 헬의 위력은 그러나 빠른 속도로 커져 오딘까지 압도하게 되었다. 발드르가 죽은 뒤 헬은 아들을 되돌려달라는 오딘 부부의 청을 거절한다. 지옥을 뜻하는 독일어의 횔레 Hölle와 영어의 헬 hell은 이 신의 이름에서 유래한다. 헬과 사후세계에 관한 섬뜩한 상념을 후세의 기독교는 영원한 저주의 나라인 '지옥'의 의미로 차용, 변형했다. 헬의 얼굴과 상체는 살아 있는 여자의 모습이지만, 허벅지와 다리는 검게 썩어 가는 시체의 형상이다. 그녀의 옥좌는 임종 환자의 침대로 간주되었고, "질병과 노령으로 죽은 사람은 모두" 지하로 내려가 헬의 지배를 받는다고 했다. 이러한 지옥은 영웅적으로 죽은 전사들에게 행복한 사후 생활을 보장한다는 오딘의 화려한 발할라 궁전과 극단적인 대조를 이룬다. 영웅을 중시한 바이킹족의 가치관이 선악의 이분법을 압도한 것이다.

3. 정령과 난쟁이족

북유럽 신화에서는 사악하고 신비한 위력을 지닌 거인족이 중요한 역할을 맡았다. 파괴적인 빙하와 이글거리는 화산의 불길이 공포감을 일으켰고, 아마도 이것이 괴물 신화를 낳은 배경이었다. 혹한기의 눈 덮인 황야와 봄철의 화려한 생태계가 교차하는 스칸디나비아의 극적인 풍광도 각종 정령을 들끓게 하기에 적합했다. 정령들은 공포감을 일으키는 서리 거인, 폭풍 거인, 불의 거인으로서 산속과 눈 덮인 비탈에서 살았다.

거인족보다 덜 극적이지만 그들 못지않게 중요한 대지의 정령으로 난쟁이족이 있었다. 이들은 비옥한 땅에 거주했는데, 친절하고 수줍고 곧잘 무서움을 탔다. 번쩍이는 보석과 귀금속을 난쟁이들이 지하 동굴에서 캐냈고, 발걸음이 잽싼 요정들이 숲과 호수에 마술을 걸었다. 슬라브 신화에서는 세계 전체가 자연신들로 가득 차 있어 숲과 강과 벌판에 이들의 광채가 소용돌이쳤다.

4. 보물과 호신품

북유럽 신화의 가장 유명한 장인 계급은 지혜롭고 재주 많은 난쟁이로 이루어져 있었다. 그들은 지하 동굴에서 일했는데, 초인적인 정교한 기술과 신비한 지혜로 신과 영웅들을 위해 전설적인 보물이나 호신품을 제작했다. 그들의 작품은 예컨대 프레이야 여신이 네 명의 난쟁이와 동침한 대가로 얻은 목걸이 브리싱가멘처럼 이루 말할 수 없이 아름답거나 또는 신들이 늑대 펜리르를 결박할 때 사용한 비단실처럼 초자연적인 위력을 지녔다. 신들은 기적의 무기를 필수품으로 휴대했다. 토르의 쇠망치 묠니르는 무적의 파괴력에 더하여 부메랑 효과를 가졌고, 오딘의 창 궁니르 역시 백발백중의 무서운 무기였다. 난쟁이들은 뛰어난 발명가였다. 그들은 접었다 펼 수 있는, 하늘을 나는 배와 빼어들자마자 스스로 싸움을 벌이는 칼을 만들어 프레이르에게 주었다. 가장 기이한 것은 그러나 생명이 있는 보물이었다. 수퇘지 굴린부르스티는 황금털을, 토르의 아내 시프는 저절로 자라는 황금머리칼을 얻었다. 인간으로서는 대장장이 빌란드 Wieland만이 유일하게 난쟁이들에게 필적하는 기술을 보유했다. 핀란드 사람 일마리넨 Ilmarinen은 마법의 대가로서 최고의 명품 탈리스만 Talisman[부적(符籍), 호신품]을 자신의 대장간에서 제작했다. 삼포 Sampo라는 이름의 이 보물은 밀가루 맷

[그림 12] 보물 목걸이 '브리싱가멘'으로 치장한 프레이야 여신. J. 펜로제 Penrose 그림 (1890년경)[15]. 브리싱거 Brisinger (또는 브리스틀링거 Bristlinger)는 이 보물의 원래 주인들의 이름으로 '브리싱 사람들'이란 뜻이다. 여신이 난쟁이들에게 큰 대가를 치르고 얻은 '브리싱거 목걸이'의 비상한 아름다움은 그녀 자신의 미모로 옮겨갔다. 프레이야는 그래서 밤낮없이 이것을 목에 걸고 지낸다. 그녀가 걸면 이 목걸이는 또한 하늘과 땅이 내는 과일의 상징이 되었다. 여신은 눈물을 흘릴 때마다 대지에 보물을 선사했던 것이다. 특히 여신이 남편 오두르를 찾아 헤매며 흘리는 눈물은 바위에 떨어지면 금이 되고, 물속에 떨어지면 호박(琥珀)으로 변했다.

15 그림 12: ME 185, (190, 196).

돌, 소금 맷돌, 돈 맷돌로 이루어져 있어서, 이것을 지닌 사람은 지속적인 부와 영향력을 누릴 수 있었다.

5. 북유럽의 영웅들

바이킹 전사들은 두려움 없이 죽음에 뛰어드는 용맹과 투지로 명성이 높았다. 그들의 강인한 영웅정신은 분명 거친 북방 기후의 영향을 받았지만, 그 밖에도 냉엄한 숙명주의의 산물이기도 했다. 북구의 사나이들은 세계의 멸망과 자신의 죽음이 불가피함을 인정한 만큼 불굴의 투지로 싸움에 나섰다. 바이킹 전사들에게는 명예가 전부였다. 영웅적인 죽음을 명예가 보상해 주었고, 그 명예는 사후에도 지속되었다. 가장 용감한 전사들은 죽은 뒤에 발할라, 곧 오딘이 주재하는 궁전에 들어가 운명적이고 비극적인 라그나뢰크의 최후 결전을 기다렸다. 신들도 이 전사들 못지않게 영웅적이어서, 라그나뢰크에 당면해서도 위엄과 투지를 지키며 자신들의 몰락을 의연히 맞이한다. 가장 영웅적인 신으로는 『에다』의 전반부 『신들의 노래』에 나오는 토르가 꼽힌다. 미드가르드를 둘러싸고 있는 거대한 뱀 요르문간드를 그는 황소머리를 미끼로 사용하여 낚아 올린다. 라그나뢰크에 토르는 이 뱀을 죽이지만, 그 독기에 자신도 죽고 만다.

[그림 13] 마법의 칼 그람을 벼리는 레긴과 시구르드. 부친에게서 물려받은 보검을 레긴의 도움으로 수리한 시구르드는 그 칼로 심지어 모루까지 자를 수 있었다. 대장장이 레긴의 동생 파프니르가 보물을 지키려고 용으로 변신하자, 시구르드는 그를 이 보검으로 죽였다.[16]

16 그림 13: ME 219; John Grant, 100면. 그림 14: ME 175; John Grant, 106면. 미술사 자료실, 런던(Archive for Art and History, London).

[그림 14] 괴물 파프니르의 심장을 구워 먹는 시구르드. 노르웨이 세테스달 휠레스타드 Setesdal, Hylestad 교회의 12-13세기 목각 제단 일부. 레긴이 조는 사이 시구르드는 파프니르의 심장을 구워 먹는다. 조각가는 용의 피에 담갔던 손가락을 입맛을 다시며 빨아먹는 영웅의 모습을 포착했다. 그 피의 효험으로 시구르드는 새들의 말을 알아들을 수 있게 된다. 레긴이 욕심 때문에 자기를 배신할 것이라고 새들이 재잘거리자, 시구르드는 양아버지인 그를 가차 없이 제거한다.

『에다』 후반부 『영웅들의 노래』에 묘사된 인간세계의 최고 영웅은 시구르드 Sigurd(지크프리트 Siegfried)이다. 그는 부친이 물려 준 불패의 보검으로 거대한 용 파프니르를 죽이지만, 그렇게 빼앗은 보물의 저주 때문에 온갖 고초를 겪다가 끝내 자신도 암살당하고 만다. 시구르드를 죽이고 다시금 보물을 차지하는 니벨룽족의 용사 군나르와 호그니 형제도 마법의 반지에 걸린 저주를 피하지 못한다. 흠이 없지 않은 성격에도 불구하고 이들 역시 전형적인 북유럽의 영웅이다. 아틸라를 죽이러 갔다가 붙잡힌 뒤, 호그니는 산 채로 심장이 도려내지면서도 껄껄 웃음으로 죽음을 맞이하고,

[그림 15] 독사굴에 갇혀 두 발로 하프를 타는 군나르[17]. 니벨룽족의 왕자 군나르와 호그니는 형제간으로, 저주가 걸린 마술반지 '안드바라나우트' 때문에 비참한 죽임을 당한다. 호그니가 산 채로 심장을 잘리면서도 웃으며 죽은 뒤, 두 손이 묶인 채 독사굴에 던져진 군나르는 발가락으로 하프를 타며 사투를 벌이다가 끝내 독사에 물려 죽는다.

(그림 15:) 손을 뒤로 묶인 채 독사굴에 던져진 군나르 역시 죽음을 비웃으며 두 발로 하프를 켜 뱀들을 진정시키려 한다. 최후까지 영웅의 위엄을 잃지 않은 두 사람의 자세에서 고대인들은 비극적 공감을 느꼈을 것이다.

핀란드 영웅들도 단호하고 용감했지만, 그러나 바이킹족보다는 다소 덜 극적이고 덜 냉혹했던 것 같다. 그들은 마법의 힘을 지녀서, 완력보다 오

17 그림 15: ME 204. 출처: 그림 12-13과 동일.

히려 주문의 신통력을 이용하여 싸우기를 좋아했다. 핀란드인들에게 죽음은 마지막이 아니었다. 영웅 레민카이넨 Leminkainen은 한 번 이상의 생명을 누리고, 늙은 바이나모이넨 Vainamoinen은 외모를 바꾸며 연거푸 죽음을 피한다.

6. 마법과 주문

마법은 노르만인들에게 독특하고 소중한 재능으로서, 주로 오딘과 자연신(풍요의 신)인 바니르 신들이 담당했다. 마법사 중에는 그밖에 난쟁이와 특별히 선별된 인간(대개 여자)도 있었다. 시구르드와 같은 위대한 영웅들은 신비한 무기를 소유하는 행운을 누렸으나 대체로 마법을 지니지는 못했다. 모든 마법사 가운데 최고 실력자는 오딘이다. 그는 일생 동안 탐색과 희생을 통해 마법을 연마했다. 이 점에서 오딘은 인간세계의 샤먼(무당)과 다를 바 없다. 항상 지식과 권력에 갈증을 느끼는 그는 푸른 외투에 테가 넓은 모자를 눌러 쓰고 아홉 개 세상을 돌아보면서 아무리 하찮은 지식이라도 빠짐없이 얻어 간직한다. 지혜를 위해 세계수(世界樹) 위그드라실에 스스로 몸을 매달았던 그는 죽은 자들의 비밀을 알아낸 뒤 다시 살아났다. 지혜를 위해 목숨까지 내건 것이다. 이와 달리 바이나모이넨 같은 핀란드의 영웅들은 대부분 태어날 때부터 놀라운 신통력과 은밀한 지혜를 지녔다. 매력적인 영웅 레민카이넨은 젖먹이 시절에 특별한 목욕으로 지혜와 마력을 얻는다. 핀란드인들은 신성한 노래를 불러 인생의 근원에 도달할 수 있다고 믿었다. 중세에는 핀란드 마술사들이 널리 명성을 떨쳤고, 그래서 노르웨이 왕들은 핀란드로 마술사를 찾아가는 것을 엄히 금했다.

7. 비극적인 사랑

남녀의 비련은 어디에나 있는 법이지만, 북유럽 신화에서만큼 극적인 경우는 드물다. 비극적 사건의 배경에는 종종 저주가 도사리고 있었다. 예컨대 시구르드(지크프리트)와 브륀힐드의 이야기에서는 소유자에게 재앙을 초래하도록 저주가 걸린 반지가 두 연인을 파멸시킨다. 시련받는 사랑은 이따금 원초적인 자연현상의 상징으로 읽힌다. 예컨대 시구르드는 햇빛으로 암흑을 몰아내는 태양의 주재자로 볼 수 있다. 그의 애인 브륀힐드는 '아침처녀(금성)'의 상징이어서, 시구르드는 개선행진의 시작과 끝, 그러니까 태양의 운행이 시작될 때와 끝날 때에만 그녀와 마주친다.

신들은 인간과 비교하면 더 행복한 사랑을 나누는 것 같지만, 그러나 그들의 사랑도 때로는 덧없이 짧게 끝난다. 예컨대 오드 Od(오두르 Odur)는 아내 프레이야를 남겨 두고 사라진 뒤 영원히 돌아오지 않고, 프레이르와 프레이야의 아버지 뇨르드도 젊은 새 아내 스카디와 함께 살지 못한다. 이들의 결별은 아마도 계절의 순환을 상징한다. 바람과 바다를 좋아하는 풍요의 신 뇨르드의 여름 해와 같은 열정은 스키와 사냥을 즐기는 겨울의 여인 스카디를 일 년에 석 달 동안만 붙잡아 둘 수 있다. 요툰헤임에 사는 거인족 처녀 게르다에게 여름의 신 프레이르는 유달리 뜨거운 열정을 느낀다. 그는 하인 스키르니르를 중매사절로 보내어 얼음장처럼 차가운 여인의 마음을 녹이는 데 가까스로 성공한다. 『에다』에서 아마도 가장 유쾌한 이 사랑 이야기(『신들의 노래』 제12곡)는 그러니까 북방의 빙하를 녹이는 여름 햇볕을 상징할 것이다.

8. 마법의 반지

[그림 16] 덴마크 고분에서 출토된 금도금 은반지. 10세기경[18]. 이 반지는 생전의 소유자가 저승여행에 가져가도록 부장품(副葬品)으로 사용되었다. 정교한 구조와 선명하고 힘찬 선에서 바이킹 금속세공 기술의 수준 높은 표현력이 확연히 드러난다.

바이킹족에게 반지는 힘과 부와 명성의 유력한 상징이자 명예로운 선물이요, 지불 수단이자 때로는 왕조의 유산이었다. 영웅들에게 반지는 대개 부와 권력을 선물하지만 늘 그런 것은 아니어서 가끔 불행도 초래한다. 고대 스웨덴인들의 신앙에 따르면 반지는 운명을 상징하거나 최악의 경우에는 파멸을 초래했다. 반지를 악의적으로 잘못 사용할 때 그러했다.

재앙의 반지 안드바라나우트가 특히 유명했다. 이 반지는 원래 주인이던 난쟁이 안드바리 Andvari(Andwari/독: 알베리히 Alberich)에게서 로키가 부당하게 빼앗아 마법사 흐레이드마르에게 주었다. 그 아들 오투르가 수달로 변신한 것을 오딘과 함께 여행 중이던 로키가 모르고 죽였는데, 그 배상금으로 흐레이드마르는 죽은 수달의 가죽에 가득 찰 만큼의 금을 요구했다. 이에 로키는 안드바리를 협박하여 배상금을 조달했는데, 그때 문제의

18 그림 16: ME 236, 252. 국립박물관, 코펜하겐.

[그림 17] 보검 '그람'으로 파프니르를 죽이는 시그루드. 12-13세기 노르웨이 교회의 목각 제단[19]. 오딘의 마술반지 '드라우프니르'처럼 '안드바라나우트'도 많은 금을 가져오지만, 이 반지에는 사악한 저주가 걸려 있다. 그 소유자는 (황금의 유혹에 빠져) 죽이고 죽는 파괴의 순환고리에 말려든다. 시구르드 역시 파프니르를 죽이고 보물을 차지하는 순간, 이 저주의 고리에 걸리고 만다.

반지가 저주와 함께 로키를 거쳐 흐레이드마르의 손에 들어갔다. 저주의 배경에는 그러니까 지나친 물욕과 그로 인해 자행된 불의가 있었다. 이제 안드바리의 저주가 연쇄 반응을 일으킨다. 오투르의 남은 형제 파프니르와 레긴이 황금을 탐내어 아비 흐레이드마르를 죽이고, 파프니르는 그 반지를 효과적으로 지키려고 용으로 변신한다. 그 파프니르를 최고의 영웅 시구르드가 죽이고 보물을 차지한다. 시구르드의 양아버지이기도 한 레긴이 보물에 욕심을 내다가 자신이 양육한 시구르드에게 죽는다. 하지만 이 영웅도 저주에 걸려 살해당한다. 그는 아름다운 발퀴리 브륀힐드를 보고 사랑에 빠지지만, 그림힐드의 마술에 걸려 그 딸 구드룬과 결혼한다. 다시 제정신으로 돌아온 시구르드는 브륀힐드를 배신했다는 죄책감에 슬퍼하

19 그림 17: John Grant, 20면; ME 237, 252, (219). 출처: 그림 13-15와 동일.

는데, 그녀 자신은 두 오빠 호그니와 군나르를 사주하여 옛 애인을 죽이게 한다. 살육은 계속되어 니플룽(니벨룽)족과 부르군트족의 완전한 몰락으로까지 고조된다. 신화와 전설의 경계에서 시작하는 시구르드 영웅담이 『에다』 제2부 영웅전설의 중심을 이룬다. 이 전설의 여러 요소가 중세독일의 대서사시 『니벨룽겐의 노래』에서도 반복 또는 변형되어 나타난다.

게르만 신화와 전설에는 안드바라나우트 외에도 여러 반지가 등장한다. 토르 신전의 반지는 그의 신전 앞 석주 주변의 석상들을 본뜬 것으로 필연적 응보의 상징이었다. 토르 자신이 끼고 다니는 서약의 반지는 정의와 정직을 상징한다. 오딘의 마술반지 드라우프니르는 아흐레째마다 자신과 똑같은 금반지를 여덟 개씩 생기게 하는 신통력을 지녔다. 저주와 재앙의 반지가 있는가 하면, 오르트니트 Orthnit, 볼프디트리히 Wolfdietrich, 디트리히 Dietrich 등의 정결한 반지들은 주인에게 권력과 지속적인 명성을 보장해 주었다.

9. 라그나뢰크('신들의 황혼' Götterdämmerung)

[그림 18] 늑대 펜리르를 결박하는 전쟁의 신 튀르. 바이킹 투구의 청동주물 장식. 8세기 스웨덴[20]. 오딘은 펜리르에게 죽을 운명이라는 노른 여신들의 예언을 듣고 이 늑대를 묶어 두려 했다. 몇 차례 실패한 신들이 절대 끊어지지 않는 신비의 사슬로 늑대를 묶으려 하자, 펜리르는 만약을 위해 결박자의 한쪽 손을 제 목구멍에 넣어야만 묶여 보이겠다고 한다. (그림:) 모두 꺼리는 위험한 일을 용감한 전쟁의 신 튀르가 혼자 자원하여 늑대를 묶는다. 속임수에 넘어간 펜리르는 그러나 목구멍에 들어온 신의 한쪽 손을 물어뜯어 보복한다. 동료가 그렇게 외팔이가 되는 것을 보고도 다른 신들은 웃기만 했다. 바위에 단단히 묶인 펜리르는 '라그나뢰크' 때 결박을 풀고 뛰쳐나오는데, 위턱과 아래턱이 각각 하늘과 땅에 닿을 만큼 커진다. 오딘은 운명대로 이 늑대에게 잡아먹힌다. 한편 앵글로색슨족은 튀르 신을 티브/티우 Tiw라고 불렀고, 게르만어권에서 일곱 요일 중 '화요일'이 '티르/티우'에게 바쳐졌다. (고대영어 Tiwesdaeg, 영: Tuesday, 독: Dienstag, 네: Dinsdag, 노: Tirsdag)

20 그림 18: ME 189(188, 239); John Grant, 114-115면 참조.

19a

[그림 19a-b-c-d-e] '바이킹 기독교도 십자가' 또는 '고스포스 십자가' (Viking-Christian cross/ Gosforth cross, 독: Gosforth-Kreuz). 10세기 (12세기?) 영국 컴브리아 주 고스포스(Cumbria, Gosforth)[21]. 스칸디나비아 출신의 기독교도가 세운 것으로 추정되는 이 십자가에는 고대 북유럽 신화와 기독교 신앙이 결합한 장면도 새겨졌다. (19a:) 십자가 석주의 기단부(基壇部)는 세계수 위그드라실을 상징하는 것으로 보인다. 중간의 사각기둥 각 면에는 북유럽 신화의 주요 장면들이 묘사되어 있다. (19b:) 서쪽 면 하단: 로키가 독사 밑에 사슬로 묶여 있고, 뱀 위쪽에 그의 충실한 아내 시귄이 몸을 굽혀 접시에 독사의 독을 받아낸다. 이 장면 위에 말을 탄 오딘이 관찰자가 볼 때 거꾸로 세워진 모습으로 새겨졌고, 맨 위에 헤임달이 두 마리의 용에게 공격받고 있다. (19c:) 사각기둥 남쪽 면: 바닥에 결박당한 늑대 펜리르, 그 위에 말을 탄 오딘이 보인다. (19d:) '라그나뢰크'의 한 장면: 날개 달린 용이 하늘로부터 오딘을 공격한다. (19e:) 사각기둥 마지막 동쪽 면: 역시 '라그나뢰크'가 주로 묘사되었는데, 흥미롭게도 직사각형 안에 십자가 처형 장면이 있다. 초기 기독교 시기에 신구(新舊) 두 종교의 신화가 혼합되는 모습이 여기에 엿보인다.

21 그림 19a-e: John Grant: Viking Mythology. 41, 68, 71, 116, 118면 참조; Herbert Gottschalk: Lexikon der Mythologie. 351면.

19b

19c

19d

19e

세계의 종말은 모든 신화에 어김없이 나오는 주제이지만, 게르만 신화에서처럼 철저하고 처절한 사례는 달리 찾을 수 없다. 악의 화신 로키의 세 자식 앞에서는 심지어 신들마저 무력하게 몰살당한다. 라그나뢰크는 이미 태초에 예정된 '신들의 황혼'이자 우주적 세계극의 절정이다. 세계는 그 자체와 최초의 피조물들이 생성될 당시부터 몰락의 맹아를 품고 있었다. 물과 불의 작용으로 생성된 물질세계는 애초부터 불완전하고 무상한데다가, 창조의 주체인 신들과 그 피조물인 인간이 각기 자신들의 세계에서 서로 불화하고 반목한 끝에 결국 파멸의 소용돌이에 빠져든다. 라그나뢰크를 예고하는 전조로서 수많은 파국이 일어난다. 선과 아름다움의 남성적 표상으로 널리 숭배받는 발드르가 질투와 증오에 찬 로키에게 살해당하고, 신들의 나라 아스가르드 밖에서는 적대적인 거인족의 증오가 한층 격렬해진다. 마침내 라그나뢰크에 이르러 온갖 악의 세력들이 일제히 뛰쳐나온다.

『에다』 제1곡 '예언녀의 계시'의 말미에 묘사된 종말 신화는 그러나—일방적으로 현세 파괴와 내세의 승리를 강조하는 기독교의 종말론과 달리—말세에 이어질 재생도 암시한다. 생태계의 회복 및 세대교체에 의한 신생과 재건의 기미가 희미하게나마 엿보이는 것이다. 불과 물로 정화된 새로운 대지가 바다에서 초록색으로 떠오른다. 파국에 앞서 세계수 위그드라실 속에 숨어들었던 젊은이 리프 Lif['생명(life, Leben)']와 처녀 리프트라시르 Lifthrasir('생명을 추구하는 자')가 생존하여 새 세상에 새 족속을 퍼뜨릴 것이다. 신족 가운데에서는 오딘의 두 아들 비다르, 발리와 동생 호니르가 살아남고, 토르의 아들 모디와 마그니도 위력의 쇠망치 묠니르를 물려받는다. 억울하게 죽은 (예수를 닮은) 발드르가 부활하여 죽은 자들의 세계 '헬'로부터 돌아온다. 북유럽 신화는 라그나뢰크의 무겁고 어두운 그림자에 가려져 있지만, 신과 영웅들의 용기를 한껏 과시하고 새 세상에의 소망도 담고 있다.

일부 학자들은 주요 유사화소들에 비추어 필사본 『에다』에 기독교의 세계상이 스며들었다고 유추한다. 실제로(ME 233:) 토르의 쇠망치가 게르만 민족의 기독교화 이후에는 십자가를 닮아 갔고, 불교 사찰의 솟대를 연상시키는 영국 고스포스 지방의 유명한 '바이킹 십자가'는 위그드라실을 비롯한 게르만 신화의 토대 위에 기독교를 접목시킨 형상이다. (ME 182:) 19세기 낭만주의 시기의 미술이 묘사한 발드르 신은 노골적으로 예수의 모습이 되었다. 그러한 혼합과 융해를 『에다』가 기록된 13세기 훨씬 이전에까지 거슬러 올라가 인정하더라도, 전승된 북유럽 신화에는 고대 북부 게르만 민족들의 고유한 세계상과 가치관이 대체로 충실히 보존되었다.

[논문]

유럽의 신화와 민담*

임 한 순

유럽 신화와 민담 연구의 의의와 방향

독일 통일에 이은 유럽 통합이 빠른 속도로 진행되면서, 유럽인들에게는 그들을 하나로 묶거나 서로 구별하는 신화의 정치적·문화적 의미가 새롭게 다가왔던 것으로 보인다. 『국민 신화. 유럽의 전경』이라는 편람 형식의 연구서는 그 서문에서 유럽 통합의 주역이 "경제적 이성"임을 인정하면서도, 앞으로 유럽인들의 정신적·문화적 통합을 촉진할 토대의 하나로 각국의 근대국가 건설 과정에 형성된 국가 '신화'를 좀 더 가까이 알아보자고 제안한다. 이제 서로 "울타리를 넘겨다보게 된" 시대에 유럽인들은 지역 내 이웃 신화들의 유사성과 그 역할, 그리고 예술가들이 창조해 온 "국민적 형상세계"에 주목해야 한다는 것이다. "서로 잘 알수록 더 사이좋게 지낼 것"[1]이라는 기대를 이처럼 신화와 그 예술적 형상화에 연계시키는 현상은 이탈리아와 독일 학자들의 공동 저술 『고대신화와 유럽』[2]에서도 확인

* 이 글은 1998년도 한국학술진흥재단의 연구비 지원(KRF-1998-005-A00102)으로 작성되어 서울대학교 인문학연구원, 人文論叢 特輯 2002, 149-221면에 게재된 것을 발췌, 보완한 것이다.

1 Monika Flacke (Hrsg.): Mythen der Nationen: Ein europäisches Panorama. München und Berlin: Koehler und Amelang 1998, 13면.

2 Francesca Cappelletti, Gerlinde Huber-Rebenich (Hrsg.): Der antike Mythos und Europa. Texte und Bilder von der Antike bis ins 20. Jahrhundert. Berlin: Gebr. Mann Verlag

된다. 이 논문집에서 특히 주목할 부분은 유럽이라는 지명의 유래에 관한 신화와 그 문학적 형상화이다. — 호메로스에 따르면, 페니키아 왕 아게노르의 딸 에우로페에게 반한 제우스 신이 황소로 변신해 그녀를 유혹, 크레타 섬으로 납치해 가서 아들 둘 (또는 헤시오도스의 『신통기』에서는 셋)을 생산케 했다. 그녀의 이름이 그리스 본토를 가리키다가 점차 오늘날의 유럽 대륙 전체를 지칭하기에 이르렀다는 것이다. 유괴된 누이동생을 왕자 카드모스가 찾으러 나섰다가 건설했다는 고대 도시국가 테베는 디오니소스, 헤라클레스의 탄생지이자 오이디푸스 전설의 현장이기도 하다. 위의 책에서는 에우로페 신화 수용의 사례[3]로 하인리히 뵐의 단편소설 「그는 맥주 배달부로 왔다」[4]를 비롯한 두 나라의 20세기 문학작품들이 비교, 분석되어 있다. 오리엔트 지역의 왕족 출신 에우로페와 카드모스를 중심으로 전개된 고대의 건국신화가 단순한 상상력의 산물인지, 실재한 어느 선사시대 또는 역사적 사건의 우의(愚意) 또는 상징인지는 오늘날의 일반인들에게 별로 중요하지 않은 듯하다. 합리성에 기초하여 현대문명을 선도한 유럽인들의 가슴과 뇌리에도 신화는 이처럼 사실 여부와 무관하게 여전히 살아 있으면서 그들의 문화생활을 풍요롭게 한다.

뵐의 작품은 1960년대 이후 새롭게 대두한 독일의 외국인 노동자 문제를 고대신화에 기대어 형상화하는 동시에 기독교적 이웃 사랑의 계명도 함축하고 있다. 여기에서 암시되듯이, 유럽을 하나의 문화권으로 간주할 수 있는 근거는 그 정신세계의 뿌리를 이루는 그리스·로마 전통과 유태·기독교 전통, 요컨대 헬레니즘과 헤브라이즘의 공유에 있다 하겠다. 기독교화하기 전까지의 로마제국을 단일 문화권으로 유지한 다원론적 이념의

1997.

3 위의 책, 103-112면: Bodo Guthmüller, Europa und der Stier in der italienischen und deutschen Literatur des 20. Jahrhunderts.

4 Heinrich Böll: Er kam als Bierfahrer (1969). 수록: H. B.: Gesammelte Erzählungen. Köln 1981, Bd. II, 342-348면.

틀이 고대 그리스, 로마의 전통이었다면, 기독교는 고대 로마를 해체하는 주요 계기로 작용하면서 중세 말 이후에 영국과 프랑스를 필두로 근대국가가 출현하기까지 유럽 전체를 내적으로 결속시킨 일원론적 정신문화의 축이었다. 고대 그리스, 로마의 전통과 중세 기독교 문화 사이의 관계는 물론 배타적이고 일방적인 지배와 예속이 아니었다. 대립되는 두 축의 변증법적 관계가 오히려 근대 유럽 문화를 일구어낸 원동력이었다. 예컨대 초기 기독교의 성모상은 이집트 신화의 이시스 Isis 여신상의 형상을 빌어 거기에 새로 복음서의 내용을 담았다.[5] 로마의 기독교화(基督敎化) 및 중세 유럽의 형성 이후에 적어도 표면상 기독교 신앙에 의해 축출되거나 가려져 있던 고대신화는 십자군 원정 이후 문예부흥의 원동력으로 떠올랐다. 문학을 비롯한 근세 이후의 예술 전반에서 고대신화의 소재 가치는 기독교의 그것을 능가한다. 예컨대 엘리자베트 프렌첼이 수집한 『세계문학의 소재』 가운데 가장 큰 비중을 차지하는 부분은 바로 그리스·로마 신화의 주인공과 사건들이며,[6] 신구약성서와 기독교적 소재가 그 뒤를 잇는다. 독일의 미술사학자 하인리히 뤼첼러는 "세계 미술사의 대부분이 신화미술의 역사"[7]라는 결론에 이르렀다. 그러니까 유럽에서 문학과 미술을 비롯한 작

---

5 Hans Belting: Bild und Kult. Eine Geschichte des Bildes vor dem Zeitalter der Kunst. München [2]1990, 46, 51, 53면 참조.

6 Elisabeth Frenzel: Stoffe der Weltliteratur. Ein Lexikon dichtungsgeschichtlicher Längschnitte. 8. Aufl. Stuttgart: Alfred Kröner Verlag 1992. 이 책에 실린 세계문학의 소재는 신화, 성서와 종교, 역사, 문학작품으로 대별할 수 있는데, 그리스·로마 신화에 관련된 개별 항목만 40여 가지로서 가장 큰 몫을 차지한다. ―아킬레스, 아가멤논, 아리아드네, 알케스티스, 아모르와 프시케, 안드로메다, 안티고네, 아폴론, 아트레우스와 티에스테스, 다프네, 엔디미온, 헥토르, 헬레나, 헤라클레스, 이피게니아, 야손과 메데아, 케팔로스와 프로크리스, 나르치스, 나우시카, 니오베, 외디푸스, 오레스트, 오르페우스, 오디세우스, 판도라, 페르세포네, 페드라, 필레몬과 바우키스, 필록테트, 프로메테우스, 피그말리온, 피라무스와 티스베, 트로일루스와 크레시다, 트로이 전쟁.

7 Herbert Gottschalk: Lexikon der Mythologie. 3. Aufl., München: Wilhelm Heyne Verlag 1985, 40면.

금의 예술 전반과 더 나아가 신학과 종교학은 물론 철학·인류학 등 인문·사회과학의 다양한 분야들을 신화적 배경 없이는 올바로 이해할 수 없다고 해도 과장이 아니다. 유럽인의 정신적 근원을 이해하고 이 지역의 풍속과 문화사 등 기층문화와 고급문화를 동시에 파악하기에 가장 효과적인 창구의 하나가 바로 그들의 신화인 것이다. 신화, 전설과 민담은 각 민족문화 내지 지역문화의 특징을 담아 전승하면서도 인간의 원초적 상상력과 정신세계를 반영하기 때문에 시공을 초월하는 보편성과 생명력을 지닌다. 근세 이래 유럽에서 신화는 대체로 이러한 보편적 진리를 근거로 자연과 인간의 파괴적 분열을 경고하며 현대문명의 위기를 적시하는 비판적 기능을 수행해 왔고, 그 가능성은 21세기에 들어와서 오히려 더 커지는 것으로 보인다.

그런데 신화 담론의 끝자락은 이미 고대 그리스에서부터 문학이 감당하기 마련이었다. 플라톤이 자신의 이상국가론인 『공화국』에서 신화적 문학작품의 허구성을 들어 시인 무용론을 제기하자, 아리스토텔레스는 『시학』에서 모방본능설을 내세워 스승의 견해에 이의를 달았다. 여기에 나타난 학문과 예술 사이의 근본적인 갈등에 유념하면서, 우리는 문학사가로서 주로 신화의 문학적 속성에 주목하고자 한다.[8] 신화 연구의 역사와 중심 주제 및 그 문예학적 수용을 개관할 때 발견되는 특이한 현상들 가운데 하나는 그 대상이 그리스·로마 신화에 치우쳐 있다는 것이다. "서술의 한계가 있도록 어떤 제한이 불가피해서"[9]만이 아니라, 이 신화가 내용과 형식에서 세계 최고의 수준을 갖추고 있기 때문이다. 유럽의 신화 유산에는 그러나 그리스·로마 신화 이외에 켈트족과 게르만족의 신화가 높은 문학적 수준

8 "문학으로서의 신화 의미는 신화의 미학적 측면을 너무 강조하게 되고, 그래서 그동안 방치된 역사적 사실, 즉 신화가 폭넓은 삶의 현실과 관계한다는 사실을 오인하게 된다"고 경고한 휘프너도 결국은 낭만주의 및 고전주의 시인들의 신화 수용에 전적으로 의존하고 있다. Kurt Hübner: Die Wahrheit des Mythos. München 1985, 101면.

9 같은 책, 109면.

의 기록을 통해 전승되었다. 본 연구는 게르만 신화에 주안점을 두어 『에다』를 중심으로 그 구조와 내용을 체계적으로 분석할 것이다. 일반적으로 고대신화들은 고유한 개별적 특성뿐만 아니라 신화·민담 일반의 공통적인 속성들을 함께 지니고 있어서, 차이와 공통점을 포괄하여 비교하는 작업이 요구된다. 예컨대 『에다』의 창세신화를 비롯한 여러 신화소가 그리스 신화는 물론 성서의 신화 요소들과도 닮은 사실을 일부 연구가들이 지적해 왔다. 게르만족 신화가 유럽 정신 형성의 두 가지 원류(原流)인 '헤브라이즘'과 '헬레니즘'[10]에 맞닿아 있다는 견해들을 우리는 염두에 둘 것이다.

신화 연구로부터 문예학이 일구어낸 20세기 성과는 1) 프로이트와 융의 연구를 원용한 심리학적 문예비평, 2) 레비 스트로스에 의거한 구조주의적 화소(話素) 분석, 3) 프라이가 선도한 문예학으로서의 '신화비평'으로 요약할 수 있다. 그런데 출발점이 신화학이든 사회학 또는 문예학이든, 이들 기존의 신화 담론에서는 신화의 문학적 소재 가치와 그에 관한 언어권별 비교가 대체로 소홀히 다루어져 왔음을 부인할 수 없다. 우리는 신화가 바로 문학이자 그 소재로서 무한한 변용을 거듭해 왔으며, 그 원동력이 바로 신화의 '진실'에 있다는 사실을 기억해야 한다.

1. 신화와 신화 연구

1.1 신화와 인접 장르들—신화, 전설, 성담, 민담, 우화, 재담

동양의 한자문화권에서 통용되는 '설화' 개념은 신화, 전설, 민담을 포괄하는데, 서양에는 이러한 상위 장르가 일반적으로 개념화하지 않고 신화, 전설과 성담, 민담, 우화, 재담 등이 각각 일정한 독립성을 지닌 유사 장르로

10 이 개념 쌍은 19세기 영국 문예평론가 매슈 아놀드 Mathew Arnold가 기독교와 고대 전통을 가리키는 말로 사용한 뒤 일반적으로 사용되고 있다.

취급된다. 신화에서 민담과 우화에 이르는 여러 설화 장르는 "초자연적,[11] 기적적인 것을 서술의 틀 안에 내포하려는 성향"[12]을 공통으로 지니는데, 이 가운데 신화(Mythos, Mythus) 개념이 가장 정의하기 어렵고 그런 만큼 많은 논란을 야기해 왔다. 전설, 성담, 민담에서는 인간 중심으로 사건이 펼쳐지는 반면 신화의 주역은 초현실적·초인간적 존재인 신이다. 신들은 대체로 신인동형법(神人同形法 anthropomorphism)에 따라 인간의 모습을 취하지만, 신수동형법(神獸同形法 thieromorphism)을 반영하여 동물 형상으로, 또는 특별한 경우에 신과 유사한 영웅으로 나타나기도 한다. 신화를 구성하는 본질적인 사건은 자연계와 인간세계의 근본적인 사건들을 모형화(模型化)하며, 원칙적으로 행동이나 의식을 통해 반복, 재현될 수 있다. 전설, 성담, 민담은 현세로부터 내세에 관심을 보이지만, 신화는 애초부터 전혀 다른 입지를 택해 사건의 공간과 시간을 현세로부터 초월시킨다. 신화의 기본 내용은 세계의 시원과 원초적인 사건에 관한 계시로서, 그 특징적인 형식은 창세신화, 우주신화, '판테온' Pantheon(신들의 계보) 등이다. 발터 부르케르트의 제안에 따르면, "신화는 의미심장하고 초개인적인, 집단적으로 중요한 현실을 묘사하는" 일종의 "전통적 응용 설화"로서,

> 결정적인 것은 수용과 전통이지 창조적 생산이 아니다. 개인 작가가 꾸며내거나 주도적으로 구성한 이야기들은 그것이 전통이 되면—반드시 전통이 될 때에만—신화화할 수 있다.[13]

---

11 이들 장르 개념의 정의는 기존 연구에서 부단히 시도되었고 여기에서 논쟁 형식으로 검토될 문제도 아니다. 주요 분석 대상인 『에다』에 관한 논제의 전개를 위해 필요한 부분만 약술하기로 한다.

12 막스 뤼티: 민담. 9판. 슈트트가르트: 메츨러 출판사 1996, 6면(Max Lüthi: Märchen, 9. Aufl., bearbeitet von Heinz Rölleke. Suttgart: Metzler 1996).

13 Walter Burkert: Mythisches Denken. Versuch einer Definition anhand des griechischen Befundes, in: Hans Poser (Hrsg.). Philosophie und Mythos 1979, 16-39면 중 29 및 17면 이하.

신화는 개인적 혹은 집단적 상상력의 소산이지만, 사회에 뿌리내려 그 구성원들로부터 '진실'로 받아들여져야 신화가 될 수 있다는 것이다. 신화는 그래서 자주 제례 또는 예배의식과 결합되어 그 핵심 내용을 이룬다.

독일을 비롯해 스칸디나비아 지역을 대부분 포괄하는 게르만어권에서는 그리스·로마 신화만큼 완성된 신화 체계가 문학 형식의 기록으로 전승되지 않았다. 고대 게르만 민족들에게 일상의 '실천적' 신화가 없었거나 빈약했다기보다는 그들의 문자문화가 늦게 발달했고 4세기 이래 민족 대이동 이후 기독교가 유럽 전역에 유일 종교로 전파되면서 전래의 토착신앙과 신화를 거의 완전히 말살시켰기 때문이다. 그들의 고대 종교는 석조 신전과 같은 항구적인 종교시설을 남기지 않았고, 루네 문자로 새긴 비문(碑文)이나 기타 신화 관련 발굴 자료도 소아시아나 로만어권에 비하면 풍부하지 못한 편이다. 이런 배경 때문에도 북유럽 신화집 『에다』는 언어와 문학, 종교와 신화 등 다방면으로 매우 소중한 자료가 되었다. 원래 구전되다가 13세기에 현재 형태로 기록된 이 서사시는 19세기 낭만주의 시대부터 각별한 관심을 끌며 특히 독일에서 본격적인 번역과 연구의 대상으로 떠올랐다. 여기에 담긴 창세신화와 신들의 이야기는 게르만족 공통의 신화를 대변하는 것으로 인정되었다.

신화에 비해 좀 더 일상화되어 널리 쓰이는 민담[동화 Märchen] 개념도 정확하게 정의하기는 쉽지 않고, 유사 장르들과의 구분도 어렵다. 특히 민담과 전설 Sage의 경계를 각개 대상별로 명확하게 긋기는 거의 불가능할 때가 잦다. 민담의 대비 개념으로 자주 거론되는 전설은 오히려 민담과 마찬가지로 초자연적이고 신비로운 사물, 인물, 사건, 귀신과 유령, 거인과 난쟁이, 마녀와 마법사, 비상한 인간과 그의 행위 따위를 다룬다. 그러나 민담이 자체의 시적 '시간'을 구축(構築)하고 자체의 허구 '공간'을 만들어 내는 반면 전설은 지리적으로 확정되고 대개 역사적으로도 알려진 현실 세계의 일부에서 펼쳐진다. 독자가 역사적 사실이라고 믿을 수 있는 시간과 공간에 초자연적이고 비현실적인 세력들이 개입하는 것이다. 두 장르의 차이를 그림 형제는 『독일 전설 *Deutsche Sagen*』 서문에서 "민담은 좀 더

시적이고, 전설은 좀 더 역사적"[14]이라고 간결하게 설명했다. 이러한 구분의 기준은 요컨대 기적과 기적적인 것을 취급하는 방식에서 확인할 수 있다. 원칙적으로 전설은 기적을 무언가 믿을 수 있는 것으로, 비일상적인 것을 현실적인 것으로 인정하도록 요구한다. 그 반면에 민담 속의 기적은, 비록 민담 자체에서는 익숙하고 일상적일지라도, 읽는 이나 듣는 이가 그것을 사실로 받아들여야 하는 것은 아니다. 민담의 기적은 '시적 현실'일 뿐 그 이상으로 역사적 진실일 필요가 없다. 민담의 진실은 기적적인 요소 때문에 의문시되는 것이 아니라 그에 의해 보장된다. 독일은 (영웅)전설 장르에서 특히 중세 서사시 『니벨룽겐의 노래』로, 민속민담 분야에서는 19세기 낭만주의 시기에 그림 형제가 수집, 편찬한 『어린이와 가정을 위한 동화 *Kinder- und Hausmärchen*』로 각각 세계문학에 기여해 왔다.

성담[성자전·성도전 Legende]은 민담과 비슷하면서도 오히려 전설에 더 가까운 장르이다. 성담 전문가들은 이를 가리켜 "일종의 종교적 영웅전설"[15]이라고 정의하기도 한다. 전설과 마찬가지로 성담도 기적적인 것, 초자연적인 대상을 다루면서 그것이 사실로 간주되기를 기대한다. 성담은 묘사된 초자연적 사건과 세력들을 당연히 종교적으로, 심지어는 자주 종파적으로 해석하고 평가하는데, 이 점에서 전설과 성담이 구분된다. 성담은 기적을 다루되 그것을 사실로 믿도록 요구하는 문학이고, 전설의 특별한 경우이며 전설의 특수 형식이라고 볼 수 있다.

우화(寓話 Fabel)도 기적적인 것을 필수 요건으로 삼는 서술문학 장르의 하나이다. 여기에도 말을 하는 동식물이나 사물이 등장한다. 우화를 민담 및 성담과 경계 짓는 요건은 우화의 화자가 교훈 의도를 분명히 드러낸다는 점이다. 교훈이 우화의 유일한 목적일 때가 대부분일 만큼 기적을 다루

14 Deutsche Sagen. Herausgegeben von den Brüdern Grimm. Ausgabe auf der Grundlage der ersten Auflage. Ediert und kommentiert von Heinz Rölleke. Darmstadt: WBG 1999, 11면.

15 Helmut Rosenfeld: Legende. Slg. Metzler 9, ^{3}1972. 참조: Max Lüthi: Marchen. 10면.

는 서술문학, 즉 설화문학의 여러 갈래 가운데 우화가 가장 교훈적이다. 우화는 내포된 기적을 사실인 양 믿도록 독자에게 요구하지 않는다는 점에서 전설이나 성담보다는 민담에 더 가깝다. 비현실적인 것을 통해 우화가 전달하려는 진실은 비유에 함축된 알맹이로서의 교훈이지, 그 교훈을 감싼 기이한 겉옷이 아니다. 근세 이래 독일문학사에서 18세기 계몽주의 시기의 대표적인 작가 레싱 등이 고대 이솝우화의 전통을 적극 재현한 것은 이 장르의 교훈적 속성이 당대 사조의 '계몽' 의지에 부합했기 때문이었다.

재담(才談 Schwank) 역시 사실적 서술 장르들과 달리 불가능한 상황을 즐겨 내세운다. 이 '단순형식'[16]의 요체는 희화화, 풍자, 왜곡과 같은 희극적 수단을 선호하며, 주로 이 점에서 민담을 포함한 여타의 설화 형식들과 구분된다.

설화문학 전체를 욜레스처럼 '단순형식'으로 규정하는 데에는 지나친 단순화의 위험이 따르지만, 이들 장르가 민족문학의 경계를 넘는 공통점을 지닌다는 사실을 밝히기에는 오히려 유리한 측면도 있다. 위에 약술한 장르상의 특징들은 예컨대 한국문학에서도 확인된다. 장덕순의 『한국문학사』에 해설된 신화, 전설, 민담의 관계를 일부 어휘들을 조정하여 도표화해 보면 다음과 같다.[17]

16 이 장르 개념의 창안자는 욜레스이다. André Jolles: Einfache Formen. Legende, Sage, Mythe, Rätsel, Spruch, Kasus, Memorabile, Märchen, Witz. Tübingen: Max Niemeyer [7]1999.

17 장덕순: 한국문학사. 동화문화사 1975, 26-29면 참조; 윤호병: 비교문학. 민음사 1994, 153면.

	신화	전설	민담
전승자의 태도	진지성	진실성	오락성
시간과 공간	원초적	구체적	추상적
기적의 증거	포괄적 (우주)	개별적	불필요
인물과 사건	지속적·반복적	역사적·일회적	일상적
전승범위	민족적	지역적	개인적

장 교수의 설명과 위의 도표에서 3개 설화 장르 사이의 공통점 대신 차이점이 부각된 것은 의도적이다. 이들을 하나로 묶을 수 있는 핵심적인 공통의 특성은 초현실적 기적이 서술에 내포되거나 아예 그 틀을 이룬다는 점이다.

1.2 신화 연구와 신화의 '진실성'

설화 장르의 정점 또는 중심은 단연 신화가 차지한다. 신화의 문화적 비중이 큰 만큼 그 개념 정의와 연구 상황도 개관하기 어려울 정도의 통시적 깊이와 공시적 폭을 보여 준다. 신화에 관한 담론은 고대 그리스 철학에서 시작하여 로마와 중세 기독교 시대로 넘겨졌고, 문예부흥기에 활력을 얻어 낭만주의 시기에 정점에 달한 뒤 시대에 따라 차이를 보이면서도 현재까지 꾸준히 이어지고 있다. 이미 중세 유럽 각지의 유수한 대학에서 다루어지던 신화는 18세기 독일의 고전주의 및 낭만주의 시기에 고전학, 철학과 문학에서 중요한 관심의 대상이 되었다. 괴팅겐 대학 교수 하이네(Christian Gottlob Heyne, 1729-1812)가 근대적 신화 개념과 신화 연구의 기초를 정립했고, 인문학자 헤르더의 저술과 고고학자 빙켈만의 선구적인 고대 연구 업적들이 신화 담론을 촉진했다. 계몽주의 사조의 합리적 신화이론을 거부한 낭만주의자 쉘링과 슐레겔의 이른바 '새로운 신화'[18] 논의는 오래지 않아 19세기 후반의 실증주의와 합리적·자본주의적 기술문명에 가려졌지만 신화와 민담은 여전히 독서와 교양의 필수 항목으로 존중받았으며, 학술적 연구대상으로서도 매력을 잃지 않았다. 20세기에는 인류학의 발전을 통한 신화 연구가 학문적으로 체계화하면서 유럽 고대신화와 다른 지역의 여러 원시신화의 상호 유사성 및 신화 공통의 내적 논리성을 밝혀냈다. 오스트리아의 프로이트와 스위스의 융이 각각 '꿈의 해석'과 '집단 무의식의 원형' Archetyp, archetype 분석에 의한 심층심리학적 신화 해석법을 도입했고, 제임스 프레이저 경을 중심으로 형성된 케임브리지학파는 신화와 종교의식의 상호관계를 중심으로 신화의 사회적 기능을 탐구했으며, 구조주의 언어학의 영향 아래 '구조주의 인류학'을 창안한 프랑스 사회학자 레비스트로스는 신화소(神話素) 개념을 중심으로 신화 특유의 구조적 합리성을 논증했다. 그러니까 심층심리학, 기능주의, 구조주의가 20세기 신화학의 3대 지주라 할 수 있다.

프로이트는 "정령 숭배의 단계 뒤에는 종교의 단계가, 그다음에는 과학의 단계가 이어졌다"[19]면서 자신의 무신론적·과학적 세계관을 천명했지만, 그렇다고 신화가 불합리하다고 주장하지는 않았다. 대부분 연구가가 오히려 신화의 합리성을 강조한다. 신칸트학파 철학자 카시러가 칸트의 인식론에서 출발하여 신화 속의 선험적 직관체계와 개념체계를 논증한 데에 이어, 최근에 독일 철학자 휘프너는 고대로부터 현대까지의 다양한 신화 해석을 비판적으로 조명하면서 신화의 '진실'[20]을 새삼 부각시켰다. 신

---

18 Friedrich Schlegel: Kritische Ausgabe seiner Werke, hg. v. E. Behler, Bd. 35. Paderborn/ München/Wien 1958, 311-322면: Rede über die Mythologie(신화 강론). 여기에서 슐레겔은 고대의 신화에 필적할, 그러나 현대에 적합한 "완전한 문학"으로서의 "새로운 신화"를 창조하자고 역설한다.

19 Sigmund Freud: A History of Psychoanalytical Movement. J. F. Bierlein: Parallel Myths. Ballantine Books. New York 1994, 283면에서 재인용: "If we accept the evolution of man's conceptions of the universe [...] according to which the ANIMISTIC phase is succeeded by the RELIGIOUS, and this in turn by the SCIENTIFIC, we have no difficulty in following the fortunes of the 'omnipotence of thought' through all three phases."

20 Kurt Hübner: Die Wahrheit des Mythos. München 1985.

화의 논리 구조는 학문의 그것과 다르지만, 그렇다고 신화가 비합리적이거나 학문에 비해 덜 합리적이지는 않다는 것이다. 신화와 학문 사이의 유사성 또는 차이를 휘프너는 논리성이 아니라 실제적 합리성에 비추어 규명함으로써, 최근의 신화연구가로서는 신화에 대한 신뢰 또는 '신화와 학문의 화해'를 가장 적극적으로 천명하기에 이르렀다.

언어, 민속, 예술, 종교, 심리, 철학, 인류학 등 인문·사회과학의 거의 모든 분야가 적극적이든 소극적이든 신화의 현존과 '진실'을 인정한다. 신화가 '거짓'이 아니라 생활 속에 살아 있는 '참'이라는 증거는 종교에서 가장 분명하게 드러난다. 유럽인들의 생활과 의식을 지배해 온 신약복음서는 신화적 요소로 가득 차 있으며, 바로 이 요소들이 기독교 신앙의 핵심을 이룬다. 신약성서가 전하는 예수의 생애 가운데 최후의 만찬, 수난과 십자가에서의 처형 같은 여러 사건이 역사적 사실로 확인되었으나, 그의 역사성은 처녀 수태와 예수의 탄생, 부활 및 승천 항목에 이르러 무너지고 초월된다. 그런데 이들 초월적 사건을 배제한 기독교는 과거에나 현재에나 상상하기 어렵다. 초기 기독교의 교부와 신학자들은 '신화' mythos라는 개념을 그리스·로마 세계의 관행에 따라 '우화, 허구, 거짓'이란 의미로 해석했고, 그래서 예수의 생애와 행적을 '신화적'인 것으로 표현하기를 거부했다. '말씀' logos의 수육(受肉)[21], 부활, 승천을 선포하면서 기독교는 새로운 신화가 아니라 역사적 사실을 제시한다고 그들은 주장해 왔다. 그러나 실제로 이러한 신앙에는 이미 기독교 이전 시대로부터 물려받은 신화적 사고의 범주들이 자리 잡고 있다. "그리스도교 신자의 종교 경험은 모범적 형태로서의 그리스도의 모방에 기반"하고, 특히 탄생에서 승천에 이르는 예수의 생애를 재현, 기념하는 예배의식을 통해 얻어진다. 루마니아 출신의 미르케아 엘리아데(Mircea Eliade, 1907-1986)에 따르면, 이러한 초인적 전

21 요한복음 1, 1: "태초에 말씀이 계셨느니라." 1, 14: "말씀이 육신이 되어 우리 가운데 사셨더라."

형의 모방과 모범적 행위의 반복, 세속적 시간으로부터의 일탈은 신화적 행위, 즉 "신화에서 자기 존재의 원천 자체를 보는 고대사회의 인간행위"의 본질적인 특징이다.[22] 이러한 인식을 토대로, 예수의 역사적 존재를 전제하면서 동시에 복음서의 신화적 특성을 인정하는 것이 늦어도 불트만(Rudolf Bultmann, 1884-1976) 이후 현대신학의 큰 흐름이다. 심지어 예수와 기독교의 역사성을 부정하고, 오히려 '원초의 신화'에서 기독교의 '역사화'가 시도되었다는 — 아직 정통신학이 절대 인정하지 않은 — 가설도 진지하게 제기되었다.[23]

기독교 신학과 종교의식의 근저에 '신화적 사고의 범주'가 오늘날까지 유지되고 있다는 사실에서 신화의 합리성이나 진실성을 논증하려는 전략에는 그러나 한계가 있다. 현존한다는 사실이 반드시 진실성을 담보하지는 않기 때문이다. 20세기에 발흥과 몰락을 겪은 파시즘과 프롤레타리아 독재의 신화적 속성이 그 증거이다. 저서 『국가의 신화』에서 신화의 정치적 기능을 분석한 카시러는 원시신화 발생의 동기와 과정을 문명사회에서도 관찰할 수 있음을 밝혔다. 그에 따르면, 원시사회에서 신화와 마법은 정상적인 수단으로 해결할 수 없는 비상사태나 위기상황의 극복에만 동원되었는데, 이것은 고도로 진보한 현대 정치생활의 여러 단계에도 적용된다. 그는 칸트의 3대 비판서의 이성 개념에 해당하는 "지적·윤리적·예술적 세력들"과 원시 시대의 "신화적 사고"를 대비시킨다. 이성의 힘들이 온전하면 신화는 제압되어 표면에 나타나지 않으나, 이성의 지배가 무너지면 혼돈이 다시 오고 신화적 사고가 다시금 일어나 인간의 문화적·사회적 생활을 압도한다는 것이다.[24] 이성은 문명이요, 신화는 야만이라는 『국가

---

22 Mircea Eliade: Myths, Dreams and Mysteries. [이은봉 역: 神話와 現實. 성균관대학교 출판부 1985, 200면]

23 같은 책. 193면 이하 참조. 엘리아데는 이런 경향의 대표적인 현대 인물로 드루스(Arthur Drews, 1909), 옌젠(Peter Jensen, 1906, 1909), 쿠슈(P. L. Couchoud, 1924) 등을 꼽는다.

24 Ernst Cassierer: The Myth of the State. 1943-45. [최명관 역: 국가의 신화. 현대사상

의 신화』의 이분법에는 미국에 망명한 독일 지식인 카시러의 부정적 시대 체험이 강하게 반영되어 있다. 그러나 나폴레옹 전쟁으로 강화된 19세기 초 낭만주의 예술 시대에 민족국가 이념과 함께 대두한 유럽의 민족신화 또는 국가신화들을 야만적·비이성적 현상으로만 치부할 수는 없을 것이다. 신화가 곧 혼돈이요 이성이 곧 문명이라는 이원론에도 한계가 있다. 원시신화가 애초에 인간의 세계 이해를 위한 지적 노력의 결과였고 그 과정을 반영하며, 19세기 전반에 절정에 달했던 신화 담론이 이미 '계몽의 변증법'에 대한 문명비판의 한 형식이었음도 주목해야 한다.

『혼돈의 극복』이라는 에밀 앙게른의 최근 신화 연구서는 혼돈 chaos 개념에서 신화로, 신화에서 이성으로 이행한 고대사상의 발전을 변증법적으로 파악한다. "신화는 형이상학의 전사(前史)"로서, 이성 또는 철학의 대두와 함께 소멸한 것이 아니라 "매개의 방식으로" 그 속에 수용되었다는 것이다. '신화의 극복'뿐만 아니라 신화 자체까지도 "철학적 사고의 토대이자 자극이요 유산으로 물려받은 짐"[25]이라는 이 책의 결론은 "신화를 합리성의 요구와 화해"[26]시킨 휘프너의 업적을 비판적으로 계승한다는 뜻으로 읽힌다.

신화의 극복과 계승이 이렇게 뮈토스에서 로고스로, 신화에서 학문으로 진전하는 과정에 나타난 과도기적 현상이 고대 그리스의 서사시와 비극이다. 예컨대 아이스킬로스의 비극 『결박당한 프로메테우스』에 나타난 개인과 주관성의 대두는 한때 절대적 권위를 누리던 신화가 와해, 몰락하고 그 자리에 역사와 철학이 들어서고 있었음을 보여 준다.[27] 신화에서 민담에 이

사 1979, 419면]

25 Emil Angehrn: Die Überwindung des Chaos. Zur Philosophie des Mythos. Frankfurt a. M.: Surhkamp 1996, 420면: "Der Mythos ist eine Vorgeschichte der Metaphysik, die mit deren Entstehung nicht stillgestellt ist, sondern in vermittelter Weise in sie eingeht: Sowohl der Mythos wie die Mythosüberwindung bilden für philosophisches Denken eine Grundlage, einen Impuls und eine Erblast."

26 Kurt Hübner; 위의 책. 554면.

르는 설화문학 장르들은 주제의 보편성, 전형적 구조 및 그 변형 가능성에 힘입어 문학, 회화, 조각, 음악 등 각종 예술 분야에 동기와 소재를 제공해 왔으되, 여기에서 신화와 문학의 관계가 중심을 이룬다. 고대신화는 그 자체가 문학작품이거나 문학 장르들의 규범을 제공하면서 유럽 문학의 근원과 기본구조를 이해하기 위한 필수 기초자료가 되었다. 『비평의 해부』로 20세기 '신화 비평'의 대부가 된 노드롭 프라이는 그런 뜻에서도 신화, 전설, 민담이 "그 양상에 있어 이미 문학"임을 강조했다. "이들 중 어느 것도 언어 형태로만 존재하며, 이러한 언어 형태들은 문학 형태"[28]라는 것이다. 문학은 신화 기록의 주체이자 그 창조적 변형과 전승을 주도해 왔으며, 여기에서 "신화의 변화 능력이 문학 속의 신화 존속을 위한 전제"[29]였다. 신화는 문학을 통해 그 실상을 전승시킬 수 있었고, 문학은 신화적 소재를 통해 긴 생명을 얻을 수 있었다. 신화와 문학의 이러한 상보적 관계는 우리가 『에다』를 중심으로 살펴볼 게르만 신화에도 당연히 적용된다.

1.3 신화의 체계와 종류

신화는 본래 특정 작가가 의도적으로 "축조(築造)한 것이 아니라" 세계와 자신을 이해하려는 인간의 일반적 욕구에 따라 일종의 "은유로서 자연적으로, 그러니까 [작가적] 의도가 없이 생성"되었고 또 그렇게 사회적 필요

---

27 Emil Angehrn: 위의 책. 321면 이하 제7장: "주체의 대두와 신화의 종말 Die Heraufkunft des Subjekts und das Ende des Mythos" 참조.

28 Northrope Frye: Literature and Myth, in: Relations of Literary Study, ed. by James Thorpe. Manasha 1967, 27-41면. 「김영일 역, 김병욱 외 엮음: 문학과 신화. 예림기획 1998, 11-30면 중 19면」.

29 Bodo Guthmüller: Europa in der Literatur des 20. Jahrhunderts; 위의 책. Der antike Mythos und Europa. 104면: "Die Wandlungsfahigkeit des Mythos ist die Voraussetzung für sein Fortleben in der Literatur."

에 의해 "저절로 사용된다."[30] 구전이든 기록이든 신화의 형식은 그러나 "원초적인 시로서 일목요연하고 이상화되고 미화되어 있다."[31] 전승된 그리스·로마 신화가 고도의 구성적 체계를 갖추고 있는 것은 기록 당시 또는 후대의 편집 작업에서 유래하지만, 발생 시기와 지역이 서로 다른 여러 신화가 핵심적인 내용과 종류에서는 놀랍게도 매우 유사하다는 사실이 늦어도 20세기 초에 널리 확인되면서 비교 종교학과 비교 신화학이 본격적으로 정착하기 시작했다.

신화는 형식에 따라 1) 신화소(神話素), 2) 개별 신화, 3) 신화환(神話環, 신화 고리: Mythenkranz)의 3단계로 분류하는데,[32] 여기서 세 번째이자 마지막 단계인 '신화환'은 시적 상상력을 동원하여 의도적으로 개별 신화들을 하나의 통일체로 엮은 것을 가리킨다. 이 단계에서 이미 신화는 문학으로 넘어간 것이고, 그 여운이 자주 우의(寓意 Allegorie)와 우화(예컨대 이솝우화의 제우스 신 이야기)에 나타난다.

백과사전들은 대개 다음과 같은 신화의 '종류'를 열거한다.[33]

1) 신통기(神統記): 신들의 탄생·변신·행적·창조 활동, 판테온(Pantheon 신들의 계보)
2) 창세신화: 세계의 시원, 우주 진화설
3) 우주신화: 자연계의 생성과 소멸
4) 종말·재생신화: 요한계시록, (『에다』:) '신들의 황혼'
5) 인류신화: 낙원과 인간의 타락, 대홍수와 인류의 생존
6) 내세신화: 인간의 영생 희구
7) 구원신화: 구세주의 강림
8) (원인론적) 기원[시조]신화 : 씨족, 부족, 민족, 도시, 국가의 시조(始祖)(영웅화), 사물·동식물의 기원

---

30 Walter Burkert: 각주 13의 논문, 32면 이하.

31 Brockhaus Enzyklopädie in 20 Bdn., 17. Aufl., Bd. 13. Wiesbaden 1971, 143면.

32 같은 곳.

33 같은 책. 143-144면.

‘고리’를 구성하는 이들 개별 신화 혹은 신화소들은 그리스·로마 신화뿐만 아니라 초기 상태의 원시신화에서도 확인된다. 개별 신화의 수준에서는 8) 기원·시조 신화가 매우 흔하게 나타난다. 무에서 유 또는 혼돈에서 질서를 만들어내는 창조의 신화와 달리 원인론적 기원신화는 기왕에 존재하는 현상을 해명하는 것으로, 돌이나 나무에서 시작하여 특정 인물에 이르기까지 광범위한 사물과 현상을 대상으로 삼는다. ‘환’ 구성에 우선적으로 중요한 필수 요소들은 그러나 1) 판테온, 2) 창세신화, 3) 우주신화와 같은 이른바 ‘순수신화’ 또는 창조신화이다.[34]

신화 비교 혹은 비교 신화에서 기준과 표본이 되는 신화는 당연히 그리스 신화이다. 체계와 내용에서 이를 대신할 경쟁자가 없다. 그리스 신화의 가장 오래되고 중요한 출처는 잘 알려져 있듯이 1) 호메로스의 두 서사시 『일리아스 *Ilias*』와 『오디세이아 *Odysseia*』(BC 9-8세기), 호메로스보다 1세기 뒤이거나 거의 같은 시대에 활동한 2) 헤시오도스 Hesiodos(BC 700경)의 두 서사시 『신통기 *Theogonia*』 및 『일과 나날』, 그리고 3) 아이스킬로스를 비롯한 기원전 5세기의 3대 비극시인들의 작품이다. 이들 고대 그리스의 신화적 ‘문학작품’ 또는 ‘문학적’ 신화가 유럽 신화의 가장 오래된 기록이다. 『일

---

34 ‘환’ 수준의 신화가 발달하지 않은 한국의 몇몇 신화 자료에서도 이를 확인할 수 있다. 김헌선이 채록, 해설한 구연(口演) ‘창세가’ 한 편의 내용 목록을 인용하면 다음과 같다: 순수 신화에 속하는 창조신화가 우선으로 부각되어 있음에 주목할 일이다. 김헌선: 韓國의 創世神話. 巫歌로 보는 우리의 신화. 길벗 1994, 228면:

김쌍돌이 구연 「창세가」

A. 천지개벽과 천지창조
B. 일월의 조정과 갖가지 신앙
C. 미륵님의 거인적 면모
D. 물과 불의 근원
E. 인간의 창조
F. 인세(人世)차지 경쟁
G. 생식에서 화식으로의 전환
H. 화식의 거절과 영생의 획득

리아스』가 트로이 전쟁을 중심으로 지상의 피비린내 나는 영웅담과 올림포스 신들의 대체로 한가로운 이야기를 서로 연관 지으며 병행시키는 반면 헤시오도스는 우주의 기원, 신들의 계보, 인간 시대의 계승, 인간이 겪는 고통의 기원, 제물을 바치는 풍습과 기원에 관한 이야기 등을 체계적으로 서술하여 '순수 신화'의 규범을 보여 준다. 그리스 문화는 『신통기』에 묘사된 '판테온'과 더불어 호메로스식의 예술적 묘사, 그밖에 역사적 회상에서 발생한 잡다한 영웅전설 등 세 가지를 동일한 문학적 형식에 담아냄으로써 신화를 유례없이 폭넓게 확장하고 다채롭게 장식했다.

훗날 로마 신화의 근간이 되기도 한 그리스 신화를 잣대로 삼으면 『에다』는 그래서 빈약할 뿐만 아니라 일견 조잡하고 혼란스러워 보이기도 한다. 특히 판테온 부분은 원본 격인 『고(古)에다』만으로 파악하기 어려워 스노리 스투를루손의 산문체 『신(新)에다』의 도움이 거의 필수적이다. 이러한 특성들을 감안하고 보면, 『에다』는 전문가뿐만 아니라 신화에 관심 있는 독자들을 매료시키기에 충분한 상상력과 사건들을 담고 있다. 『에다』는 또한 '순수 신화'를 포함하여 각종 신화소를 포괄하는, 세계적으로도 유례가 드물게 완성된 신화체계를 보여 준다.

2. 북유럽 신화 『에다』

고대 게르만족의 종교와 신화에 관해서는 율리우스 카이사르의 『갈리아 전기(戰記) *Commentarii de Bello Gallico*』(BC 52-51)에 최초로 기록되어 있으나, 그 신뢰성은 높지 않은 것으로 평가받는다. 게르만족의 유랑생활을 너무 과장했던 그는 그들에게 사제(司祭)가 없을뿐더러 섬기는 신이라야 태양 sol, 불 vulcanus, 달 luna밖에 없다고 경멸했다.[35] 좀 더 상세한 정보와 정당한 평

35 『갈리아 전기』, VI.21 참조; Elard Hugo Meyer: Mythologie der Germanen. Essen:

가는 타키투스의 『게르마니아 *Germania*』(AD 98)에서 비로소 이루어졌다. 그는 게르만 인들이 숲을 신성시하고 새를 보고 점을 치며, 여사제와 예언녀들이 높은 신망을 누린다고 기록했다. 주요 게르만 신들의 이름도 이 책에서 처음 밝혀졌는데, 다만 타키투스는 그들을 기능에 따라 로마 신들로 바꾸어 불렀다. 그래서 주신 오딘 Odin/보탄 Wotan은 메르쿠리우스 Mercurius가 되고, 토르 Thor는 헤라클레스 Herakles, 튀르 Tyr는 군신 마르스 Mars, 여신 프레이야 Freyja는 비너스 Venus로 명명되었다. 이밖에도 네르투스 Nerthus라는 대지의 여신이 있었고, 셈논족의 최고신 치우 Ziu(Tyr)에게는 사람이 희생제물로 바쳐진다고 했다.[36]

타키투스가 밝힌 게르만 신들 가운데 넷은 흥미롭게도 게르만어권의 요일 이름에 들어가 영생을 누린다. 화요일 Tuesday/Dienstag은 게르만 전쟁신 Tyr/Tiw/Ziu에게 바쳐진 날이요, 수요일 Wednesday은 최고신 오딘/보탄에게, 목요일 Thursday/Donnerstag은 번개의 신 Thor/Donar에게, 금요일 Friday/Freitag은 미의 여신 프리가 Frigga/프레이야 Freyja에게 바쳐진 날이다.[37]

게르만 신화에 관한 게르만인들 자신의 최초 기록은 기독교 전파에 나선 선교사들의 몫이 되었다. 이교 신앙을 배척해야 했던 그들의 보고가 공평할 수 없었고, 결국은 『에다』가 게르만 신화를 추적 또는 재구성할 수 있게 해 주는 거의 유일한 자료가 되었다. 낭만주의 시대에 이르러 야콥 그림은 언어 속에 산재한 민간신앙의 흔적들을 집요하게 추적하여 『독일 신화』[38]를 썼고, 이로써 민담 수집뿐만 아니라 신화 연구에서도 선구적인

Phaidon Verlag o. J. Ungekürzte Neuauflage der Ausgabe Straßburg 1903, 3면.

36 Friedrich Kurts: Handbuch der Mythologie, hg. von Christian Klemm. Vollkommene Neubearbeitung der Ausgabe Leipzig 1869. Essen: Phaidon Verlag o. J., 299면 이하; E. H. Meyer: Mythologie der Germanen, 9면 이하 참조.

37 더 자세한 요일의 신화적 어원에 관해서는 J. F. Bierlein: Parallel Myths. New York 1994, 12면 이하 참조.

38 Jakob Grimm: Deutsche Mythologie. Coburg: K. W. Verlag o. J. Überarbeiteter Reprint der Originalausgabe von 1943.

업적을 남겼다. 그러나 그 역시 독일의 신화 형식들을 이해하기 위해 북게르만 신화, 즉 『에다』에 의지할 수밖에 없었다.[39]

『에다』에는 요일 이름을 차지한 넷 이외에도 크고 작은 신들이 여럿 나오지만, 그보다 더 큰 관심을 끌어 온 부분은 세계의 시원과 구조에 이어 '신들의 황혼'이라고 불리는 종말신화, 그리고 새 세상의 예고까지 일관되게 묘사한 '예언녀의 계시' 부분이다.

> 아주 오래전에는 위에 하늘도 아래에 땅도 없고, 바닥 없는 광활한 심연이 뿌연 대기 속에 감추어져 있을 뿐이었다. 그 심연 한가운데 어딘가에 샘이 있었는데, 이 샘에서 열두 강이 바퀴의 살처럼 흘러나갔다. 강들은 수원지에서 멀리 흘러내려 가자 꽁꽁 얼어붙었다.
> 안개 세상의 남쪽에 빛의 세계가 있었다. 남쪽에서 따뜻한 바람이 불어 얼음을 녹이기 시작했다. 따스한 공기와 차가운 공기가 만나자 구름이 만들어졌다. 이 구름이 얼어서 위미르라는 서리 거인과 그의 젖소 아우드훔블라 Audhumbla가 되었다. 젖소가 우유를 위미르에게 먹였다. 얼음이 녹아 소금이 드러나자, 아우드훔블라는 그것을 핥았다. 아우드훔블라가 핥고 또 핥자, 얼음 속에 묻혀 있던 한 남자가 드러났다. 첫날에는 그의 머리카락이 드러나고, 다음 날에는 머리와 어깨가 다 보였다. 사흘째에는 몸 전체가 얼음에서 벗어났다. 이 남자가 최초의 신이자 오딘과 빌리와 베의 아버지였다.
> 새로 태어난 이들 세 신이 위미르를 죽이자, 그의 소금기 있는 피가 흘러내려 바다를 이루었다. [...] 위미르의 뼈가 산을 이루고, 살은 땅을 이루었다. 그의 머리카락에서는 온갖 식물들이 돋아났다. 그중에는 물푸레나무와 느릅나무도 있었다. 오딘은 물푸레나무로 남자를 만들고 느릅나무로 여자를 만들었다. 오딘 자신으로부터 인간이 생명과 영혼을 얻었다. 빌리는 인간에게 이성과 활동을 주고, 베는 언어와 활동을 주었다.
> 오딘은 세상을 꾸미기 시작하여, 빛과 어둠을 나누고 밤과 낮을 창조했다. 오딘은 인류가 거주할 중간세상 미드가르드를 만들었다. 그는 또 신들의 거처인 아스가르드도 만들었다. 우주를 위그드라실이라는 거대한 물푸레나무가 지탱하고 있다. 이 나무의 뿌리 가운데 하나는 아스가르드에, 다른 하나는 미드가르드에, 또 하나는 지하세계에 닿아 있다. 지하세계에는 죽은 자들

39 Herbert Gottschalk: Lexikon der Mythologie. 361면.

의 영혼이 오딘의 누이동생 헬의 감독을 받으며 살고 있다.
거인 위미르는 완전히 죽은 것이 아니고, 그의 몸 일부가 아직도 살아서 거대한 물푸레나무 위그드라실의 발치에서 자고 있다. 그 몸이 뒤척이면 지진이 일어난다.[40]

나무가 동서양의 여러 신화에서 생명의 상징으로 나오는 것은 잘 알려져 있지만, 하늘과 지상과 지하세계를 한 그루의 거목에 의존시키는 발상은 아마도 『에다』의 독보적인 업적이다. 고대인들은 이 창조 장면을 운문으로 낭송하거나 들으며 신비롭고 성스러운 분위기에 젖었을 것이다. 스노리 스투룰루손는 '산문 에다'('신에다')에서 필경 구약의 창세기를 원용하며 '뵐루스파'를 이렇게 인용한다.

멀고 먼 저 옛날에는　　아무것도 없었으니,
모래도 바다도 없고　　짠맛 나는 파도도 없고,
땅도 보이지 않고　　높은 하늘도 없고,
아가리 벌린 심연도　　풀조차도 없더라.[41]

『에다』의 우주론과 판테온을 포함한 신들의 이야기는 특히 케빈 크로슬리-홀런드가 산문으로 재구성하여 한국어로도 번역된 『북유럽 신화 *The Norse Myths*』[42]에 상세하게 묘사되어 있다.

그러나 『에다』의 진정한 원본은 운문본이다. 이것은 다시금 『신들의 노래』와 『영웅들의 노래』로 구성되어 있고, 두 부분은 주제 면에서 밀접하게

40 J. F. Bierlein: Parallel Myths. 44-45면. 번역: 필자. 거인의 시체에서 세상이 창조된다는 발상은 중국의 삼국 시대 문인 서정(徐整)의 삼오역기(三五歷記)에 나오는 반고(盤古) 신화와 닮아서 더욱 흥미롭다.

41 Die Edda, in der Übersetzung von Karl Simrock. 263면.

42 Kevin Crossley-Holland (Editor), The Norse Myths. Random House (Paper) 1981. [서미석 옮김: 북유럽 신화. 현대지성사 1999, 43-44면] 이 책은 원전과 번역이 모두 신뢰할 만하지만, 『에다』의 전반부인 『신들의 노래』만을 재구성한 것이다. '순수신화'에 해당하는 우주론과 판테온에 관해서는 번역본 21-41면을 참조할 것.

연관되어 일체를 이룬다. 후반부 영웅시가의 핵심을 이루는 시구르드 전설은 독일 중세 영웅서사시의 금자탑인 『니벨룽겐의 노래』의 소재원으로서도 매우 중요하다. 그런데 『에다』 원전의 형식과 내용을 치밀하게 살피는 기초작업은 아직 한국에서 시도되지 않았고, 번역도 독서용으로 재구성된 스투룰루손 산문본 또는 번안본에만 한정되었다. 이제 우리는 『에다』의 원래 모습을 파악하기 위해 그 형식과 내용을 구체적으로 살피고, 이를 바탕으로 두 부분을 관통하는 핵심 주제인 평화의 희구를 확인하게 될 것이다.

2.1 생성과 전승

『에다 *Edda*』는 중세에 고대 아이슬란드어로 쓰인 신화 및 영웅서사시로서 세계문학의 귀중한 자산이다. 우리가 분석의 주요 원본으로 선택한 짐록의 독일어 번역[43]은 1851년 초판이 간행된 이래 19세기에 9판이 인쇄되었으며, 여전히 가장 포괄적인 독일어본의 하나로 꼽힌다.

[중략. 이하 생성과 언어 및 문체의 특성, 세계상, 개별 시가의 내용에 관해서는 번역본 '후기' 참조]

43 분석에 사용한 원본: Die Edda, die ältere und jüngere nebst den mythologischen Erzählungen der Skalda. Übersetzt und mit Erläuterungen begleitet von Karl Simrock. Achte, durchgesehene Aufl.. Stuttgart: Verlag der Cotra'schen Buchhandlung 1882. Überarbeitete Neuausgabe mit Nachwort und Register von Manfred Stange. Mit 17 Abbildungen. Bechtermünz Verlag (im Weltbild Verlag) 1995. 개정신판: Wiesbaden 2004.

2.2 내용

『에다』가 전해 주는 세계상은 고대적 숙명론을 반영한다. 모든 것이 정해져 있고, 급격한 발전이나 갈등의 중재는 존재하지 않는다. 운명은 정해져 있기 때문에 또한 예견할 수 있다. 그래서 자주 예언과 예시 그리고 꿈이 나온다. 거기에 해당되는 영웅은 자신의 몰락을 알고 있다. 그는 전력을 다해 이에 저항하는 것이 아니라 숙명론자로서 굴복한다. 그의 예정된 운명은 그러나 그가 행동하는 것을 저지하지는 않는다. 행동은 그를 비록 몰락으로 몰고 가지만, 그를 고귀하게 만들고 그에게 가치를 부여한다. 그는 영광스러운 죽음에 이어 오딘의 발할라[천당]에서 자리를 얻을 것이라고 확신한다.

『에다』 문학에는 기독교적인 요소가 극히 미미한 정도로만 흘러들었는데, 그런 가운데에도 가장 인상적인 부분은 새 세상의 도래를 알리는 제1곡의 마지막 장면이다.

60 씨 뿌리지 않아도
사악함이 개선되고
군신(軍神)의 하늘에
현명하신 신들이시다.
밭들이 열매 내고
발드르가 돌아오신다.
회드르, 발드르 거하시니
너희 그 뜻을 알겠는가?

[...]

62 왕궁 회당이 보이는데
기밀리의 언덕 위에
시련 견딘 자들이
영원토록 살면서
태양보다 더 밝으니,
황금으로 덮였구나.
그곳에 거하리니
영예를 누리리라.

63 전능하신 분께서
높은 곳의 전능자
싸움 판결하시고
영원한 법령들을
신들 모임에 오시니
만물 지배하신다.
분쟁 조정하시고
널리 선포하시리라.

64 돌연히 시커멓게 치솟아 오른 용
니다 Nida 암벽 독사가 이리로 내려온다.
날개 위에 시체들 싣고 벌판 건너 날아가
니드회그르[44]가 저 아래 깊이 가라앉는다.[45]

『에다』에서 기독교의 영향을 확인하려는 연구가들은 이 부분을 중요한 논증 자료로 취급한다.[46] 그러나 기독교적인 것은 원래 이 시에 어울리지 않기 때문에, 기독교로의 개종 시기를 경험한 기록자가 후세에 이 부분을 첨가한 것으로 볼 수도 있다.

제38곡 '그로티 방앗간의 노래'는 프로디 왕의 최후와 그에 따른 평화의 종말을 다룬다. ―전설적인 덴마크 왕 프로디는 스쾰둥 가문 출신이어서 오딘의 후예인데, 예컨대 "프로디의 평화"라는 말이 사람들 입에 오르내릴 만큼 선정을 베푼 것으로 유명했다. 그런데 무엇이든 소원하는 대로 빻아 주는 그로티라는 신비로운 방앗간이 있었다. 왕은 여기에 힘이 장사인 두 거인 여자 메냐와 페냐를 고용하여 맷돌을 돌리게 했다. 하지만 이들은 지시대로(제5연 이하) 황금, 평화, 행복을 빻아 내는 대신 그들이 타고난(제11연 이하) 파괴욕에 사로잡힌다. 광기 어린 분노에 빠져 이제 그들은 적대적인 군대를 만들어낸다. 이로써 프로디의 몰락이 확정되고, 맷돌은 깨어져 심연으로 가라앉는다.

이 노래는 주 필사본(主筆寫本) '코덱스 레기우스'에 포함되어 있지 않고, 『신들의 노래』도 『영웅들의 노래』도 아니다. 이 노래의 커다란 의미는 바로 『에다』 노래들의 핵심을 담고 있다는 것이다. 돌연히 찾아드는 불화,

---

44 Nidhöggur/Nidhogg는 지하세계 니플헤임 Niflheim에서 다른 뱀들과 함께 세계수 위그드라실의 뿌리를 갉아먹던 용으로, '신들의 황혼'(세계의 종말)에 지상으로 뛰쳐나왔다가 새 세상이 오자 이제 제자리로 돌아간다.

45 Die Edda, Übersetzung von Karl Simrock. 20-21면(제1곡 60-64연).

46 Elard Hugo Meyer: Mythologie der Germanen. Essen: Phaidon Verlag o. J. Ungekürzte Neuauflage der Ausgabe Straßburg 1903, 467면. 마이어는 여기서 신약 요한계시록 21절의 다음 구절을 지적한다: "나는 새 하늘과 새 땅을 보았노라."

불길같이 번지는 분열이 세계의 파멸을 초래한다. 『신들의 노래』에서는 이 주제가 환상시(幻像詩) '무녀의 계시'(제1곡 25연 이하)에 부각되어 있다. 『영웅들의 노래』에서는 프로디 식 평화정치의 종말이 마치 날카로운 신호음처럼 훈딩족과 뵐숭족 사이의 해묵은 적대 관계를 예고하고, 이로부터 시구르드를 둘러싼 비극적 사건이 가차 없이 종말을 향해 치닫는다. 훈딩족 살해자 헬기의 첫 번째 노래에 이 참상이 거의 비탄조로 예고되어 있다(제19곡 13연).

원수들 사이에	프로디의 평화 깨져
그라니의 잿빛 개들	게걸스레 나라를 휘돌더라.[47]

3. 맺음말

우리는 유럽인의 정신적 근원을 이해하고 그들의 기층문화와 고급문화를 동시에 알아볼 수 있는 효과적인 창구의 하나가 신화와 민담이라는 가정에서 출발하여 신화연구의 흐름을 개관하였고, 신화의 인접 장르인 전설과 성담, 민담과 우화의 개념을 비교하였으며, 신화의 일반적인 구성요소들을 확인하고, 이를 토대로 북유럽 신화 『에다』의 형식과 내용을 살펴보았다.

기록된 유럽 신화 가운데 그리스·로마 신화 다음으로 높은 완성도를 지닌 것은 북유럽 신화이다. 그 원본인 운문체 '고에다'는 난해하지만 기본적인 구조와 주제에서 명료하고 매력적이다. 거기에는 고도로 지적인 창조신화에서부터 일상생활의 자잘한 행동규범까지 담겨 있다. 신화는 보편적 진

47 Die Edda, Übersetzung von Karl Simrock. 153면:
Frodis Frieden zerbrach zwischen Feinden:
Granis Grauhunde fuhren gierig durchs Land.

실을 담을 수 있고, 그 진실은 보편적이어서 시간과 공간과 문화를 뛰어넘을 수 있다. 북유럽 신화의 현대성은 숙명론에 있지 않고 세계의 생성, 멸망과 재현을 노래한 '뵐루스파'에서 찾을 수 있다. 이 점에서 『에다』는 고대 게르만인들만의 소유가 아니며 잊혀진 과거의 흔적으로만 머물지도 않을 것이다. '신들의 황혼', 곧 인류와 세계의 종말을 알리는 징후를 '뵐루스파'는 이렇게 묘사한다.

형제들이 반목하여 서로 쓰러뜨리고
사촌끼리 가문을 깨뜨리는구나.
대지에서 굉음 나고 공중에 악취 날고
아무도 다른 이를 돌보지 않는구나.

끔찍한 일이로다, 엄청난 간통일세.
도끼 시대, 칼의 시절 방패들이 부딪고,
폭풍 시대, 늑대 시대 이어 세상이 무너진다.[48]

이것이 바로 오늘날에도 말세의 증상일 수 있는 정도로 『에다』의 예언은 현대적이고 보편적인 진실이다. 『에다』의 우주론에 따르면 신들의 천국, 인간의 현세, 죽은 자의 내세에 펼쳐진 총 아홉 가지 '가르드'[뜰·터전]와 '헤임'[집·고향·나라], 그러니까 만물의 존재공간 전체를 단 한 그루의 거대한 물푸레나무(위그드라실)가 지탱하고 있다. 환경 파괴에 직접, 간접으로 가담하는 현대인이 이것을 어떻게 어리석은 고대 민족의 망상이라고 비웃을 수만 있겠는가.

---

48 Die Edda. Übersetzung von Simrock. 19면. 45-46연: „Brüder befehden sich und fällen einander,/Geschwisterte sieht man die Sippe brechen. Der Grund erdröhnt, üble Disen fliegen;/Der eine schont des andern nicht mehr.//Unerhörtes ereignet sich, großer Ehebruch./Beilalter, Schwertalter, wo Schilde krachen,/Windzeit, Wolfszeit, eh die Welt zerstürzt."

참고문헌

1차 문헌

Die Edda, die ältere und jüngere nebst den mythologischen Erzählungen der Skalda. Übersetzt und mit Erläuterungen begleitet von Karl Simrock. Überarbeitete Neuausgabe mit Nachwort und Register von Manfred Stange. Mit 17 Abbildungen (Achte, durchgesehene Aufl., Stuttgart: Verlag der Cotra'schen Buchhandlung 1882),

Bechtermünz Verlag (im Weltbild Verlag) 1995.

Akutalisierte Neuausgabe, Marix Verlag, Wiesbaden 2004.

Die Edda. Götter- und Heldenlieder der Germanen. Nachw. und aus d. Altnord. von Arthur Häny, 5. Aufl., Manesse/VM 1995.

Die Edda. Götterdichtung, Spruchweisheit und Heldengesage der Germanen. Übertragen von Felix Genzmer. Eingeleitet von Kurt Schier, München: Diederichs 1997.

Die Edda des Snorri Sturluson. Ausgewählt, übersetzt und kommentiert von Arnulf Krause. Stuttgart: Reclam (RUB 782) 1997.

Die Götter- und Heldenlieder der Älteren Edda. Gebundene Ausgabe. Herausgegeben und übersetzt von Arnulf Krause. Stuttgart: Reclam 2011.

Edda. Die Lieder des Codex regius nebst verwandten Denkmälern. Text. Hg. Gustav Neckel. 3., durchgesehne Auflage. Heidelberg 1936.

Edda. Die Lieder des Codex regius nebst verwandten Denkmälern. I. Text. Hg. Gustav Neckel. 5., verbesserte Auflage von Hans Kuhn. Heidelberg 1983.

The Poetic Edda. Translated with an introduction and notes by Carolyne Larrington. Oxford University Press, Oxford, New York 1996.

The Poetic Edda. Edited with translation, introduction and commentary by Ursula

Dronke. Oxford: Clarendon Press; New York: Oxford University Press 1997.

2차 문헌

Angehrn, Emil: Die Überwindung des Chaos. Zur Philosophie des Mythos. Frankfurt a. M.: Surhkamp 1996.

Belting, Hans: Bild und Kult. Eine Geschichte des Bildes vor dem Zeitalter der Kunst. 2. Aufl., München 1990.

Bierlein, J. F.: Parallel Myths. Ballantine Books, New York 1994.

Brockhaus Enzyklopädie in 20 Bdn., 17. Aufl., Bd. 13. Wiesbaden 1971.

Burkert, Walter: Mythisches Denken. Versuch einer Definition anhand des griechischen Befundes, in: Hans Poser (Hrsg.), Philosophie und Mythos 1979, 16-39면.

Burkert, Walter: Structure and History in Greek Mythology and Ritual, 1979 (reprinted 1982).

Cappelletti, Francesca/Gerlinde Huber-Rebenich (Hrsg.): Der antike Mythos und Europa. Texte und Bilder von der Antike bis ins 20. Jahrhundert. Berlin: Gebr. Mann Verlag 1997.

Cassierer, Ernst: The Myth of the State. 1943-45. [최명관 역: 국가의 신화. 현대사상사 1979]

Crossley-Holland, Kevin (Editor): The Norse Myths. Random House (Paper) 1981. [서미석 옮김: 북유럽 신화. 현대지성사 1999]

Eliade, Mircea: Myths, Dreams and Mysteries. [이은봉 역: 神話와 現實. 성균관대학교출판부 1985]

Eliade, Mircea: The Myth of the Eternal Return, rev. ed. 1965 (reprinted 1974).

Flacke, Monika (Hrsg.): Mythen der Nationen: Ein europäisches Panorama. München und Berlin: Koehler und Amelang 1998.

Frenzel, Elisabeth: Stoffe der Weltliteratur. Ein Lexikon dichtungsgeschichtlicher Läng- schnitte. 8. Aufl., Alfred Kröner Verlag: Stuttgart 1992.

Frye, Northrope: Literature and Myth, in: Relations of Literary Study, ed. by James Thorpe. Manasha 1967. [김영일 역, 김병욱 외 엮음: 문학과 신화. 예림기획 1998]

Ginsel, Kersten: Germanische Mythen in Grimms Märchen—die Figur der Frau Holle, in: Peter Tepe und Christian Gerhardus (Hg.), Literaturwissenschaftliche Mythosforschung, Düsseldorfer Projekte. Essen 1996.

Gottschalk, Herbert: Lexikon der Mythologie. 3. Aufl., München: Wilhelm Heyne Verlag 1985.

Graf, Fritz: Griechische Mythologie. Eine Einführung. Neuausg. Düsseldorf: Patmos-Verlag 1999 [Artemis & Winkler Verlag 1985, 1999 (5. Aufl.); ppb-Ausgabe 2001 Patmos-Verlag].

Grimm, Jakob: Deutsche Mythologie. Coburg: K. W. Verlag o. J. Überarbeiteter Reprint der Originalausgabe von 1943.

Häny, Arthur: Snorri Sturlusson: Prosa-Edda. Zurich 1991.

Hübner, Kurt: Die Wahrheit des Mythos. München 1985.

Jochens, Jenny: Old Norse Images of Women. University of Pennsylvania Press, Philadelphia, USA 1996.

Jolles, André: Einfache Formen. Legende, Sage, Mythe, Rätsel, Spruch, Kasus, Memorabile, Märchen, Witz. 7. Aufl., Tübingen: Max Niemeyer 1999.

Kurts, Friedrich: Handbuch der Mythologie, hg. von Christian Klemm. Vollkommene Neubearbeitung der Ausgabe Leipzig 1869. Essen: Phaidon Verlag o. J.

Lüthi, Max: Märchen, 9. Aufl., bearbeitet von Heinz Rölleke. Suttgart: Metzler 1996.

Mann, Ulrich: Schöpfungsmythen. Vom Ursprung der Welt. 2. Aufl., Stuttgart 1985.

Meyer, Elard Hugo: Mythologie der Germanen. Essen: Phaidon Verlag o. J. Ungekürzte Neuauflage der Ausgabe Straßburg.

Oehrl, Sigmund: Die Bildsteine Gotlands. Probleme und neue Wege ihrer Dokumentation, Lesung und Deutung. Friedberg: Likias Verlag 2019. Bd. 1: Text, Bd. 2: Tafeln.

Rosenfeld, Helmut: Legende. 3. Aufl., Slg. Metzler 9, 1972.

Rölleke, Heinz: Die Märchen der Brüder Grimm. Eine Einführung, 3. Aufl., Bonn / Berlin: Bouvier 1992.

Schlegel, Friedrich: Kritische Ausgabe seiner Werke, hg. v. E. Behler, Bd. 35. Paderborn / München / Wien 1958. 311-322면: Rede über die Mythologie.

See, Klaus von/Beatrice La Farge, Eve Picard, Ilona Priebe und Katja Schulz: Kommentar zu den Liedern der Edda. Bd. 2: Götterlieder (Skírnismál, Hárbarðslióð, Hymiskviða, Lokasenna, Þrymskviða). Heidelberg: Univeristätsverlag C. Winter 1997.

See, Klaus von/Beatrice La Farge, Eve Picard und Katja Schulz: Kommentar zu den Liedern der Edda. Bd. 3: Götterlieder (Vǫlundarkviða, Alvíssmál, Baldrs draumar, Rígsþula, Hyndlolióð, Grottasǫngr). Unter Mitarbeit von Debora Dusse, Ilona Priebe und Betty Wahl. Heidelberg: Univeristätsverlag C. Winter 2000.

Simek, Rudolf: Lexikon der germanischen Mythologie. 3. Aufl. Stuttgart: Kröner 2006.

Simek, Rudolf: Religion und Mythologie der Germanen. 2. Aufl. Darmstadt: WBG 2014.

Tacitus: Germania. Ins Deutsche übertragen und mit einem Nachwort versehen von Curt Woyte. Stuttgart: Reclam 1965 (UB 726).

김헌선: 韓國의 創世神話. 巫歌로 보는 우리의 신화. 길벗 1994.

신동욱: 신화와 원형. 고려원 1992.

안진태: 신화학 강의. 열린책들 2001.

윤호병: 비교문학. 민음사 1994.

장기근 외 역: 세계의 신화. 전 5권. 대종출판사 1973.
장덕순: 한국문학사. 동화문화사 1975.

역주자 소개

임한순(任漢淳, Han-Soon Yim)

서울대학교 문리과대학, 대학원 졸업, 독일 Bonn 대학교 문학박사
한국외국어대학교 서양어대학, 서울대학교 인문대학 교수 역임
현재 서울대학교 명예교수

저술

Bertolt Brecht und sein Verhältnis zur chinesischen Philosophie (Bonn 1984), 브레히트 희곡선집(1, 2) (서울대학교출판부, 2006)

논문

게르만어권의 신화와 민담(2002), 고대 디오니소스 축제와 연관한 한국 가면극과 단오제 (Das koreanische Maskenspiel und das Fest *Danoje* in Bezug auf die antiken Dionysien, Wien 2005)

최윤영(崔允瑛, Yun-Young Choi)

서울대학교 인문대학, 대학원 졸업, 독일 Bonn 대학교 문학박사
현재 서울대학교 인문대학 교수

저술

한국문화를 쓴다 ― 강용흘의 『초당』과 이미륵의 『압록강은 흐른다』 비교연구(서울대학교출판부, 2006)
서양문화를 쓴다 ― 강용흘의 〈동양 서양에 가다〉와 이미륵의 〈압록강에서 이자르강까지〉(서울대학교출판문화원, 2009), 카프카, 유대인, 몸(민음사, 2012)

논문

Verschwiegene und schweigende Individuen im realistischen Roman (1996)(박사학위논문), Übersetzung der Wörtlichkeit. Einige Probleme der Übersetzung und des Schreibens bei Tawada (2010)

김길웅(金吉雄, Gil-Ung Kim)

서울대학교 인문대학, 대학원 졸업, 문학박사
현재 성신여자대학교 독문과 교수

저술

문화로 읽는 서양문학 이야기(아카넷, 2011), 독일문학과 예술[공저, 범우사, 2003(제1권), 2004(제2권)]

논문

시간의 문화적 기억: 크로노스/사투르누스의 문학적 이미지와 회화적 아이콘의 비교(2004)